KB263394

# 한일 역사 문제의 핵심을 어떻게 풀 것인가?

—'한국병합조약' 원천무효 한일 지식인 공동성명 기념논집—

# 한일 역사 문제의 핵심을 어떻게 풀 것인가?
—'한국병합조약' 원천무효 한일 지식인 공동성명 기념논집—

초판 1쇄 발행   2013. 12. 20.
초판 3쇄 발행   2016. 10. 10.

지은이   김 영 호, 이 태 진, 와다 하루키, 우쓰미 아이코 외
펴낸이   김 경 희
펴낸곳   ㈜지식산업사
　　　　본사 ◦ 경기도 파주시 교하읍 문발리 520-12
　　　　　전화 (031)955-4226~7 팩스 (031)955-4228
　　　　서울사무소 ◦ 서울시 종로구 통의동 35-18
　　　　　전화 (02)734-1978    팩스 (02)720-7900
　　　　한글문패　　　지식산업사
　　　　영문문패　　　www.jisik.co.kr
　　　　전자우편　　　jsp@jisik.co.kr
　　　　등록번호　　　1-363
　　　　등록날짜　　　1969. 5. 8.

책값은 뒤표지에 있습니다.

ⓒ 김영호·이태진·와다 하루키·우쓰미 아이코 외, 2013
ISBN 978-89-423-2082-0 (93910)

* 이 책을 읽고 지은이에게 문의하고자 하는 이는
지식산업사 전자우편으로 연락 바랍니다.

# 한일 역사 문제의 핵심을 어떻게 풀 것인가?

—'한국병합조약' 원천무효 한일 지식인 공동성명 기념논집—

김영호, 이태진, 와다 하루키, 우쓰미 아이코 공편

지식산업사

# 머리말

2010년은 '한국병합'의 100주년에 해당되는 해였다. 이해 5월, 한일 지식인 각 200명의 성명이 서울과 도쿄에서 발표되었으며, 7월에는 그것이 양국 지식인 1천여 명의 성명이 되어 재차 발표되었다. 성명은 다음과 같이 선언했다.

"오늘날까지 양국의 역사가는, 일본에 의한 한국병합이 장기에 걸친 일본의 침략, 수차에 걸친 일본군의 점령, 황후의 살해와 국왕·정부 요인에 대한 협박, 그리고 조선인의 저항을 압살한 결과 실현된 것임을 명백히 밝히고 있다."

"한국병합은, 이 나라의 황제로부터 민중까지의 격렬한 항의를 군대의 힘으로 누르고 실현된, 문자 그대로 제국주의의 행위이며, 불의부정한 행위이다."

"일본의 한국병합 선언은 1910년 8월 22일의 병합조약에 근거하고 있다고 설명되고 있다."

"힘으로 민족의 의지를 유린한 병합의 역사적 진실은, 평등한 양자의 자발적 합의로 한국 황제가 일본에 국권의 양도를 신청하고 일본 천황이 그것을 받아들여 한국병합에 동의했다고 하는 신화에 의해 가려져 있다. 전문도 거짓이며, 조약 본문도 거짓이다. 조약 체결의 수속, 형식에도 중대한 결점과 결함이 발견

된다. 이렇듯 한국병합에 이르는 과정이 불의부당함과 동시에 한국병합조약도 불의부당하다.”

“일본 정부는 병합조약 등은 ‘대등한 입장에서 또 자유의지로 맺어졌다’는 것으로 체결 시부터 효력을 발생하여 유효였지만, 1948년 대한민국 성립으로 무효가 되었다고 해석하였다. 이에 대하여, 한국 정부는 ‘과거 일본의 침략주의의 소산’이었던 불의부당한 조약을 당초부터 불법 무효라고 해석하였던 것이다.

병합의 역사에 대해, 오늘날 밝혀진 사실과 왜곡 없는 인식에서서 되돌아보자면, 이미 (한일조약 제2조에 대한) 일본 측 해석을 유지하는 것은 불가능하다. 병합조약은 원래 불의부당한 것이었다고 하는 의미에서, 당초부터 ‘null and void’하다고 하는 한국 측 해석이 공통으로 받아들여져야만 한다.”

이 공동성명은 두 나라의 역사학자들을 중심으로 하여 넓은 지지를 받았다. 이는 그 문제에 가장 전문가들의 폭넓은 지지를 받았다는 것을 의미한다. 한국에서는 드물게 보수·진보 양 진영이 모두 참여한 국민적인 지지를 받았다. 그리고 한국 측에서는 이 공동성명이 민족주의적 요청 못지않게 동아시아 협력의 새 시대를 열기 위해서는 역사적 화해가 선결되어야 한다는 열린 국제주의의 요청임을 분명히 하였다. 아울러 동아시아가 역내 각국의 민족주의의 대결장으로 바뀌면서 군비확장의 악순환이 증폭되는 상황의 근원은 일본의 역사 미청산에 있으며, 따라서 이 공동성명은 한일 역사 분쟁의 공동 핵심 문제의 해결의 길을 제시함으로써 동아시아의 평화와 협력의 새 시대를 열려고 하는 미래지향적 노력의 일환임도 명백히 하고 있다. 이 성명에 대하여 중국의 일본사·한국사 연구자 400여 명이 지지 성명을 발표하였다. 이 공동성명에 대하여 외국에서 분쟁당사국의 지식인들이 각각의 민족주의적 이해를 뛰어넘어 분쟁 문제에 해결의 길을 제시한 역사상 유례없는 획기적인 조처였다는 국제적 평가가 나왔다.

그리고 이 성명이 발표된 상황에서 2010년 8월 10일, 일본 정부는 각의 결정에 의거하여 〈한일병합 100년 수상 담화〉를 결정해서 간 나오토菅直人 수상이 발표했다. 이 수상 담화는 다음과 같이 말했다.

> "정치적·군사적 배경 아래서, 당시의 한국 사람들은 자기 뜻과 달리 이뤄진 식민지 지배에 의해서 나라와 문화를 빼앗기고 민족의 긍지를 깊이 상처 입게 되었습니다."
> "이 식민지 지배가 가져온 다대한 손해와 고통에 대해, 여기서 거듭 통절한 반성과 마음으로부터 사과하는 뜻을 표명합니다."

이 담화의 평가를 둘러싸고, 한일 사이에 약간의 차이가 드러났다. 그것은 2011년 8월, 성명 1주년 기념 서울 심포지엄에서 논의되었다. 그러나, 지식인 성명이 나온 뒤, 식민지 지배의 강제성을 인정하고 사죄한 '병합 100년' 일본 총리 담화가 나온 것의 의의는 똑같이 인정하고 있다. 아울러 한국에서는 2011년에 한국 헌법재판소의 위안부의 배상청구권에 관한 재판과, 2012년에 한국 대법원의 강제징용자의 배상청구소송 재판이 나온 것도 주목된다.

2010년 이후, 한일 관계에는 현저한 변화가 보이지는 않았다. 공동성명이 새로운 역사인식의 확립과 함께 먼저 해결해야만 할 과제로서 지적했던 식민지 지배기 기록문서의 공개, 관동대지진 때의 조선인 주민 대량 살해, 일본군 '위안부' 문제, 강제동원 노동자·군인군속의 문제에 대한 노력, 북한과의 국교 정상화는 아무런

8

전진도 보이지 않았다. 그리고 2012년 8월, 공동성명이 언급하지 않았던 '독도獨島＝다케시마竹島' 문제가 극적으로 부상하고, 2013년에는 새로이 역사인식 문제가 재연되어 양국 관계가 더욱 악화되었다.

이 상황에서 우리들은 다시 한번 '한국병합' 100년 한일 지식인 성명의 정신을 밀어 붙여서 한일 양 국민의 화해와 협력을 구하고, 다가오는 2015년, 전후 70년, 한일조약 50주년의 해를 새로운 마음으로 맞이하며, 아울러 동아시아의 평화와 협력의 전제조건이 이루어지도록 노력하지 않으면 안 된다고 생각하고 있다.

이 책은 한일 지식인 공동성명의 의도·내용을 다면적으로 명확히 하면서, 성명과 총리 담화와의 관계를 논하여 '한국병합' 100년이 되는 해에 달성한 것들을 확인하고, 그 위에 남아 있는 문제는 무엇인가를 이후의 3년 동안의 경과 가운데서 분명히 할 것이다. 이 책은 공동성명의 기초起草, 발표에 관련된 일본과 한국의 유지들이 공동으로 편집해, 서울과 도쿄에서 동시에 출판하는 것이다.

한국 측 출판에는 추가적으로 이장희 교수께 기고를 부탁하여 함께 게재하게 되어 감사하게 생각한다. 아울러 한국 측 발기인의 한 분으로 앞장서 고뇌와 보람을 함께했던 정창렬 교수께서 갑자기 별세하시어 이 책의 출간을 함께 보지 못한 것을 못내 아쉬워하며 영전에 삼가 이 책을 바친다. 아울러 한국어의 일본어 번역과 일본어의 한국어 번역에 수고를 아끼지 않았던 박만봉 씨(경북대 강사)께 감사한다. 끝으로 일본 측 서명자 및 기고자 여러분께 엄숙한 역사의 장에서 삼가 감사의 인사를 전한다.

# 차 례




## 제1부 한일 지식인 공동성명의 의미




## 제2부 ‘한국병합조약’은 왜 원천무효인가

## 제3부 화해를 위해 해결해야만 할 문제

# '한국병합' 100년 한일 지식인 공동성명

「韓国併合」100年日韓知識人共同声明(일어본)

韩日知识分子联合声明(중어본)

## A Joint Declaration
## by Korean and Japanese Intellectuals(영어본)

# 한국 측 서명자 명단
# 일본 측 서명자 명단

# ‘한국병합’ 100년 한일 지식인 공동성명

　1910년 8월 29일, 일본제국은 대한제국을 이 지상에서 말살하여 한반도를 일본의 영토에 병합할 것을 선언하였다. 그로부터 100년이 되는 2010년을 맞이하여 우리들은 그 병합이 어떻게 이루어졌던가, ‘한국병합조약’을 어떻게 보아야 할 것인가에 대해 한국, 일본 양국 정부와 국민이 공감하는 인식을 확인하는 것이 중요하다고 생각한다. 이 문제야말로 두 민족 간 역사 문제의 핵심이며, 서로 화해와 협력을 위한 기본이다.

　그간 두 나라의 역사학자들은 일본에 의한 ‘한국병합’이 일본 정부의 장기적인 침략정책, 일본군의 거듭된 점령행위, 명성왕후 살해와 국왕과 정부요인에 의한 협박, 그리고 이에 대한 한국인들의 항거를 짓누르면서 실현시킨 결과란 것을 명백히 밝혔다.

　근대 일본 국가는 1875년 강화도에 군함을 보내 포대를 공격, 점령하는 군사작전을 벌였다. 이듬해 일본 측은 특사를 파견, 불평등조약을 강요하고 개항시켰다. 1894년 조선에 대규모의 농민봉기가 일어나 청국군이 출병하자 일본은 대군을 파견하여 서울을 장악하였다. 그리고 왕궁을 점령해 국왕과 왕후를 가두고 이어 청국군을 공격하여 청일전쟁을 일으켰다. 한편으로 이에 대항하는 한국의 농민군을 무력으로 진압하였다. 청일전쟁의 승리로 일본은 청국세력을 한국에서 몰아내는 데 성공하였지만, 삼국간섭三國干涉으로 승전을 대가로 획득한 요동반도를 되돌려 놓게 되었다. 이런 결과에 부딪혀, 일본은 그간 한국에서 확보한 지위마저 잃게 될 것을 우려하여 국왕에게 공포감을 주고자 왕비 민씨를 살해하였다. 국왕 고종이 러시아 공사관에 보호를 구하게 되자 일본은 러시아와 협상을 통해 사태를 수습하려 들게 되었다.

그러나 의화단義和團사건으로 러시아가 만주를 점령하게 된 후, 1903년 일본은 그 대신 한국 전토를 일본의 보호국으로 하는 것을 인정할 것을 러시아에 요구하였다. 러시아가 이를 거절하자, 일본은 전쟁을 결심하고 1904년 전시戰時 중립을 선언한 대한제국에 대규모의 군대를 진입시켜 서울을 점령하였다. 그 점령군의 압력 하에 2월 23일 한국 보호국화의 제1보가 된 '의정서' 조인을 강요하였다. 러일전쟁은 일본의 우세승으로 결말이 나고, 일본은 포츠머스 강화조약에서 러시아로 하여금 한국에 대한 일본의 지배를 인정하게 하였다. 이토 히로부미伊藤博文는 곧바로 천황의 특사로 서울로 와서 일본군의 힘을 배경으로 위협과 회유를 번갈아 1905년 11월 18일 한국의 외교권을 박탈하는 '제2차 한일협약'을 체결하였다. 의병운동이 각지에서 일어나는 가운데 고종황제는 이 협약을 강제된 것으로 효력이 없다는 친서를 각국 원수元首들에게 보내었다. 1907년 헤이그평화회의에 책임을 물어 그의 퇴위를 강요하고 군대를 해산시켰다. 동시에 7월 24일에 '제3차 한일협정'을 강요하여 한국의 내정에 대한 감독권도 장악하였다. 이러한 일본의 침략에 대하여 의병운동이 크게 일어났지만, 일본은 군대·헌병·경찰의 힘으로 탄압하다가 1910년에 '한국병합'을 단행하게 되었던 것이다.

이상과 같이 '한국병합'은 대한제국의 황제로부터 민중에 이르기까지 모든 사람의 격렬한 항의를 군대의 힘으로 짓누르고 실현시킨, 문자 그대로 제국주의 행위이며 불의부정한 행위였다.

일본 국가의 '한국병합' 선언은 1910년 8월 22일의 병합조약에 근거하여 설명되고 있다. 이 조약의 전문前文에는 일본과 한국의 황제가 두 나라의 친밀한 관계를 바라고, 상호 행복과 동양 평화의 영구 확보를 위해서는 "한국을 일본제국에 병합하는 것 만한 것이 없다."고 하여 병합이 최선이라고 확신하고, 본 조약을 체결하기에 이르렀다고 서술되어 있다. 그리고 제1조에 "한국황제 폐하는 한국 전부全部에 관한 일체의 통치권을 완전하고 또 영구히 일본국 황제 폐하에게 양여讓與한다."고 기술하고, 제2조에 "일본국 황제 폐하는 전조前條에 서술되어 있는 양여를 수락하고 또 전적으로 한국을 일본제국에 병합하는 일을 승낙한다."고 적고 있다.

여기서 힘으로 민족의 의지를 짓밟은 병합의 역사적 진실은, 평등한 양자의 자발적 합의로 한국황제가 일본에 국권 양여를 신청하고 일본천황이 그것을 받아들여 '한국병합'에 동의했다고 하는 신화로 덮어 숨기고 있다. 조약의 전문前文도 거짓이고 본문도 거짓이다. 조약 체결의 절차와 형식에도 중대한 결점과 결함이 보이고 있다.

'한국병합'에 이른 과정이 불의부당하듯이 '한국병합조약'도 불의부당하다.

일본제국이 침략전쟁 끝에 패망함으로써 한국은 1945년에 일본의 식민지 지배로부터 벗어났다. 해방된 한반도 남쪽에 수립된 대한민국과 일본은 1965년에 국교를 수립하였다. 이때 체결된 양국 관계의 '기본에 관한 조약'(기본조약으로 약칭) 제2조에 1910년 8월 22일 및 그 이전에 체결된 모든 조약 및 협정은 이미 원천 무효

already null and void라고 선언되었다. 그러나 이 조항의 해석이 한일 양국 정부 간에 서로 달랐다.

일본 정부는 병합조약 등은 "대등한 입장에서 또 자유의지로 맺어졌다."는 것으로 체결 시부터 효력을 발생하여 유효였지만, 1948년 대한민국 성립으로 무효가 되었다고 해석하였다. 이에 대하여, 한국 정부는 "과거 일본의 침략주의의 소산"이었던 불의부당한 조약을 당초부터 불법 무효라고 해석하였던 것이다.

병합의 역사에 관하여 지금까지 밝혀진 사실과 왜곡 없는 인식에 입각하여 뒤돌아보면, 이미 일본 측의 해석을 유지할 수 없게 되었다. 병합조약 등은 원래 불의부당한 것이었다. 그런 의미에서 당초부터 'null and void'였다고 하는 한국 측의 해석이 공통된 견해로 받아들여져야 할 것이다.

현재에 이르기까지 일본에서도 완만하나마 식민지 지배에 관한 인식은 전진해왔다. 새로운 인식은 1990년대에 들어서 고노河野 관방장관 담화(1993년), 무라야마村山 총리 담화(1995년), 한일공동선언(1998년), 북일〔朝日〕평화선언(2002년) 등으로 나타났다. 특히, 1995년 8월 15일 무라야마 총리 담화에서 일본 정부는 '식민지 지배'가 초래한 '막대한 손해와 고통'에 대하여 '통절한 반성의 뜻'과 '마음속으로부터 사과'를 표명하였다.

또한 무라야마 총리는 1995년 10월 13일 중의원 예산위원회에서 '한국병합조약'에 관해 "쌍방의 입장이 평등했다고는 생각하지 않는다."라고 답변하고 노사카野坂 관방장관도 같은 날 기자회견에서 "한일병합조약은 …… 극히 강제적인 것이었다."고 인정하였다. 무라야마 총리는 11월 14일, 김영삼 대통령에게 보낸 친서에서 병합조약과 이에 앞선 한일 간의 협약들에 대하여 "민족의 자결과 존엄을 인정하지 않은 제국주의 시대의 조약이었다는 것은 의심할 여지가 없다."고 강조하였다.

여기서 마련된 토대가 그 후, 여러 가지 시련과 검증을 거치면서 지금 일본 정부가 공식적으로 병합과 병합조약에 대한 판단을 내리고 '기본조약' 제2조의 해석을 수정하는 것을 가능하게 한다. 미국의회도 하와이 병합의 전제가 된 한 하와이 왕국 전복 행위를 100년째에 해당하는 1993년에 '불법한illegal 행위'였다고 인정하고 사죄하는 결의를 채택하였다. 근년에 '인도人道에 반하는 죄'와 '식민지 범죄'에 관하여 국제법 학계에서 다양한 노력이 기울여지고 있다. 이제 일본에서도 새로운 정의감의 바람을 받아들여 침략과 병합, 식민지 지배의 역사를 근본적으로 반성하는 시대가 오고 있는 것이다.

'한국병합' 100년을 맞아 우리는 이러한 공통의 역사인식을 가진다. 이 공통의 역사인식에 입각하여, 한국과 일본 사이에 놓여 있는 역사에서 유래하는 많은 문제들을 바루어 공동의 노력으로 풀어 나갈 수 있을 것이다. 화해를 위해 필요한 과정이 한층 더 자각적으로 진행되어야 할 것이다.

공통의 역사인식을 더 튼튼히 하기 위해서는 과거 100년 이상에 걸친 일본과 한반도의 역사적 관계에 관한 자료는 숨김없이 공개되어야 한다. 특히, 식민지 지배 시기에 기록문서 작성을 독점한 일본 정부 당국은 역사 자료를 적극적으로 모아 공개할 의무가 있다.

죄는 용서를 빌지 않으면 안 되고, 용서는 베풀어져야 한다. 고통은 치유되어야 하고, 손해는 갚지 않으면 안 된다. 관동대지진 중에 일어난 한국인 주민의 대량 학살을 비롯한 모든 무도한 행위는 거듭 살펴보지 않으면 안 된다. 일본군 위안부 문제는 아직 해결되었다고 말할 수 없는 상태이다. 한국 정부가 조처를 취하기 시작한 강제동원 노동자, 군인 및 군속에 대한 위로와 의료지원 조치에, 일본 정부와 기업, 국민은 적극적인 노력으로 대응하기 바란다.

대립하는 문제는 과거를 성찰하고 미래를 응시하면서 뒤로 미루지 말고 해결해 나가야만 한다. 한반도의 북쪽에 있는 또 하나의 나라, 조선민주주의인민공화국과 일본과의 국교정상화도 이 병합 100년이라는 해에 진전되어야 한다.

이렇게 함으로써, 한국과 일본 사이에 진정한 화해와 우호에 기초한 새로운 100년을 열어갈 수 있을 것이다. 우리들은 이 취지를 한국, 일본 양국 정부와 국민에게 널리 알리고, 이를 엄숙히 받아들여 주기를 호소한다.

2010년 5월 10일
서 울

# 「韓国併合」１００年日韓知識人共同声明


　１９１０年８月２９日、日本帝国は大韓帝国をこの地上から抹殺し、朝鮮半島をみずからの領土に併合することを宣言した。そのときからちょうど１００年となる２０１０年を迎え、私たちは、韓国併合の過程がいかなるものであったか、「韓国併合条約」をどのように考えるべきかについて、日韓両国の政府と国民が共同の認識を確認することが重要であると考える。この問題こそが両民族の間の歴史問題の核心であり、われわれの和解と協力のための基本である。


　今日まで両国の歴史家は、日本による韓国併合が長期にわたる日本の侵略、数次にわたる日本軍の占領、王后の殺害と国王・政府要人への脅迫、そして朝鮮の人々の抵抗の圧殺の結果実現されたものであることを明らかにしている。

　近代日本国家は１８７５年江華島に軍艦を送り込み、砲台を攻撃、占領するなどの軍事作戦を行った。翌年、日本側は、特使を派遣し、不平等条約をおしつけ、開国させた。１８９４年朝鮮に大規模な農民の蜂起がおこり、清国軍が出兵すると、日本は大軍を派遣して、ソウルを制圧した。そして王宮を占領して、国王王后をとりことしたあとで、清国軍を攻撃し、日清戦争を開始した。他方で朝鮮の農民軍を武力で鎮圧した。日清戦争の勝利で、日本は清国の勢力を朝鮮から一掃することに成功したが、三国干渉をうけ、獲得した遼東半島を還付させられるにいたった。この結果、獲得した朝鮮での地位も失うと心配した日本は王后閔氏の殺害を実行し、国王に恐怖を与えんとした。国王高宗がロシア公使館に保護をもとめるにいたり、日本はロシアとの協定によって、態勢を挽回することをよぎなくされた。

　しかし、義和団事件とロシアの満州占領ののち、１９０３年には日本は韓国全土を自らの保護国とすることを認めるようにロシアに求めるにいたった。ロシアがこれを峻拒すると、日本は戦争を決意し、１９０４年戦時中立宣言をした大韓帝国に大軍を侵入させ、ソウルを占領した。その占領軍の圧力のもと、２月２３日韓国保護国化の第一歩となる日韓議定書の調印を強制した。はじまった日露戦争は日本の優勢勝ちにおわり、日本はポーツマス講和において、ロシアに朝鮮での自らの支配を認めさせた。伊藤博文はただちにソウルに乗り込み、日本軍の力を背景に、威嚇と懐柔をおりまぜながら、１９０５年１１月１８日、外交権を剥奪する第二次日韓協約を結ばせた。義兵運動が各地におこる中、皇帝高宗はこの協約が無効であるとの訴えを列国に送った。１９０７年ハーグ平和会議に密使を送ったことで、伊藤統監は高宗の責任を問い、ついに軍隊解散、高宗退位を実現させた。７月２４日第三次日韓協約により日本は韓国内政の監督権をも掌握した。このような日本の支配の強化に対して、義兵運動が高まったが、日本は軍隊、憲兵、警察の力で弾圧し、１９１０年の韓国併合に進んだのである。

　以上のとおり、韓国併合は、この国の皇帝から民衆までの激しい抗議を軍隊の力で押しつぶして、実現された、文字通りの帝国主義の行為であり、不義不正の行為である。

　日本国家の韓国併合の宣言は１９１０年８月２２日の併合条約に基づいていると説明されている。この条約の前文には、日本と韓国の皇帝が日本と韓国の親密な関係を願い、相互の幸福と東洋の平和の永久確保のために、「韓国ヲ日本帝国ニ併合スルニ如カザル」、併合するのが最善だと確信して、本条約を結ぶにいたったと述べられている。そして第一条に、「韓国皇帝陛下ハ韓国全部ニ関スル一切ノ統治権ヲ完全且ツ永久ニ日本国皇帝陛下ニ譲与ス」と記され、第二条に「日本国皇帝陛下ハ前条ニ掲ゲタル譲与ヲ受諾シ、且全然韓国ヲ日本帝国ニ併合スルコトヲ承諾ス」と記されている。

　ここにおいて、力によって民族の意志を踏みにじった併合の歴史的真実は、平等な両者の自発的な合意によって、韓国皇帝が日本に国権の譲与を申し出て、日本の天皇がそれをうけとって、韓国併合に同意したという神話によって覆い隠されている。前文も偽りであり、条約本文も偽りである。条約締結の手続き、形式にも重大な欠点と欠陥が見いだされる。

　かくして韓国併合にいたる過程が不義不当であると同様に、韓国併合条約も不義不当である。


　日本帝国がその侵略戦争のはてに敗北した１９４５年、朝鮮は植民地支配から解放された。解放された朝鮮半島の南側に生まれた大韓民国と日本は、１９６５年に国交を樹立した。そのさい結ばれた日韓基本条約の第二条において、１９１０年８月２２日及びそれ以前に締結されたすべての条約および協定はalready null and voidであると宣言された。しかし、この条項の解釈が日韓両政府間で分かれた。

　日本政府は、併合条約等は「対等の立場で、また自由意思で結ばれた」ものであり、締結時より効力を発生し、有効であったが、１９４

８年の大韓民国成立時に無効になったと解釈した。これに対し、韓国政府は、「過去日本の侵略主義の所産」の不義不当な条約は当初より不法無効であると解釈したのである。

　併合の歴史について今日明らかにされた事実と歪みなき認識に立って振り返れば、もはや日本側の解釈を維持することはできない。　併合条約は元来不義不当なものであったという意味において、当初より**null and void**であるとする韓国側の解釈が共通に受け入れられるべきである。

　現在にいたるまで、日本でも緩慢ながら、植民地支配に関する認識は前進してきた。新しい認識は、１９９０年代に入って、河野官房長官談話（１９９３年）、村山総理談話（１９９５年）、日韓共同宣言（１９９８年）、日朝平壤宣言（２００２年）などにあらわれている。とくに１９９５年８月１５日村山総理談話において、日本政府は「植民地支配」がもたらした「多大の損害と苦痛」に対して、「痛切な反省の意」、「心からのおわびの気持ち」を表明した。

　なお、村山首相は１９９５年１０月１３日衆議院予算委員会で「韓国併合条約」について「双方の立場が平等であったというふうには考えておりません」と答弁し、野坂官房長官も同日の記者会見で「日韓併合条約は…極めて強制的なものだった」と認めている。村山首相は１１月１４日、金泳三大統領への親書で、併合条約とこれに先立つ日韓協約について、「民族の自決と尊厳を認めない帝国主義時代の条約であることは疑いをいれない」と強調した。

　そこでつくられた基礎が、その後のさまざまな試練と検証をへて、今日日本政府が公式的に、併合と併合条約について判断を示し、日韓基本条約第二条の解釈を修正することを可能にしている。米国議会も、

ハワイ併合の前提をなしたハワイ王国転覆の行為を１００年目にあた
る１９９３年に「不法なillegal行為」であったと認め、謝罪する決議を採
択した。近年「人道に反する罪」や「植民地犯罪」に関する国際法学界で
のさまざまな努力も進められている。いまや、日本でも新しい正義感の
風を受けて、侵略と併合、植民地支配の歴史を根本的に反省する時が
きているのである。

　韓国併合１００年にあたり、われわれはこのような共通の歴史認識
を有する。この共通の歴史認識に立って、日本と韓国のあいだにあ
る、歴史に由来する多くの問題を問い直し、共同の努力によって解決
していくことができるだろう。和解のためのプロセスが一層自覚的に進
められなければならない。
　共通の歴史認識をさらに強固なものにするために、過去１００年以
上にわたる日本と朝鮮半島との歴史的関係に関わる資料は、隠すこと
なく公開されねばならない。とりわけ、植民地支配の時期に記録文書
の作成を独占していた日本政府当局は、歴史資料を積極的に収集し公
開する義務を負っている。
　罪の許しは乞わねばならず、許しはあたえられねばならない。苦痛は
癒され、損害は償われなければならない。関東大震災のさいになされた
朝鮮人住民の大量殺害をはじめとするすべての理不尽なる行為は振り返
られなければならない。日本軍「慰安婦」問題はいまだ解決されたとはい
えない状態にある。韓国政府が取り組みを開始した強制動員労働者・
軍人軍属に対する慰労と医療支援の措置に、日本政府と企業、国民は
積極的な努力で応えることが望まれる。

　対立する問題は、過去を省察し、未来を見据えることで、先のばし

することなく解決をはからねばならない。朝鮮半島の北側にあるもうひとつの国、朝鮮民主主義人民共和国と日本との国交正常化も、この併合１００年という年に進められなければならない。

　このようにすることによって、韓国と日本の間に、真の和解と友好に基づいた新しい１００年を切り開くことができる。私たちは、この趣意を韓日両国の政府と国民に広く知らせ、これを厳粛に受け止めることを訴える。

２０１０年　５月　１０日
東　京

# 韩日知识分子联合声明

1910年8月29日，日本帝国将韩国从地图上抹灭，宣称将整个韩半岛并入日本领土。100年后的现在，围绕当时的合并是如何形成，以及应该如何看待《韩日合并条约》等问题，我们认为有必要对韩日两国政府和人民的认识进行重新确认。这一问题既是韩日民族间历史问题的核心，也是双方和解与合作的基础。

过去，韩日两国的历史学者们早已揭示出：由日本所主导的"韩国合并"是日本政府长期侵略政策的结果，是在日军不断侵略占领、杀害明成皇后并对高宗皇帝和政府要员进行威胁，并镇压韩国抗议民众的背景下实现的这一事实。

近代以来，日本于1875年派军舰对江华岛炮台进行攻击并实施了军事古领。弟二年日本方面派出特使，要求朝鲜签署不平等条约并开放港口。1894年，朝鲜爆发大规模农民起义。在清朝政府出兵的同时，日本也派出大军控制了汉城。不仅如此，日军占领了王宫，囚禁了高宗皇帝和明成皇后，并袭击清朝军队，引发了清日战争。另一方面，日军对起义的韩国农民军也进行了武力镇压。作为清日战争的胜利者，日本虽然成功将清朝的势力排挤出韩国，但在（俄、德、法）三国的干涉下，不得不将清日战争的战利品之一——辽东半岛归还给清朝。日本担心这一事件会影响到自己在韩国业已取得的优势地位，便杀害明成皇后，威慑恐吓高宗皇帝。高宗皇帝向俄国公使馆提出保护请求，日本则试图通过与俄国的协商平息事态。

然而，在俄国借由义和团事件占领满洲后，日本于1903年向俄国提出要求承认整个韩国为日本的保护国。俄国拒绝了这一要求，日本便决心一战。1904年，日本向宣布战时中立的大韩帝国派出大规模军队，占领了首都汉城。依仗占领军的威慑，日本于2月23日向韩国提出签署"议定书"的要求，从而迈出了对韩国实施"保护国化"的第一步。日俄战争最终以日本的胜利告终。日本通过《朴茨茅斯条约》迫使俄国承认了日本对韩国的支配。随后，伊藤博文受日王的委派，在强有力的军事支持下，通过威逼利诱等手段，于1905年11月18日，迫使朝鲜签署了放弃外交主权的第二次《韩日协约》。随着义兵运动在各地的兴起，高宗皇帝亲自致信各国首脑，表示《韩日协约》是被日本强迫签署的，因此不具备法律效力。1907年，高宗派特使前往海牙，参加第二届万国和平会议。统监伊藤博文因此追究高宗的责任，要求其退位并解散军队。与此同时，7月24日，伊藤博文强迫朝鲜签署了第三次《韩日协约》，进一步掌握了朝鲜的内政监督权。虽然反抗日本侵略的义兵运动不断高涨，但日本调动军队、宪兵和警察等力量进行镇压，并于1910年断然推行"韩日合并"。

综上所述，"韩日合并"是在日本对上到大韩帝国的皇帝下至平民百姓的抗议一律实施军事镇压的背景下实现的，是一种不折不扣的帝国主义行径，是不义不正之行径。

对于日本的"韩国合并"宣言，一般的理解都基于1910年8月22日签署的合并条约。此条约的前言中写道，日韩两国皇帝希望缔结亲密的国家关系，认为"将韩国并入日本帝国"有助于确保相互幸福和东洋的永久和平，并相信合并是最佳选择，故而签署本条约。该条约的第一条中写道"韩国皇帝陛下将有关韩国的一切统治权完整并永久转让给日本国皇帝陛下"，第二条中写道"日本国皇帝陛下对于前条所述之转让表示接受，并同意将整个韩国并入Fi本帝国"。

从字面上来看，这一条约似乎是平等的双方自愿达成的协议：韩国皇帝请求日本接受主权的转让，而日本天皇接受了这一申请，并同意了"韩国合并"。这一谎言完全掩盖了日本以蛮力践踏韩国民族的意志并强行推行合并的历史真相。这一条约的前言是虚假的，正文也是虚假的。缔结条约的过程和形式也存在重大漏洞和疑点。

正如不义不正的 "韩国合并" 过程一样，《韩日合并条约》也是不义不正的。

日本帝国的侵略战争最终导致了自己的灭亡，韩国于1945年摆脱了日本的殖民统治。大韩民国在解放后的韩半岛的南部成立，并于1965年与日本建立外交关系。这时签署的有关两国关系的《韩日基本条约》(以下简称基本条约)的第二条中明确规定1910年8月22日以及在此之前签署的所有条约和协定彻底无效(already null and void)。但对此条款的理解，韩日两国政府存在分歧。

日本政府的理解为，包括合并条约在内的条约和协定都是在 "平等立场下自愿签订"的，自签署之日起便己发挥效力，直至1948年大韩民国成立后才失去效力。而韩国政府的理解则是： 这些条约是"过去日本侵略主义的产物"，是不义不正的条约，从根本上是非法和无效的。

如果以迄今为止查明的事实和没有歪曲的认识为基础回顾过去，日本方面的理解是很难站住脚的。《合并条约》等条约原本就是不义不正的条约，从一开始是彻底无效的(null and void)。韩方的这一理解必将被视为共同见解。

　　至今，日本对于殖民统治的认识也在发生变化。进入1990年代以后，陆续出现了以河野官房长官谈话(1993)、村山首相谈话(1995)、韩日共同宣言(1998)、朝日平壤宣言(2002)等为代表的新思潮。尤其是1995年8月15日，村山首相在谈话中表明日本政府对于自己的殖民统治所带来的莫大的损害和苦痛，表示深刻的反省和发自内心的歉意。

　　另外，村山首相于1995年10月13日在众议院的预算委员会上，表示《韩国合并条约》不是在双方平等的基础上签署的。野坂官房长官也在当日举行的记者招待会中承认"韩日合并条约……是强迫而为的"。村山首相在11月14日写给金泳三总统的亲笔信中强调，自己毫不怀疑包括《合并条约》等在内的韩日间一系列条约，是"不承认民族自决权和尊严的帝国主义时代的条约"。

　　上述这些转变最终促成日本政府在经历了各种考验后，终于就韩日合并与《合并条约》正式表态，表示对《基本条约》第二条的解释进行修改。美国议会也在征服夏威夷王国100年之际，即1993年达成决议，承认合并夏威夷王国的前提——推翻夏威夷王国是"非法(illegal)行为"，并对此致歉。近年来，国际法学术界对于"反人道罪"和"殖民地罪"等问题的研究做出了许多努力。现在的日本也掀起了一股新的正义感风潮，从根本上反省侵略、合并、殖民统治历史的时代已经到来。


　　在日本强行合并韩国100年之际，我们对历史之痛达成了这样一个共同认识。基于这种共同认识，相信通过我们的共同努力，将能为化解韩日两国之间众多历史遗留问题做出贡献。韩日两国的和睦，需要我们更进一步的自觉行动。

　　为了进一步加深对历史之痛的认识，我们认为应该毫无保留地公开过去100多年间的韩日关系历史资料。尤其是，拥有大量殖民统治时期记录文件的日本政府，更有义务积极搜集相关史料并公之于众。

罪行需要得到宽恕，而宽恕也应该更加懷慨。痛苦应该得到治愈，损失应该得到赔偿。对于日本在关东大地震中大量杀害朝鲜人等在内的反人道行为不进行应有的反省和审视，是绝对不行的。日军慰安妇问题至今仍未得到妥善的解决。对于韩国政府对被强制劳动的劳动者、军人和家属等最近所采取的慰问和医疗补助等措施，希望日本政府和企业，以及广大人民予以更加积极的协助和支持。

对于双方存在分歧的问题，我们应该采取反省历史、展望未来的态度，不应一直拖延，而应该继续迈步向前。在韩国被强行合并100周年之际，我们认为日本也应该进一步推进与韩半岛北部的另一个国家——朝鲜民主主义人民共和国的邦交正常化。

只有这样，韩国与日本的关系史才能在真正和平与友好基础上翻开新的百年篇章。我们呼吁韩日两国政府和人民能够了解并严肃考虑这一主张。

2010年5月10日

首 尔、东 京

A Joint Declaration by Korean and Japanese Intellectuals
— On the Centennial of the Japanese Annexation of Korea —

On August 29, 1910, the Empire of Japan declared that it would annex the Korean Peninsula to its territory, bringing the Empire of Korea to an end. The year 2010 marks the centennial of the annexation, and we feel that it is important for the government and people of both countries to achieve a shared understanding of how the annexation was accomplished and of the status of the annexation treaty. This process is the key to resolving the conflicts over history between the two nations and to creating a basis for reconciliation and cooperation.

Historians of the two countries have clearly established that the Japanese "annexation" was the result of a number of factors. The Japanese government had a long–term goal of expansion, and its army repeatedly attempted to occupy the peninsula. The Japanese assassinated Queen Min in 1895, threatened the king and government officials, and suppressed the resistance of the Korean people.

In the year 1875, the Japanese government sent warships to launch an attack on the fortress on Ganghwa Island. The following year, it dispatched an envoy to force Korea into signing an unequal treaty, leading to the opening of its ports. When Qing China sent troops to Korea in response to a large−scale peasant uprising in 1894, Japan also dispatched a large force and took control of the capital Seoul. Japanese troops occupied the palace, taking the king and queen into custody; they then attacked the Chinese army, thus initiating the Sino−Japanese War. At the same time, they suppressed the Korean peasant army that rose up in protest against Japan's actions. With its victory in the war, Japan succeeded in removing Chinese influence from Korea, but the Triple Intervention forced Japan to return the Liadong Peninsula that it had acquired from China. Afraid of losing even its gains in Korea, the Japanese murdered Queen Min in order to strike fear in the Korean monarch. When King Gojong moved his court to the Russian legation in order to seek refuge, Japan began negotiating with Russia to try to resolve the incident.

However, after Russia gained control of Manchuria as a result of the Boxer Rebellion, Japan asked Russia in 1903 to support, in return, its efforts to turn Korea into its protectorate. When Russia refused, Japan determined to launch another war and sent a large−scale force to occupy Seoul in 1904, though Korea had declared its neutrality in any war. Using the threat of military force, Japan forced Korea to sign a protocol on February 23, which was the first step in turning the country into its protectorate. With its victory in the Russo-Japanese War, Japan forced Russia to recognize Japan's preeminent position in Korea in the Treaty of Portsmouth. Ito Hirobumi was promptly sent to Seoul as a special envoy of the emperor and, using a combination of threats and appeasements, forced Korea to sign the second Korea-Japan Agreement on November 18, 1905, which ceded control over its diplomatic affairs. As "righteous army" movements broke out throughout the country, Emperor Gojong sent personal letters to heads of state declaring that the agreement was not valid since it had been signed under coercion. After Gojong dispatched an emissary to the Hague Peace Conference, Resident-General Ito Hirobumi forced him to abdicate the throne and disbanded the army. On July 24 of the same year, Japan forced Korea to sign the third Korea-Japan Agreement, giving it control over Korea's domestic affairs. Many righteous armies rose up in an attempt to thwart Japan's plans, but they were suppressed by the Japanese army, police, and military police, leading to the "annexation" of Korea in 1910.

The "annexation" of Korea was an unjust and illegal act of imperialism that required military force to suppress the fierce resistance of the Korean people from the grassroots level to the emperor of the country.

The Japanese government's statement on the annexation of Korea aimed to justify the treaty that was concluded on August 22, 1910. The preamble stated that the Japanese and Korean emperors both wished for close relations between the two countries and for happiness and eternal peace. To achieve this goal, they felt that annexation was in the best interests of Korea, and this conviction led to the conclusion of the treaty. In addition, Article I of the treaty stated, "His Highness, the Emperor of Korea, transfers all sovereignty over Korea to the His Highness, the Emperor of the Empire of Japan, completely and forever." Article II noted, "The Emperor of Japan accepts the transfer described in the previous article and completely agrees to the annexation of Korea to the Empire of Japan."

The fact that the annexation was accomplished by trampling the will of the Korean people by force was covered up with the myth that it was an agreement reached according to the free will of two equals. The story was that the Japanese emperor agreed to the Korean emperor's request that the sovereignty of his country be handed over to Japan. The preamble of the treaty was a fabrication, and so was the main body of the text. Serious flaws are apparent in both the form of the treaty and the protocols of its conclusion. In other words, just as the process of annexation was improper and unjust, so was the treaty itself.

With Japan's defeat in World War II, Korea was liberated from Japanese colonial rule in 1945. Diplomatic relations were established in 1965 between Japan and the Republic of Korea, which had been established in the southern half of the peninsula. Article II of the

Treaty on Basic Relations between Korea and Japan declared that all treaties and agreements signed on and before August 22, 1910 by the two countries were "already null and void." The two governments, however, had different interpretations of this article.

The Japanese government claimed that the annexation treaty and other agreements were valid once they were signed since they had been concluded between two equal countries of their free will and that they remained in effect until the Republic of Korea was founded in 1948. On the other hand, the Korean government felt that such an unjust treaty had never been valid since it was "the result of Japan's past aggressions."

The Japanese government's position is already untenable if one examines the facts of the "annexation" with an unbiased perspective. The annexation treaty and other diplomatic agreements were fundamentally unjust. Thus, the Korean government's position should be accepted as the consensus view.

The Japanese government's position on its past colonial rule has evolved, however slowly. Its new position emerged through a series of statements beginning in the 1990s by figures such as Chief Cabinet Secretary Yohei Kono (1993) and Prime Minister Tomiichi Murayama (1995), as well as the Japan−Korea Joint Statement (1998) and the Japan−DPRK Pyongyang Declaration (2002). In particular, Prime Minister Murayama expressed his "heartfelt apology" and "feelings of deep remorse" for the "tremendous damage and suffering" caused by Japan's "colonial rule and aggression."

Furthermore, when asked about the annexation treaty at the budget committee meeting of the Diet's House of Representatives on October 13, 1995, Murayama replied, "I do not think that the two parties were on an equal footing." At a press conference on the same day, Chief Cabinet Secretary Koken Nosaka acknowledged, "The Korea–Japan Annexation Treaty⋯involved extreme coercion." In a letter sent to South Korean President Kim Young Sam on November 14, Murayama emphasized that "there is no doubt that the annexation treaty and the other related diplomatic agreements were treaties from the age of imperialism that did not respect the dignity of nations or the principle of self–determination."

This shift in the government's position, having undergone various difficulties and verification, enables it to take an official stance on the annexation and annexation treaty and revise its interpretation of Article II. Even the US Congress acknowledged, on the 100th anniversary of the annexation, that its conquest of the kingdom of Hawai'i was an "illegal act" and made an official apology. In recent years, international law has devoted much effort to the issues of crimes against humanity and of colonialism as a crime. It seems that the time has arrived for Japan to join the efforts to redress past injustices and undertake a fundamental reflection upon its history of aggression, annexation, and colonial rule.

As we face the 100th anniversary of Korea's annexation, we have attained a shared understanding of this history. It is now possible for us to work together to resolve the many conflicts between Korea and Japan that have arisen in their history. The process of reconciliation must proceed with a greater self-awareness of their past history.

To deepen this shared understanding of history, it is necessary for records pertaining to Korea-Japan relations during the past 100 years to be made public. The Japanese government, which holds the official documents produced during the colonial era, has the duty of organizing their records and making them available to the public.

A sinner must ask for forgiveness which, in turn, must be freely given. Suffering must be relieved, and damage must be compensated. It is necessary to undertake an in-depth examination of past atrocities such as the large-scale massacre of Koreans after the Great Kanto Earthquake in 1923. One pressing issue is that of the so-called "comfort women" which has still not been resolved. Now that the South Korean government has begun to provide support and medical aid to the surviving forced laborers, soldiers, and civilian personnel from the colonial period, we wish that the Japanese government, corporations, and people work enthusiastically to assist such efforts.

It is essential to address the conflicts between the two countries without any further delay, while both reflecting on the past and looking toward the future. In the year of the 100th anniversary of the annexation, there must also be progress on the normalization of diplomatic relations between Japan and the Democratic People's Republic of Korea, the other country on the Korean peninsula.

Through such efforts, Japan and Korea can begin a new century of relations based on true reconciliation and friendship. We seek to publicize our views widely among the governments and peoples of both countries and hope that they will listen to them seriously and with an open mind.

10th, May, 2010.

Seoul·Tokyo.

# 한일 지식인 공동성명 한국 측 서명자 명단

총 604인
* 발기인

## 문학계 — 시인, 소설가, 평론가

고은*(시인), 구중서(수원대 명예교수, 문학평론가), 김광규(한양대 명예교수, 시인), 김지하*(시인), 김형영(시인), 김훈(소설가), 이명한(소설가, 전 민족문학작가회의 의장), 박범신(소설가, 명지대 교수), 송기숙(소설가), 신경림(시인), 신봉승(대한민국예술원, 작가), 신상웅(중앙대 명예교수, 작가), 오세영(시인, 서울대 명예교수), 이문열(소설가), 이어령(이화여대 석좌교수, 전 문화부 장관), 임진택(한국민족예술인총연합 부회장), 임헌영(민족문제연구소 소장, 문학평론), 정중규(시인, 대구대학교 한국재활정보연구소 수석연구원), 한수산(소설가), 현길언(한양대 명예교수, 소설가), 황석영(소설가)

## 학계 — 역사학계

강만길*(고려대 명예교수, 전 상지대 총장·한국사), 강종훈(대구가톨릭대 역사교육과 교수), 계승범(고려대 민족문화연구원), 고정휴(포항공대 교수·한국사), 구만옥(경희대 교수·한국사), 권내현(고려대 교수·한국사), 권영국(숭실대 사학과 교수), 권오영(한신대 국사학과 교수), 권태억(서울대 교수·한국사), 김갑동(대전대 역사문화학과 교수), 김건태(서울대 국사학과 조교수), 김기승(순천향대 교수·한국사), 김도형(연세대 교수, 한국사), 김병인(전남대 교수·한국사), 김성보(연세대

교수·한국사), **김성우**(대구한의대 교수·한국사), **김용덕** * (서울대 명예
교수, 광주과기원 석좌교수), **김용섭**(대한민국학술원 회원, 한국사), **김
우철**(한중대 교수·한국사), **김윤정**(숙명여대 교수·한국사), **김인호**(동
의대 교수·한국사), **김정숙**(영남대 교수·한국사), **김태영**(경희대 명예
교수·한국사), **김현구**(고려대 명예교수·일본사), **김희곤**(안동대 교수·
한국사), **남지대**(서원대 역사교육과 교수), **노경채**(수원대 교수·한국
사), **노명호**(서울대 교수·한국사), **노중국**(계명대 교수·한국사), **노태
돈**(서울대 교수·한국사), **도면회**(대전대 역사문화학과 조교수), **도시환**
(동북아역사재단 연구위원), **도진순**(창원대 교수·한국사), **도현철**(연세
대 사학과 부교수), **마일란 히트매넥**(서울대 교수·한국사), **박만규**
(5.18연구소장·한국사), **박선희**(상명대·한국사), **박임하**(성균관대 교
수·한국사), **박진태** (대진대 사학과 부교수), **박종기**(국민대 국사학과
교수), **박종진**(숙명여대 한국사학과 교수), **박준성**(역사학연구소·한국
사), **박진훈**(명지대 사학과 조교수), **박찬승**(한양대 교수·한국사), **박
평식**(청주교대 교수·한국사), **반병률**(한국외국어대 교수·한국사), **배항
섭**(고려대 교수·한국사), **백승철**(연세대 교수·한국사), **백영서**(연세대
교수·동양사), **변주승**(전주대 교수·한국사), **서영대**(인하대 교수·한국
사), **서영희**(한국산업기술대 교양학과 교수·한국사), **서중석**(성균관대
교수·한국사), **성대경**(성균관대 명예교수·한국사), **송상용**(한양대 석좌
교수·과학사), **송양섭**(충남대 교수·한국사), **송찬섭**(한국방송통신대 교
수·한국사), **신순철**(원광대 교수·한국사), **신용철**(경희대 명예교수·역
사학), **안병우**(한신대 교수·한국사), **안병욱**(가톨릭대 교수·한국사),
**안태정**(대진대 교수·한국사), **양상현**(울산대 역사문화학과 교수), **여호
규**(한국외국어대 사학과 부교수), **염정섭**(한림대 사학과 교수), **왕현종**
(연세대 교수·한국사), **윤경로**(성균관대 전 총장, 한성대학교 역사문화
학부 교수), **윤내현**(단국대 명예교수·한국사), **윤대원**(규장각 한국학연

구원 교수·한국사), **윤병석**(인하대 명예교수·한국사), **윤상원**(고려대 교수·한국사), **윤용출**(부산대 역사교육과), **윤혜영**(한성대 교수·중국사), **이경식**(서울대 교수·국사학), **이만열** * (숙명여대 명예교수·한국사), **이배용**(전 이화여대 총장·한국사), **이상찬**(서울대 교수·한국사), **이석규**(한양대 교수·한국사), **이세영**(한신대 국사학과 교수), **이애숙**(한국방송통신대 교수·한국사), **이영학**(한국외국어대 사학과 교수), **이완재**(한양대 명예교수·한국사), **이윤갑**(계명대 교수, 한국사), **이윤상**(창원대 사학과 교수), **이융조**(충북대 명예교수·고고학), **이인재**(연세대 역사문화학과 교수), **이종범**(조선대 교수·한국사), **이태진** * (서울대 명예교수·한국사), **이철성**(건양대 교수·한국사), **임경석**(성균관대 사학과 부교수), **임병훈**(경북대 교수·한국사), **임송자**(성균관대 교수·한국사), **임종명**(전남대 교수·한국사), **전명혁**(성균관대 교수·한국사), **정연태**(가톨릭대 국사학과 교수), **정요근**(덕성여대 사학과 부교수), **정재정**(서울시립대 교수·한국사, 동북아역사재단 이사장), **정창렬** * (한양대 명예교수· 한국사), **정태헌**(고려대 교수·한국사), **조광**(고려대 교수·한국사), **조동걸**(국민대 명예교수·한국사), **조영록**(동국대 명예교수·중국사), **조윤선**(청주대 교수·한국사), **조항래**(숙명여대 명예교수), **주진오**(상명대 역사콘텐츠학과 교수), **지수걸**(공주대 교수·한국사), **차미희**(이화여대 교수·한국사), **차하순**(서강대 명예교수·서양사, 대한민국학술원 회원), **채상식**(부산대 교수·한국사), **채웅석**(가톨릭대 교수·한국사), **최덕수**(고려대 교수·한국사), **최원규**(부산대 교수·한국사), **최윤오**(연세대 사학과 교수), **하우봉**(전북대 교수·한국사), **하일식**(연세대 사학과 교수), **하정식**(숭실대 교수·사학), **한상권**(덕성여대 사학과 교수), **한철호**(동국대 교수·한국사), **허동현**(경희대 교수·한국사), **허은**(고려대 교수·한국사), **홍석률**(성신여대 사학과 교수), **홍순권**(동아대 교수·한국사)

## 학계 ─ 인문 · 사회과학계, 기타

강병구(인하대 경제학부 교수), 강인선(성공회대 교수·일본학), 강태경(계명대 명예교수·전 경영대학원장), 고동환(한국과학기술원 인문사회과학부 교수), 구정모(강원대 교수·경제학, 동북아대학교수협의회 회장), 권기홍(전 단국대 총장), 권순철(경북대학교 명예교수), 권영규(부산대 한의학전문대학원 교수), 권오룡(한국교원대 교수, 문학평론가), 권용우(성신여대 지리학과 교수), 김경애(동덕여대 교양교직학부 교수), 김규원(경북대 사회학과 교수), 김기석(서울대 교수·교육학), 김기현(경북대 국어국문학과 교수), 김문환(서울대 명예교수·미학), 김민환(고려대 명예교수·언론학), 김백철(전북대 쌀·삶·문명연구원 HK 교수), 김성국(부산대 교수·사회학), 김성재(연세대 석좌교수, 김대중도서관장, 전 문화관광부 장관), 김수업(전 대구대 총장·국문학), 김승옥(고려대 명예교수), 김양민(서강대 경영학과 교수), 김영작(국민대 명예교수·정치학), 김영준(건축가, 한국예술종합학교 교수), 김영철(계명대 경제금융학과 교수), 김영호 * (유한대 총장), 김용구(한림대 한림과학원 원장), 김윤수(전남대 총장), 김윤환(고려대 명예교수·경제학, 한국경제학회 명예회장), 김인혜(서울대 음악대학 교수), 김정기(서원대 총장), 김종대(고려대 명예교수), 김찬란(서울여대 교양교육부 교수), 김창록 * (경북대 교수·국제법), 김치수(이화여대 명예교수, 문학평론가), 김하림(조선대 교수·중문학), 김호기(연세대 교수·사회학), 김화경(영남대 교수·한국문학), 나간채(전남대 교수·사회학), 나종일(우석대 총장, 전 주일대사), 남기영(경희대 명예교수·철학), 노정혜(서울대 자연대 생물학부 교수), 노진철(경북대 사회학과 교수), 도정일(경희대 명예교수·영문학), 류한호(광주대 교수·언론학), 민병로(전남대 교수·법학), 민현식(건축가, 한국예술종합학교 교수), 박경(성신여대 지리학과 교수), 박경서(이화여대 석좌교수, 전 인권대사), 박명규(서울대 교수·사회학), **박성태**(원광대 경영학부 교수), **박우희**(세종대 총장, 한국 경제학회 명예회장), **박유하**(세종대 교수·일본문학), **박해광**(전남대 교수·사회학), **박해선**(건국대 경제학 교수), **백낙청**＊(서울대 명예교수·영문학), **서광선**(이화여대 명예교수), **서문호**(아주대 교수, 전 아주대 총장), **서우석**(서울대 명예교수·음악학), **서정일**(한양대 경영대학 조교수), **성효용**(성신여대 경제학과 교수), **소병욱**(대구가톨릭대 총장), **송재소**(성균관대 명예교수·한문학), **송정민**(전남대 교수·언론방송학), **송호근**(서울대 교수·사회학), **신국주**(전 동국대 총장), **신철호**(성신여대 경영학과 교수), **심상천**(경원대 경영과 교수), **신영복**(성공회대 석좌교수·경제학), **신용하**＊(이화여대 석좌교수·사회학), **심재기**(서울대 명예교수·한국어학), **심정수**(전 숙명여대 교수, 조각가), **안철수**(한국과학기술원 석좌교수), **양권석**(성공회대 총장), **엄창옥**(경북대 교수·경제학, 국채보상기념사업회 상임이사), **염무웅**(영남대 명예교수·문학평론), **염유경**(이화여대 박사), **오명도**(서울시립대 기획처장·교수), **오문석**(성결대 경영학부 교수), **오생근**(서울대 인문대 교수, 문학평론가), **오영석**(전 한신대 총장), **오영석**(고려대 명예교수), **오태석**(연세대 명예교수, 연극인), **우용제**(서울대 사범대 교육학과 교수), **위상복**(전남대 교수·철학), **양재영**(유한대 교수·경영학), **유재천**(상지대 총장), **유진룡**(을지대 교수·문화행정학), **윤미경**(가톨릭대 국제학부 교수), **윤석철**(건양대 글로벌경영학부 교수), **은우근**(광주대 교수·언론광고학), **이근관**(서울대 교수·국제법), **이기상**(한국외국어대 교수·철학), **이기석**(서울대 명예교수·지리학), **이동환**(고려대 명예교수·한문학), **이명식**(대구대 명예교수, 전 대구대 교수), **이문원**(중앙대 명예교수·교육학), **이민환**(부산대·경제학), **이상엽**(KAIST 교수·생명화학공학), **이성무**(한국학중앙연구원 명예교수, 전 국사편찬위원회 위원장), **이성우**(국민대 총장), **이승률**(연변과학기술대학부 총장·법학), **이시재**(가톨릭대 교수·사회학,

환경운동연합 대표), **이시활**(경북대 중어중문학과 강사), **이완범**(한국학중앙연구원 교수·정치학), **이원덕**(국민대 교수·국제정치학), **이은주**(경북대 문학치료학과), **이은형**(국민대 경영대학 교수), **이인복**(숙명여대 명예교수·사회사업학), **이인성**(전 서울대 교수, 소설가), **이인실**(서강대 경제대학원 교수), **이장희**(충북대 경영학부 교수), **이장희** * (한국외국어대 교수·국제법, 국제상설중재재판소PCA재판관), **이재봉**(원광대 정치외교학과 교수), **이재성**(계명대 교양과정 부교수), **이재하**(경북대 지리학과 교수), **이정우**(경북대 경제통상학부 교수, 전 대통령정책실장), **이종호**(건축가, 예술종합대 교수), **이준섭**(고려대 명예교수), **이지원**(대림대 교양교학부 교수), **이지형**(성균관대 명예교수·한문학), **이필상**(고려대 교수·경영학, 전 고려대 총장), **이해두**(대구대 명예교수, 전 대구대학교 대학원장), **이효재**(이화여대 명예교수·사회학), **임경희**(계명대 비정규직강사·사회학), **임상규**(순천대 총장, 전 농림부 장관), **임재해**(안동대 민속학 교수), **임형택**(성균관대 명예교수·한국한문학), **임현진**(서울대 교수·사회학), **장인성**(서울대 교수·외교학), **장충식**(단국대 명예총장), **장회익**(서울대 명예교수·물리학), **전기호**(경희대 명예교수·경제학), **정광**(고려대 명예교수), **정기숙**(계명대 명예교수·회계학), **정기용**(건축가, 한국예술종합학교 교수), **정대화**(부산대 명예교수), **정문길**(고려대 명예교수·행정학), **정민**(한양대 교수·한문학), **정윤재**(한국학중앙연구원 교수·정치학), **정진석**(외국어대 명예교수·언론학), **정현종**(연세대 명예교수, 시인), **정효지**(서울대 보건대학원 교수), **조남신**(한국외국어대 글로벌경영대학 경영학부 교수), **조동성**(서울대 교수·경영학), **조동일**(서울대 명예교수·한국문학), **조희연**(성공회대 교수·사회학), **주종환**(동국대 명예교수·경제학, 시민사회신문 논설고문), **지명관**(전 한림대 일본학연구소 소장), **진태하**(명지대 명예교수), **최원식** * (인하대 교수·한국문학), **최장집**(고려대 명예교수·정치학), **한경구**(서울대 교수·인류학), **한상진**(서울대 명예교수, 중국 칭화대 교수·사회학), **조성용**(건축가, 한국예술종합학교 석좌교수), **주보돈**(경북대 교수), **진태하**(명지대 대학원장), **채수일**(한신대 총장), **채장수**(경북대 정치외교학과 교수), **천혜정**(이화여대 소비자학과 부교수), **최기영**(서강대 교수), **최민자**(성신여대 정치외교학과 교수), **최병택**(공주교육대 사회교육과 교수), **최봉영**(항공대 교수·철학), **최석호**(서울과학종합대학원대학교 교수), **최용호**(경북대 명예교수), **최정기**(전남대 교수·사회학), **한시준**(단국대 교수), **허수열**(충남대 교수·농업경제학), **허원배**(목원대 이사장), **하인봉**(경북대 교수·경제학), **허정애**(경북대 영문학과 교수), **홍덕기**(전남대 교수·경영학), **홍순민**(명지대 인문교양학부 부교수), **홍정선**(인하대 인문대 교수, 문학평론가), **홍태희**(조선대 경제학과 교수), **황동규**(서울대 명예교수, 시인), **황현산**(고려대 교수, 문학평론가)

## 경제·과학기술계

**권문식**((주)케피코 대표이사, 녹색성장환경기후위원장), **김광식**(인천상공회의소 회장), **김병규**(코스닥협회 명예회장), **김순무**((주)한국야쿠르트 부회장, 윤리경영위원장), **김영대**(대성산업(주) 회장, 국제위원장), **김영배**(한국경영자총협회 부회장), **김용웅**(충남북부상공회의소 회장), **김중웅**(현대증권(주) 고문, 금융위원장), **김택수**(전주상공회의소 회장), **박상희**(전 한국중소기업중앙회 회장), **박승복**(한국상장회사협의회 회장), **박원훈**(과학기술한림원 부원장, 전 산업기술연구회 이사장), **박흥석**(광주상공회의소 회장), **백남홍**(하광상공회의소 회장), **서민석**(동일방직(주) 회장), **손욱**(전 농심 회장), **송인섭**(대전상공회의소 회장), **송재희**(중소기업중앙회 부회장), **신동규**(전국은행연합회 회장), **신용한**(국제기독실업인협회 회장), **신정택**(부산상공회의소 회장), **심갑보**(삼익THK(주) 부회장, 노사인력위원장), **여성구**((주)범한판토스 대표이사, 물류위원장), **여종기**(공학한림원 부회장, 전 LG화학 사장), **오영호**(한국무역협회 부회장), **윤봉수**(한국중견기업연합회 회장), **윤종용**(공학한림원 회장, 전 삼성전자 부회장), **이기준**(과학기술단체총연합회 회장), **이동근**(대한상공회의소 부회장), **이인중**(대구상공회의소 회장), **이태호**(청주상공회의소 회장), **이형도**(전 삼성전기 부회장), **이희상**(운산그룹 회장, 중견기업위원장), **전수산**(춘천상공회의소 회장), **전수혜**(한국여성경제인협회 회장), **전순표**((주)세스코 회장, 서울경제위원장), **정병철**(전국경제인연합회 부회장), **주영순**(목포상공회의소 회장), **최영우**(포항상공회의소 회장), **최일학**(울산상공회의소 회장), **최충경**(창원상공회의소 회장), **현승탁**(제주상공회의소 회장), **황철주**((사)벤처기업협회 회장)

## 법조계

**김평우**(대한변호사협회 회장), **김현**(서울변호사협회 회장), **박용일**(변호사), **박재승**(전 대한변호사협회 회장), **백승헌**(민변 회장), **한승헌**(전 감사원장)

## 시민사회계

**금영철**(MODEL UN교육원원장, 전 대구대 명예교수), **김경민**(대구 YMCA 사무총장), **김규재**(국채보상운동기념사업회 부회장, 전 안동시장), **김병렬**(독립지사김광제기념사업회 이사, 전 보령제약(주) 대표이사), **김우식**(국채보상운동기념사업회 이사, 전 대구남구청 총무국장), **김재옥**(소비자시민연대 대표), **김한포**(국채보상운동기념사업회 사무처장, 전 대구시동구공무원(동장)), **김희로**(부산시민단체협의회 회장, 전 민족문화작가회 회원), **남성희**(대구보건대 총장, 국제로타리3700지구 총재), **문신자**(민주평화통일자문회의 대구 부회장, 전 대구여성단체협의회 회장), **박상증**(아름다운재단 이사장), **박영숙**(대안과연대 대표), **박원범**(대구광복회 대표, 전 4.19민주혁명회 대구·경북 지부장), **박원순** *(희망제작소 상임이사), **박윤경**(경북광유주식회사 대표이사, 전 대구상공회의소 이사), **박정희**(전국NGO연대 상임대표), **배종수**(청구개발 감사, 전 새한건설 대표이사), **손종익**(지구환경보존운동본부 명예총재, 전 상생정치연구원원장), **신동학**(Woman medical park hospital superintensive professional, 전 한국가정의학회 회장), **신필균**(사단법인녹색교통 이사장), **유상종**(경운대 명예교수, 전 육군70사단장), **이봉호**(금석문연구회 회장, 전 서예가), **이정호**(경북대 교수, 전 한국건축가협회 부회장), **이학영**(한국YMCA전국연맹 사무총장), **최경집**(한국수자원공사 홍보대사, 전 청지출판사 대표), **최상희**(국채보상운동기념사업회 이사, 전 영진전문대 초빙교수), **최열**(환경재단 대표), **최정식**(UNI-한국협의회 사무처장), **최영태**(광주시민단체협의회 회장·서양사), **김필주**(Agglobe Services International, Inc.)

## 언론계

**강천석** *(조선일보 주필), **김진현** *(전 한국경제신문 회장, 전 서울시립대 총장), **고광헌** *(한겨레신문 사장), **남시욱** *(세종대 석좌교수, 전 문화일보 사장), **박경석**(전 동아일보 동경특파원), **박용규**(영남일보 논설고문, 전 영남일보 주필), **박인규**(프레시안Pressian 사장), **배인준** *(동아일보 주필), **서상호**(대구일보 주필, 전대구매일신문 주필), **송영승**(경향신문 사장), **이원섭**(전 한겨레신문 논설주간, 경원대 교수·신문방송학), **이종석**(전 동아일보 논설위원), **임수현**(MBN 영남지사장, 전 대구신문 대표이사), **임철순**(한국일보 주필), **정일성**(전 언론인·한일관계사), **허남진**(중앙일보 논설주간)

## 출판계

고세현(창비사 대표), **김경희** * (지식산업사 사장), **김병익**(문학과지성사 상임고문·문학평론), **김수영**(문학과지성사 대표이사·철학박사), **김언호**(도서출판 한길사 대표), **김종수**(한울 대표), **박맹호**(민음사 회장·전 대한출판협회 회장), **오연호**(오마이뉴스Ohmynews 사장), 윤청광(맑고향기롭게), **윤형두**(범우사 사장·한국출판진흥원 이사장), **이기웅**(열화당 사장·출판도시문화재단 이사장), **조상호**(나남 대표), **한철희**(돌베개 대표)

## 사회문화단체 · 기타

강대인(대화문화아카데미 원장), **강인덕**(극동문제연구소 이사장), 강정환(주식회사통통 사장), **강종일**(한반도중립화연구소 소장), **권영빈**(경기문화재단 이사장), **김도현**(전 문화관광부 차관), **김병일**(한국국학진흥원 원장), **김상근**(6.15남북공동위원회 남측위원장), **김상기**(충남대, 독립기념관 한국독립운동사연구소장), **김시업**(실학박물관장), **김양희**(대외경제정책연구원 연구위원), **김영일**(광복회 회장), **김영주**(남북평화재단 상임이사), **김종규**(한국문화재트러스트협회 회장), **김종길**(경북안동 학봉종택), **김종심**(전 정부간행물윤리위원회 위원장), **김종재**(평화아카데미 이사장·경영학), **김중태**(원효사상연구회 회장), **김호일**(안중근의사기념관 관장), **남평오**(비전한반도포럼 대표), **박병일**(한국외국어대 글로벌경영대학경영학부 조교수), **박병호**(대한민국학술원 회원, 법제사), **박석무**(한국고전번역원 원장), **박용옥**(국사학·삼일여성동지회장), **박유철**(안중근의사백주년기념관건립위원회 위원장), **박형규**(남북평화재단 이사장), **백만기**(김&장 변리사), **서상문**(한국전사편찬위원회 연구위원), **서정욱**(전 과학기술부 장관), **성진기**(전 한국철학회 회장·철학), **승효상**(건축가, 이로재 대표), **양민호**(동북아평화센터 운영위원장), **오재식**(아세아평화교육원 원장, 재단법인WORLD VISION 전 회장), **유영하**(경북안동 충효당), **위계룡**(순천교육희망연대 대표), **윤규홍**(Art Gallery 〈분도〉 Art Director), **윤수경**(평화여성회 대표), **윤한택**(경기문화재단 연구원·한국사), **이성원**(경북안동 농암종택), **이종수**(윤이상평화재단 이사장·언론학), **이현배**(전 한국윤활유공업협회 부회장), **이홍길**(전 5.18재단 이사장·중국사), **임옥상**(화가), **임진철**(청미래재단 대표), **장만기**(한국인간개발연구원 회장), **장만채**(전라남도교육감), **정성헌**(DMZ생명평화동산 이사장), **장정인**(한국해양수산개발원 책임연구원), **장휘국**(광주광역시교육감), **전광표**(한국구세군 사령관), **정지웅**(통일미래사회연구소 연구위원)

## 불교계

**각운**(대한불교조계종 재무부 재정국장), **경우**(대한불교조계종 사서실장), **계성**(대한불교조계종 포교부장), **광전**(대한불교조계종 교육원 연수국장), **남천**(대한불교조계종 포교원 포교국장), **덕림**(대한불교조계종 호법부 상임감찰), **덕문**(대한불교조계종 호법부장), **만당**(대한불교조계종 불갑사 주지), **묘청**(대한불교조계종 총무원 문화부 문화국장), **무관**(대한불교조계종 호법부 호법국장), **보문**(대한불교조계종 제2교구 영월암 주지), **상운**(대한불교조계종 재무부장), **법귀**(대한불교조계종 기획실 감사국장), **법상**(대한불교조계종 총무원 호법부 상임감찰), **법인**(대한불교조계종 교육부장), **법진**(대한불교조계종 호법부), **법화**(대한불교조계종 중앙종회의장 사서국장), **선웅**(대한불교조계종 호법부 조사국장), **선혜**(대한불교조계종 사서실), **수경**(불교환경운동연합 대표), **영담**(대한불교조계종 총무부장), **우봉**(대한불교조계종 사서실 사서국장), **원담**(대한불교조계종 기획실장), **원철**(대한불교조계종 불학연구소장), **자승**(대한불교조계종 총무원장), **재경**(대한불교조계종 교육원 교육국

장), **재안**(대한불교조계종 직할사무국장), **종민**(대한불교조계종 총무국
장), **종윤**(대한불교조계종 호법부 조사과장), **행관**(대한불교조계종 호
법부 상임감찰), **현응**(대한불교조계종 교육원장), **혜경**(대한불교조계종
사회부장), **혜만**(대한불교조계종 총무원 호법부 상임감찰), **혜총**(대한
불교조계종 포교원장), **효탄**(대한불교조계종 문화부장)

## 가톨릭계

　강정근(신부·수원교구), **고근석**(신부·광주교구), **고정배**(신부·원주
교구), **권혁시**(신부·대구교구), **김병상**(신부·인천교구), **김성환**(신부·
예수회), **김영식**(신부·안동교구), **김인국**(신부·청주교구), **김인한**(신
부·부산교구), **김일회**(신부·인천교구), **김정대**(신부·예수회), **김종성**
(신부·인천교구), **김준한**(신부·부산교구), **김진화**(신부·전주교구), **김
태균**(신부·부산교구), **김택암**(신부·서울교구), **김홍진**(신부·서울교구),
**나승구**(신부·서울교구), **맹제영**(신부·의정부교구), **문규현**(신부·전주
교구), **문정현**(신부·전주교구), **변찬석**(신부·광주교구), **송기인**(신부·
부산교구), **송년홍**(신부·전주교구), **송홍철**(천주교광주대교구청·신부),
**신종호**(신부·대구교구), **신현봉**(신부·원주교구), **심용섭**(신부·서울교
구), **안승길**(신부·원주교구), **안충석**(신부·서울교구), **양홍**(신부·서울
교구), **양요섭**(신부·광주교구), **유이규**(신부·작은형제회), **이강서**(신
부·서울교구), **이상원**(신부·마산교구), **이영선**(신부·광주교구), **이영
우**(신부·서울교구), **이우석**(대구교구 신동성당 총회장, 대경신협 이사
장), **임문철**(신부·제주교구), **장동훈**(신부·인천교구), **전대희**(신부·인
천교구), **전종훈**(신부·서울교구), **정석현**(신부·의정부교구), **정성종**(신
부·광주교구), **정진호**(신부·서울교구), **진우섭**(신부·광주교구), **차인
현**(신부·서울교구), **최민석**(신부·장흥성당), **최인섭**(신부·청주교구),
**하춘수**(신부·마산교구), **함세웅**(신부·서울교구, 민주화운동기념사업회

이사장), **현성훈**(신부·제주교구), **황상근**(신부·인천교구), **김종필**(신부·성베네딕도회 왜관수도원 원장), **김종혁**(신부·성베네딕도회 왜관수도원, 순심중학교 교장), **이성근**(신부·성베네딕도회 왜관수도원 수련장), **서강일**(신부·성베네딕도회 왜관수도원, 비서), **고진석**(신부·성베네딕도회), **김광준**(대한성공회 교무원장), **김근상**(대한성공회 주교), **박경조**(대한성공회 전 주교), **마백락**(천주교영남교회사연구소 부소장, 국채보상운동 상임이사)

## 기독교계

**권오성**(한국기독교교회협의회KNCC 총무), **권호경**(사랑밭 회장, 한국기독교교회협의회KNCC 전 총무), **김기택**(기독교대한감리회 감독, 성천교회 목사), **김영태**(대한예수교장로회 전 총회장), **김용도**(대한침례교회 전 총회장), **나핵집**(한국기독교장로회평화공동체 대표), **박종렬**(목사·인천생명선교협회장), **박성배**(기독교대한ASSEMBLIES OF GOD 총회장), **박종화**(대한기독교서회 이사장, 경동교회 목사), **박춘화**(기독교대한감리회 전 감독), **성해용**(한국기독교사회문제연구원 원장), **신경하**(기독교대한감리회 전 감독회장), **유경재**(원로목사), **유춘자**(기독교대한감리회 여성개발원장), **유한귀**(잠실교회 목사), **우창준**(연희제일성결교회 목사), **윤길수**(한국기독교장로회 전 총무), **이근복**(한국기독교교회협의회 훈련원장), **장차남**(대한예수교장로회 (합동)총회장), **전병금**(한국기독교장로회 전 총회장, 강남교회 목사), **전병호**(한국기독교교회협의회 회장), **정지강**(대한기독교서회 사장), **정진우**(전 전국목회자정의평화협의회장, 한성제일교회 목사), **조성기**(대한예수교장로회 사무총장), **조화순**(기독교대한감리회 원로목사)

# 한일 지식인 공동성명 일본 측 서명자 명단

총 540인

* 발기인

## 작가 · 예술가 · 영화감독

아카가와 지로赤川次郎(작가), 이시카와 이쓰코石川逸子(시인), 이데 마고로쿠井出孫六(작가), 오에 겐자부로大江健三郎(작가), 가마타 사토시鎌田　慧(르포르타주 작가), 김석범金石範(작가), 고사명高史明(작가), 사타카 마코토佐高　信(평론가), 사와치 히사에澤地久枝(논픽션 작가), 쓰루미 슌스케鶴見俊輔(철학자), 나카노 도시코中野利子(에세이스트), 박경남朴慶南(작가), 하리우 이치로針生一郎(미술평론가), 미야타 마리에宮田毬栄(문필가), 모리사키 가즈에森崎和江(시인, 작가), 양석일梁石日(작가), 이회성李恢成(작가), 아이젠 도쿠미阿伊染徳美(화가), 기나 쇼키치喜納昌吉(음악가, 전 참의원 의원), 사와 도모에沢　知恵(싱어송라이터), 다카하시 유지高橋悠治(음악가), 최선애崔善愛(피아니스트), 도미야마 다에코富山妙子(화가), 현순혜玄順恵(수묵화가), 이케다 히로오池田博穂(영화감독), 이즈쓰 가즈유키井筒和幸(영화감독), 이토 다카시伊藤孝司(포토저널리스트), 정의신鄭義信(각본가, 연출가), 마에다 겐지前田憲二(영화감독, ＮＰＯ법인하늘하우스 대표이사)

## 역사가

아라이 신이치荒井信一＊(이바라키대 명예교수, 일본의전쟁책임자료

56

센터 공동대표), **이구치 가즈키**井口和起 * (교토부립대 명예교수·일본사), **이시야마 히사오**石山久男(역사교육자협회 회원), **이성시**李成市 * (와세다대 교수·조선사), **이타가키 유조**板垣雄三(도쿄대 명예교수·이슬람학), **이노우에 가쓰오**井上勝生 * (홋카이도대 명예교수·일본사), **우에다 마사아키**上田正昭(교토대 명예교수, 일본사), **우쓰미 아이코**内海愛子 * (와세다대 대학원 객원교수·일본-아시아관계사), **오타 오사무**太田修 * (도시샤대 교수·조선사), **가스야 겐이치**糟谷憲一 * (히토쓰바시대 교수·조선사), **가노 마사나오**鹿野政直 * (와세다대 명예교수·일본사), **가노 미키요**加納実紀代(게이와학원대·여성사), **강덕상**姜徳相(시가현립대 명예교수·조선사), **기바타 요이치**木畑洋一(세이조대 교수·국제관계사), **기미시마 가즈히코**君島和彦(서울대 교수·일본사), **김문자**金文子(역사가), **고타니 히로유키**小谷汪之(도립대 명예교수·인도사), **고바야시 가즈코**小林知子(후쿠오카교육대 준교수·재일조선인사), **다카사키 소지**高崎宗司 * (쓰다주쿠대 교수·일본사), **조경달**趙景達 * (지바대 교수·조선사), **도노무라 마사루**外村 大(도쿄대 준교수·조선사), **나카쓰카 아키라**中塚 明 * (나라여자대 명예교수·일조日朝관계사), **나카노 사토시**中野 聡(히토쓰바시대 교수, 역사학연구회 사무국장), **나카무라 마사노리**中村政則 * (히토쓰바시대 명예교수·일본사), **나리타 류이치**成田龍一(니혼여자대 교수·일본사), **하야시 유스케**林 雄介(메이세이대 교수·조선사), **히구치 유이치**樋口雄一(고려박물관 관장), **후지사와 후사토시**藤沢房俊(도쿄경제대 교수·이탈리아근대사), **후지나가 다케시**藤永 壯(오사카산업대 교수·조선사), **마쓰오 다카요시**松尾尊兊 * (교토대 명예교수·일본사), **미즈노 나오키**水野直樹 * (교토대 인문과학연구소 교수·조선사), **미타니 다이치로**三谷太一郎(정치학자), **미나미즈카 싱고**南塚信吾(호세이대 교수, 세계사연구소 소장), **미야지마 히로시**宮嶋博史 * (성균관대 교수·조선사), **미야치 마사토**宮地正人(도쿄대 명예교수·일본사), **미야타 세쓰코**宮田節子 * (역사학자, 전 조선사연구회 회장), **모모세 히로시**百瀬　宏(쓰다주쿠대 명예교수·국제관계학), **야마구치 게이지**山口啓二(역사연구자, 전 일조日朝협회 회장), **야마자키 도모코**山崎朋子(여성사연구가), **야마다 쇼지**山田昭次 * (릿쿄대 명예교수·일본사), **유이 다이자부로**油井大三郎(도쿄여자대　교수·아메리카사), **요시자와 후미토시**吉沢文寿(니가타국제정보대　준교수·조선사), **요시노 마코토**吉野　誠(도카이대 교수·조선사), **요시미 요시아키**吉見義明(주오대 교수·일본사), **이진희**李進熙(와코대 명예교수·조선사), **와다 하루키**和田春樹 * (도쿄대 명예교수), **이주인 리쓰**伊集院　立(호세이대 교수·독일사), **데라다 미쓰오**寺田光雄(사이타마대 명예교수·사회사상사), **기무라 시게미쓰**木村茂光(도쿄학예대 교수·일본사), **쓰카다 이사오**塚田　勲(역사학연구회 회원), **요네타니 마사후미**米谷匡史(도쿄외국어대　교원·사상사), **후카야 가쓰미**深谷克己(와세다대 명예교수·일본사), **스다 쓰토무**須田　努(메이지대 준교수·일본사), **야마모토 나오미**山本直美(역사교육협자협의회 회원), **이시다 겐**石田　憲(지바대 교수·유럽정치사), **다카하시 마사아키**高橋昌明(고베대 명예교수·일본사), **변영호**邊英浩(쓰루문화대 교수, 조선사), **닛타 야스지**新田康二(역사교육자협의회 회원), **미쓰이 다카시**三ツ井　崇(도쿄대 준교수·조선사), **다나카 마사타카**田中正敬(센슈대학　교수·조선사), **강성은**康成銀(조선대　교수·조선근대사), **쓰지 히로노리**辻　弘範(홋카이도학원대 준교수·조선사), **히로세 데이조**広瀬貞三(후쿠오카대 교수·조선사), **스즈키 야스타미**鈴木靖民(고쿠가쿠인대 교수·일본사), **강재언**姜在彦(하나조노대 전 객원교수·조선근대사), **오카 유리코**岡百合子(역사가), **하라 아키라**原　朗(도쿄대 명예교수·일본경제사), **히야네 데루오**比屋根照夫(류큐대 명예교수·일본근대정치사상사), **이이다 다이조**飯田泰三(시마네현립대　교수·일본정치사상사), **미야타 미쓰오**宮田光雄(도호쿠대　명예교수·정치사상사), **고지마 신지小島晋治(도쿄대 명예교수·중국사), **시바하라 다쿠지**芝原拓自(오사카대 명예교수·일본근대사), **아오노 마사하루**青野正明(모모야마학원대 교수·조선사), **하라다 게이이치**原田敬一(불교대 교수·일본근대사), **이로카와 다이키치**色川大吉(도쿄경제대 명예교수·일본근대사), **마쓰나가 이쿠오**松永育男(역사교육자협의회 회원), **이시카와 료타**石川亮太(사가대학 준교수·조선사), **나카무라 헤이지**中村平治(도쿄외국어대 명예교수·인도사), **가사하라 도쿠시**笠原十九司(쓰루문과대 명예교수·동아시아근현대사), **홍종욱**洪宗郁(도시샤대 준교수·조선사), **이비 요시유키**衣斐義之(향토사가), **안자코 유카**庵逧由香(리쓰메이칸대 준교수·조선사), **오하시 유키히로**大橋幸泰(와세다대 준교수·일본근세사), **다카기 히로요시**高木博義 (게이신학원 직원), **이마이 세이이치**今井清一(요코하마시립대 명예교수·일본정치사), **사카모토 노보루**坂本 昇(역사교육자협의회 부위원장), **기무라 마코토**木村 誠(수도대학도쿄 교수·조선사), **야나기사와 오사무**柳沢 治(도쿄도립대 명예교수·유럽경제사), **다키자와 히데키**瀧澤秀樹(오사카상업대 교수·일본경제사·현대한국론), **이케우치 사토시**池内 敏(나고야대 교수·일본사), **이경민**李景ミン(삿포로대 교수·조선사·조선정치론), **오기노 후지오**荻野富士夫(오타루상과대 교수·일본사), **이지치 노리코**伊地知紀子(애히매대 조선지역연구), **고마고메 다케시**駒込 武(교토대 교원·교육사), **오사 시즈에**長 志珠絵(고베시외국어대 준교수·일본근대사), **우노다 쇼야**宇野田尚哉(고베대 준교수·일본사상사), **사카모토 유이치**坂本悠一(규슈국제대 교수·일본경제사), **하야시 히로후미**林 博史(간토학원대 교수·일본현대사), **사이토 가즈하루**斉藤一晴(메이지학원대 강사·일본사), **혼조 도키**本庄十喜(간토학원대 강사·일본현대사), **후루카와 노리코**古川宣子(다이토문화대 준교수·조선사), **사카이 히로미**酒井裕美(오사카대 강사·조선사), **오우미 요시아키**近江吉明(센슈대 교수·프랑스사), **사카모토 히로코**坂元ひろ子(히토쓰바시대 교수·중국근현대사상문화사), **쓰루조노 유타카**鶴園　裕(가네자와대 교수·조선사), **히로오카 기요노부**廣岡浄進(오사카관광대 강사·조선사·일본사), **이케 스스무**池　亨(히토쓰바시대 교수·일본사, 역사학연구회 위원장), **누키이 마사유키**貫井正之(나고야외국어대 강사·조선사), **고바야시 히데오**小林英夫(와세다대 교수·동아시아사·만철사), **권순철**権純哲(사이타마대 교수·조선사), **요시다 유타카**吉田　裕(히토쓰바시대 교수·일본현대사), **야자와 고스케**矢沢康祐(센슈대 명예교수·조선사), **미나가와 마사키**源川真希(수도대학도쿄 준교수·일본사), **후루하타 도오루**古畑　徹(가네자와대 교수·동양사), **와카오 마사키**若尾政希(히토쓰바시대 교수·일본사), **호리구치 시오리**堀口詩織(역사과학협의회 사무서기), **다케우치 미쓰히로**竹内光浩(센슈대 비상근강사·일본중세사), **후지타 아키요시**藤田明良(덴리대 교수·일본사), **야가시로 히데요시**谷ヶ城秀吉(릿쿄대 경제학부 조교·일본아시아경제사), **사사키 류지**佐々木隆爾(도쿄도립대 명예교수·일본현대사), **아오야기 슈이치**青柳周一(시가대 경제학부 준교수),**오오히라 사토시**大平　聡(미야기학원여자대 교원·일본고대사), **요네다 사요코**米田佐代子(여성사연구자), **나가하라 요코**永原陽子(도쿄외국어대 교수·세계사), **곤도 시게카즈**近藤成一(도쿄대 교수·일본중세사), **가마쿠라 사호**鎌倉佐保(도쿄대 사료편찬소 특임연구원·일본사), **오오카도 마사카쓰**大門正克(요코하마국립대 교수·일본사), **나가미네 미치테루**永岺三千輝(요코하마시립대 교수·독일사), **미쓰나리 준지**光成準治(스즈가미네여자단기대), **가와오카 쓰토무**川岡　勉(애히매대 교수·일본사), **신도 미치히로**新藤通弘(조사이대 비상근강사·라틴아메리카현대사), **나가시마 미쓰키**長島　弘(나가사키현립대 특임교수·국제관계사), **오오쓰카 에이지**大塚英二(아이치현립대 교수·일본사), **가와이 야스시**川合　康(니혼대 교수·일본사), **소노베 도시키**薗部寿樹(야마가타현립요네자와여자단기대 교수·일본중세사), **아사이 요시오**浅井良夫

60

(세이조대 교수·현대일본경제사), **후쿠토 사나에**服藤早苗(사이타마학원대), **후지오카 히로미**藤岡寬己 (후쿠오카국제대 교원·이탈리아현대사), **가와니시 히데미치**河西英通(히로시마대 교수·일본근대사), **하야시 고지**林 幸司(히토쓰바시대 경제연구소 COE연구원·중국현대사), **시미즈 도오루**清水 透(게이오의숙대 명예교수·라틴아메리카사회사), **미야케 아키마사**三宅明正(지바대 교수·일본현대사), **호리 신**堀 新(공립여자대 교수·일본근세사), **도노오카 신이치로**外岡慎一郎(쓰루가단기대 교수·일본중세사), **조관자**趙寬子(주부대 준교수·사상사), **우에스기 시노부**上杉 忍(홋카이학원대 교수·미국사), **나카코지 준**中小路 純(전 분쿄대 강사·일본근세사), **사사키 요코**佐々木洋子(오비히로축산대 교원·서양사), **노무라 이쿠요**野村育世(역사가·일본중세사·여성사·역사교육), **사이토 도시오**斉藤利男(히로사키대 교수·일본사), **이카이 다카아키**猪飼隆明(오사카대 명예교수·일본근대사), **가세 가즈토시**加瀬和俊(도쿄대 교수·일본경제사), **이토 마사코**伊藤正子(교토대 아시아·아메리카지역연구 연구과), **마치다 데쓰**町田 哲(나루토교육대 준교수·일본근세사), **하시모토 유**橋本 雄(홋카이도대 준교수·일본사), **이노우에 히사시**井上久士(스루가다이대 교수·중국현대사), **가네코 후미오**金子文夫(요코하마시립대 교수·아시아경제사), **니시 히데나리**西 秀成(아이치현립사편상위원회 특별조사위원), **우메무라 다카시**梅村 喬(오사카대 명예교수·일본고대사), **야마료 겐지**山領健二(간다외어대 명예교수·역사학), **마쓰모토 미치타카**松本通孝(아오야마학원대·릿쇼대 비상근강사·세계사교육), **이토 도시오**伊藤敏雄(오사카교육대·중국고대사), **다이라코 도모나가**平子友長(히토쓰바시대 교수·서양사회사상사), **모리무라 도시미**森村敏己(히토쓰바시대 교수·프랑스사회사상사), **우치다 도모유키**內田知行(다이도문화대 교원·중국현대사), **아키야마 싱고**秋山晋吾(히토쓰바시대 준교수·서양사), **니키 히로시**仁木 宏(오사카시립대 교수·일본사), **마쓰오

히사시松尾　寿(시마네대　명예교수·일본근세사), **우스키 아키라**臼杵陽(니혼여자대　문학부　교수·중동현대사), **야마구치 고이치**山口公一(오테몬학원대　준교수·조선근대사), **후카사와 야스히로**深澤安博(이바라키대　교수·스페인현대사), **이모토 미쓰오**井本三夫(전　이바라키대　이학부　교수, 역사과학협의회　회원·일본근대사), **아사이 요시히로**浅井義弘(오사카역사교육자협의회　사무국장), **히로세 레이코**広瀬玲子(홋카이도정보대　교수·일본사), **스즈키 오리에**鈴木織恵(역사과학협의회　회원·일본고대사), **후지타 쇼지**藤田昌士(전　릿쿄대　교수), **고바야시 미즈노**小林瑞乃(아오야마학원여자단대　강사·일본근대사), **마쓰오 쇼이치**松尾章一(호세이대　명예교수·일본근대사), **고쇼 다다시**古庄　正(고마자와대　명예교수·일본사), **기도 요시유키**貴堂嘉之(히토쓰바시대　교수·미국사), **기무라 겐**木村　元(히토쓰바시대　교수·일본교육사), **기타시마 만지**北島万次(전　공립여자대　교수·일본사), **도우마 세이타**藤間生大(전　구마모토학원대　교수·일본사), **엔도 모토오**遠藤基郎(도쿄대　사료편찬소　준교수·일본사), **이노우에 나오키**井上直樹(교토부립대　교수·조선고대사), **고미나미 고이치**小南浩一(호쿠리쿠대　교수·역사학), **나가누마 무네아키**長沼宗昭(니혼대　교수·독일근대사), **나나미 마사토**七海雅人(도호쿠학원대　준교수·일본사), **이노우에 가즈에**井上和枝(가고시마국제대　교수·조선여성사), **아사다 신지**浅田進史(수도대학도쿄　조교·역사학), **야마다 와타루**山田渉(미야자키대　강사·일본사), **니시무라 히로코**西村汎子(시라우메학원단기대　명예교수·일본여성사), **무라카미 후미오**村上史郎(전　게이오대　비상근강사·일본고대사), **와타나베 쓰카사**渡辺　司(도쿄농공대　준교수·마그레브지역연구), **오야마다 노리코**小山田紀子(니가타국제정보대　교수·알제리사), **마부치 사다토시**馬淵貞利(도쿄학예대　교수·조선사), **다케나가 미쓰오**竹永三男(시마네대　교원), **박종근**朴宗根(역사가·조선사), **홋타 신이치로**堀田慎一郎(나고야대　조교), **기타하라 스마코**北原

62

スマ子(역사가), **사토 노부오**佐藤伸雄(전 역사교육자협의회 위원장), **후루타니 히로시**古谷 博(역사교육자협의회 회원), **아사카와 다모쓰**浅川 保(야마나시역사교육자협의회 회장), **나카우치 데루히코**中内輝彦(도쿠시마현역사교육자협의회 회장), **미쓰하시 히로오**三橋広夫(니혼복지대 교수·일한역사교육), **시라토리 고지**白鳥晃司(역사교육자협의회 부위원장), **사쿠라이 지에미**桜井千恵美(역사교육자협의회 상임위원), **오노 가즈오**大野一夫(역사교육자협의회 사무국장), **이형낭**李ヒョンナン(주오대 교수·일본근대사), **호리 가즈오**堀 和生(교토대 교수·조선경제사), **사카이 요시지**酒井芳司(후쿠오카협립아시아문화교류센터 연구원), **요시다 미쓰오**吉田光男(방송대 교수·조선사), **히로세 다케오**広瀬健夫(전 신슈대 교수·러시아사), **유효종**劉孝鐘(와코대 교수·러시아조선사), **후지모토 와키오**藤本和貴夫(오사카경제법과대 교수·러시아사), **송연옥**宋連玉(아오야마학원대 교수·조선사), **기타하라 아쓰시**北原 敦(홋카이도대 명예교수·이탈리아사), **미야케 다쓰루**三宅 立(전 메이지대 교수·독일근현대사), **김성호**金成浩(류큐대 교수·국제관계사), **오누마 히사오**大沼久夫(교아이학원마에바시국제대 교수·조선현대사), **다카노 기요히로**高野清弘(고난대 교수·정치사상사), **가타노 마사코**片野真佐子(오사카경제대 교수·일본근대사), **이시다 유지**石田勇治(도쿄대 교수·독일현대사), **마쓰자와 데쓰나리**松沢哲成(일본요세바학회 운영위원·일본근현대사연구), **반도 히로시**阪東 宏(메이지대 명예교수·네덜란드사), **이성전**李省展(게이센여학원대 교수·동아시아근대사), **오자와 히로아키**小沢弘明(지바대 교수·오스트리아사), **다카시마 노부요시**高嶋伸欣(류큐대 명예교수·역사교육), **아라이 가쓰히로**新井勝紘(센슈대 교수·근대일본사), **구로세 유지**黒瀬郁二(가고시마국제대 교수·일본사), **우노 슌이치**宇野俊一(지바대 명예교수·일본근대사), **가노 다다시**加納格(호세이대 교수·러시아사)

## 학자, 연구자

아라이 사사구荒井 献(도쿄대 명예교수·성서학聖書学), 이시자카 고이치石坂浩一*(릿쿄대 준교수·한국사회론), 이시다 다케시石田 雄(도쿄대 명예교수·정치학), 이순애李順愛(와세다대 강사·여성학), 이즈미 가오루出水 薫(규슈대 교수·한국정치), 이종원李鍾元*(릿쿄대 교수·국제정치), 이토 나리히코伊藤成彦(주오대 명예교수·사회사상), 우에스기 사토시上杉 聡(오사카시립대 교수), 오키우라 가즈테루沖浦和光(모모야마학원대 명예교수), 가와무라 미나토川村 湊(문예평론가, 호세이대 교수), 강상중姜尚中(도쿄대 교수·정치학), 고모리 요이치小森陽一*(도쿄대 교수, 일본문학), 사카모토 요시카즈坂本義和*(도쿄대 명예교수·국제정치), 사사가와 노리카쓰笹川紀勝(메이지대 교수·국제법), 신도 에이이치進藤栄一(쓰쿠바대 명예교수, 동아시아공동체학회 회장), 스즈키 미치히코鈴木道彦(돗쿄대 명예교수·프랑스문학), 서경식徐京植(작가, 도쿄경제대 교수), 다카하시 데쓰야高橋哲哉(도쿄대 교수·철학), 다나카 히로시田中 宏(히토쓰바시대 명예교수·전후보상문제), 나카오 히로시仲尾 宏(교토조형예술대 객원교수), 나카야마 히로마사中山弘正(메이지학원대 명예교수·경제학), 박일朴一(오사카시립대 교수·경제학), 히라카와 히토시平川 均(나고야대 교수·경제학), 호테이 도시히로布袋敏博(와세다대 교수·조선문학), 미야자키 이사무宮崎 勇(경제학자, 전 경제기획청 장관), 문경수文京洙(리쓰메이칸대 교수·정치학), 강영지姜英之(동아시아종합연구소 이사장), 와타나베 가즈타미渡邊一民(릿쿄대 명예교수·프랑스문학), 우카이 사토시鵜飼 哲(히토쓰바시대 교수·프랑스문학), 모리 가즈코毛利和子(와세다대 명예교수·동아시아국제관계), 배경융裵敬隆(시가현립대 강사·국제관계론), 히시키 가즈요시菱木一美(히로시마슈도대 명예교수·국제정치), 미야모토 겐이치宮本憲一(오사카시립대 명예교수·재정학), 데루오카 이쓰코暉峻淑子(사이타마대 명예교수·경제학), **다나카 가즈히코**田中克彦(히토쓰바시대 명예교수·언어학), **아라사키 모리테루**新崎盛暉(오키나와대 명예교수·오키나와문제), **아사이 모토후미**浅井基文(히로시마평화연구소 소장), **나가노 신이치로**永野慎一郎(다이토문화대 명예교수·국제정치), **히구치 요이치**樋口陽一(헌법전공자), **모리 요시노부**森 義宣(사가대 준교수·국제정치), **모가미 도시키**最上敏樹(국제기독교대 교수·국제정치), **이타쿠라 기요노부**板倉聖宣(국립교육연구소 명예소원, 이타쿠라연구실 대표), **니타니 사다오**二谷貞夫(조에쓰교육대 명예교수·세계사교육), **가토 다카시**加藤 節(세이케이대 교수·정치학), **요모타 이누히코**四方田犬彦(메이지학원대 교수·영화연구·비교문화), **시요자와 미요코**塩沢美代子(여자노동문제연구가), **이시구로 게이**石黒 圭(히토쓰바시대 준교수·일본어학), **무라이 요시노리**村井吉敬(와세다대 교수·국제경제), **니시카와 준**西川 潤(와세다대 명예교수·국제경제), **이애리아**李愛利娥(도쿄대 현대한국연구센터 특임교수), **에비사카 다케시**海老坂武(프랑스문학자), **기타자와 요코**北沢洋子(국제문제평론가), **노자키 미쓰히코**野崎充彦(오사카시립대 교수·조선고전문학), **니시오 다쓰오**西尾達雄(홋카이도대 교수·체육학), **서용달**徐龍達(모모야마학원대 명예교수), **강종헌**康宗憲(한국문제연구소 대표), **마미야 요스케**間宮陽介(교토대 교수·경제학), **후루카와 미카**古川美佳(한국미술문화연구), **야마구치 야스시**山口 定(오사카시립대 명예교수·정치학), **윤건차**尹健次(가나가와대 교수·사상사), **사카이 도시키**坂井俊樹(도쿄학예대 교수·사회과교육·현대한국교육), **아라카와 조**荒川 讓(가고시마대 명예교수·독일사회문화), **이소자키 노리요**磯崎典世(가쿠슈인대 교수·정치학), **가와이 가즈오**河合和男(나라산업대 교수·경제학), **스기하라 도오루**杉原 達(오사카대 교수·일본학), **스즈키 후미코**鈴木文子(불교대 교수·문화인류학), **이영채**李泳采(게이센여학원대 강사·국제관계), **사쿠라이 구니토시**桜井国俊(오키나와대 교수·환경학), **하타노 세쓰코**波田野節子(니가타현립대 교수·조선문학), **야마모토 요시히코**山本義彦(시즈오카대 명예교수·경제학), **미즈노 구니히코**水野邦彦(홋카이도학원대 교수·한국사회경제론), **고다마 후미아키**小瑤史朗(히로사키대 강사·교육학), **스기타 사토시**杉田 聰(오비히로 축산대 교수·철학), **하야시 히로키**林 大樹(히토쓰바시대 교수·커뮤니티정책론·사회조직론), **나이토 미쓰히로**內藤光博(센슈대 교원·헌법학), **시미즈 다케토**清水竹人(오비린대 교원·평화연구), **히라야마 레이지**平山令二(주오대 교수·독일문학), **세키모토 에이타로**関本英太郎(도호쿠대 교수·미디어문화론), **이와사키 미노루**岩崎 稔(도쿄외국어대 교수·철학), **양관수**梁官洙(오사카경제법과대 교수), **김영호**金栄鎬(히로시마시립대 준교수·정치학), **이정화**李静和(세이케이대 교수·정치사상), **나카타 야스히코**中田康彦(히토쓰바시대 준교수·교육학), **지바 신**千葉 眞(국제기독교대 교수·정치사상), **무샤코지 긴히데**武者小路公秀(오사카경제법과대 아시아태평양연구센터 소장), **고세키 쇼이치**古関彰一(돗쿄대 교수·헌법), **이소령**李素玲(니혼대 강사·국제관계), **도쓰카 히데오**戸塚秀夫(도쿄대 명예교수·노동문제), **오바나 기요시**尾花 清(다이토문화대 교수·교육학), **구리하라 아키라**栗原 彬(릿쿄대 명예교수·사회학), **안우식**安宇植(오비린대 명예교수·한국조선문학), **니시다 마사루**西田 勝(식민지문화학회 대표, 문예평론가), **이노우에 데루코**井上輝子(와코대 교수·여성학), **이와마 아키코**岩間暁子(릿쿄대 교수·사회학), **마쓰에다 이타루**松枝 到(와코대 교수·문화사), **히키치 야스히코**挽地康彦(와코대 강사·사회학), **정영혜**鄭暎恵(오쓰마여자대 교수·사회학), **다케나카 에미코**竹中恵美子(오사카시립대 명예교수·노동경제학), **엔도 세이지**遠藤誠治(세이케이대 교수·국제정치학), **도쓰카 에쓰로**戸塚悦朗(리쓰메이칸대 코리아연구센터 특별연구원·국제인권법), **다나카 도시유키**田中利幸(히로시마평화연구소 교수·평화학), **미하시 오사무**三橋 修(와코대 명예교수·사회학), **김성철**金聖哲(히로시마평화연구소 교수·국제정치), **이강철**李鋼哲(호쿠리쿠대 미래창조학부 교수·조선인네트워크연구), **우에무라 히데아키**上村英明(게이센여학원대 교수, 동 평화문화연구소 소장·국제인권법), **호리 요시에**堀芳枝(게이센여학원대 교수·동남아시아지역연구·국제관계론), **야마시타 영애**山下英愛(리쓰메이칸대 비상근강사·여성학), **아베 고키**阿部浩己(가나가와대 교수·국제법), **니시하라 렌타**西原廉太(릿쿄대 부학장), **다카야나기 도시오**高柳俊男(호세이대 국제문화학부 교수·재일코리안연구), **고마키 데루오**小牧輝夫(고쿠시칸대 교수·현대한국조선론), **니시무라 마코토**西村誠(나가노현립단기대 교수·철학), **니시무라 히로미**西村裕美(릿쿄대 교수·그리스도교사상), **사노 미치오**佐野通夫(어린이교육호우센대 교수·교육학), **곤도 구니야스**近藤邦康(도쿄대 명예교수·중국사상), **김태명**金泰明(오사카경제법과대 교수), **데라조노 요시키**寺園喜基(규슈대 명예교수), **오가와 게이지**小川圭治(쓰쿠바대 명예교수·철학), **야마모토 도시마사**山本俊正(간사이학원대 교수·그리스도교평화학)

## 변호사 외

**다카기 겐이치**高木健一(변호사), **이우해**李宇海(변호사), **우치다 마사토시**內田雅敏(변호사), **김우**金優(의학박사), **구로이와 데쓰히코**黑岩哲雄(변호사), **도코이 시게루**床井茂(변호사), **마쓰다 이쿠로**松田生朗(변호사), **미나미 노리오**南典男(변호사), **양영자**梁英子(변호사)

## 저널리스트, 출판인

**아오키 오사무**青木理(저널리스트), **이시이 아키오**石井昭男(아카시서점明石書店 사장), **이마즈 히로시**今津弘(전 아사히신문 논설 부주

간), **이와다레 히로시**岩垂　弘(저널리스트), **위양복**魏良福(세이큐문화사青丘文化社·편집자), **오이시 스스무**大石　進(니혼평론사日本評論社 전 대표), **오카모토 아쓰시**岡本　厚(잡지《세카이世界》편집장), **오다가와 고**小田川興 *(전 아사히신문 편집위원), **사이토 다카오**斉藤貴男(저널리스트), **나가누마 세쓰오**長沼節夫(저널리스트), **나카무라 데루코**中村輝子(저널리스트), **하사바 기요시**波佐場清(전 아사히신문 편집위원), **하타 유미코**羽田ゆみ子(나시노키샤梨の木舎 사장), **하라 도시오**原　寿雄(저널리스트), **마에다 데쓰오**前田哲男(저널리스트), **마쓰모토 마사쓰구**松本昌次(가게서방影書房·편집자), **야마무로　히데오**山室英男 *(전 NHK해설위원장)

## 사회활동가

**시게토 미야코**重藤　都(도쿄일조日朝여성의모임 간사), **시미즈 스미코**清水澄子(일조국교정상화연락회 대표위원, 전 참의원 의원), **스에모토 히나코**末本雛子(일조우호촉진교토부인회의 대표), **다와라 요시후미**俵　義文(어린이와교과서전국네트워크21 사무국장), **나가히사 무쓰코**永久睦子(I여성회의·오사카회원), **히다 유이치**飛田雄一(고베학생청년센터 관장), **후쿠야마 신고**福山真劫(포럼평화·인권·환경 대표), **후루타 다케시**古田　武(고려야유회高麗野遊会 실행위원회 대표), **요시오카 다쓰야**吉岡達也(피스포토ピースボート 공동대표), **에바라 마모루**江原　護(조선학교를 지지하는 회·게이지京滋), **오쓰키 가즈코**大槻和子(도쿄일조여성의 모임), **소가 아키코**曽我昭子 (도쿄일조여성의 모임), **사토 히사시**佐藤　久(번역자), **우치다 아쓰네**内田純音(일조국교촉진국민협의회 사무국 차장日朝国交促進国民協会事務局次長), **고바야시 히사토모**小林久公(강제동원진상구명네트워크 감사), **기타가와 히로카즈**北川広和(간토학원대 강사·일한분석), **가와구치 시게오**川口重雄(마루야마마사오수

첩의회丸山真男手帖の会  대표), **송부자**宋富子(문화센터 아리랑 부이사장), **다니우치 마리코**谷内真理子(전 핵군축을 요구하는 22인위원회 사무국장), **배중도**裵重度(세이큐샤青丘社 이사장), **요시다 히로노리**吉田博徳(일조협회 고문), **도상태**都相太(NPO법인 삼천리철도 이사장), **아오야기 준이치**青柳純一(번역가, 센다이앰네스티仙台アムネスティ 대표), **아오야기 유코**青柳優子(번역가, 코리아문고コリア文庫 대표), **요시이케 도시코**吉池俊子(아시아 포럼요코하마 사무국장), **다카하시 다케토모**高橋武智(번역가), **우메바야시 히로미치**梅林宏道(피스데포피스데포 특별고문), **가모 지에**加茂千恵(조선여성과 연대하는 하코다테의 회 부대표朝鮮女性と連帯する函館の会副代表), **와타나베 미쓰구**渡辺　貢(일조협회 회장), **야마사키 기누코**山崎キヌ子(조선여성과 연대하는 미야자키현 여성의 회 대표), **다카하시 히로코**高橋広子(I여성회의 공동대표·센다이시), **가네무라 가즈코**加根村和子(I여성회의 오키나와현 본부 사무국장 I 女性会議沖縄県本部事務局長), **니시히라 유키요**西平幸代(조선여성과 연대하는 회 오카야마 사무국장), **가와 메이세이**河 明生(일본태권도협회 회장), **후세 데쓰야**布施哲也(기요세시 시회 의원), **후세 유메**布施由女(산타마 일조여성의 모임), **가와이 히데지로**河合秀二郎(일조국교정상화전국연락회 고문), **시노하라 히데코**篠原日出子(조선여성과 연대하는 가나가와 여성의 회 준비위원), **오가와 루미코**小川ルミ子(조선여성과 연대하는 일본부인연락회), **모리 마사타카**森 正孝(하얼빈시 사회과학원 객원연구원, 한국강제'병합'100년시즈오카공동행동 대표), **다케베 레이코**建部玲子(아오모리현 조선여성과 연대하는 회 대표), **미시마 시즈오**三嶋静夫(평화를 사랑하는 이치카와시민의 회 사무국장), **하정웅**河正雄(광주시립미술관 명예관장), **양동준**梁東準(늦봄통일포럼 이사장), **임계성**林季成(늦봄통일포럼 사무국장), **와타나베 미나**渡辺美奈(액티브 뮤지엄 '여성들의 전쟁과 평화 자료관' 사무국장), **사토 노부**

유키佐藤信行(재일대한기독교회 재일한국인문제연구소 소장), 이실근李實根(재일본조선인피폭자연락협의회 회장), 이일만李一滿(도쿄조선인강제연행진상조사단 사무국장), 히라오카 다카시平岡 敬(전 히로시마시장), 쓰카모토 이사오塚本勳(한글숙 쓰루하시ハングル塾つるはし 대표), 쇼우지 루쓰코東海林路得子('여성들의 전쟁과 평화 인권 기금' 이사장), 야마다 사다오山田貞夫(고려박물관 이사장), 이토 시게루伊藤茂(전 운수대신), 요시카와 하루코吉川春子(전 참의원 의원), 요쓰야 노부코四谷信子(전 도쿄도의회 부의장), 마루하마 에리코丸浜江里子(역사교육아시아네트워크 저팬 운영위원), 이와모토 마사미쓰岩本正光(일조협회 대표이사), 미치하라 가이코道原海子(피스데포), 모토야마 히사코本山央子(아시아여성자료센터 사무국장), 가와무라 가즈유키川村一之(전 신주쿠구 구의회 의원), 최석의崔碩義(재일조선인운동사연구회 회원), 오일환吳日煥(민단 나가노지부 단장), 이강호李康浩(민단 오타지부 의장), 박영호朴英鎬(민단 오타지부 부의장), 고창수高昌樹(늦봄통일포럼 이사), 윤창기尹昌基(늦봄통일포럼 이사), 신도 마코토新藤允(전 일조국민회의 사무차장), 와타나베 데쓰로渡辺哲郎(전 도쿄지평東京地評 정치부장), 정갑수鄭甲寿(원코리아페스티벌 실행위원장), 누쿠이 히로시溫井 寬(전 환일본해종합연구기구 이사·사무국장), 미하라 세이스케三原誠介(일본과 남북조선과의 우호를 추진하는 회 대표, 오카야마현 현의회 의원), 나루미 고이치로鳴海治一郎(일조연대도민회의 사무국장), 스즈키 이쓰로鈴木逸郎(일조우호미에현민회의 회장), 사사키 노부히코佐々木伸彦('공평한 방송을!公平な放送を！'사이트 관리인), 미즈노 마사유키水野精之(재일외국인의 공무원 채용을 실현하는 도쿄연락회), 이토 고지伊藤晃二(일조나가노현민회의 회장대행), 모토 료本尾良(시민운동가), 박종석朴鐘碩(히타치취직차별재판 원고), 정향균鄭香均(도청국적임용차별재판 원고), 최승구崔勝久('새로운 가와사키를 만드는 시민의 회' 사무국장), **다이라 오사무**不良　修(일본기독교단 목사, NPO법인 오키나와 한의비의회恨之碑の会 이사), **니시오 이치로**西尾市郎(일본기독교단 목사, 미국기지를 반대하는 운동을 통해서 오키나와와 한국의 민중연대를 지향하는 회 회원), **다카자토 스즈요**高里鈴代(기지·군대를 허락하지 않는 행동하는 여성들의 회(오키나와) 공동대표), **호시노 쓰토무**星野　勉(일본기독교단 목사, 日本基督教団牧師·시모지시마공항의 군사이용을 반대하는 미야코군민의 회 대표下地島空港の軍事利用に反対する宮古郡民の会代表), **가와우라 야요이**川浦弥生(미야코지마의 일본군'위안부'문제를 생각하는 회 회원), **시마다 젠지**島田善次(일본그리스도교회 목사, 후텐마미군기지에서 폭음을 없애는 소송단 단장), **고나야 고이치로**小納谷幸一郎(홋카이도일조연대도민회의 회장), **김순차**金淳次(민단 도쿄한국상공회의소 부회장), **박헌철**朴憲哲(민단 오타지부 고문), **도죠 기미코**東定喜美子(I여성회의 공동대표(후쿠오카시)), **사카이 유키코**酒井夕起子(I여성회의 도쿄도본부 사무국장), **고노스 미치코**鴻巣美知子(I여성회의 사무국 차장), **소에다 가네코**添田包子(조선여성과 연대하는 도치기 부인의 회 대표)

## 종교인

**기다 겐이치**木田献一(야마나시에이와학원대 원장·그리스도교학), **쇼지 쓰토무**東海林勤＊(일본기독교단 목사), **스즈키 레이코**鈴木伶子(평화를실현하는그리스도교인네트워크 대표), **세키타 히로**関田寛雄(아오야마학원대 명예교수, 일본그리스도교단 목사), **후카미즈 마사카쓰**深水正勝(일본가톨릭교회 사제), **요시마쓰 시게루**吉松　繁(오지북교회 목사), **오시마 세이노스케**大塩清之助(일본기독교단 목사), **마쓰무라 시게오**松村重雄(일본기독교단 히로사키남교회 목사), **이지마 마코토**飯島信(일본그리스도교단 목사), **이다 이즈미**井田　泉(일본성공회 사제),

다카하시 기쿠에高橋喜久江(일본그리스도교 부인교풍회), 오시마 가오리大島果織(일본그리스도교협의회 교육부 총주사), 마에지마 무네토시前島宗甫(일본기독교단 목사), 오쓰 겐이치大津健一(아시아농촌지도자양성전문학교 교장), 이청일李淸一(재일대한기독교회 관장), 오수혜吳寿恵(재일대한기독교회 교육주사·재일조선교회여성사), 김영태金永泰(재일대한기독교회 목사), 이민수李民洙(일본성공회 도쿄교구 사제), 아소 도시후미阿蘇敏文(일본기독교단 목사), 최영신崔栄信(목사, 재일대한기독교회 총회장), 홍성완洪性完(목사, 재일대한기독교회 총간사), 주문홍朱文洪(목사, 재일대한기독교회 사회위원 위원장), 이상경李相勁(목사, 재일대한기독교회), 가야마 히로토香山洋人(일본성공회 사제, 릿쿄대 채플린), 아소 가즈코麻生和子(일본그리스도교협의회 재일외국인의인권위원회 위원장), 노무라 기요시野村 潔(일본성공회 사제, 나고야학생청년센터 총간사), 오카다 진岡田 仁(도미자카그리스도교센터 총주사), 가타야마 히로시片山 寛(세이난학원대학 신학부장), 다구치 아키노리田口昭典(일본뱁티스트연맹 이사장, 가네자와교회 목사), 가토 마코토加藤 誠(일본뱁티스트연맹 상무이사, 우라와교회 협력목사), 아키바 마사치秋葉正二(일본기독교단 목사, 외등법문제와 싸우는 전국그리스도교연락협의회 사무국장), 요헤나 조슈饒平名長秀(오키나와뱁티스트연맹 목사, 오키나와그리스도교협의회 의장), 가와고에 히로시川越 弘(일본그리스도교회 목사, 반야스쿠니오키나와그리스도인연락회 운영위원), 와타나베 노부오渡辺信夫(일본그리스도교회 도쿄고백교회 목사), 고가 기요타카古賀清敬(일본그리스도교회 목사, 호쿠세이학원대 교원), 오노데라 호사나小野寺ほさな(일본그리스도교회 일본군'위안부'와 싸우는 회 대표), 와타베 시즈코渡部静子(일본그리스도교회 목사), 고이케 소조小池創造(일본그리스도교회 남우라와교회 목사), 가지와라 히토시梶原 壽(일본기독교단 목사, 나고야학원대 강사), 사카우

치 무네오坂內宗男(그리스도교 전도사, 무교회), 신카이 마사노리新海
雅典(사제, 삿포로가톨릭정의와평화위원회)

# 제 1 부
## 한일 지식인 공동성명의 의미

# 한일 지식인 공동성명과 동아시아 신시대

김영호金泳鎬

## 1. 머리말

우리는 2010년 한국병합 100년을 맞이하여 과거 100년의 역사의 매듭을 짓고 새로운 100년을 열 역사적 돌파구를 만들어 보자고 하였다. 한일 관계의 발목을 잡고 있는 과거사 문제군은 식민지 책임 문제, 위안부 문제, 징용자 문제, 야스쿠니 참배 문제, 교과서 문제, 영토 문제, 문화재 반환 문제 등 광범하고 복잡하다.

그러나 전체를 관통하는 핵심적인 돌파구는 한국병합조약(1910년)의 불법무효 문제이다. 한국병합조약과 그것에 연계되는 일련의 조약의 불법무효가 이루어지면 식민지 시대의 여러 문제군의 성격에 대한 공동인식이 가능해지게 되고 과거사 문제 해결의 길이 활짝 열린다고 생각한다. 지나간 역사에 대한 문제는 결국 공동인식의 문제이다.

이 문제는 쟁점이 되고 있는 한일기본조약(1965년) 제2조의 식민지화 과정의 여러 조약에 대하여 "이미 무효로 한다."의 '이미もはや'의 시점을 한국 정부의 해석대로 조약 체결 당시부터 원천무효로 확정하는 것을 말한다. 바꾸어 말하면 일본 정부가 지금까지 견지해온 해석, 곧 1945년 해방 또는 1948년 대한민국 정부 수립으로 효력이 정지되었다는 해석을 버리는 것을 말한다.

이것은 한국 안에서 일고 있는 기존조약 폐기와 신조약체결론이 비현실적인 것으로 보고 현실적 대안으로 제시한 기존조약의 해석개정론 또는 해석통일론이라고 할 수 있다. 또한 조약의 불법무효론이 식민지 문제의 본질이냐는 의문도 있을 수 있다. 합법이냐 불법이냐 라는 문제와 관계없이 식민지는 범죄인 것이며 정당한 식민지란 있을 수 없다.

그러나 지금 한일 관계의 과거사 문제의 핵심은 병합조약의 유효성이라는 법적 문제에 걸려 있으므로 우리의 이번 거사는 조약의 원천불법무효론 하나에 초점을 모아 많은 지식인들의 동의를 얻으려는 것이다. 이것은 다른 중요한 측면을 배제한 것이 아니라 오히려 살려나가는 발판을 만드는 것이라는 점도 간과해서는 안 될 것이다. 아울러 이러한 해석의 통일은 일본으로서도 그동안 과거사 문제 해결을 위하여 완만하지만 먼 길을 걸어와, 이제 2010년의 상황으로 보아 논리적으로는 용기 있는 결단을 내려야 하는 지점에 접근하고 있다고 할 수 있으므로 반드시 비현실적이라고만 할 수 없는 과제였다. 이 일은 한일 두 나라를 위해서만이 아니라 역사적으로 동아시아 시대의 개막에 적극적으로 대응하기 위하여 피할 수 없는 전제조건이기도 하다.

이 일은 정치인이나 관료들에게 맡길 수 없다. 최근 일본 정치의 우경화를 보며 더욱 정치계에 기대하기 어렵다는 생각이 든다. 시민사회가 나서야 할 것이다. 일본의 시민사회는 이 일을 해결할 저력이 있다고 믿고 있다. 그러나 시민사회 안에서도 역사와 국제사회에 대한 전문지식을 가진 지식인이 앞장서는 것이 순리일 것이다. 특히 역사학자들의 참여가 중요하다고 생각한다. 역사학자들은 지식인 가운데서도 이 문제에 관한 가장 전문적인 지식을 가진 지식인이기 때문이다. 그러하여 우선 한일 지식인 공동성명으로 추진하기로 하였다. 동아시아의 역사적 전환의 시점에서 세계

속의 아시아 시대를 열어가기 위한 일종의 '지식인 쿠데타'라고 해도 좋다.[1]

을사보호조약, 한국병합조약 등의 불법무효론은 이미 조약 당사자인 고종, 순종의 유훈이었으며, 상해임시정부에서도 중요하게 제기한 문제였고, 근래 학계에서도 집중적으로 거론하고 있는 오래된 문제이다. 그러나 이것은 그런 흐름의 연장에서 나온 것이기도 하지만 미래로부터의 요청이라는 사실이다. 한일 두 나라 사이는 물론 동아시아의 미래전망이 이러한 결단을 절실히 필요로 하고 있다. 아울러 닫힌 민족주의의 요청이라기보다 동아시아 지역 평화협력체제의 구축이라는 열린 국제주의의 장엄한 요청이다.[2] 동아시아는 통합의 시대의 들머리에 서 있지 않은가!


## 2. 원천무효 주장의 근거들

우리가 한국병합조약이 원천적인 불법무효라는 한국 측의 해석대로 해석통일을 하자는 여러 근거들을 그동안의 논점을 중심으로 필자 나름대로 종합정리하면 다음과 같다.

첫째, 그동안의 연구와 조사로 한국병합조약과 그 조약으로 연결된 일련의 구 조약들이 한결같이 한국민의 광범한 저항을 군사

---

1) 필자로서는 마침 안중근에 관한 논문 집필을 마치는 순간 마치 안중근 의사 영혼의 명령이라도 받은 심정으로 이 작업에 바로 뛰어들었으므로 가끔 '안중근 쿠데타'라고 말하기도 한다.

2) 우리는 지식인 운동의 순수성을 담보하기 위하여 이 운동의 필요경비를 모든 참여자의 헌금으로 충당하였다. 아울러 한국 측의 회합장소를 독립기념관이나 백범회관 같은 민족주의의 상징적 기념시설에서 하지 않고 프레스센터에서 진행하였다. 아울러 일본의 대지진 때 아픔을 같이 한다는 뜻에서 성금모금운동에도 동참하였다. 우리는 줄곧 "진실 한 마디가 전 세계보다 무겁다."라는 알렉산드르 솔제니친의 말을 명심하고 있었다.

적 강압으로 억압하고 밀어붙인 일방적 강제조약이라는 것이 너무나 명백해졌고, 그 점 일본 정부도 공식적으로 인정하고 있다. 유력한 국제법학계에서도 명백한 강제성으로 말미암아 애초부터 원천무효인 국제조약의 전형적 사례로 들고 있을 정도이다.

둘째, 그동안의 연구축적으로 구 조약 원문이 형식적으로나 절차적으로나 국제법의 성립요건을 갖추지 못한 중대한 결함을 지니고 있다는 것이 명백해졌다. 그러므로 한국병합조약은 조약으로는 성립하지 못했다는 주장까지 나와 있다.[3]

셋째, 전후 일본은 샌프란시스코조약의 틀 안에서 조선의 독립과 독립으로 말미암은 민사상의 재산청구권 또는 경제원조 이외 식민지 지배 사죄나 배상 등을 철저히 외면함으로써 오히려 그 뒤 일본은 식민지 책임을 미결의 과제로 고스란히 넘겨받게 되었다.

넷째, 샌프란시스코 강화체제의 와해 이후, 일본 정부의 총리나 각료가 여러 가지 형태로 인정하고 사과한 담화, 선언, 국회답변 등을 종합하여 연결시켜 보면, 군사적 강압 인정, 침략 인정, 식민지 지배 인정, 커다란 손해와 고통 인정, 불의부당 인정, 통절한 반성과 사과 표명 등 사실상 불법무효를 자인하는 수준에 접근하고 있음에도 실체도 없는 시제법時際法에 의거하여 합법유효하였다고 고집을 부리고 있는 것은 사실상 아직도 제국주의적 힘의 논리에 머물러 있다는 것을 보여주는 사례에 지나지 않는다.

다섯째, 국제조약에 관한 비엔나협약(1969년), 더반세계회의에서 제시된 '인도에 반하는 죄'나 노예무역 및 식민지 범죄, 국제형사재판소ICC에서 확정된 '침략의 죄', UN의 국제법위원회ILC에서 개인피해에 대한 정부의 외교적 보호의 제한조치 등 세계적 신조류와 그 신조류에 호응한 구 제국주의의 식민지책임론에 동참한다.

---

3) 이태진, 이 책에 수록된 글 참조.

여섯째, 일본의 식민지주의 및 침략주의 유산의 정신적 잔재는 지금도 동아시아의 국민 사이의 역사적 화해를 이룩하지 못하게 하고 있으며, 도서島嶼, 위안부, 징용자 등의 실체적 유산은 갈등과 분쟁의 불씨가 되고 군비확장의 악순환을 불러일으키고 있다. 지금의 동아시아의 정경분리政經分離형 교류 협력의 한계를 극복하고 지역평화협력체제의 성숙을 위하여 일본의 과거사의 유산들의 청산이 긴요한 과제이다.

일곱째, 우리는 중국의 중화주의적 패권주의의 부활을 경계하고 있다. 이 지역에 새로운 패권주의의 등장을 막기 위해서는 과거의 패권주의의 그림자를 지우는 것이 중요하다. 일본과 한국은 구미와 달리 시민사회의 바탕 위에서 산업화가 진행된 패턴이 아니라 고도산업화의 바탕 위에 시민사회가 성숙하는 패턴이며, 중국도 비슷한 패턴을 걷고 있는 것 같다. 이제 동아시아 규모에서 시빌 아시아civil asia의 시대가 열리고 있다. 그러나 국가주의 패권주의의 부활의 가능성도 있다. 센카쿠 열도(중국명 댜오위다오) 충돌과 같은 분쟁의 상호의존은 군확의 악순환과 국가주의의 복합 에스컬레이터로, 시민사회가 후퇴할 위험성이 강하다. 그런 사태를 막기 위하여 역사청산을 촉구하는 것이다.

여덟째, 일본의 한국 식민지화를 합리화하기 위해 흔히 일본이 식민지화하지 않았으면 다른 강대국이 식민지화하여 일본의 안보를 위협했을 것이므로 불가피한 자위적 조처였다는 이야기를 한다. 그러나 러일전쟁에 패한 러시아는 동아시아 진출은커녕 자멸을 피할 수 없는 상태였고, 중국 또한 신해혁명 전야의 자멸상태여서 조선 진출 가능성은 전혀 없었다. 당시 강력한 미일협력체제에 도전할 나라는 있을 수 없었다. 일본의 영토야욕 이외의 다른 명분은 성립되지 않는다.[4]

이러한 8가지의 근거는 이 책의 전체를 통하여 자세히 따지고 있으나 이 글에서는 그 가운데 몇 가지 사항에 대해서 살펴보기로 한다.

## 3. 샌프란시스코 강화조약체제와 그 와해 후 한일 관계의 재정립

한일기본조약(1965년)은 샌프란시스코 강화조약체제를 모태로 하여 이루어졌다는 것은 다 아는 바와 같다.

샌프란시스코 강화조약은 제2차 세계대전의 전쟁책임을 처리하는 조약으로 출발하였다. 그러나 한국은 당시 일본의 식민지로 일본군의 일환으로 편입되어 태평양전쟁에 동원되었으므로 오히려 전범의 지위에 놓이는 측면조차 있었다. 더구나 중국의 공산화와 한국전쟁으로 샌프란시스코 조약체제는 동아시아 반공체제의 근간으로 변질되었고 일본은 전범국가의 위치에서 동맹국가로, 미국의 동북아 전략의 요충국가의 위치로 바뀌게 되었다. 일본의 식민지주의의 최대 피해국인 한국과 중국은 이 조약에 참여할 수 없게 되었고, 결국 식민지 책임은 전혀 물을 수가 없게 되었다. 도리어 일본은 침략주의자·식민지 가해자 의식보다는 오히려 원폭 희생자·도쿄재판 피해자 의식이 강하였고 점점 더 그런 경향이 강화되었다.

또 사실 당시 소련과 중국의 도전이나 한국전쟁이 없었더라도, 샌프란시스코 강화조약은 이탈리아 강화조약과 함께, 본질적으로 제2차 세계대전의 전쟁책임을 추궁하고 제2차 세계대전 과정에 일어난 점령지 문제까지는 처리하되 그 이전에 있었던 구舊 식민

---

4) 이정식李庭植, 〈왜 일본은 동양의 맹주가 되지 못했나?〉, 미정고未定稿 참고.

지 책임을 묻지 않았다. 그뿐만 아니라 과거 일본의 한국병합은 미국이 이미 승인했던 합법적 조처였다는 구 제국주의적 성향과 전제들이 굳게 전제되고 있었다.5) 미국의 하와이 강제점령 같은 사건을 은폐하기 위함이라는 해석이 따랐던 것은 사실이다. 물론 일본의 전쟁범죄를 처리하는 부수적인 규정으로 한국의 독립 문제, 일본의 것이 아닌 영토의 반환 문제, 재산 및 청구권 문제 등이 규정되었으나 그것은 본질적으로 식민지 책임 문제와 관계없는 전쟁책임 처리과정의 문제였다. 도쿄재판에서도 전쟁범죄 이외 식민지 범죄는 사실상 거론조차 되지 않았다. 샌프란시스코 강화조약에서는 제25조에서 "연합국이 아닌 나라에 대해서는 어떠한 권리나 소유권 또는 이익도 주지 않는다."라고 규정하고 또한 "연합국이 아닌 다른 나라를 위해 일본의 어떠한 권리나 소유권 또는 이익이 제한되거나 훼손되지 않는다."라고 규정하고 있다.

이와 같이 샌프란시스코 강화조약은 구미와 일본의 구 제국주의적 역사의 정당화를 전제로 일본의 식민통치의 정당성을 부정하는 논리와 운동은 미일 공조로 철저히 배제하는 입장이었다.

따라서 그 조약을 근거로 이루어진 한일기본조약은 샌프란시스코 강화조약체제의 '하위체제'의 성격을 띠게 되었고 처음부터 식민지 책임을 물을 수 없었다. 일본은 시종일관 한국병합은 평등한 처지에서 자유로운 의사에 따라 합법적으로 이루어졌으며, 식민통치로 한국의 근대적 발전에 공헌하였다는 입장을 견지하였다. 이른바 식민통치긍정론이다. 그 결과 한국은 제2차 세계대전 중에 일본에 의해 점령된 국가가 아니기 때문에 1948년 극동위원회의 결정에 근거하여 일본의 식민지배와 통제로 발생한 청구권은 용인될 수 없었고, 강화조약의 제4조의 적용을 받아 일본에 배상적

---

5) 海野福寿, 《韓国併合史の研究》, 岩波書店, 2000.

청구를 못하고 순수한 민사적 채권채무적 청구권만을 청구할 수밖에 없었다. 이 재산청구권은 다시 일본 측이 독립축하금 또는 경제협력자금으로 변형시켰다. 문화재 반환 또한 강화조약 제4조에 따라 "유엔 한국부흥기관에 대하여 일본이 자발적으로 공헌하는 형식을 취한다."고 하여 식민지 책임과는 거리가 먼 형식을 취하게 되었다. 독도〔일본명 다케시마竹島〕에 대해서도 줄곧 반환도서에 포함되었던 것이 제5차 초안에 갑자기 빠져 다른 연합국의 반발을 산 것도 일본의 조선 식민지화 초기과정을 간과하고 독립 후 일본과의 분리 과정에 초점을 맞추는 과정에서 물밑의 로비가 먹혀 들어간 이상한 사태였으며, 식민지 책임을 묻지 않는 전후 처리가 그 뒤로 분쟁의 불씨가 되는 전형적 사례였다.

이렇게 볼 때 한일기본조약 제2조에서 한국병합조약 등에 대하여 "이미 무효로 한다."의 '이미'의 시점이 체결 당시부터 원천무효라는 한국 측 해석은 희망사항에 지나지 않는다는 것을 알 수 있다. 또한 한국 측에서 청구권 자금이 35년 동안의 식민통치의 보상금으로 너무 적다는 평가나 일본이 문화재 반환에 너무 소극적이라는 평가는 한일기본조약에는 배상청구를 포함시킬 수 없다는 근본적인 한계를 인식하지 못한 데서 일어난 혼란이라고 할 수 있다.

아울러 일본 측에서 샌프란시스코 강화조약을 이용하여 한일기본조약 제2조의 '이미'의 시점을 한국 정부 수립이나 샌프란시스코 강화조약의 성립으로 해석하여 그때까지 합법유효했다는 입장에서 배상청구권을 일절 배격하는 입장을 취했으면서 한일재산청구권협정으로 식민지 지배의 문제는 완전히 해결되었다고 계속 주장하고 있는 것은 자가당착이 아닐 수 없다. 실제 재산청구권 교섭의 모든 과정에서 식민지 책임이라는 입장에서 행해진 적은

한 번도 없었다.6) 그럼에도 불구하고 청구권 자금이 경제원조라
는 형태로 바뀌는 사이에 당시 한국군사정권의 약점을 이용해서
"청구권 자금은 완전히 최종적으로 해결되었다."고 명기했다. 식민
지 책임 문제에서 가장 지능적으로 달아났다. 1910년의 한국병합
조약이 '허구의 극치虛構の極み'7)였다면 1965년의 한일기본조약은
'무책임의 극치無責任の極み'라고 할 수 있을 것이다.

동아시아의 냉전 국면에서 샌프란시스코 강화조약의 일환으로
한일기본조약을 체결함으로써 일본은 식민지 문제를 식민지 무책
임으로 처리하는 전례를 남기고 포스트 콜로니얼리즘 시대를 무
임승차하게 되었다. 독일은 말할 것도 없고 같은 기축동맹국이었
던 이탈리아 수준보다도 식민지 책임 문제를 훨씬 공동화시켜 버
렸다. 이로써 일본은 보편 문명국가로 전화할 제1차 기회를 잃어
버리고 말았다. 그리고 식민지 과거사 미해결의 결과, 역사교과서
문제, 야스쿠니신사靖國神社 참배 문제, 위안부 문제, 징용자 문제,
문화재 반환 문제, 독도 문제 등이 한일 협력을 제약하고 동아시
아 지역 통합을 저해하는 요인으로 작용하게 되었다.

그러나 식민지 문제의 방기 상태는 지속될 수 없었다. 현실적으
로 한국에서도 1980년대 후반 이후 민주화 흐름의 당연한 요구의
일환으로서 다른 동아시아 국가들과 비슷하게 위안부 문제, 징용
자 문제, 피폭자 문제 등 민간인 식민지 피해에 대한 개인보상운
동이 광범하게 전개되었다. 한국 정부에서도 2005년 한일회담 외
교문서의 전면공개 이후, 대통령 직속의 〈한일회담 문서공개 후속

---

6) 오오타 오사무, 〈재산청구권 문제의 재고 — 식민지주의의 시점에서〉(太田修、〈財産請
求權問題の再考－植民地主義の視点から〉); 사사가와 노리카츠·이태진, 《한국병합과 현대
— 역사와 국제법으로부터의 재검토》(笹川紀勝·李泰鎭、《韓國併合と現代－歷史と國際法か
らの再檢討》、明石書店), 2008.
7) 나카쓰카 아키라, 이 책에 수록된 글 참조.

대책 관련 민간 공동위원회〉에서 "한일 청구권협정은 기본적으로 일본의 식민지배 배상을 청구한 것이 아니라 샌프란시스코조약 제4조를 근거로 한일 두 나라 사이의 재정적·민사적인 채권채무 관계를 해결하기 위한 것이었다."고 하고 "일본 정부가 간여한 반인도적反人道的 불법행위"에 대해서는 "일본 정부의 법적 책임이 남아 있다."고 규정하였다. 일본 정부가 해결하지 않고 넘어간 문제에 대해 해결 요구가 정면으로 부각된 것이다.

그뿐만 아니라 세계적으로 그동안 냉전 때문에 동결상태로 있던 구 식민지 문제를 해결하고자 하는 바람이 불었다. 독일의 사례는 차치하고서라도 미국 또한 1993년 의회에서 100년 전 하와이 강제점령에 대해 '불법illegal 행위'였다고 인정하고 사죄결의안을 통과시켰고, 제2차 세계대전 기간 동안 재미在美 일본인에 대한 차별적 조처에 대한 사죄와 보상을 했다. 최근에 흑인노예제나 인디언 차별에 대한 사죄결의안에 이어 1882년 중국인이민금지법에 대한 사죄결의안을 만장일치로 통과시켰다. 이탈리아는 제2차 세계대전 이후 샌프란시스코 강화조약과 비슷한 이탈리아 강화조약의 테두리 안에서도 구 식민지에 대하여 일본보다 훨씬 성의 있는 식민지 보상조처를 했었으나, 2008년 다시 과거청산을 제대로 못한 것을 반성하고 자국의 식민지 지배(1911~1943년)로 고통을 겪은 리비아에 대해 식민지배를 공식 사과하고 50억 불의 배상금을 투자형식으로 지불함과 동시에 문화재를 반환하여 식민배상을 완료하는 우호조약을 체결했다.8) 영국, 프랑스, 스페인 등도 구 식민지에 대한 사죄조처를 단행하였다. 이러한 바람은 2001년 남아프리카의 더반Durban에서 〈인종주의, 인종차별, 배외주의 및 관련하

---

8) 이장희李長熙, 〈이태리-리비아 식민지 손해배상 사례와 국제법적 검토〉, 《한일협정체제와 식민지 책임》(국제학술회의 발표논문집), 동북아역사재단, 2012.

는 불관용에 반대하는 세계회의〉에서 절정을 이루었다. 독일의 나치스 재판의 기본 명제인 '인도人道에 반反하는 죄crime against humanity'를 소급하여 식민지 문제, 노예무역 문제 등에 폭넓게 적용하게 된 것이다. 또한 2010년에는 국제형사재판소ICC에서 '침략의 죄'를 새로운 형법상의 중대범죄로 규정하였다. 최근에는 UN의 국제법위원회에서도 개인의 피해보상에 대한 정부의 외교적 보호권의 제한조처도 이루어지게 되었다.

이러한 과거사 청산의 바람 또는 식민지 책임의 바람이 세계적으로 불고 있는 상황에서 일본은 과거와는 다른 새로운 움직임이 나타나게 되었다. 고노河野 담화, 무라야마村山 총리 담화 그리고 간 나오토菅直人 담화 등이 그것이다. 이로써 일본은 샌프란시스코 강화조약의 틀을 벗어나 과거사 청산을 어느 정도 완료하였는가 하면, 불행히도 그렇지 못하였다. 장을 바꾸어 살펴보기로 하자.

## 4. 정당성과 적법성의 문제
### ― 시제법이라고 하는 실체도 없는 법에 매달려서 ―

한국병합조약에 대한 국제법적 유효 또는 무효에 대한 국제법적 평가에 대해서는 지금까지 국제법적 적법성legality과 법철학적 내지 명분상의 정당성legitimacy에 비추어 지금까지 세 가지의 견해가 시기별로 존재해 왔다.

첫째는 일본의 보수우파의 전통적 견해로, 한국병합이 동양평화를 위해 양국의 자유로운 의지로 적법한 절차에 따라 조약이 체결되었다는 합당합법론이다. 일본의 사토 에이사쿠佐藤榮作 총리가 일본 국회 답변에서 병합조약은 "양자의 완전한 평등의 입장에서 체결되었"기 때문에 효력이 발생해 왔다고 언급한 것이 그 전형이었다. 이것은 한일기본조약(1965년)에 관철되는 일본 측 기본 입장이다. 지금은 보수우파에서조차 유지하기 어려울 정도로 설득력을 잃은 기만적 견해이며 이것이 기만적이었다는 것이 그 후 일본 정부의 담화에서도 명백해진 이상 병합조약에 대한 일본 측 해석은 유지될 수 없다.

둘째는, 한국인의 광범한 저항을 무력으로 억압하고 강압적으로 맺은 조약으로서 도덕적으로는 불의부당하지만 당시의 시제법상으로 형식상 절차적 하자가 없으며 여러 열강들도 국제법적으로 승인해 준 것이라는 부당합법론, 또는 유효부당론有效不當論 그것이다. 이러한 유효부당론은 한국병합이 불의부당하다는 인식의 전환이라는 점에서는 큰 진전이다. 그것은 앞서 지적한 한국 안에서 식민지 피해 보상운동의 지속적인 전개, 냉전 후 세계적으로 일기 시작한 식민지 책임 청산 바람, 그리고 일본 시민사회의 성숙 등의 결과일 것이다. 1992년 고노 관방장관 담화에서 일본군의 개입을 공식 인정하고 "마음으로부터 사과와 반성의 기분心からのお詫びと反省の気持ち"을 표방하는 데서 시작하여 1995년 종전終戰 50주년에 일본의 각의결정閣議決定에 기초한 무라야마 총리 담화로 이어졌다. 이 담화의 정신은 1998년 김대중·오부치小渕의 한일공동선언으로, 다시 2002년 고이즈미小泉 총리의 평양방문 때의 북일 평양선언으로 이어져 2010년 한국병합 100년의 해에 간 나오토 총리 담화로 이어졌다.

그러나 무라야마 총리는 국회 답변에서 "한국병합조약은 당시의 국제관계 등의 역사의 사정 속에서 법적으로 유효하게 체결되어 실시된 것이라고 인식을 하고 있습니다.”고 하여 유효부당론의 영역에 머물러 있었다. 간 나오토 총리의 한국 병합 100년 담화에서도 한국인의 뜻에 반한 ‘강제성’을 어느 정도 인정했다는 점에서는 반보半步 진전이라고 볼 수 있지만, 무라야마 총리와 비슷하게 기자회견에서 법적으로는 유효했다고 답변하여 결국 유효부당론의 영역에 머물고 만다.

셋째는 불법부당론이다. 수천 년 동안 교류하던 이웃 나라를 황제부터 백성들의 줄기찬 저항을 억누르고 군사적 강압으로 식민지로 편입한 조약이었으며, 국제조약으로서의 형식과 절차에도 중대한 결함이 있어 도덕적·상식적으로 불의부당하고 법적으로도 불법무효라는 것이다. 이것은 한국의 입장이었으며 일본에서도 진보적 지식인 및 정치인의 견해였고, 이번 한일 지식인 성명에도 관철되고 있으며 새로운 주류가 되어야 한다는 염원을 담고 있다.

이러한 세 가지 입장이 시기별로 존재해 왔으며 큰 흐름으로는 합당합법론에서 부당합법론으로 다시 부당불법론으로 진화해 가고 있다고 할 수 있다. 현재 부당합법론과 부당불법론의 중간에서 현상유지하는 애매한 경우가 많은 것 같다. 그것을 유지해 주는 법적 명분은 시제법이며, 현실적 이슈로는 불법무효를 시인하는 경우 배상 문제나 관련인사의 처벌 문제와 같은 큰 혼란이 따를 수 있다는 큰 두려움이다.

그러나 불법부당론으로 가는 큰 흐름은 꺾을 수 없을 것으로 본다. 그것은 식민지 책임이라는 역사적 진실에 다가가는 것이기 때문이고 법正義에 합당한 것이기 때문이다.

시제법이라고 하지만 서양제국西洋帝國들의 침략주의적 법이며 그나마 명확한 실증법적 규정이 없는 애매한 내용이다. 법이라고 말을 붙이는 것조차 사실은 신성한 법에 대한 모독이다. 그러한 시제법의 규범에서조차 조약 당사자의 의사에 반하는 군사적 강압에 의한 조약은 위법무효라는 규범만은 중시되는 관례가 있어 왔다. 또 이 경우에도 국가적·전체적 무력위협과 조약체결 당사자에 대한 직접적·신체적 강압을 구분하여 후자의 기준으로 무효로 보는 주장도 있다. 당시 전쟁이 불법이 아닌 경우, 전쟁으로 국가를 위협하여 강화조약을 체결하는 상황에서 조약의 효력을 담보하기 위하여 국가적 무력위협과 조약 당사자의 직접적 강압을 구분하여 전자의 경우, 유효하다고 하는 해석은 이해할 수 있다. 그것은 어디까지나 전쟁도발국가에 대한 징벌적 전쟁의 경우이다. 그러나 조약 당사자의 직접적 강압을 "과거의 비리를 폭로하겠다던가, 문자 그대로 권총을 들이대는" 극단적인 경우에 한한다는 것은 너무나 무리한 논리이다.9) 가령 무라야마 담화 이후에 국회에서 한국 측이 병합조약이 당초부터 무효라고 주장하는 것도 강압과 위협에 의해 체결되었기 때문이 아닌가 하는 질문에 외무성 조약국장이 "교섭 당사자·체결자 개인에 대한 강박이나 위협이 체결 당시에 있었다고 하는 식으로는 이해하고 있지 않습니다."라고 답변했다.10) 이것은 실상 법리를 벗어난 제국주의적 관료의 생떼에 지나지 않지만, 그러한 관점에서 보아도 고종高宗 황제는 강제퇴위당하여 유폐幽閉 상태에 있었고 후계자인 순종純宗 황제 또한 강압적인 유폐 상태에 있었다는 사실에서 조약 체결 개인에 대한 강박이 없었으므로 유효하다는 주장은 전혀 사실이 아닌 위증이다.

---

9) 사카모토 시게키, 《조약법의 이론과 실제》, 동신당(坂本茂樹, 《條約法の理論と實際》, 東
　信堂), 2004.
10) 와다 하루키, 이 책에 수록된 글 참조.

또 당시 열강들이 국제법적으로 승인해준 것이라고 해도, 원칙적으로 원천무효인 조약이 제3국의 승인여부로 법적유효성 여부가 변경될 수 없으며 그것에 대한 제3국의 승인은 어떠한 법적 효과도 갖지 못한다.

당시 제국주의의 침략주의가 녹아 있는 시제법의 테두리에서 보더라도 일찍이 프랑스의 저명한 국제법학자 프란시스 레이는 "강제에 의한 조약은 위법"이라는 원칙에 비추어 이미 그 당시에 한일협약(1905년)의 무효론을 제기하였으며 하버드대학 로스쿨에서는 이미 1935년, 강압duress에 의한 조약체결이 무효가 되어야 할 사례로 1905년의 한일협약을 들고 있다. 1962년에는 유엔 국제법위원회에서 비슷한 결론을 내린 바 있다.

당시의 시제법은 명확한 실증법적 규정이 없기 때문에 당시의 국제관습법을 내용으로 하는 저술 또는 출판물에서 내용을 알게 되는데, 메이지기明治期 일본의 대표적 국제법 저술에서도 전권全權위임장이 없거나 비준서가 없는 조약은 무효라고 보는 것이 공통적인 견해이다.11) 따라서 당시 일본 국제법학자의 감각으로 보아도 한국병합조약과 그것과 연계되는 구舊 조약들이 합법유효하다고 볼 수 있는 근거가 너무나 미약하다.

---

11) J. C. Bluntschli, *Das moderne Volkerrecht der Zivilisierten Staaten als Rechtsbuch dargestellt*, Nördlingen, C. H. Beck'schen Buchhandlung, 1872, p.240.; Theodore D. Woolsey, *Introduction to the Study of International Law*, 1874, p.184.; L, Oppenheim, *International Law, A Treatise, Vol. I Peace*, London, New York and Bombay: Longmans, Green, and Co, 1905, pp.528~533.; William Edward Hall, Pearce Higgins ed., *A Treaties on International Law, 3th ed.*, Oxford: Clarendon Press, 1890, pp.327~328.; 秋山雅之助,《國際公法》, 東京: 有斐閣書房, 1893, pp.139~140.; 倉知鐵吉,《國際公法》, 東京: 日本法律學校, 1899, pp.193~194.; 有賀長雄,《國際公法》, 東京: 東京專門學校出版部, 1901, p.419.; 立作太郎,《時國際公法(下)》(謄寫版), 東京帝國大學講義, 1913, pp.180. 여기서는 도시환(〈식민지책임의 관점에서 본 대일강화조약과 한일협정〉, 주8의 책)을 주로 참조했다.

더구나 최근의 연구축적에 따르면 당시의 한일협약이나 한국병합조약이 조약으로 정식 성립할 수 없는 형식상 및 절차상의 중대한 오류를 갖고 있다는 것이 밝혀지고 있다. 대한제국 보인寶印 탈취, 황제의 서명 위조, 공표公表칙유의 날조, 심지어 한국병합조약의 일본 측 원본原本과 한국 측 원본이 동일인同一人의 동일필체同一筆體로 조작되어 일방적으로 강행되었으며, 한국에서는 국내법 절차도 거치지 않았고, 황제가 재가裁可하지도 않았다는 것 등이 거듭 명백해지고 있다. 따라서 한국병합조약은 "체결되지도 않았다."고 주장되고 있다.12) 말하자면 시제법적으로 합법적이라거나 유효하다고 할 수 있는 조약 그 자체가 불발했다는 것이다.

일본이 과거사 청산의 고개를 넘다가 시제법이라는 한없는 허구의 벽에 기대어 부당유효론이라는 능선에 주저앉아 있는 동안, 오히려 불철저한 과거청산이 보수 세력의 온존과 부활을 가져와 최근, 역사를 뒤로 돌리는 보수반동의 사태를 맞이하게 된 것이 아닌가 한다.

## 5. 동아시아의 화해와 일본의 과거사 청산

동아시아의 냉전체제가 해체되면서 차츰 동아시아의 교류협력이 증진되고 역내통합이 진전되어 갔다. 샌프란시스코체제가 와해된 공백을 서서히 아세안+3(일·중·한) 체제가 메워 나갔다. 아세안+3는 다시 동아시아 서미트체제로 진화하는 동안 일본의 기적,

---

12) 이태진, 〈한국병합은 성립되지 않았다〉(〈韓國倂合は成立していない〉上·下), 《世界》 650호·651호·1998年7月号·1998年8月号.
　　　＿＿＿, 〈한국병합 불성립론〉(〈韓國倂合不成立論〉), 《世界》 659호·1999年3月号.

한국의 기적에 이어 중국의 기적이 이루어졌고, 한·중·일 사이에
도 정례적인 각료회의와 정상회의의 진행과 함께 상설기구로 한
중일협력사무국이 설립되었다. 미국의 금융위기와 EU의 재정위기
에서 촉발된 세계 경제위기의 소용돌이 속에 동아시아 경제가 세
계 경제의 중심으로 떠오르는 양상을 보이고 있다. 더구나 동아시
아는 서양화라고 하는 터널을 거의 200년 가까운 시간을 통과하여
이제 터널을 빠져나오고 있다. 동아시아 문명시대의 입구에 서 있
는 것이다.

그러나 동아시아의 교류협력은 정경분리 또는 역사와 현실의
분리의 형태로 진행되었다. 따라서 언제나 정치 또는 과거사의 유
리천정으로 한계 지워지고 있었고. 유리천정은 빈번히 교류협력
의 현실과 부딪히면서 교류협력을 위협하고 후퇴시켰다. 과거사
해결 없이 동아시아의 역내 화해는 불가능하고, 역사 화해 없이
동아시아 지역 평화협력체제의 본격적인 형성은 불가능한 것이었
다. 오늘날 서유럽 지역 통합도 독일의 적극적인 과거사 사죄의
결과로 이루어졌다는 것이 일치된 견해이다. 프랑스의 철학자 자
크 아탈리도 과거사에 대한 화해의 결과 유럽통합이 가능했다고
단정하고 있다. 헬무트 슈미트 전 서독 수상은 1995년 "일본은 한
국을 식민통치하면서 많은 범죄를 저질렀고 중국과 아시아에서
전쟁범죄를 저질렀으나 독일과 달리 범죄의 책임 문제를 청산하
지 않고 있다."고 지적하고 "일본은 국제적으로 대국의 역할을 해
야 할 나라이지만 이런 상태에서는 그런 역할을 할 수 없다."며
"국회에서의 〔사죄 및 부전不戰에 관한〕 결의"를 촉구한 바 있
다.13) 2009년 당시 하토야마 전 총리는 2009년 싱가포르 방문 중
"일본이 많은 나라 특히 아시아 국가의 사람들에게 다대한 손해

---

13) 《동아일보》, 1995년 5월 28일자.

와 고통을 준 지 60년 이상이 지난 지금도 진정한 화해가 달성되었다고 생각할 수 없다."고 술회하고 독·불 사례를 들어 "두 나라는 국민 상호간 교류를 확대한 결과 사실상의 부전공동체不戰共同體를 만들었고 그것이 우여곡절을 거쳐 오늘의 유럽연합으로 이어졌다."고 지적했다.14)

오늘날 동아시아란 지리적·문화적 지역규정이 필요하겠으나, 정치적으로는 과거 일본의 침략 지역을 가리킨다고 해도 지나친 말이 아니다. 이 지역의 지역통합이 세계에서 가장 늦어지고 있는 가장 큰 요인의 하나는 일본이 과거사 청산을 하지 않은 것이다. 일본은 침략전쟁으로 동아시아를 파괴한 뒤, 전후 샌프란시스코 강화조약 뒤에 숨어 제1차 동아시아의 지역통합을 파괴시키는 데 중요한 일익을 담당하였다. 그리고 냉전이 끝나고 샌프란시스코체제가 와해된 뒤에도 과거사 청산에 소극적인 자세로 머물다가 제2차 동아시아의 지역통합 저해행위를 지속하고 있다고 하지 않을 수 없다. 막상 샌프란시스코 강화조약의 주체였던 미국은 오히려 자신의 과거사 청산에 적극적인 것과 대비된다.

또 샌프란시스코 강화조약과 비슷한 이탈리아 강화조약의 틀 속에서도 식민지 문제 해결에 일본보다 성의가 있었던 이탈리아가 다시 근년에 이르러 리비아와의 과거사 청산을 완료했는데도, 일본은 아직도 이미 와해된 샌프란시스코 강화조약의 틀 속에 머물러 허구적인 시제법에 의거하여 식민지 강제조항의 유효성을 주장하고 있는 것이다.

냉전 뒤 동아시아 지역통합의 새로운 조류가 일본의 과거사 청산을 절실히 요구하고 있는 것이다. 동아시아의 시민사회가 일본의 시민사회와 손잡고 세계 시민사회의 지원을 받으며 일본의 보

---

14) 《아사히신문朝日新聞》, 2009년 11월 16일자.

수체제 회귀를 극복해야 할 것이다. 지금 동아시아에서 한·일 사이 그리고 중·일 사이에 일고 있는 영토 갈등, 위안부와 징용자 문제 갈등, 난징南京대학살 사건 분쟁 등은 거의가 식민지적·반식민지적 과거사의 미청산에서 일어난 분쟁이요 갈등 이외 아무 것도 아니다. 보수적 정치세력은 과거사 미청산에서 생긴 갈등 요인들을 역이용하여 오히려 영토 내셔널리즘을 자극하고 군비확충을 촉진하여 상대국의 보수민족주의적 집권세력과 분쟁적 상호의존 관계를 심화시키고 있다. 동아시아 시민사회가 일본의 보수회귀 반대라는 공동의 목표를 두고 연대해야 할 시점에 그 출발점으로 한일 지식인 공동성명이 발표된 것이다.

## 6. 영향과 전망

우리가 공동성명의 서명을 일단락하고 도쿄 참의원회관에서 기자회견을 할 때 한 기자가 지식인 특히 역사학자들이 중심이 되어 현실정치의 벽을 넘을 수 있겠느냐고 물었다. 나는 이렇게 답하였다. "시민 가운데서 지식인은 전문가들이다. 지식인 중에서도 역사 문제에 대해서는 역사학자들이 가장 전문가들이다. 가장 전문가들이 이해관계를 떠나 양국에서 1천여 명이 서명하고 동참하였다. 보수적 역사학자로 분류되던 분들도 다수 포함되었다. 그래서 말하자면 흐린 강물의 상류는 이미 맑은 물줄기로 바뀌었다고 할 수 있다. 이 물이 중류로 또 하류로 내려가기 위해서는 다소 시간이 걸릴 것이다. 그러나 반드시 내려가지 않겠는가."

공동성명이 일본 정부에 전달되고 얼마 뒤에 한국병합 100년에 즈음하여 나온 간 나오토 총리 담화 내용에 공동성명의 뜻이 어떻게 반영되었는지 우리들은 알지 못한다. 적어도 분위기는 직접적으로든 간접적으로든 전달되고 영향을 주었으리라고 생각한다. 간 총리담화는 우리들의 기대에 못 미치는 실망스러운 것이었지만 그래도 100년 전 한국병합조약이 한국인의 뜻에 반하는 강압에 의한 것임을 공인하였다는 점에서는 반보 전진한 것이었다.

한국 안에서는 공동성명의 발표가 매스컴에 대서특필되었고 또 그것은 한일기본조약 제2조에 대한 한국 측 해석의 정당성을 각성시켜준 성명이었기 때문에 그 영향은 당장 가시적인 효과보다는 중장기적으로 깊고 조용한 영향을 주게 되었거나 될 것으로 보인다. 우선 직접적이던 간접적이던 가시적인 영향으로 한국 헌법재판소의 위안부의 배상청구권에 관한 재판과 한국 대법원의 강제징용자의 배상청구소송 재판을 들 수 있다. 한국 헌법재판소의 위안부의 배상청구권 소송은 2011년 8월에 종래 일본 정부가 청구권협정으로 배상청구권이 소멸했다고 주장하는 데 대하여 한국 정부가 소극적인 '부작위'를 하고 있는 것을 '헌법위반'이라고 판결한 것이다. 이것은 한국 정부가 한일 청구권협정은 샌프란시스코 강화조약에 의하여 민사적 채권 채무 관계를 해결하기 위한 것이지 식민지 피해배상을 한 것이 아니었으므로 일본 정부에 식민지 배상의 법적 책임이 남아 있다는 2005년의 결정을 구체적으로 실행할 것을 촉구하는 의미를 가진 것이었다. 그리고 대법원의 2012년 5월 강제징용 피해자들이 미쓰비시중공업과 신일본제철을 상대로 제기한 손해배상 청구소송의 상고심 판결에서 "일제강점기 일본의 한반도 지배는 규범적인 관점에서 불법적인 강점에 지나지 않"는다고 선언하였다. 그리고 "일본의 국가권력이 관여한 반인도적 불법행위나 식민지배와 직결된 불법행위로 말미암은 손해배상 청구권이 청구권협정의 적용대상에 포함되었다고 보기는 어"

렵다고 지적하고, 결국 "원고 등의 손해배상 청구권에 대하여는 청구권협정으로 개인청구권이 소멸하지 아니하였음은 말할 것 없고 대한민국의 외교적 보호권도 포기되지 아니하였다고 봄이 상당하다."고 선언하였다. 한국 대법원의 이러한 판결은 샌프란시스코 강화조약의 틀 속에서 그 하위체계로 성립한 한일기본조약이나 청구권협정의 성격으로 보아 당연하며 한일 지식인 성명의 대의와 일치한다고 생각한다.

2010년 한일 지식인 공동성명에서 시작된 또는 증폭된 변화의 물줄기는 2015년 한일기본조약 50주년이라는 큰 매듭을 예약하며 흐르고 있다. 2010년 한일 지식인 공동성명을 새로운 한일체제의 기점으로 위치 지우는 견해도 나와 있다. 제2차 세계대전 50주년에 무라야마 담화가 나왔지만 한일기본조약 체결 50주년에 한일 지식인 공동성명의 대의를 반영할 일본 정부 담화 또는 국회결의를 기대할 수 있을 것인가. 물론 여기에는 일본 시민사회의 분발과 협조가 중요하다. '2015년 체재'는 한일 시민사회가 진정으로 악수하는 관계이어야 할 것이며 그것이 우리가 염원하는 시빌 아시아 시대의 개막을 의미하는 것이 되어야 할 것이다. 2015년을 전후하여 북일교섭이 본격화하고 북일기본조약이 체결될 경우 식민지 배상 문제는 피해갈 수 없는 분위기를 한일 지식인 공동성명이 이미 만들어 놓고 있는 사실도 간과할 수 없다. 평양 측에서는 이미 2002년 고이즈미 총리 방북 때의 북일평양선언과는 다소 다른 뉘앙스로 "물적 피해에 대해서는 경협으로 처리할 수 있지만 인적·정신적 피해는 별개로 계속 추궁해 나갈 것"을 강조하고 있다. 필자는 이미 1992년에 북일기본조약이 한일기본조약을 토대로 추진되는 것을 저지하기 위하여 한국 측에서는 한일기본조약의 개정론을 정부가 정식으로 제기해야 하며, 북일교섭 과정에서 북

측의 식민지 배상론을 지지해야 할 것이라고 연이어 강조한 바 있다.[15] 그 뒤 국회에서 한일협정 폐기 및 재체결 촉구 결의안이 발의되고 김원웅 의원 외 100여 명이 북일교섭 중의 북측 입장을 지원하는 공동성명을 발표하기도 했다. 아베 정부의 등장으로 북일 국교정상화 교섭이 상당히 지연 또는 왜곡될 가능성이 있지만, 머지않은 장래에 북일교섭이 재개되어 식민지 지배 사죄를 전제로 한국병합조약의 원천무효 조처가 이루어진다면 북일기본조약을 근거로 한일기본조약 제2조의 "이미 무효로 한다."의 '이미'의 시점을 한일지식인 공동성명의 내용처럼 소급해서 원천무효로 해석, 통일하는 길이 열리지 않을까 생각한다.

그런데 한국병합조약을 불법무효로 하는 경우 여러 가지 혼란과 배상부담을 감당하기 어렵다는 우려가 있는 것이 사실이다. 이러한 우려 때문에 원천무효에 반대하는 경우도 적지 않은 것 같다. 우리는 이 운동을 진행하면서 금전적 배상의 우려를 없애는 조처를 병행할 것을 검토하기도 했으나 적절하지 못하다고 판단하였다. 다만 개인적으로 감동연쇄론을 펴기도 했다. 일본 측에서 진심으로 원천무효를 수용한다면 한국 측에서 이에 감동하여 과거 중국 측에서 했던 것처럼 배상불요賠償不要로 답할 것이며 다시 일본 측에서 감동하여 일본판 아시아 마샬플랜 같은 것이 실시된다면[16] 그리고 비슷한 감동연쇄 프로세스가 다른 아시아 국가로 확대된다면 동아시아 공동체의 형성의 길이 활짝 열리지 않을까 기대하는 것이다.

과거사를 짊어지고 있는 코스트는 일본에서도 아시아에서도 너

---

15) 졸고, 〈한일기본조약 개정론〉, 《殉國》, 1995년 6월호.
16) 김영호·야스에 료스케安江良介 특별대담, 〈신 마샬플랜을 제안하다 ―아시아의 푸른 미래를 위한 한일 지성의 만남―〉, 《한겨레21》, 1995년 11월 16일자.

무도 크다. 일본에서 자주 듣는 '폐쇄감'이란 가해자가 갖는 과거사의 '감옥'에 갇혀 있는 데서 생긴 것이 아닐까? 일부에서 약한 일본을 강한 일본으로 만들어야 한다고 하지만, 오히려 과거사에 갇혀 있는 일본을 과거사에서 해방된 일본으로 만들어야 하지 않을까? 루스벨트의 4개의 자유 외에 또 하나 '과거로부터 자유'가 절실하다. 동아시아에서 과거로부터 자유를 실현시키는 열쇠는 일본이 쥐고 있다. 동아시아의 깨어 있는 시민사회의 연대로 과거 패권주의의 역사를 깨는 것이 우선 중국의 패권주의화를 막는 1차적인 조처일 것이며, 그 뒤의 계속적인 패권주의적 움직임에 대해서는 한일 시민사회가 주축이 되어 '시빌 아시아'의 건설로 막아야 할 것이다. 아시아의 일본화 현상에 이은 아시아의 중국화 현상을 일본의 아시아화에 이어 중국의 아시아화로 극복하면서 아시아의 아시아화를 내다보는 패권주의 없는 '시빌 아시아'의 건설이야말로 한일 지식인 공동성명의 진정한 취지가 아닐까!

# '한국병합' 100년 한일〔日韓〕 지식인 공동성명의 오늘의 의의

와다 하루키 和田春樹

## 1. 한일〔日韓〕 지식인 공동성명과 그 반향

2009년 가을, 일본에서는 총선거를 통한 정권교체가 이뤄져서 민주당 하토야마鳩山 내각이 탄생했다. 이에 따라 이듬해 2010년, '한국병합' 100년에 즈음하여 일본 정부에게 수상 담화를 발표하도록 촉구할 수 있을 만한 가능성이 생겨났다. 예전부터 병합 100년의 기회에 일본 역사가의 성명 발표를 이야기해 왔던 우리들은 본격적으로 움직이지 않으면 안 되겠다고 느끼기 시작했다. 이때 한국의 지식인 그룹이 병합 100년을 맞이하는 양국 지식인의 공동성명을 발표해야 하지 않을까라고 생각하여 일복 측과 접촉을 타진해왔다. 2009년 11월, 김영호金泳鎬 씨가 와다에게 한국 측의 의지를 전해오신 것이다. 나는 한일〔日韓〕 공동성명이 가능할지 어떨지에 대해서 망설이면서도, 이 한국 측의 제안을 진지하게 받아들여서 검토해야 한다고 생각했다.

그 달에 바로 김영호 씨가 도쿄에 와서, 나와 내가 상담한 오카모토 아쓰시岡本厚 《세계世界》 편집장 등과 간담했다. 그때, 병합이 장기에 걸친 일본의 침략 결과 강제당한 것이라고 하는 인식, 병합조약이 그렇게 강제당했던 과정을 자발적인 합의에 의해서 이루어졌다고 속이는 것은 부당하다고 하는 평가, 그리고 병합조약의 무효를 선언한 한일[日韓]조약 제2조에 대한 엇갈린 해석은 한국 측의 해석을 채용함으로써 통일할 수밖에 없다고 하는 결론 — 이 세 가지를 골자로 한다면 공동성명을 내는 것은 가능하고, 또 의의가 있다는 합의가 탄생했다.

한국 측으로부터의 요청에 응하여 성명의 최초안을 일본 측에서 준비했다. 그 뒤로 한국 측으로부터도 안이 제시되어 차츰 두 안의 통합안을 작성하는 순서로 성명이 정리되어 갔다. 일본 측에서는 역사가를 중심으로 발기인을 세워서 문안의 검토가 진행되었다. 그때, 하나의 난점은, 병합조약이 무효라고 하게 된다면 병합이 성립되지 않는다는 점이었고, 또 하나는, 병합이 불의부당하다고 새삼 인정한다면 보상을 생각해야 된다는 문제가 남아 있다는 점을 구체적으로 명기해야만 한다는 점이었다. 두 가지 모두 문안을 수정하고, 합의를 찾아냈다. 한국 측에서는 많은 토론을 거치며 원칙적인 합의를 만들어서 일본 측의 제안에 건설적으로 대처했다.

성명에는 양국에서 각각 100명, 합계 200명의 서명을 모으기로 했다. 한국에서는 중요한 신문사의 모든 주필, 사장이 발기인으로 참가했다. 일본에서는 발기인의 주요 인사가 역사학자였지만, 서명자로는 쓰루미 슌스케鶴見俊輔, 오에 겐자부로大江健三郎, 사카모토 요시카즈坂本義和 씨를 비롯하여 한일·북일 관계에 관심을 가져온 사람들이 더해졌다. 주목할 만한 점은, 한일역사공동연구위원회(제1차)의 일본 측, 한국 측 책임자였던 미타니 다이치로三谷太一郎, 조동걸趙東杰 두 사람이 함께 서명한 것이다. 한국의 서명자는 폭이 넓었고, 그 면면 자체가 이 성명에 대한 거족적인 지지를 나타내고 있었다.

성명은 2010년 5월 10일, 서울과 도쿄에서 동시에 발표되었다.

서울 기자회견에는 일본 측 발기인인 미야지마 히로시宮嶋博史 성균관대 교수가, 도쿄 기자회견에는 한국 측 발기인인 김창록金昌祿 리쓰메이칸立命館대 객원교수가 출석했다.

이 성명에 대해서 강렬한 반응을 보인 것은 한국의 미디어였다. 기자회견 다음날인 5월 11일 한국의 각 신문은 크게 보도했다. 가장 자세하게 보도한 것은 《동아일보》이다. 1면 톱기사 말고도 2면, 3면이 모두 기자회견의 보도에 할애되었고, 기자회견의 사진, 서명자 전원의 명단, 성명의 요지가 게재되었으며, 사설에서도 거론되었다. 그 다음으로 크게 보도한 것은 《한겨레신문》으로, 1면 중앙의 기사 말고도 4면이 모두 기자회견의 보도에 할애되었고, 사설에서도 거론하고 있었다. 각 신문의 표제를 소개하자면, 《동아일보》는 〈"한일병합 불법—원천 무효" 한일 지식인 213명 성명〉, 〈"군대의 힘으로 유린한 제국주의의 행위" 일본의 지성이 입을 열다〉, 《한겨레》가 〈"한일병합 무효" 양국 지식인 공동성명〉, 〈'한일병합 역사적 부당성' 인식 공유 큰 걸음〉, 《중앙일보》가 〈불의부정, "한국 강제병합은 무효" 한일 지식인 214명 선언〉, 〈"한일병합, 국제법상으로도 무효" 일본 100년 만의 양심선언〉, 《조선일보》가 〈"한일병합은 당초부터 원천 무효" 한일 지식인 214명 공동성명〉 등으로 되어 있었다. '병합 무효'라고 하는 표현은 충격적이었다. 기사를 읽어 보니, '병합조약 무효'라는 의미라고 이해했지만, 여기에는 그 역사를 되돌아볼 때 한국인의 마음속 깊은 아픔이라는 것이 드러나 있음을 나는 느꼈다. 원래 병합은 없앨 수 없는 역사의 현실이므로 한국인도 일본인도 이 점에서 눈을 돌리지 말고, 이 현실 앞에서, 이것을 극복해 가는 길을 생각하지 않으면 안 될 것이다.

일본에서는 《아사히신문朝日新聞》, 《도쿄신문東京新聞》, 《교도통신

共同通信》만이 기자회견을 보도했는데, 모두 작은 기사였다. 5월 12일이 되자 《교도통신》의 발신 기사를 《재팬 타임스The Japan Times》가 보도했다. 표제는 〈병합 100년을 계기로 일한日韓1)에서 공동성명, 지식인 200명이 서명〉(《아사히신문》), 〈일한日韓병합조약 '무효'라 성명, 일한日韓지식인〉(《도쿄신문》), 〈한국병합은 당초부터 무효2)/일한日韓지식인이 공동으로 성명〉(《교도통신》)이었다. 《아사히신문》의 기사는 "병합에 이르는 과정이 불의부당하며, 마찬가지로 병합조약도 불의부당하여 당초부터 무효였다."고 성명의 내용을 정리하고 있다. 이러한 작은 기사 이외에 어떠한 논평도 나오지 않았다.

우리의 성명은 일본 정부 관계자, 간 나오토 수상, 센고쿠 요시토仙石由人 관방장관에게 제출되었다. 그들은 우리의 성명을 읽고, 또한 한국 측 보도에 대한 보고를 받고 한국 국민의 이 성명에 대한 강렬한 마음을 아프도록 느끼지 않을 수 없었을 것이다.

기자회견을 마친 다음의 대화를 통해 서명을 확대할 것, 역사가를 중심으로 그 밖의 조선·한국 문제에 관심을 가진 사람들에게 확대하여 6월 말을 목표로 삼아 일본에서만 500명까지 확대시키기로 했다. 성명은 《세계》 7월호에 발표되었다.

2010년 7월 28일에는 한국에서 김영호, 이태진李泰鎮, 김진현金鎭炫, 김경희金京熙 네 발기인이 도쿄에 와서, 일본 측의 발기인 아라이 신이치, 오다가와 고小田川興, 쇼지 쓰토무東海林勤, 야마다 쇼지山田昭次, 와다 하루키와 함께 아라이 사토시荒井聰 국가전략대신, 반노 유타카伴野豊 민주당 국제국장 등과 면회하며 새로운 1천

---

1) '日韓'의 표기는 일어 원문을 따르되 한일의 국명 표기에 대해서는 '한일[日韓]'의 형태로 병기했다. ― 역자 주
2) 일본에서는 '원천무효'를 '당초부터 무효'라고 표현하고 있다. 여기서는 원어에 충실하게 번역하였다. ― 역자 주

명 성명(한국 측 587명, 일본 측 524명)을 제출했다. 이 날은 기자회견과 기념집회를 했다.

## 2. 간 수상 담화의 발표

간 내각이 병합 100년에 즈음하여 수상 담화를 검토하고 있다는 사실이 최초로 보도된 것은 7월 중순의 《조선일보》 기사였다. 그 기사에 대해 질문을 받은 센고쿠 관방장관은 7월 16일 기자회견에서 "어떻게라도 견해를 표명할 필요가 있는지 어떤지, 한다고 하면 어떠한 것이 있는지 내 머릿속에 들어 있고, 관방에서 어느 정도 구상하고 있다."고 말했다(《아사히신문》, 2010년 7월 17일자).

정부의 방침이 밝혀지자, 민주당 당내에서는 담화가 보상 문제를 재연시키는 것은 아닌가 하는 경계감을 드러내는 움직임이 일어났다.. 8월 6일, 센고쿠 관방장관에게 당내 우파인 마쓰바라 진松原仁, 류 히로후미笠浩史 의원이 신중한 대응을 요구했다. 게다가 9일의 정부·민주당 수뇌회의에서는, 겐바 고이치로玄葉光一郎 공무원제도담당장관(당 정조회장)이 "보상으로는 연결되지 않도록 해 주었으면 한다."고 다짐을 주는 행동을 취했다.

2010년 8월 10일, 간 나오토 총리는 병합 100년의 총리 담화를 발표했다. 간 담화는 "일한日韓병합조약이 체결되어 …… 식민지 지배가 시작되었다.", "정치적·군사적 배경 아래, 당시의 한국 사람들은 그 뜻에 반하여 행해진 식민지 지배에 의해서, 나라와 문화를 빼앗겼다."고 말했다. 병합의 강제성을 확실히 인정하고 있다는 점에서 무라야마村山 담화보다 전진했다고 볼 수 있다. 또한 새삼 "이 식민지 지배가 가져온 다대한 손해와 고통에 대해, 여기에서 다시 한번 통절한 반성과 마음으로부터 사과의 뜻을 표명합니다.”고 말한 것도 의미가 있다. 게다가 구체적 조치로서 담화는 《조선왕조의궤》 등의 도서의 인도를 약속했다. 이것은 적극적인 의미를 가지는 조치였다.

간 수상은 담화 발표 직후, 한국의 이명박 대통령에게 전화하여 담화 내용을 설명했는데, 이 대통령은 “좀 더 강력한 협력관계를 쌓을 수 있겠다.”고 긍정적으로 응했다.

각 신문은 8월 10일 석간 1면 톱으로 일제히 〈일한日韓병합 “통절한 반성” 체결 100년 수상 담화〉(《요미우리신문》), 〈한국병합 “통절한 반성” 100년 뒤에 수상 담화 “민족에게 상처”〉(《아사히신문》), 〈통절한 반성과 사과, 일한日韓병합 100년 수상 담화 발표〉(《마이니치신문》)라고 보도했다. 또한 11일 각지는 사설로 “이번 수상 담화를, 미래를 향한 일한日韓 관계 구축의 출발점으로 삼고 싶다.”(《마이니치신문》), “처음으로 식민지 지배에 대해 ‘…한국민의 뜻에 반하여 이뤄졌다’고 평가했다.”, “공감할 수 있는 인식이다. 우리도 무겁게 받아들이고 싶다.”, “화해와 협조의 100년으로, 이 담화를 초석으로 삼하고 싶다.”(《아사히신문》)고 적극적으로 평가했고, 조심스러운 성향의 《요미우리신문》도 “미래 지향의 일한日韓 관계를 강조하는 등, 타당한 내용이라고 할 수 있을 것이다.”라고 긍정했다. “화근을 남긴 간 담화에 반대한다.”고 부정적이었던 것은 《산케이신문》의 사설뿐이었다.

야당 자민당은 대체로 부정적이었는데, 다니가키 사다카즈谷垣禎一 총재는 “담화가 미래 지향의 일한日韓 관계의 방해가 되지는 않을지 우려한다.”(《아사히신문》, 11일자) “발표할 필요가 있었는지 어떤지 큰 의문이다.”(《산케이신문》, 11일자)라고 말했다. 아베 신조安倍晋三 전 수상은 “자기 생각으로 선의를 나타내기만 하면 괜

찮다고 하는 것은 큰 착각, 어리석은 총리다."라고 말했다(《아사히신문》, 11일자). 아베 씨가 회장을 맡은 초당파의원연합 〈창생 '일본'〉은, 수상 담화는 "국민과 역사에 대한 중대한 배신으로 용인할 수 없다."는 성명을 발표했다. 한편, 공명당公明党의 야마구치 나쓰오山口那津男 대표는 "식민지 지배에 대한 반성과 사과를 표명하여, 미래지향의 일한日韓 관계를 구축하겠다는 결의를 나타낸 내용이었다고 솔직하게 평가하고 싶다."는 담화를 발표했다.

식자의 의견으로서는, 《아사히신문》, 《마이니치신문》, 《요미우리신문》 세 신문에 오코노기 마사오小此木政夫 게이오慶応대 교수가 등장해서 담화를 지지했다. 특히 《아사히》에서 오코노기 씨는 "나라와 문화를 빼앗겨 민족의 긍지를 깊게 손상 받게 되었습니다."라고 하는 담화의 말이 "한국 사람들의 기분에 진지하게 대답한" 것으로, 만약 이 담화를 내지 않았다면 "일한日韓 간의 감정적인 대립이 여파가 남게 되었을 것이다."라고 말하고 있다.

가을이 되자 한일〔日韓〕 양국 정부의 합의로 설치된 한일〔日韓〕 신시대 공동 연구 프로젝트가 정리한 〈'한일〔日韓〕 신시대'를 위한 제언〉이 10월에 발표되었다. 한국 측은 하영선河英善 서울대 교수, 일본 측은 오코노기 마사오 게이오대 교수가 대표자로, 일본 측 참가자 가운데는 지식인 공동성명에 참가한 사람이 없었지만, 한국 측에는 성명의 서명자가 있었다. 이 제언은 한일〔日韓〕 관계 100년의 성찰로서 "20세기 초기에, 일본은 무력을 배경으로 한국 사람들의 반대를 억누르면서 한국병합을 단행했다. 그 식민지화 과정과 거기에서 이어지는 식민지 지배가 가져온 막대한 손해와 고통 및 민족적인 원한의 감정이 1945년 이후에도 장기에 걸쳐 한일〔日韓〕 관계 정상화를 방해하는 큰 요인의 하나가 되었다."라고 서술하고 있다. 병합조약의 문제는 언급하지 않았고, 한일〔日韓〕조약 제2조의 해석 문제도 언급하지 않았지만, 병합의 강제성을 인정하고 있다. 이 제언은 한일[日韓] 지식인 성명, 간 담화에 목소리를 합치는 움직임이었다고 할 수 있다.

우리의 성명에 대해서 한국에서도 일본에서도 불충분하다고 하는 비판이 있었던 것을 부언해 두자. "병합조약의 무효화 등 과거사의 정치적 청산에만 초점을 맞추고 거기에서 '화해'를 성급하게 요구하는" 입장은 문제라든가[나카노 도시오中野敏男], 병합조약은 '불의부정'함을 확인하고, 한일[日韓]조약 제2조의 한국 측 해석을 인정한다고 하는 "정도의 수준에 머물러 버린 것은 매우 유감이다."라든가[윤해동尹海東], "왜 100년이라는 해에 '한일[日韓] 양국 정부와 국민의 공동 인식'의 확립이라는 수준으로 한정시켜서 '화해와 협력'을 호소하는 것인가."라든가[신창우愼蒼宇]의 의견이 전형적인 것이다[이상은 모두 《병합 100년 논문집》, 이와나미서점岩波書店, 2010에 수록].

비판은 이해할 수 있겠는데, 초점을 좁히는 것이 〈성명〉의 목적이었음을 생각한다면, 일정 수준에 머물렀다고 하는 비판은 정곡을 벗어나 있다. 윤해동 씨는 〈성명〉을 〈식민지주의 청산과 평화 실현을 위한 한일 시민 공동선언〉(2010년 8월 22일·29일)과 비교하여 후자에 대한 지지를 표명하면서 그 내용의 실현에 기대하고 있다. 이 〈선언〉의 추진자에는 우리 〈성명〉의 발기인도 몇 사람인가 참가하고 있다. 〈선언〉은 병합조약은 강제당한 것임을 지적하고 "국제법에 비추어 분명하게 위법·무효이다."라고 서술하고 있다. 한일[日韓]조약 제2조의 해석이 나뉘어져 있는 문제는 언급하지 않고, 식민지 지배가 남긴 문제의 전면적 해결을 요구하고 있다. 이러한 〈선언〉이 나온 의의도 충분히 이해할 수 있다.

## 3. 국회에서 있었던 심의

간 담화가 나온 단계에서, 국회는 질문을 통해서 병합이 강제적이었다고 인정한다면 병합조약이 "양자의 완전한 의사, 평등한 입장에서 체결된" 것이라고 한 한일〔日韓〕조약 체결 당시 일본 정부 견해를 수정하게 되는가? 병합조약은 당초부터 'null and void'했다고 하는 한일〔日韓〕조약 제2조의 한국 측 해석을 받아들일 수 있는가? — 이러한 여러 가지 점을 고치는 일이 필요했다.

1995년 8월 15일의 무라야마村山 담화가 나온 뒤, 10월 5일 참의원參議院 본회의에서 요시오카 요시노리吉岡吉典 의원(공산당)이 "식민지 지배의 반성"이라고 말한 이상 "조선병합은 조선 인민의 의사와 관계없이 일본이 강제로 조선을 식민지 지배하에 둔 것임을 인정한 것입니까?"라고 질문했다. 무라야마 수상은 당초 외무성 페이퍼에 기초해서 "병합조약은 당시의 국제관계 등의 역사적 사정 속에서 법적으로 유효하게 체결되어 실시된 것이다."라고 인식하고 있다고 답변했는데, 이 답변이 북한·한국 정부의 강력한 항의를 받게 되자 10월 13일 중의원 예산위원회에서는 병합조약이 "형식적으로는 합의로서 성립되어" 있지만 실질적으로는 "쌍방의 입장이 평등했다."고는 생각하지 않는다, 조약 조인을 강요했다는 사실은 "부정할 수 없다."고 표명한 것이다. 이날 오후의 기자회견에서 노사카 고켄野坂浩賢 관방장관도 "한일〔日韓〕병합조약은 한국이나 북한의 국민 여러분이 본다면, 지극히 강제적인 것이었다."고 말하고 있다.

무라야마 담화에는, 병합의 강제성이라는 인식은 포함되어 있지 않았지만, 남북한의 강한 비판에 도움받은 의원들의 추궁에 의해서, 무라야마 수상은 이런 인식으로까지 나아가지 않을 수 없었던 것이다. 간 담화가 병합의 강제성 인식을 포함하고 있다고 한다면, 당연히 국회 질문을 통해서 그 인식을 명확하게 만드는 일이 가능했을 것이다.

나아가 1995년에는 한일〔日韓〕조약 제2조의 해석 문제까지 드러냈었던 것도 상기하면 좋다. 이쪽은 11월 14일의 《아사히신문》 지면상에서 이뤄졌다. 와다 하루키가 《아사히신문》의 논단에 투고하여 다음과 같이 문제를 제기했다. 병합조약은 당시의 열강에게는 유효하다고 인정받아, 일본은 이것을 유효하다고 하여 "그것을 전제로 정책을 취했다.", "그러나 오늘날 되돌아보자면 한민족의 의사에 반하여 강제한 병합조약은 일본의 한국병합을 …… 어떠한 의미에서도 합법화·정당화할 수 없다.", 따라서 한일〔日韓〕조약 제2조의 해석은 한국 측 해석으로 통일하는 것이 "유일한 현실적인 길이다."라고 주장했다. 이것에 대해서 외무성의 한일〔日韓〕조약 체결 당시 북동아시아과장 구로다 미즈오黑田瑞夫 씨는, 무라야마 담화를 평가하면서도 "구 조약이 처음부터 무효였다고 하는 것이 되면, 36년 동안 쌓아올려온 공법상 및 사법상의 법률관계가 뒤집어질 우려가 있고, 더욱이 청구권 교섭에도 영향을 줄 가능성도 없다고 할 수 없어 도저히 받아들일 수 있는 것이 아니다."라고 말했다. 이것이 일본 외무성의 기본적인 견해일 것이다. 이때는 두 의견의 대립이 그대로였다.

한편 간 담화는 일본 국회에서 길게 다뤄지지 않았다. 나는 사민당의 마타이치 세이지又市征治 참의원 의원에게 요청하여 질문을 해 주도록 하는 데 성공했다. 2010년 10월 18일 참의원 결산위원회에서 마타이치 의원은 질문했다. "총리, 이것은 1910년의 한국병합이 한반도를 점령한 일본군에 의해서, 그 땅 사람들의 의사에 반하여 강제한 것이었다, 이런 인식이라는 식으로 이해해도 괜

찮은 것이겠지요? 또 이 인식은 당연히 한반도 전체이므로 북한에 대해서도 같은 인식일 거라고 생각합니다만, 그 점도 묻겠습니다."이에 대하여 간 수상은 답변했다. "이 담화에서 말한 것처럼, 우리나라에 의한 식민지 지배가 당시 한국 분들의 뜻에 반해 행해졌다는 점을 인식하고, 나라와 문화를 빼앗겨 민족의 자랑에 깊게 상처 입은 한국 사람들의 아픔을 잊어서는 안 된다고 생각하고 있습니다. 당시의 한국이라고 하는 의미는, 확실히 당시는 아직 하나의 나라였으므로 그런 의미를 포함해서라고 이해해 주셨으면 합니다."지극히 짧은 시간의 질문이라 병합조약에 대해서는 언급을 얻지 못했다. 다음날《산케이신문》이 "수상, 일한日韓병합 담화는 북한도 '대상'"이라고 보도하여, 오히려 구해 주는 모양새였다. 무라야마 담화 때와는 달리 국회는 간 담화에 대해서 병합의 강제성 인식에서 나아가 병합조약의 평가 수정으로 전진하지 못했다.

우리는 간 담화에 대해서, 그 내용을 심화시키기 위한 국회 논전을 조직하는 일에 실패했다고 말하지 않을 수 없다. 병합조약이 당초부터 무효라는 한국 측 해석을 일본 정부가 받아들이게끔 하려면 거듭 각별한 노력이 필요하다. 일본 정부는 1995년의 구로다 전 과장이 제기한 두 이유에 입각해서 전통적 해석을 지키려고 할 것이다.

구로다 씨의 제1논점 "36년 동안 쌓아올려온 공법상 및 사법상의 법률관계가 뒤집어질 우려"라는 것과 관련해서 내가 2011년 8월, 성명 1주년 기념 서울 심포지엄에서 지적한 병합조약과 병합조서의 관계라고 하는 문제에 주의를 돌려볼 필요가 있다. 일본 정부는 병합에 즈음하여 조약으로 하는 방법과 선언으로 하는 방법 두 가지를 생각하고 있었고, "그 어느 쪽 방법을 따르는가를 불문하고, 병합의 실행에 즈음해서는 조칙으로 병합을 선포"한다고 생각하고 있었다[《공작 가쓰라 다로전公爵桂太郎伝》 곤권坤巻, 460~463쪽]. 실제로는 조약으로 하는 방식이 취해졌는데, 조칙이 거듭 나온 것은 이 책의 가스야糟谷 논문에서도 나타나 있다. 고무라小村 외상은 "조칙에서는 또한, 한반도 통치가 오로지 천황 대권의 행동에 속한다는 취지를 나타냄으로써, 반도의 통치가 대일본제국 헌법의 조장條章에 준거할 필요가 없음을 분명히 하여 후일의 쟁의를 예방할 것"이라고 제안하고 있었다. 병합조약이 당초부터 'null and void'했다는 것을 인정한 다음, 병합조서에 기초한 일본 정부의 식민지 지배 조치를 어떻게 생각할지가 검토되어야 할 것이다.

## 4. 2011년 이후의 역사 문제

우리의 성명과 간 담화가 나온 병합 100년의 해가 지나고, 2011년부터 2013년에 걸쳐서는 새로운 사태, 복잡한 사태가 생겨났다.

간 담화에서 약속한 《조선왕조의궤》 등의 서적의 인도에 대해서는 협정 체결, 그 국회 비준에 문제가 있었다. 야당인 자유민주당이 협정 비준에 오랫동안 반대했던 것이다. 그 때문에 협정 비준은 2011년 6월까지 걸려서, 《조선왕조의궤》 등의 인도는 2011년 10월이 되어서야 겨우 실현되었던 것이다.

중요한 것은 위안부 문제가 새삼 큰 문제로 우리 앞에 나타난 것이다. 그 계기는 2011년 8월 30일의 한국 헌법재판소 판결이었다. 한국 헌법재판소는 전 위안부 할머니들이 제출한 소송에 대해서, 이분들의 배상청구권을 둘러싼 분쟁이 있는데도 그것을 한일 청구권·경제협력협정 제3조에 기초하여 해결하지 않고 있는 한국 정부의 부작위不作爲는 헌법위반이라고 판결했다.

한국 정부 외교통상부의 협의 신청이 일본 정부에게 거절당하고 있는 상황 속에서 10월 10일, 민주당의 마에하라 세이지前原誠司 정조회장이 방한하여, 위안부 문제에 대해서 "일본이 더한층 노력이 필요하다. 아시아여성기금도 있지만 새로운 기금을 생각할 필요가 있는지도 모른다."고 하는 의견을 표명했다. 이에 대해서 《요미우리신문》은 10월 17일 사설에서, 고노河野 관방장관 담화는 "일본의 관헌이 조직적·강제적으로 여성을 위안부로 몰았다."라는 잘못된 기술을 포함했다고 비판하고, 그러한 잘못된 담화에 근거해 설립된 것이 아시아여성기금이라고 규정하면서, 게다가 그 사업이 한국에서는 "좌절했다."고 말하면서 무의미한 일을 다시 기획하지 말라고 마에하라 씨에게 경고하였다. 이 사설에 대한 비판은 일본 어디에서도 들리지 않았다.

기다리다 못한 이명박 대통령은 12월 17·18일의 이틀 동안 교토京都에서 열린 두 번째 정상회담의 석상에서, 시작부터 강한 말로 위안부 문제 해결에 대해 노다 수상을 압박한 것이다. 노다 수상은 이 자리에서 문제가 조약적으로는 해결이 끝난 문제이지만, 그 일에 대해서는 일본 수상으로서 사과를 말씀드린다, 더한층 노력할 수는 없는지 지혜를 짜낼 생각이라고 하는 표명을 준비하고 있었지만, 대통령의 강한 어조에 눌렸기 때문인지 문제는 '해결이 끝났다'고 하는 최초의 말, '지혜를 짜낼 생각'이라는 마지막 말만을 표명하는 데 끝났다고 한다.

이 대통령이 그렇게 압박한 데에는, 그 직전인 12월 14일 일본 대사관 앞의 정대협과 할머니들의 수요 데모가 1천 회를 맞이한 가운데 대사관 앞에 위안부로 여겨지는 소녀상이 건립된 사정도 영향을 주었을 것이다. 도쿄에서도 같은 날, 외무성을 포위하는 인간 사슬 행동이 이뤄지고 있었다. 이 행동을 주재한 〈일본군 '위안부’ 문제 해결 전국행동 2010〉이라는 운동단체는 2012년 초, 일본 정부의 결단을 강력하게 촉구하는 자세를 보였다. 2월에 간행된 〈전국행동 2010〉의 불리틴bulletin 제4호에 공동대표의 한 사람인 하나부사 도시오花房俊雄 씨의 호소가 발표되어 있다. “한국 정부가 요구하고 있는 협의에 대해 일본 정부는 응할 의무가 있습니다. 일본 정부에게 한국 정부와 협의에 응하도록 요구하는 목소리를 전국에서 높여 나갑시다.” 그리고 요구하는 해결 내용으로서 다음을 들고 있다. “① 일본 정부의 책임을 인정하고 피해자의 마음에 닿는 사죄를 할 것, ② 국고에서 나온 보상금을 피해자에게 보낼 것, ③ ‘인도적인 입장’이란 가해자 측인 일본 측이 사용할 말이 아닙니다. 책임을 회피하는 말로서 피해자에게 상처를 줍니다.”

일본 정부는 무엇을 생각하고, 어떻게 하려는 것인가? 이것을 오랫동안 알 수 없었다. 그러나, 2012년 4월 20일 사이토 쓰요시斉藤勁 관방 부장관이 방한하여 천영우千英宇 외교안보 수석비서관과 만나서 위안부 문제에 대해 협의한 사실이 보도되었다. “사이토 씨는 해결책으로서 ① 수상의 이명박 대통령에 대한 사죄 ② 무토 마사토시武藤正敏 주한대사(당시)의 전 위안부에 대한 사죄 ③ 일본 정부에 의한 보상 — 등을 검토할 수 있다는 생각을 전했다. 이것에 대해 천 씨는 ‘일본 측은 한국의 위안부 지원단체로부터도 의향을 직접 들어야 한다’는 생각을 나타내며 타협하지 않았다고 한다.”〔《홋카이도신문》, 2012년 5월 12일자〕

여기서 큰 의미가 있는 움직임이 한국 대법원에서 일어났다. 5월 24일, 대법원은 미쓰비시 히로시마三菱広島와 일본제철의 전 징용공徴用工 등의 강제징용 배상금과 미불 임금의 지불을 요구하는 소송에 대해서 고등법원 판결을 파기하고 재심리를 명하는 판결을 내렸다. 그 법리가 주목을 받았다. 대법원 판결은 “대한민국 헌법의 규정에 비추어 볼 때, 일제 강제 점령기의 일본의 조선 지배는 …… 불법인 강점에 지나지 않고, 일본의 불법 지배로 인한 법률관계 속에서 대한제국의 헌법 정신과 양립할 수 없는 것은 그 효력이 배제된다고 보지 않을 수 없다.”고 판시했고, 또한 1965년의 경제협력·청구권협정에서 소멸한 것은 ‘한일 양국 간의 재정적·민사적 채권·채무 관계’와 관계되는 청구권뿐이며 식민지 지배에 직결된 불법 행위로 인한 손해배상 청구권은 방기도 소멸도 되어 있지 않다고 선언했다. 이것은 오늘날의 기본 문제를 한일조약을 부정함으로써 원리적으로 새로운 법리에 의해서 해결하고자 하는 것으로 보인다. 이것은 아마 한국 국민의 희망을 나타내고 있다고 이해할 수 있다.

여름이 되고, 8월 15일이 가까워지자 우려되는 분위기가 강해졌다. 8월 10일, 이명박 대통령의 독도〔일본명 다케시마竹島〕 시찰 뉴스가 일본 정부에게 충격을 주었다. 노다 수상은 즉시 독도는 “우리나라(일본) 고유의 영토”라고 하며 “의연한 대응을 취할 것”이라고 표명했다. 11일에는 겐바玄葉 외상이 독도 문제를 국제사법재판소에 제소할 생각을 표명한다. 나아가 8월 14일에 이 대통령이 충청북도의 한 대학에서 교원들과 간담할 때, 천황이 방한을 바란다면 독립운동가에 대해서 사죄할 필요가 있다고 말했다는 것이 15일 각 신문에 보도되어 일본 정치가들이 강한 반발을 보이기에 이르렀다. 이러한 한일〔日韓〕 대립의 폭풍 속에서 이 대통령이 8월 15일 광복절 연설에서 위안부 문제에 대해 “일본 정부의 책임 있는 조치를 바란다.”고만 표명한 것은 대통령의 그동안의 퍼포먼스가 위안부 문제에 대한 일본 정부의 조치를 요구하는 압력이었음을 보여 주고 있다.

하지만 노다 수상의 친서를 둘러싼 소동도 너무나 한심스러워 대립은 더욱 가속화했다. 겐바 외상은 독도의 상황이 한국에 의한 '불법점거'라고 국회에서 언명했고, 8월 24일에는 중의원이 공산당과 사민당을 제외한 여러 당파의 찬성으로 "시마네현 다케시마竹島(독도)는 우리나라 고유의 영토다."라고 하면서 한국의 "불법점거를 일각이라도 빨리 정지할 것을 강하게 요구한다."고 하고, 한국 대통령은 천황발언을 철회하라고 하는 결의를 채택하기에 이르렀다.

'다케시마竹島＝독도' 문제, 천황 문제, 위안부 문제 ― 한일〔日韓〕의 역사 문제가 한꺼번에 폭발한 감이 있다. 역사인식의 동요가 한일〔日韓〕 관계의 위기를 만들어낸 것이다.

9월에 접어들자, 8일에 블라디보스토크에서 개최되는 APEC정상회담에서 옆자리에 앉게 될 이 대통령과 노다 수상이 어떻게 얼굴을 마주할 것인가 불안한 나날이 이어졌다. 이때 9월 5일, 이 대통령은 정재정鄭在貞 교수 등 5명의 일본 전문가를 조찬회에 초대하여 대일정책에 대해서 의견을 듣는 모습을 보였다. 이 일은 이 대통령이 일본과의 대립으로 고심하고 있으며, 타개책을 모색하고 있음을 나타낸 것이다. 9월 8일, APEC정상회담 석상에서 노다 수상과 이명박 대통령은 미소와 함께 악수를 나눴다. 그것이 한일〔日韓〕 관계 재출발의 시작이라고 생각되어졌다. 총선거가 있으면 패배를 피할 수 없으리라 여겨지던 민주당 정권으로서는 적어도 위안부 문제의 해결만이라도 성취할 필요가 있었다. 사이토 쓰요시 관방 부장관과 이 대통령의 뜻을 이어받은 고위관리 사이에 해결안의 합의가 이뤄졌다고 일컬어지고 있다. 그러나 노다 수상은 끝까지 결단할 수 없었던 것 같다. 노다 수상은 서둘러 해산을 단행했고 선거에서 파국적 패배를 당하여, 아베安倍 자민당 정권의 부활에 길을 열었다.

아베 수상은 총재 선거 중에는 위안부 문제인 고노 담화를 재검토하겠다는 자세를 보였지만, 정권을 잡자 미국 정부를 비롯한 주변국 의견을 의식하여 고노 담화 재검토의 의향을 톤다운했다. 그러나 무언가 계기가 생기면 속내를 드러내서 무라야마 담화도 고노 담화도 수정하려는 의욕을 비치고 있다. 그러나 미국과 한국으로부터 비판, 일본 국내에서 미디어·여론의 비판이 거세다. 이 일은 5월에 하시모토橋下 오사카시장이 위안부 문제에 대한 폭언으로 정치적 영향력을 상실한 것에서 드러난다. 아마 아베 수상이 무라야마 담화, 고노 담화를 공식적으로 부정하면 총리의 자리에 머무는 것이 다음번에도 불가능할 것이다.

이런 상황에서 아베 수상에게 정면으로 문제를 제기할 만한 인물이 2013년 2월 한국 최초의 여성 대통령이 된 박근혜朴槿惠 씨이다. 그러나 잠시 박 대통령은 아베 수상과의 대결을 피하고 있다. 한일[日韓] 관계는 완전히 얼어붙은 채이다.


## 5. 한일[日韓] 역사 문제의 현시점과 정책

이렇게 되고 보니 다시 한번 한일[日韓] 관계, 한일[日韓] 역사 문제의 역사에서 우리 성명의 의의를 다시 생각하고 현시점의 과제를 응시할 필요가 있다.

한일[日韓] 관계의 기초를 만들어 오늘날 보고 있는 발전을 가져온 것은 1965년의 한일[日韓]조약이었다. 그러나 이 조약에는 비판받아야 할 중대한 결함이 있었다. 일본 측에 식민지 지배에 대한 반성이 없었고, 그것이 가져온 손해와 고통에 대한 사죄가 없었으며, 보상을 행할 생각이 없었던 것이다.

한일[日韓]조약 이후의 48년 동안은 일본 정부와 국민이 한국인의 마음과 바람을 알고 조선 식민지 지배의 역사를 인식하기 시작하여 그것을 반성하며 사죄의 마음을 갖기에 이르는 변화의 기간이었다. 그것은 한일[日韓] 관계의 발전 속에서 한일[日韓]조약 체제의 당초의 결함을 보완하여 식민지 지배에 대한 일본 정부·국민의 사죄로 진행되었고, 그것에 의하여 한일[日韓]조약 체제를 개선, 개량, 재편하는 과정이었다고 생각할 수 있다.

일본 정부와 국민의 반성은 1992년의 고노 관방장관 담화, 1995년의 무라야마 총리 담화에서 결정적인 표현을 얻었고, 1998년의 한일[日韓] 공동선언으로 확정되었다. 이 선언에서 김대중 대통령과 오부치小渊 수상은 1995~98년 체제라고도 부를 만한 조치를 꺼내 들었다. "보상조치에 대해서는 위안부 문제에서 아시아여성기금 이상의 조치를 일본 측에는 요구하지 않는다. 한국 정부가 이 기금을 거부하는 피해자에게 일시금을 지불한다. 앞으로는 미래지향적인 파트너십 협력을 다면화해 간다. 일본문화 개방을 비롯하여 문화 교류, 인적 교류를 발전시킨다."고 하는 체제를 만들어낸 것이다.

이 뒤로부터 한일[日韓] 관계는 긴밀해져서 문화 면의 교류가 진전되었고, 사람의 왕래도 크게 전진했다. 일본인은 한국의 매력을 더욱 발견하게 되었다. 그러나 관계가 긴밀해지면 질수록, 역사 문제의 미해결 부분의 아픔이 오히려 신경 쓰인다. 그리고 2005년 시마네현 의회의 '다케시마竹島(독도)의 날' 제정은 이 해가 일본이 조선을 보호국화한 보호조약을 강제한 뒤로 100년째라고 생각하고 있던 한국인의 분노를 폭발시켰다. 역사 문제를 둘러싸고 반동과 전진이 교대로 일어나면서 일본 국내의 분쟁이 격렬해졌고, 한국 측의 반발도 거세졌다. 이러한 한일[日韓] 관계의 발전 속에서, 마침내 2012년 8월에 걸쳐 위기가 발생하게 되었던 것이다. 이미 1995~98년의 체제로는 해결해 갈 수 없다.

새로운 체제로 나아가는 일이 필요하게 되었다. 그것이 현재의 상황이다.

남겨진 해결을 필요로 하는 문제는 네 가지가 있다. 첫째는 우리 성명이 주장한 역사인식 확립의 최종적인 방책을 취하는 것이다. 곧 한일〔日韓〕기본조약 제2조의 해석 차이를, 강제당한 병합조약은 당초부터 무효null and void였다고 보는 한국 측 해석으로 통일하는 것이다. 이것은 한일〔日韓〕 양정부의 교섭에 의하지 않으면 안 된다. 이 해석 통일이 이루어지면, 한일〔日韓〕조약에 기초하여 일본이 행한 경제협력은 병합조약이 원천적으로 부정되어야 할 것이라는 인식에서 이뤄진 속죄atonement 행위였다고 다시 설명하게 되는 것이다. 이렇게 하는 것이 북일〔日朝〕 국교정상화, 북일〔日朝〕조약의 체결도 가능하게 만든다.

둘째로, 한일〔日韓〕조약에 기초하여 일본이 행한 경제협력은 병합조약이 원천적으로 부정되어야 할 것이라는 인식에서 이뤄진 보상 행위였다고 말해도, 한국 국민은 납득이 되지 않을 것이다. 그러므로 일본 측은 한일〔日韓〕조약의 경제협력과 관련해서 자발적이고 도의적인 입장에서 일본 측의 새로운 입장을 표현할 추가적 속죄 행동을 보완적으로 취하지 않으면 안 된다. 한국 정부는 한일〔日韓〕조약 문서의 공개 뒤, 어떤 종류의 피해자에게는 한국 정부가 일본의 경제협력에서 얻은 자금으로 보상해야 했었다고 하며 새로운 대처를 시작했다. 2008년 10월 30일에 최종적으로 이 조치를 법제화했고, 강제동원 노동자·군인군속의 사망자 유족에게 위로금 2천만 원, 귀국 생존자에게는 연간 의료지원금 80만 원을 결정하여 지급을 시작하고 있다. 일본 측도 정부, 기업, 국민으로부터 갹출금으로 특별한 기금을 만들어서 보상하는 마음을 나타낼 사업을 실행할 필요가 있다.

셋째는 한일[日韓] 청구권협정으로 청구권 문제는 완전하게 해결되었다고 선언되어 있지만, 무시할 수 없는 심각한 문제가 이후 제기되어 일본 정부는 여러 가지로 노력해왔다. 사할린 잔류 한국인의 귀국 문제, 재한 피폭자에 대한 원호 문제, 위안부 문제가 그 중심이다. 이 가운데서 위안부 문제가 여전히 큰 문제로 남아 있다. 1995년에 일본 정부는 아시아여성기금을 설립해서 사죄와 속죄 사업을 행했다. 아시아여성기금은 2007년 해산했다. 한국 피해자에 대한 사죄와 속죄 사업을 완수했다고 할 수 없는 이상, 정부가 아시아여성기금과는 다른 형태로 추가적 노력을 할 필요가 있다.

넷째는 한일[日韓]조약 체결 때에는 보류되었던 영토 문제, '다케시마竹島=독도' 문제이다. 식민지가 독립할 때, 새로운 독립국과 구舊 지배국 사이에 영토를 어떻게 구분할지 합의가 필요하게 된다. 1945년부터 1948년에 걸쳐 한국은 독도·울릉도는 한국령이며, 대마도對馬島는 배상으로서 할양할 것을 요구했다. 일본은 독도와 울릉도에 대한 관심을 표명했고, 대마도 할양을 거부했다. 양국은 샌프란시스코회의의 연합국에게 채결採決을 요구했지만, 그것은 올바른 일은 아니었다. 식민지의 독립에 관련된 영토의 확정은 전승국과 관계없이, 식민지로부터 독립한 나라와 구舊 지배국 사이에서 합의로 이끌어내지 않으면 안 된다.

한일[日韓]조약이 체결되었을 때, 〈분쟁해결을 위한 교환 공문〉이 체결되었다. 이것을 확인하고 정부 간 교섭을 실시하는 것이 바람직하겠지만, 한국 정부·국민이 이러한 교섭을 인정하지 않겠다고 한다면, 당분간은 민간의 대화, 학술적 검토를 실시하는 것이 좋을 것이다. 한국 측은 토론이나 교섭을 꺼려할 것이 없다. 민간 토의든 정부 간 교섭이든 그 내용은, 한국이 일본을 설득하고 독도를 독립 한국의 영토로 인정하게 하는 것, 섬 주변의 어업과 자원 이용에 대해서는 한일[日韓] 양국의 이해의 조화를 도모하는 합의를 이끌어내는 것 외에는 없는 것이다.

또한 이 부문에서 새로운 영토 문제에 대한 시민성명이 한국, 일본, 중국에서 확산을 보인 것은 주목할 만한 현상이다.


## 6. 2010년에서 2015년으로

역사 문제의 해결을 위해서는 한국에 대해서만 생각하면 되는 것은 아니다. 북한과의 역사 청산, 국교정상화 문제가 있다. 2002년 9월, 북일[日朝]평양선언에서 고이즈미 수상은 무라야마 담화의 내용을 조선민주주의인민공화국에 대해서도 확인하고, 그 정신에 의해서 국교정상화를 하고 경제협력을 실시할 것을 밝혔다. 그러나 이후 10년, 북일 관계는 악화 일로를 걸어, 2006년 아베 정권 아래에서 북일 교섭을 완전히 봉쇄하는 정책체계가 확립되어 있다.

국교정상화를 실현하여 정상적인 국가 관계를 유지하는 것이 북일[日朝] 관계를 평화로운 관계로 만드는 기본적인 수단인데, 북한은 벌써 일본을 향하여 중거리 미사일을 실전 배치하고 있다. 핵병기, 소형 핵탄두의 개발을 위한 핵실험을 벌써 3차례 행했다. 위기는 미래의 문제가 아니라, 일본에게는 눈앞의 문제이다. 북한에게 핵미사일 개발 중지를 재고하게 만들기 위해서라도 국교정상화는 필요하며, 그 때문에 납치 문제라는 현안 문제에서부터 교섭을 재개하는 것이 의미 있는 것이다. 지금 6자회담의 재개를 요구하는 일조차 지극히 곤란하게 되어 있지만, 그런 사태의 타개는 모두 한국에게 협력해서 실행할 일본의 주체적인 참가, 기여, 공헌에 달려 있는 것이다. 일본으로서는 국교정상화를 향하여 전력을 다해 전진하는 것 말고는 지역의 평화, 한반도의 평화에 공헌할 길이 없다.

그런 일을 생각하더라도 2010년 한일〔日韓〕 지식인 성명은 오늘날에도 의의를 잃지 않았다. 이것을 살려서 새로운 한일〔日韓〕 관계, 북일〔日朝〕 관계를 형성한다는 목표로서 새로이 2015년, 한일〔日韓〕조약 50주년, 전후 70년의 해를 내걸고 싶다. 이 해까지 한일〔日韓〕조약 제2조의 해석 통일도, 피해자를 위한 새로운 기금 만들기도, 위안부 문제에 대한 새로운 해결책도, '다케시마竹島=독도' 문제의 해결을 위한 전진도, 그리고 북일〔日朝〕 국교교섭의 재개도 이루지 않으면 안 된다. 그때야말로 천황의 방한도 의미 있는 행위로서 실현될 것이다.

제 2 부
'한국병합조약'은 왜 원천무효인가

# '한국병합조약' 양국 황제 조칙의 비준 효과

이태진 李泰鎭

## 1. 머리말

일본이 한국의 국권을 탈취하기 위한 공작은 1894년 7월 청일전쟁을 일으키면서부터 본격적으로 시작하였다. 이때 이미 한국 (조선)을 보호국으로 만들려고 하였다. 그러나 조선 군주 고종이 미국 클리블랜드 대통령에게 이를 저지해 줄 것을 요청하여 일본의 계획은 철회되었다. 10년 뒤, 1904년 2월에 러일전쟁을 일으키면서 일본은 다시 한국(대한제국)의 국권탈취를 위한 '대한시책對韓施策'들을 단계적으로 취하였다. (1) 1904년 2월의 〈의정서〉 (2) 1904년 8월의 〈제1차 일한협약〉 (3) 1905년 11월의 〈제2차 일한협약〉(을사조약) (4) 1907년 7월의 〈한일협약〉(정미조약) (5) 1910년의 〈한국병합조약〉 등이 관계 주요 조약들이었다.

이 조약들은 모두 대한제국의 국권에 관한 것들이었으므로 당연히 국가 원수가 발행하는 협상대표 위임장, 비준서 등을 갖추는 정식조약의 형식이어야 했다. 그런데도 실제로는 그렇지 못했던 사실이 밝혀졌다. 단순히 문서 형식상의 문제점만이 아니라, 진행 과정에서 무력 동원으로 한국 황제와 정부대신들을 위협한 사실도 함께 밝혀졌다. 1907년 7월에는 고종황제가 일본의 불법을 알리기 위해 헤이그 만국평화회의에 대표를 보낸 사실을 빌미로 고종황제를 강제 퇴위시키기까지 하였다. 고종황제 측이 이를 거부하자 일본 정부는 일본 황태자를 양국 친선이란 이름으로 서울을 방문하게 하면서 영친왕을 인질로 도쿄東京로 데려가는 술책으로 대한제국 황실을 압박하여 양위를 성사시켰다.

1904년 이래 러일전쟁의 승리를 배경으로 한 일본의 한국 국권 탈취가 불법이란 지적에 대해 일본 학계의 일각에서는 1910년 8월의 〈한국병합조약〉의 요건충족설로서 병합의 합법성을 주장하는 설이 나왔다. 운노 후쿠주海野福壽 교수의 일련의 논고가 대표적이다. 그의 주장은 현재 일본 정부가 공식적으로 한국병합의 불법성을 인정하지 않는 주요한 근거가 되어 있다. 필자는 1995년 〈공포 칙유가 날조된 '일한병합조약'〉 (이태진 편, 《일본의 대한제국 강점》, 까치)에서 1910년 8월 통감 데라우치 마사타케寺內正毅가 한국 정부에 〈한국병합조약〉을 강제할 때 한국 황제가 최종 단계인 병합을 알리는 조서(칙유)에 서명하지 않은 사실을 밝히고, 이때 발표된 양국 황제의 공포 조칙은 비준서에 해당하는 것이며 따라서 한국 황제의 칙유에 황제의 서명이 없는 것은 이 조약에 대한 비준을 거부한 행위라고 해석하였다. 이에 대해 운노 교수는 전권 위임장에 대한 황제의 서명 사실을 근거로 '사전승인설'을 제기하면서 공포 칙유는 어디까지나 칙유일 뿐 비준서에 해당하는 것으로 보기 어렵다고 반박하였다(海野福壽, 《韓國併合硏究》, 2000, 岩波書店). 같은 논쟁은 2000년에 《세카이世界》지의 '일한대화日韓對話'를 통해 다시 한 차례 더 있었다.

2010년 5~7월의 한국병합의 불법성에 대한 '한일 양국 지식인 공동성명'이 이루어졌을 때, 필자는 한국 외교통상부 국제법률국으로부터 특별한 문의를 받았다. 주한일본대사관으로부터 1910년 8월의 한국병합조약에 대한 한국 황제의 칙유가 비준서에 해당한다는 주장의 근거를 제시해 달라는 요청을 받았다는 것이다. 그

동안 나온 나의 글들을 보아도 그것이 비준서에 해당한다고 볼 만한 증거는 불충분하므로 더 확실한 것을 제시하라는 주문이 담긴 요청이었다. 필자는 그때 《조약으로 본 한국병합 — 불법성의 증거들》(동북아역사재단, 2010)을 준비 중이었다. 이 책에는 한·일 양국 황제의 조칙이 나온 과정을 해당 문서들을 통해 자세히 정리한 내용이 포함될 예정이었지만, 아직 완성된 상태는 아니었다. 주한 일본대사관 측의 질문에 대한 답은 이 책의 출간으로 대신한다는 뜻을 전하였다. 이 발표는 그 질문에 대한 답변의 의미도 가지고 있다.1)

## 2. ‘한국병합조약’ 추진을 위한 일본 정부의 준비

일본 메이지 정부의 중심인물들은 1909년 4월에 한국병합을 결행하기로 합의하였다. 통감 이토 히로부미伊藤博文는 한국 의병 진압에 실패하여 1909년 2월 17일에 일본으로 돌아갔다. 4월 10일에 수상 가쓰라 다로桂太郎와 외무대신 고무라 주타로小村壽太郎가 그를 찾아 병합 문제에 대한 의견을 물었다. 가쓰라는 이토와 같은 조슈長州 출신으로 군부파의 강경론을 대변하고 있었고, 고무라는 조슈 출신이 아니면서도 대한對韓정책에서 이들과 뜻을 같이하고 있었다. 이토는 조슈 관료파의 우두머리이자 이른바 점진설의 주체로서 지금까지 보호국 체제를 고수해왔지만, 이때는 선뜻 병합 추진에 동의하였다. 이토는 이후 6월 14일에 천황에게 통감직에 대한 사표를 제출하였고, 6월 14일에 ‘법제·실무 관료’

---

1) 이 논문은 이태진·이상찬 저, 《조약으로 본 한국병합 — 불법성의 증거들》(동북아역사
　재단, 2010)에 근거하는 것으로 별도의 주를 붙이지 않는다.

출신인 소네 아라스케曾彌荒助가 후임 통감으로 보임되었다.

이토는 추밀원 의장으로 직임을 바꾼 상태에서 7월 5일에 사무 인계를 위해 서울로 다시 와서 약 1개월 동안 군부 폐지를 비롯한 몇 가지 조치를 취하여 대한제국의 국가 장치를 거의 모두 해체하여 병합으로 갈 수 있는 길을 만들어 놓고 돌아갔다. 일본 정부는 7월 6일에 "적당한 시기에 한국병합을 단행한다."는 결정을 내리고 5개조의 대강大綱을 작성하였다. 이해 10월에 이토 히로부미는 일본이 한반도를 넘어 만주로 진출하는 정책에 선봉역이 될 것을 작심하고 러시아 재정대신 코코프체프V.N.kokovsev를 만나기 위해 하얼빈으로 갔다. 거기서 그는 10월 26일에 대한의군 참모중장 안중근의 저격을 받고 최후를 맞았다. 일본 정부는 1910년 3월 26일 안중근의 처형으로 이 사건에 대한 처리를 종결지우고 한국병합을 위한 준비에 들어갔다.

일본 정부는 5월 23일에 통감을 소네에서 육군대신 데라우치 마사다케로 교체하였다. 데라우치는 조슈 군부파의 실력자로서 안중근 하얼빈 의거의 배후 조사를 실질적으로 지휘한 인물이었다. 일본 정부는 1910년 6월 3일 병합 후의 시정방침을 결정한 뒤에 이를 실천에 옮기기 위해 '병합준비위원회'를 설치하였다. 일본 외무성 정무국장 구라치 데쓰키치倉知鐵吉를 비롯해 본국 정부와 통감부의 고급 관료 10명을 위원으로 삼았다. 통감 데라우치는 도쿄에 머물면서 이 위원회와 함께 병합 추진에 필요한 모든 준비를 함께 수행하였다. 위원회는 병합 후의 한국 황실 및 원로대신들의 처우, 한국 인민에 대한 통치 방침 및 법적 지위, 병합에 필요한 경비, 병합 후의 국호, 한국에서 각국의 조약상의 권리, 수출입품에 대한 관세, 한국의 채권 채무의 계승 문제, 병합조약의 체결에 필요한 각종 문서들의 초안, 병합 공포시의 여러 칙령안案 등 총

21항을 다루었다. 위원회의 작업은 7월 7일에 완료되고 7월 8일에 〈병합실행방법세목〉이란 이름으로 각의에 제출되어 승인을 받았다. 각의는 병합조약 조인이 어렵게 될 때, 일본 측이 일방적으로 선언을 할 것에 대해서도 검토하였다.

통감 데라우치는 위원회가 준비한 문건들을 가지고 7월 20일에 도쿄를 떠나 23일에 한국에 도착하였다. 그는 도착한 뒤 "한국 상하의 상황을 관찰"한 다음 8월 16일에 공식적으로 한국 내각총리대신 이완용李完用을 통감 관저로 불러 조약 체결에 협조할 것을 요청하였다. 데라우치 자신이 사후에 보고서로 작성한 《한국병합시말韓國倂合始末》[1910년 11월 7일에 조선 총독이 일본 내각총리대신 가쓰라 다로桂太郎에게 올리고, 이어 11월 21일에 가쓰라 총리가 천황天皇에게 올린 보고서]에 따르면, 이때 데라우치는 이완용에게 "합의적 조약"이 이루어지도록 하겠다는 의지를 명확하게 표명하였다. 즉 "병합의 일을 고금의 역사에 비추어 보면 위압으로 단행되거나 선언서 공포로서 협약에 대신하는 예도 적지 않지만 한일 양국의 지금까지의 관계를 위해서, 그리고 앞으로 양국민의 화목[輯睦] 도모를 위해 이런 수단을 쓰는 것은 대단히 좋지 않으므로 이번의 시국 해결은 화충협동和衷協同으로 실행하여 추호의 격의도 없게 하는 것이 필요하여 '합의적 조약'으로서 상호 의사를 표시하는 것으로 하겠다."고 하였다.

병합 추진의 주역인 데라우치의 통고는 곧 병합은 조약 체결의 방식을 택한다는 것이며, 따라서 이 조약 체결은 조약의 요건을 다 갖추어야 유효한 것이었다. 더욱이 사안은 국권 이양에 관한 것이기 때문에 정식 조약의 요건, 즉 전권위임장, 조약문, 비준서 등을 다 갖추어야 하는 것이었다. 그런데 양측의 진행과 남겨진 문건들을 살피면, 일본 측은 엄격한 절차와 완벽한 문건들이 확인되는 반면, 한국 측은 온전한 절차를 거쳤다고 볼 수 있는 문건이 하나도 없다. 대한제국 정부나 황제의 승인 의지를 증명할 만한 문건으로 조약이 체결된 것이라고 볼 수 없는 상태이다. 양자를 대비하면 그 차이는 하늘과 땅과 같다고 말해야 할 정도이다.

통감 데라우치 마사타케가 준비해온 문건들을 가지고 진행시킨 병합조약 '체결' 순서는 다음과 같다.

(1) 8월 22일 11~15시. 준비해온 한국 측 전권위임 조칙을 궁내부 대신 민병석과 시종원경 윤덕영으로 하여금 순종황제에게 가져가 보이고 이에 대한 황제의 이름자 서명과 국새 날인을 받게 함.

(2) 같은 날 16시. 한국 측 내각총리대신 이완용이 통감 관저로 가서 황제로부터 받은 전권위임장을 보이고 통감 데라우치가 내놓은 조약문에 함께 기명날인함.

(3) 기명날인이 끝난 뒤, 통감 데라우치는 이완용에게 양국 황제가 병합을 각국 국민에게 알리는 '조서詔書'를 함께 준비해서 동시에 공포한다는 내용의 '각서覺書'를 제시하여 이에 함께 서명함.

(4) 8월 29일에 양국 황제의 공포 '조서'(일본 측)와 '칙유'(한국 측)를 각각 발표함.

위 과정의 문제점에 대해서는 이미 여러 형태로 자세한 연구가 이루어졌으므로 이에 대한 설명은 생략한다. 여기서는 위 절차가 진행되면서 일본 측에서 이루어진 문서 처리과정을 실증적으로 살피고 이를 한국 측과 비교하는 데 집중한다. 특히 최종 단계에 남겨진 양국 황제의 조칙의 서명날인 상태를 비교하여 한국 황제의 승인 의지가 표시된 것인지를 판단하고자 한다.

## 3. 일본 측의 조약 체결 처리과정과 천황의 조서詔書 재가 상태

### 1) 외무성 품의에서 추밀원 가결까지

01. 외무대신 고무라 주타로의 품의서 (자료 1)

고무라 외무대신은 서울에 가 있는 통감 데라우치와 수차례에 걸친 전보 협의를 거쳐 준비위원회가 작성한 병합조약문을 8월 21일쯤 수정·완성하고 8월 22일 병합조약 체결을 결행하는 것으로 합의하였다. 고무라 외무대신은 8월 21일자로 완성된 이 병합조약문을 총리대신 가쓰라에게 보내면서 이를 어전御前 결재에 이르게 할 것을 요청하는 품의서를 올렸다. 이 품의서가 올려진 뒤 8월 22일까지 다음과 같은 절차가 이루어졌다.

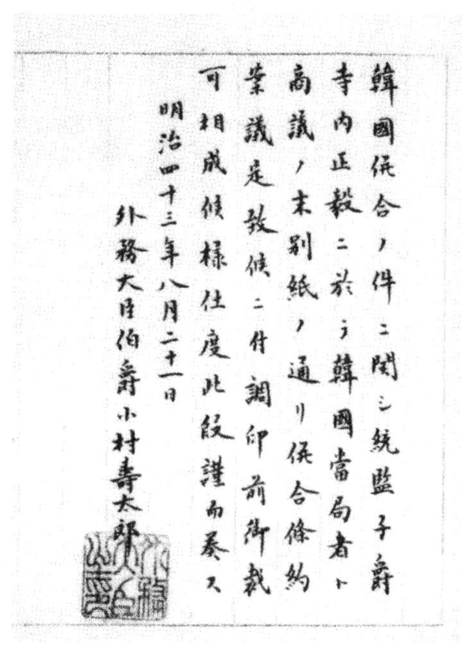

자료 1

(가) 내각회의의 품의서 수용 및 추밀원 자순諮詢 지시 요망 의
　　견 첨부
(나) 천황의 재가 및 추밀원 자순 절차 지시
(다) 추밀원의 심의 가결

## 02. 내각회의에 회부된 의안 및 결재 (자료 2)

내각이 8월 21일자 외무대신 고무라의 품의서를 받아 이에 첨부된 병합조약 문안에 대해 '한국병합에 관한 조약안'이란 이름을 붙이고 "본건은 추밀원의 자순이 이루어져야 할 것임"이란 의견을 붙여 천황에게 올렸다. 이 안건이 내각회의를 통과한 것은 '각의제閣議濟'로 표시하고, 붉은색 글씨로 '어람제御覽濟'라고 한 것은 천황이 결재決濟한 것을 뜻하고 이와 동시에 '내각에 내림'이란 경위가 표시되었다. '외갑 56外甲五六'은 외무성에서 올린 문서란 표시이다. 결제일이 표시되어 있지 않고, 11명의 대신 가운데 4인만 서명하였다.

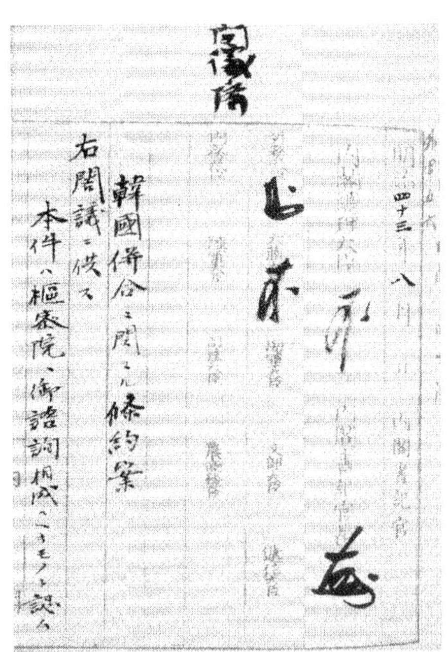

자료 2-1

條約案

日本國皇帝陛下及韓國皇帝陛下ハ兩國
間ノ特殊ニシテ親密ナル關係ヲ顧ヒ相
互ノ幸福ヲ增進シ東洋ノ平和ヲ永久ニ
確保セントスルコトヲ欲シ此ノ目的ヲ達セン
為ニハ韓國ヲ日本帝國ニ併合スルニ
如カサルコトヲ確信シ茲ニ兩國間ニ併
合條約ヲ締結スルコトニ決シ之カ為
日本國皇帝陛下ハ統監子爵寺内正毅ヲ韓
國皇帝陛下ハ內閣總理大臣李完用ヲ各
其ノ全權委員ニ任命セリ因テ右全權委
員ハ會同協議ノ上左ノ諸條ヲ協定セリ

第一條
韓國皇帝陛下ハ韓國全部ニ關スル一切
ノ統治權ヲ完全且永久ニ日本國皇帝陛
下ニ讓與ス

第二條
日本國皇帝陛下ハ前條ニ揭ケタル讓與
ヲ受諾シ且全然韓國ヲ日本帝國ニ併合
スルコトヲ承諾ス

第三條
日本國皇帝陛下ハ韓國皇帝陛下太皇帝
陛下皇太子殿下竝ニ其ノ后妃及後裔ヲシ
テ各其ノ地位ニ應シ相當ナル尊稱威嚴
及ヒ名譽ヲ享有セシメ且之カ保持ニ
十分ナル歲費ヲ供給スヘキコトヲ約ス

第四條
日本國皇帝陛下ハ前條以外ノ韓國皇族
及ヒ其ノ後裔ニ對シ各相當ナル名譽及待遇
ヲ享有セシメ且之ヲ維持スルニ必要ナ

자료 2-2

ル資金ヲ供與スルコトヲ約ス

第五條
日本國皇帝陛下ハ勳功アル韓人ニシテ
特ニ表彰ヲ為スヲ適當ナリト認メタル
者ニ對シ榮爵ヲ授ケ且恩金ヲ與フヘシ

第六條
日本國政府ハ前記併合ノ結果トシテ全
然韓國ノ施政ヲ擔任シ同地ニ施行スル
法規ヲ遵守スル韓人ノ身體及財產ニ對
シ十分ナル保護ヲ與ヘ且其ノ福利ノ增
進ヲ圖ルヘシ

第七條
日本國政府ハ誠意忠實ニ新制度ヲ尊重
スル韓人ニシテ相當ノ資格アル者ヲ事
情ノ許ス限リ韓國ニ於ケル帝國官吏ニ
登用スヘシ

第八條
本條約ハ日本國皇帝陛下及韓國皇帝陛
下ノ裁可ヲ經タルモノニシテ公布ノ日
ヨリ之ヲ施行ス

右證據トシテ兩全權委員ハ本條約ニ記
名調印スルモノナリ

明治四十三年　月　日
　統監子爵寺内正毅

隆熙四年　月　日
　內閣總理大臣李完用

자료 2-3

臣等韓國併合ニ關スル條約諮詢ノ命ヲ
恪ミ本月二十二日ヲ以テ審議ヲ盡シ之
ヲ可決セリ乃チ謹テ上奏シ更ニ
聖明ノ採擇ヲ仰ク
明治四十三年八月二十二日
樞密院議長公爵臣山縣有朋

자료 3-1

條約第四號
日本國皇帝陛下及韓國皇帝陛下ハ兩國
間ノ特殊ニシテ親密ナル關係ヲ顧ヒ相
互ノ幸福ヲ增進シ東洋ノ平和ヲ永久ニ
確保セムコトヲ欲シ此ノ目的ヲ達セム
カ為ニハ韓國ヲ日本帝國ニ併合スルニ
如カサルコトヲ確信シ茲ニ兩國間ニ併
合條約ヲ締結スルコトニ決シ之カ為日
本國皇帝陛下ハ統監子爵寺內正毅ヲ韓
國皇帝陛下ハ內閣總理大臣李完用ヲ各

자료 3-2

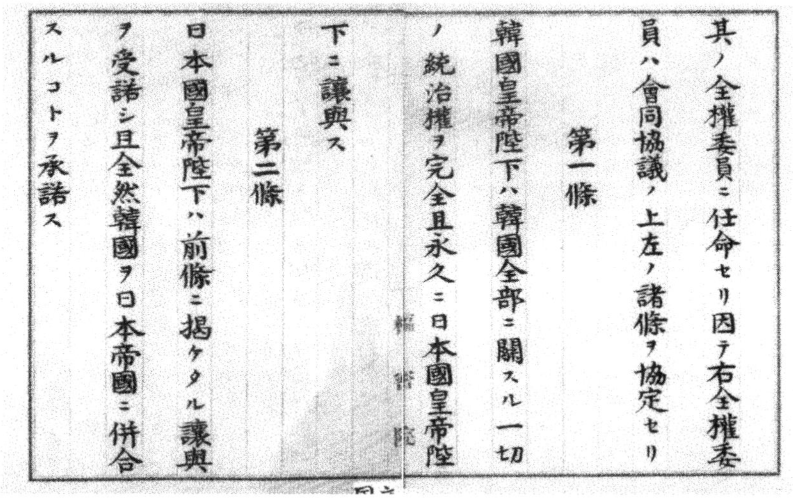

其ノ全權委員ニ任命セリ因テ右全權委
員ハ會同協議ノ上左ノ諸條ヲ協定セリ
　　　第一條
韓國皇帝陛下ハ韓國全部ニ關スル一切
ノ統治權ヲ完全且永久ニ日本國皇帝陛
下ニ讓與ス
　　　第二條
日本國皇帝陛下ハ前條ニ揭ケタル讓與
ヲ受諾シ且全然韓國ヲ日本帝國ニ併合
スルコトヲ承諾ス

자료 3-3

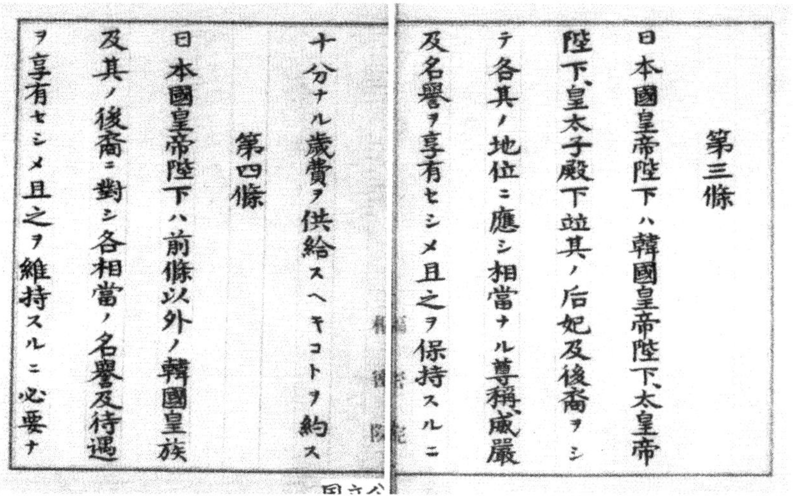

　　　第三條
日本國皇帝陛下ハ韓國皇帝陛下太皇帝
陛下、皇太子殿下竝其ノ后妃及後裔ヲシ
テ各其ノ地位ニ應シ相當ナル尊稱威嚴
及名譽ヲ享有セシメ且之ヲ保持スルニ
十分ナル歲費ヲ供給スヘキコトヲ約ス
　　　第四條
日本國皇帝陛下ハ前條以外ノ韓國皇族
及其ノ後裔ニ對シ各相當ノ名譽及待遇
ヲ享有セシメ且之ヲ維持スルニ必要ナ

자료 3-4

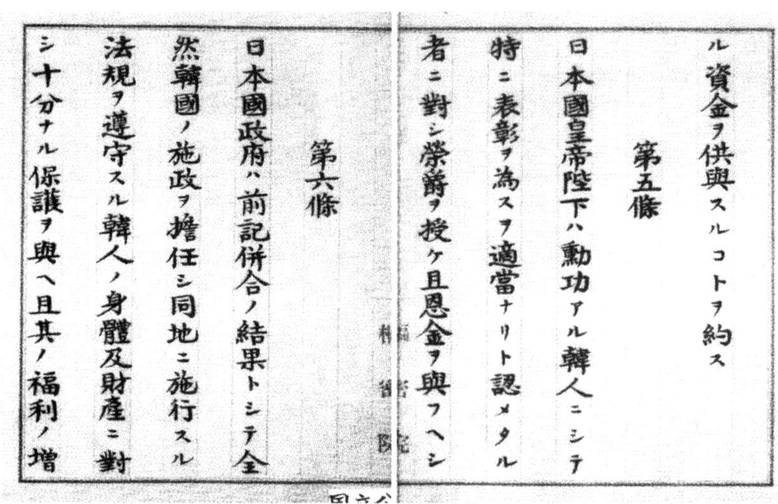

ル資金ヲ供與スルコトヲ約ス

第五條

日本國皇帝陛下ハ勲功アル韓人ニシテ

特ニ表彰ヲ為スヲ適當ナリト認メタル

者ニ對シ榮爵ヲ授ケ且恩金ヲ與フヘシ

日本國政府ハ前記併合ノ結果トシテ全

第六條

然韓國ノ施政ヲ擔任シ同地ニ施行スル

法規ヲ遵守スル韓人ノ身體及財産ニ對

シ十分ナル保護ヲ與ヘ且其ノ福利ノ増

자료 3-5

進ヲ圖ルヘシ

第七條

日本國政府ハ誠意忠實ニ新制度ヲ尊重

スル韓人ニシテ相當ノ資格アル者ヲ事

情ノ許ス限リ韓國ニ於ケル帝國官吏ニ

登用スヘシ

第八條

本條約ハ日本國皇帝陛下及韓國皇帝陛

下ノ裁可ヲ經タルモノニシテ公布ノ日

ヨリ之ヲ施行ス

자료 3-6

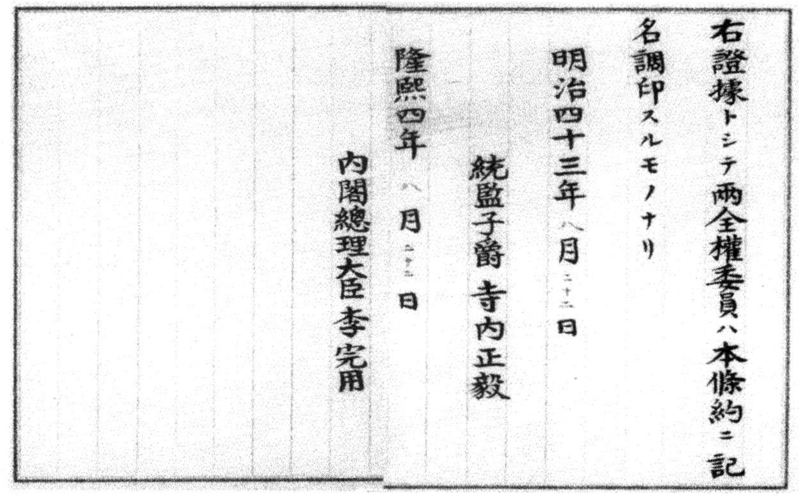



자료 3-7

### 03. 추밀원의 심의 결과 상주문 上奏文 (자료 3)

천황이 추밀원 경유가 필요하다는 내각의 의견을 승인함에 따라 추밀원이 이를 심의하여 가결하고 결과를 천황에게 상주하였다. 8월 22일자 추밀원 의장 야마가타 아리토모 山縣有朋의 이름으로 올려졌다. 첨부된 조약문에 대해 '조약 제4호'로 규정하고, 조약 체결일이 8월 22일로 표시되었다. 추밀원 용지를 사용하였다.

## 2) 천황의 조서 재가 과정

### 01. 〈한국병합에 관한 조약 공포 건〉 각의 결의문 (자료 4)

한국병합 조약문에 대해 추밀원이 천황의 자순 요청을 받아 이를 심의 가결한 뒤, 내각회의는 한국병합이 예정대로 8월 29일에 이루어졌을 때, 천황이 이 조약을 재가하여 공포하도록 한다는 재

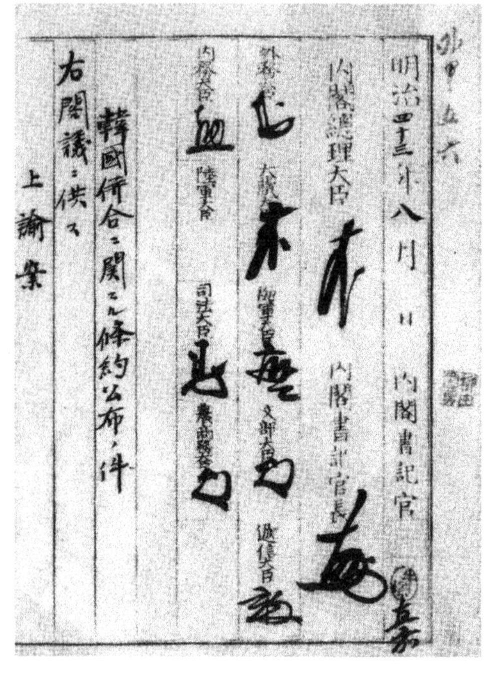

자료 4

가문 초안을 작성하여 확정하였다. 내각총리대신 이하 11인 가운데 한국 통감 데라우치의 겸직인 육군대신만 서명이 빠져 있다. 공문의 처리일이 "메이지 43년 8월 일明治四十三年 八月 日"로 날자가 기입되어 있지 않은 것으로 보아 8월 22일에 추밀원의 심의 가결이 이루어진 뒤, 통감이 8월 27일의 전문으로 공포일이 29일로 확정되었다고 통고해 온 뒤에 바로 처리된 문건으로 보인다. 8월 29일이란 날짜는 천황의 결재 과정에 기입하도록 하고 비워 둔 것으로 보인다.

## 02. 한국병합조약(조약 제4호)에 대한 천황의 재가 공문 (8월 29일) (자료 5)

8월 22일자 병합조약에 대한 천황의 최종 승인이다. "짐, 추밀고문樞密顧問의 자순諮詢을 거친[經] 한국병합에 관한 조약을 재가하고 이에 이를 공포公布케 한다."고 기술하고 어새[天皇御璽]를 날인하고 그 위에 메이지 천황의 이름자[睦仁(무쓰히토)]가 친서親署되었다. 조약 전문全文이 첨부되었다.

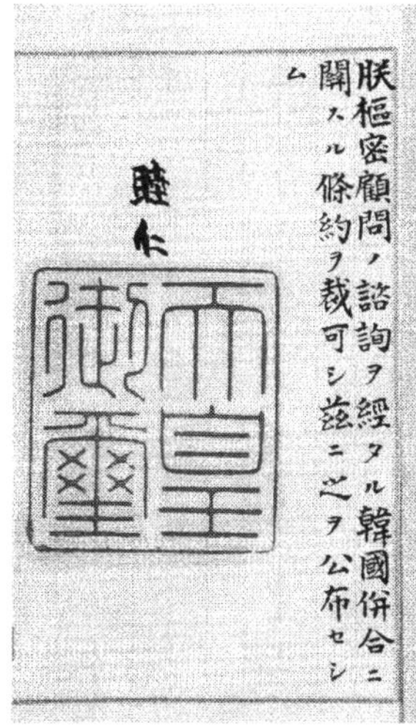

朕樞密顧問ノ諮詢ヲ經タル韓國併合ニ關スル條約ヲ裁可シ茲ニ之ヲ公布セシム

條約第四號

자료 5-1

明治四十三年八月二十九日

内閣總理大臣侯爵　桂太郎

外務大臣伯爵　小村壽太郎

條約第四號

日本國皇帝陛下及韓國皇帝陛下ハ兩國間ノ特殊ニシテ親密ナル關係ヲ顧ヒ相互ノ幸福ヲ増進シ東洋ノ平和ヲ永久ニ確保セムコトヲ欲シ此ノ目的ヲ達セムカ爲ニハ韓國ヲ日本帝國ニ併合スルニ如カサルコトヲ確信シ茲ニ兩國間ニ併合條約ヲ締結スルコトニ決シ之カ爲日本國皇帝陛下ハ統監子爵寺内正毅ヲ韓國皇帝陛下ハ内閣總理大臣李完用ヲ各

자료 5-2

其ノ全權委員ニ任命セリ因テ右全權委員ハ會同協議ノ上左ノ諸條ヲ協定セリ

第一條　韓國皇帝陛下ハ韓國全部ニ關スル一切ノ統治權ヲ完全且永久ニ日本國皇帝陛下ニ讓與ス

第二條　日本國皇帝陛下ハ前條ニ揭ケタル讓與ヲ受諾シ且全然韓國ヲ日本帝國ニ併合スルコトヲ承諾ス

第三條　日本國皇帝陛下ハ韓國皇帝陛下太皇帝陛下皇太子殿下並其ノ后妃及後裔ヲシテ各其ノ地位ニ應シ相當ナル尊稱威嚴及名譽ヲ享有セシメ且之ヲ保持スルニ十分ナル歳費ヲ供給スヘキコトヲ約ス

第四條　日本國皇帝陛下ハ前條以外ノ韓國皇族及其ノ後裔ニ對シ各相當ノ名譽及待遇ヲ享有セシメ且之ヲ維持スルニ必要ナル資金ヲ供與スルコトヲ約ス

第五條　日本國皇帝陛下ハ勳功アル韓人ニシテ特ニ表彰ヲ爲スヲ適當ナリト認メタル者ニ對シ榮爵ヲ授ケ且恩金ヲ與フヘシ

第六條　日本國政府ハ前記併合ノ結果トシテ全然韓國ノ施政ヲ擔任シ同地ニ施行スル法規ヲ遵守スル韓人ノ身體及財産ニ對シ十分ナル保護ヲ與ヘ且其ノ福利ノ増進

자료 5-3

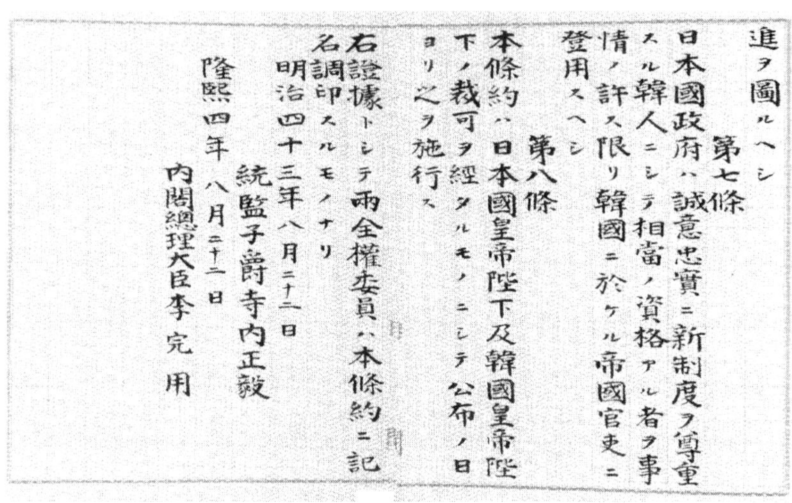

進ヲ圖ルヘシ

第七條

日本國政府ハ誠意忠實ニ新制度ヲ尊重スル韓人ニシテ相當ノ資格アル者ヲ事情ノ許ス限リ韓國ニ於ケル帝國官吏ニ登用スヘシ

第八條

本條約ハ日本國皇帝陛下及韓國皇帝陛下ノ裁可ヲ經タルモノニシテ公布ノ日ヨリ之ヲ施行ス

右證據トシテ兩全權委員ハ本條約ニ記名調印スルモノナリ

明治四十三年八月二十二日　統監子爵寺内正毅

隆熙四年八月二十二日　內閣總理大臣李完用

자료 5-4

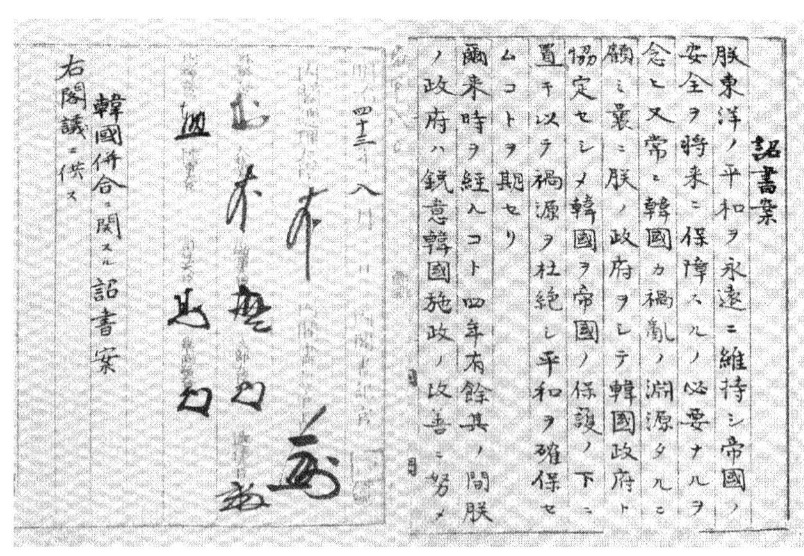

詔書案

朕東洋ノ平和ヲ永遠ニ維持シ帝國ノ安全ヲ將來ニ保障スルノ必要ナルヲ念ヒ又常ニ韓國カ禍亂ノ淵源タルニ顧ミ曩ニ朕ノ政府ヲシテ韓國政府ト協定セシメ韓國ヲ帝國ノ保護ノ下ニ置キ以テ禍源ヲ杜絶シ平和ヲ確保セムコトヲ期セリ而シテ以來時ヲ經ルコト四年有餘其ノ間朕ノ政府ハ銳意韓國施政ノ改善ニ努メ

右閣議ニ供ス

韓國倂合ニ關スル詔書案

자료 6-1　　　　　　　　　　자료 6-2

其ノ成績亦見ルヘキモノアリト雖韓國ノ現制ハ尚未タ治安保持ヲ完スルニ足ラス疑懼ノ念毎ニ國内ニ充溢シ民其ノ堵ニ安セス公共ノ安寧ヲ維持シ民衆ノ福利ヲ増進セムカ爲ニハ革新ヲ現制ニ加フルノ避クへカラサルコト瞭然タルニ至レリ朕ハ韓國皇帝陛下ト與ニ此ノ事態ニ鑑ミ韓國ヲ舉テ日本帝國ニ併合シ以テ時勢ノ要求ニ應スルノ已ムヲ得サルモノアルヲ念ヒ茲ニ永久ニ韓國ヲ帝國ニ併合スルコトトナセリ韓國皇帝陛下及其ノ皇室各員ハ併合ノ後ト雖相當ノ優遇ヲ受クヘク直接朕カ綏撫ノ下ニ立チテ其ノ康福ヲ増進スヘク産業及貿易ハ治平ノ下ニ顯著ナル發達ヲ見ルニ至ルヘシ而シテ東洋ノ平和ハ之ニ依リテ愈其ノ基礎ヲ鞏固ニスヘキハ朕ノ信シテ疑ハサル所ナリ

자료 6-3

其ノ成績亦見ルヘキモノアリト雖韓國ノ現制ハ尚未タ治安保持ヲ完スルニ足ラス疑懼ノ念毎ニ國内ニ充溢シ民其ノ堵ニ安セス公共ノ安寧ヲ維持シ民衆ノ福利ヲ増進セムカ爲ニハ革新ヲ現制ニ加フルノ避クへカラサルコト瞭然タルニ至レリ朕ハ韓國皇帝陛下ト與ニ此ノ事態ニ鑑ミ韓國ヲ舉テ日本帝國ニ併合シ以テ時勢ノ要求ニ應スルノ已ムヲ得サルモノアルヲ念ヒ茲ニ永久ニ韓國ヲ帝國ニ併合スルコトトナセリ韓國皇帝陛下及其ノ皇室各員ハ併合ノ後ト雖相當ノ優遇ヲ受クヘク直接朕カ綏撫ノ下ニ立チテ其ノ康福ヲ増進スヘク産業及貿易ハ治平ノ下ニ顯著ナル發達ヲ見ルニ至ルヘシ而シテ東洋ノ平和ハ之ニ依リテ愈其ノ基礎ヲ鞏固ニスヘキハ朕ノ信シテ疑ハサル所ナリ

자료 6-4

### 03. 〈한국병합에 관한 조서안詔書案〉의 내각회의 결의문건 (자료 6)

한국병합조약에 대한 천황의 재가가 이루어진 뒤, 내각은 8월 29일자로 일본 천황이 공포할 '조서'의 기안문을 결의하였다. 내각의 총리대신과 서기관장 이하 10명의 대신들이 서명하였다. 위 01과 마찬가지로 한국에 통감으로 가 있는 육군대신의 서명만 빠져 있다. 문건의 처리 날짜도 "메이지 43년 8월明治四十三年八月"로 일자日字를 비워둔 상태로서 01과 함께 생산된 것이 확실시된다. 문서번호 '국갑 80局甲 八O'은 법제국이 기안한 문서 80호란 뜻이다. 8월 29일자로 공포될 '조서'가 첨부되었다.

### 04. 일본 천황의 〈조서〉 (자료 7)

한국 병합을 알리는 8월 29일자의 일본 천황의 조서이다. 위 03

詔書一

朕東洋ノ平和ヲ永遠ニ維持シ帝國ノ安全ヲ將來ニ保障スルノ必要ナルヲ念ヒ又常ニ韓國カ禍亂ノ淵源タルニ顧ミ曩ニ朕ノ政府ヲシテ韓國政府ト協定セシメ韓國ヲ帝國ノ保護ノ下ニ置キ以テ禍源ヲ杜絶シ平和ヲ確保セムコトヲ期セリ

爾來時ヲ經ルコト四年有餘其ノ間朕ノ政府ハ銳意韓國施政ノ改善ニ努メ其ノ成績亦見ルヘキモノアリト雖韓國ノ現制ハ尚未タ治安ノ保持ヲ完スルニ足ラス疑懼ノ念毎ニ國內ニ充溢シ民其ノ堵ニ安セス公共ノ安寧ヲ維持シ民衆ノ福利ヲ増進セムカ為ニハ革新ヲ現制ニ加フルノ避ク可ラサルコト瞭然タルニ至レリ

朕ハ韓國皇帝陛下ト與ニ此ノ事態ニ鑑ミ韓國ヲ擧テ日本帝國ニ倂合シ以テ時勢ノ要求ニ應スルノ已ムヲ得サルモノアルヲ念ヒ茲ニ永久ニ韓國ヲ帝國ニ倂

자료 7-1

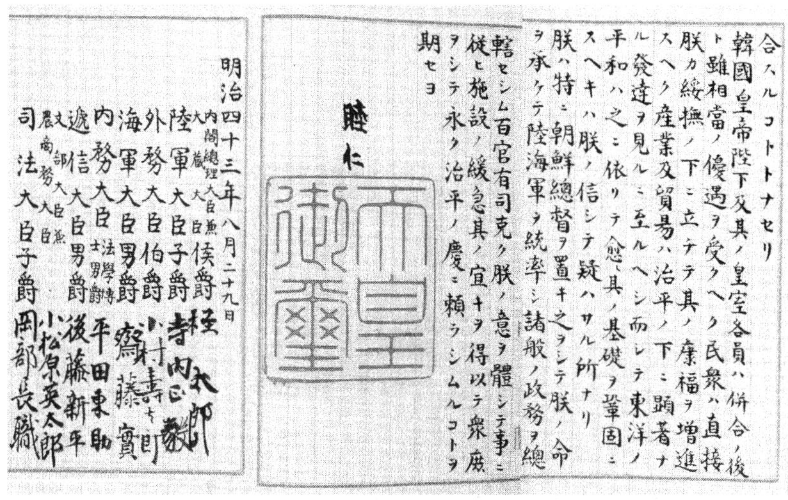

자료 7-2

의 조서안을 그대로 반영하여 문안을 쓴 다음 '천황어새'를 날인
하고 그 위에 메이지[明治]의 이름자 무쓰히토를 친서하였다. 그리
고 총리대신 이하 육군대신 데라우치까지 포함한 11명의 대신들
이 모두 서명하였다. 통감으로 서울에 있던 데라우치의 서명은 사
후에 추가한 것으로 간주된다.

　일본 측의 이상과 같은 절차는 천황의 〈조서〉가 나오기까지 엄
격한 소정의 절차를 거쳐 관련 문건들이 처리된 것을 그대로 말해
준다. 8월 29일자로 이루어진 천황의 조서는 병합 결행을 제안하
는 8월 21일자의 외무대신의 품의서에 대한 최종 절차로서 주요
조약 체결의 절차에 해당하는 것일뿐더러, 최종의 조서에 대한 대
신 전원의 병서竝書는 격을 더 높인 것으로 간주된다. 천황의 조서
는 결코 조약 체결 과정과 동떨어져 있지 않으며 이 조서가 나오

기 전에는 사전승인설의 근거가 될 만한 어떤 ‘승인’ 절차도 확인되지 않는다. 이 사실은 한국 측에서 동일한 결재 과정이 확인되지 않으면 이 조약은 한국 황제로부터 승인받지 않은 것이 된다.

## 3. ‘러일강화조약露日講和條約’과 비교

1905년 9월 미국 포츠머스에서 이루어진 러일강화조약은 일본이 대한제국에 대해 보호조약을 강요하는 토대가 된 것이다. 그만큼 일본에게는 중요한 조약이었다. 이 조약을 일본 정부와 천황이 추진, 승인한 과정은 한국병합조약의 무게를 가늠하는 기준이 될 수 있다. 이 조약이 일본 정부에서 처리된 과정을 조약 문건을 통해 살피면 다음과 같다.

日本國皇帝陛下及全露西亜國皇帝陛下ハ両國及其ノ人民ニ平和ノ幸福ヲ囘復セムコトヲ欲シ講和條約ヲ締結スルコトニ決定シ之カ為ニ日本國皇帝陛下ハ外務大臣從三位勳一等男爵小村壽太郎閣下及亜米利加合衆國駐劄特命全權公使從三位勳一等高平小五郎閣下ヲ全露西亜國皇帝陛下ハ「プレヂデント、オヴ、ゼ、コムニツチー、オヴ、ミニスタース、オヴ、ゼ、エムパイア、オヴ、ロレア」セシ、オリー、オヴ、ステート」セルジウヰッア」閣下及亜米利加合衆國駐劄特命全權大使「マスター、オヴ、ゼ、イムピリアル、コールト、オヴ、ロレア」男爵「ローゼン」閣下ヲ各其ノ全權委員ニ任命セリ因テ各全權委員ハ互ニ其ノ委任狀ヲ示シ其ノ良好妥當ナルヲ認メ以テ左ノ諸條欵ヲ協議決定セリ

　　第一條

日本國皇帝陛下ト全露西亜國皇帝陛下ト及兩國並兩國臣民ノ間ニ將來平

자료 8-1

和及親睦アルヘシ
　第二條
露西亞帝國政府ハ日本國カ韓國ニ於テ
政事上軍事上及經濟上ノ卓絶ナル利益
ヲ有スルコトヲ承認シ日本帝國政府カ韓
國ニ於テ必要ト認ムル指導保護及監理
ノ措置ヲ執ルニ方リ之ヲ阻礙シ又ハ之
ニ干渉セサルルコトヲ約ス
韓國ニ於ケル露西亞國臣民ハ他ノ外國
ノ臣民又ハ人民ト全然同樣ニ待遇セラ
ルヘク之ヲ換言スレハ最惠國ノ臣民又
ハ人民ト同一ノ地位ニ置カルヘキモノ
ト知ルヘシ
兩締約國ハ一切誤解ノ原因ヲ避ケムカ
爲露韓間ノ國境ニ於テ露西亞國又ハ韓
國ノ領土ノ安全ヲ侵迫スルコトアルヘ
キ何等ノ軍事上措置ヲ執ラサルコトニ
同意ス
　第三條
日本國及露西亞國ハ互ニ左ノ事ヲ約ス

자료 8-2

シテ其ノ引渡及受領ハ引渡國ヨリ豫メ
受領國ノ特別委員ニ通知スヘキ便宜ノ
人員及引渡國ニ於ケル便宜ノ出入地ニ
於テ之ヲ行フヘシ
日本國政府及露西亞國政府ハ俘虜引渡
完了ノ後成ルヘク速ニ俘虜ノ捕獲又ハ
投降ノ日ヨリ死亡又ハ引渡ノ時ニ至ル
マテ之カ保護給養ノ爲ニ各負擔シタル
直接費用ノ計算書ヲ互ニ提出スヘシ同
計算書交換ノ後露西亞國ハ成ルヘク速
ニ日本國カ前記ノ用途ニ支出シタル實
際ノ金額ト露西亞國カ同樣ニ支出シタ
ル實際ノ金額トノ差額ヲ日本國ニ拂戻
スヘキコトヲ約ス
　第十四條
本條約ハ日本國皇帝陛下及全露西亞國
皇帝陛下ニ於テ批准セラルヘシ該批准
ハ成ルヘク速ニ且如何ナル場合ニ於テ
モ本條約調印ノ日ヨリ五十日以内ニ東
京駐箚佛蘭西國公使及聖彼得堡駐箚亞

자료 8-3

米利加合衆國大使ヲ経テ日本帝國政府
及露西亜帝國政府ニ各之ヲ通告スヘシ
而シテ其ノ終ノ通告ノ日ヨリ本條約ハ
全部ヲ通シテ完全ノ效力ヲ生スヘシ正
式ノ批准交換ハ成ルヘク速ニ華盛頓ニ
於テ之ヲ行フヘシ

第十五條
本條約ハ英吉利文及佛蘭西文ヲ以テ各
二通ヲ作リ之ニ調印スヘシ其ノ各本文
ハ全然符合スト雖モ其ノ解釈ニ差異ア

ル場合ニハ佛蘭西文ニ據ルヘシ
右證據トシテ両帝國全權委員ハ茲ニ本
講和條約ニ記名調印スルモノナリ
明治三十八年九月五日即一千九百五年
八月二十三日(九月五日)ポーツマス(二二八)
ニ於テ之ヲ作ル

小村壽太郎 記名印
高平小五郎 記名印
セルジウキッテ 記名印
ロービン 記名印

자료 8-4

01. **러일강화조약의 조약문**(제1면, 제2면 및 제10면, 제11면) (자료 8)

전문前文, preamble에 일·러 두 나라 황제가 조약을 체결하는 취지, 전권위원 선정과 임명, 위원들이 위임장을 가지고 만나 협의하여 조관들을 결정한 사실 등을 밝히고 15개조의 조약문을 열거하였다. 조인일은 1905년 9월 5일이다.

02. **러일강화조약에 대한 비준서** (자료 9)

일본국 황제〔睦仁〕가 조약문을 보고 모두에게 선시宣示한다고 밝힌 다음, 일러 두 나라의 전권위원들이 기명記名 조인調印한 각 조목을 친히 열람·점검하였더니 짐의 뜻에 어긋나는 것이 없어 이 조약을 가납嘉納 비준批准한다고 밝혔다. 황제가 이름을 친서하고 국새를 날인한다고 하였다. 외무대신 가쓰라 다로가 병서하였다. 비준일은 1905년 10월 14일이다.

天佑ヲ保有シ萬世一系ノ帝祚ヲ踐ミタル
日本國皇帝(御名)此書ヲ見ル有衆ニ宜
示ス
朕明治三十八年九月五日亞米利加合衆
國「ポーツマス」(ニュー、ハムプシャ州)ニ於
テ帝國全權委員及露國全權委員ノ記名
調印シタル講和條約ノ各條目ヲ覽シ之ヲ
閲覽檢シタル所ヲ善シ朕ノ意ニ適シ間
然ル所ヲキヲ以テ右條約ノ嘉納批准
ス

神武天皇即位紀元二千五百六十五年明
治三十八年十月十四日東京宮城ニ於テ
親ラ名ヲ署シ璽ヲ鈐セシム

御名　國璽

外務大臣伯爵桂太郎印

자료 9-1

本日附日本國及露西亞國間講和條約第
三條及第九條ノ規定ニ從ヒ下名ノ全權
委員ハ左ノ追加約款ヲ締結セリ
第一　第三條ニ付
日本帝國政府及露西亞帝國政府ハ同
時ニ且講和條約ノ實施後直ニ滿洲ノ
地域ヨリ各其ノ軍隊ノ撤退ヲ開始ス
ヘキコトヲ互ニ約シ而シテ講和條約
實施ノ日ヨリ十八箇月ノ期間内ニ兩
國ノ軍隊ハ遼東半島租借地以外ノ滿
洲ヨリ全然撤退スヘシ
前面陣地ヲ占領スル兩國軍隊ハ最先
ニ撤退スヘシ
兩締約國ハ滿洲ニ於ケル各自ノ鐵道
線路ヲ保護セムカ爲守備兵ヲ置クノ
權利ヲ留保ス該守備兵ノ數ハ一キロ
メートル毎ニ二十五名ヲ超過スルコト
ヲ得ス而シテ日本國及露西亞國軍司
令官ハ前記最大數以内ニ於テ實際ノ

자료 9-2

必要ニ顧ミ之ニ使用セラルヘキ守備
兵ノ數ヲ雙方ノ合意ヲ以テ成ルヘク
少數ニ限定スヘシ
滿洲ニ於ケル日本國及露西亞國軍司
令官ハ前記ノ原則ニ從ヒ撤兵ノ細目
ヲ協定シ成ルヘク速ニ且如何ナル場
合ニ於テモ十八箇月ヲ超ヘサル期間
內ニ撤兵ヲ實行セムカ爲雙方ノ合意
タ以テ必要ナル措置ヲ執ルヘシ
第二　第九條ニ付

兩締約國ニ於テ各任命スヘキ同數ノ
人員ヨリ成ル境界劃定委員ハ本條約
實施後成ルヘク速ニ薩哈嗹島ニ於ケ
ル日本國及露西亞國領地間ノ正確ナ
ル境界ヲ永久ノ方法ヲ以テ實地ニ就
キ劃定スヘシ該委員ハ地形ノ許ス限
リ北緯五十度ヲ以テ境界線トナスコ
トヲ要ス若シ何レカノ地點ニ於テ同
緯度ヨリ偏倚スルノ必要ヲ認ムルト
キハ他ノ地點ニ於ケル對當ノ偏倚ニ

자료 9-3

依リテ之ヲ塡補スヘシ該委員ハ讓與
中ニ包含セラルル附近島嶼ノ表及明
細書ヲ調製スルノ任ニ當リ且讓與地
域ノ境界ヲ示ス地圖ヲ調製シ之ニ署
名スヘシ該委員ノ事業ハ兩締約國ノ
承認ヲ經ルコトヲ要ス
前記追加約款ハ其ノ附屬スル講和條約
ノ批准ト共ニ批准セラレタルモノト看
做サルヘシ

明治三十八年九月五日即一千九百五年
八月二十三日（九月五日）ポーツマスニ於
テ

小村壽太郎　記名
高平小五郎　記名
セルジウヰッテ　記名
ローゼン　記名

자료 9-4

### 03. 러일강화조약의 재가 공포 조서 (자료 10)

1905년 5월 5일에 아메리카 합중국 포츠머스에서 짐朕의 전권위원과 러시아국 전권위원이 기명 조인한 강화조약을 비준하여 이에 이를 공포한다고 밝히고 어새〔天皇御璽〕를 날인하고 이름자〔睦仁〕를 친서하였다. 내각총리대신 겸 외무대신 가쓰라 다로가 병서하였다. 당시 외무대신 고무라 주타로는 전권대표로서 포츠머스 현지에 가 있었기 때문에 총리대신 가쓰라가 외무대신을 겸하였다. 조선의 공포 날짜는 1905년 10월 16일로 되었다.

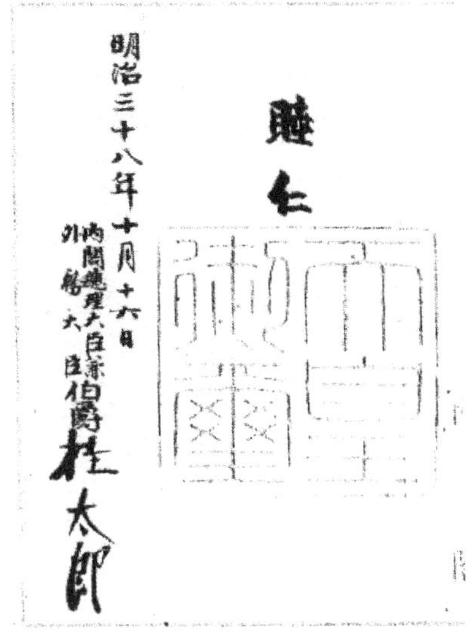

자료 10-1                    자료 10-2

러일강화조약과 한국병합조약이 각기 갖춘 요건을 정리, 비교하면 다음 표와 같다.

〈표 1〉 러일강화조약과 한국병합조약의 일본정부 체결·비준·공포 과정 비교

| 순번 | 사항 | 러일강화조약 | 한국병합조약 |
|---|---|---|---|
| 1 | 전권위원 임명 | O | O |
| 2 | 조약문 기명날인 | O | O |
| 3 | 비준 | O<br>(천황 비준) | O +△<br>(추밀원 심의 가결에 대한<br>천황의 재가 공포) |
| 4 | 비준 공포 | O | X |
| 5 | 공포 조서 | X | O |

〈표 1〉에 나타난 것에 따르면, 한국병합조약의 처리에서 일본 정부가 취한 절차는 러일강화조약에 견주어 더 위중威重한 것이다. 비준서라고 이름 한 문서는 발부되지 않았지만, 천황이 추밀원의 심의를 요청한 것은 천황 단독의 비준 행위에 견주어 결코 가볍지 않으며 그 결과를 공포하는 천황의 조서도 단순히 천황이 비준 사실을 알리는 형식에 견주어 더 높은 격이다. 한 전쟁을 종결짓는 강화조약에 견주어 한 나라를 흡수 병합하는 조약이 더 위중하게 다루어졌다는 것은 당연한 일이다. 따라서 그 최종 승인에 해당하는 당사當事 양국의 국가 원수의 의사 표시는 굳이 '비준서'란 이름이 붙여진 문서 형식만이 아니라 격을 더 높인 다른 형식을 취할 수도 있는 것이다. 메이지 일본 정부는 한국병합조약이 대외 팽창주의 정책의 최대 '성과'였기 때문에 최종 승인 단계에 최고 격의 형식을 취하였던 것이다.

## 4. 한국 측의 관련 문서 처리과정과 황제의 칙유 상태

### 1) 한국 황제 칙유의 재가 경위

8월 27일, 통감 데라우치는 가쓰라 총리와 고무라 외무대신에게 전보로 '한국 황제의 조칙문詔勅文'을 보내면서 "오늘 재가를 거쳐 29일 병합조약과 함께 발표할 것"이라는 내용을 함께 보냈다. 지금까지 '조서'라고 한 것이 '조칙문'으로 바뀌었다. 원래 잠정한 공포일을 하루 넘겨 보내진 전보였다. 이 전보를 받고 고무라 외무대신은 같은 날에 청국 주재 일본 공사[이주인伊集院]에게 병합조약 공포 때 발표할 일본 천황의 '조서'를 보냈다. 29일은 물러설 수 없는 날짜가 되었다.

그런데 29일에 공포된 한국 황제의 문건은 '칙유'란 제목이 붙고 황제의 이름자[척坧] 친서도 가해지지 않았다. '칙유'는 8월 27일에 통감 데라우치가 본국 정부에 전한 '한국황제의 조칙문'과 같은 것이지만 머리에 "皇帝若曰〔황제는 이렇게 말한다〕"이란 문구가 새로 들어갔다. 이 칙유가 한국 정부에서 처리된 과정에 관한 문건은 단 3종이다.

01. 한국 내각 총리대신의 통치권 양여에 관한 칙유안 승인 요청에 관한 문서 (자료 11)

한국 내각총리대신 이완용이 한국 황제의 이름으로 발표할 '칙유'를 한국 내각의 각의가 결정하였으니 통감이 이를 승인해 달라는 공문[조회照會]을 8월 29일자로 작성하여 통감에게 보냈다. 칙유 문안을 별지로 첨부하였다. 일본 측의 경우, 8인 내지 11인의 대신들이 모두 병서한 것과 달리, 이 공문에는 내각총리대신 이완

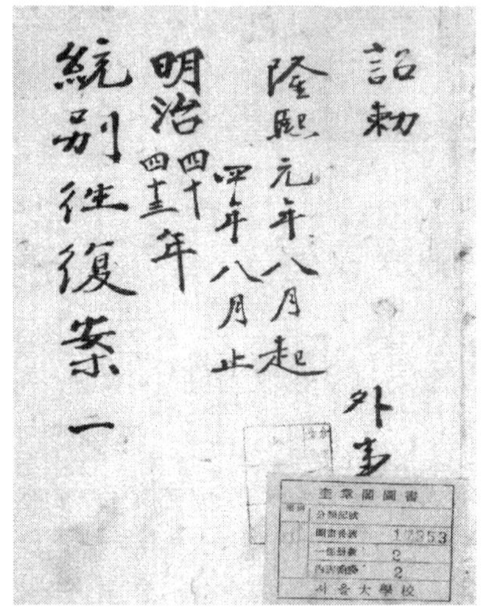

자료 11-1

용 외에 다른 대신들의 이름과 서명이 전혀 표시되지 않고 '지급至急'으로 처리되었다. 대한제국 정부의 조회(비秘 제409호)이다.

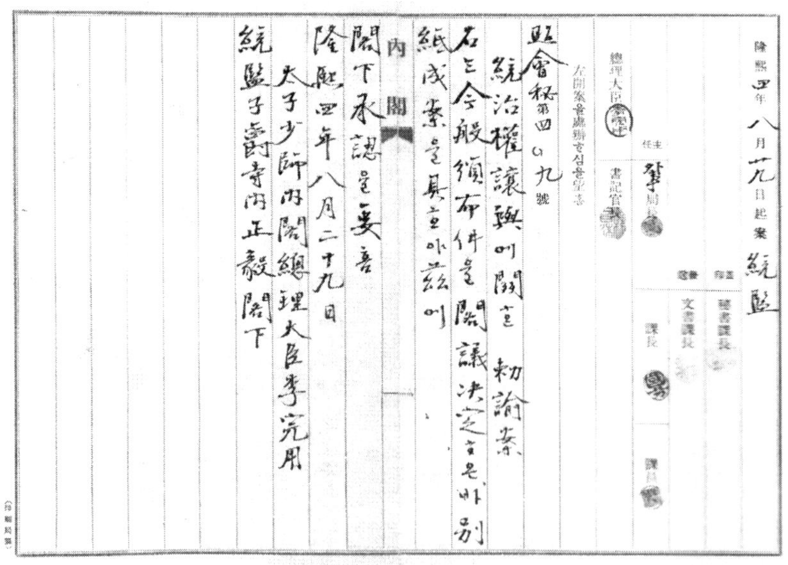

자료 11-2

## 02. 통치권 양여 칙유안 승인요청에 대한 통감의 승인
### (자료 12)

통감 데라우치가 한국 내각 총리대신의 요청을 받고 이를 승인하는 절차가 이루어졌다. 1907년 7월 24일 〈한일협약〉(정미조약) 이후 통감은 한국 정부에 대한 내정권을 가지고 있었기 때문에 취해진 절차이다. 같은 8월 29일에 처리된 기밀통발機密統發(제1679호)이다.

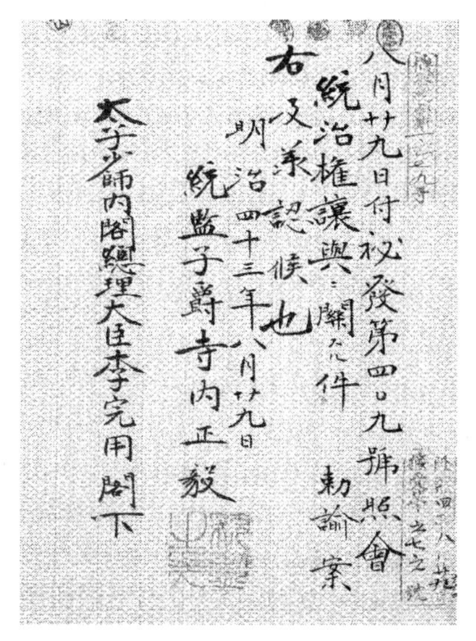

자료 12

## 03. 한국 황제의 공포 칙유 (자료 13)

1910년(융희 4) 8월 29일에 순종황제의 이름으로 병합을 알리는 칙유가 나왔다. 8월 22일자 ‘전권全權 위임에 관한 조칙’에 국새(‘大韓國璽’)가 날인되고 황제의 이름자〔坧〕가 친서되었던 것과는 달리 여기에는 ‘칙명지보勅命之寶’가 새겨진 어새가 날인되고 황제의 이름자〔坧〕 친서는 빠졌다. 이 ‘칙명지보’는 통감부가 1907년 7월 20일에 고종황제의 퇴위 강제에 이어 7월 24일 한일협약의 강제로 통감이 한국 내정을 감독하게 될 때, 통감부가 빼앗아 간 것이므로 이의 날인은 순종황제의 의지를 증빙할 수 없는 것이다.

같은 날의 일본 천황의 조서에 11인의 대신들이 병서한 것과는 대조적으로 칙유를 받드는 관계 대신의 직함과 이름이 하나도 보이지

勅諭

皇帝若曰朕이 否德으로 艱大훈 業을 承호야 臨御以後로 今日에 至호록 維新政令에 關호야 亟圖호고 備試호야 用力이 未嘗不至로되 由來로 積弱이 成痼호고 疲弊가 極處에 到호야 時日間에 挽回홀 施措無望호니 中夜憂慮에 善後홀 策이 茫然호지라 此

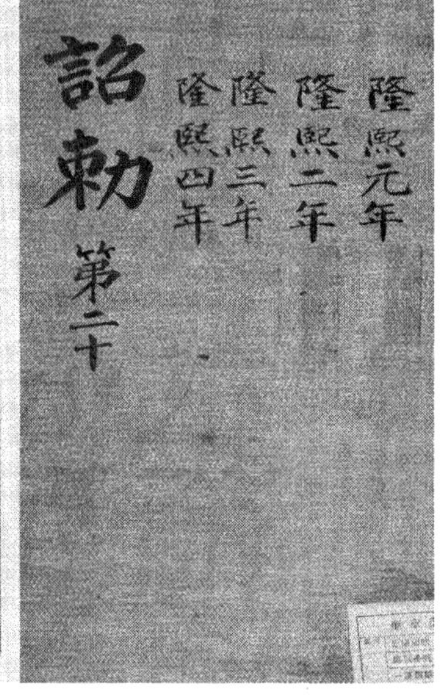



자료 13-1

를 任호야 支離益甚호면 終局에 收拾을 不得호기에 自底홀진 則無寧히 大任을 人의게 託호야 完全홀 方法과 革新홀 功效를 奏케홈만 不如훈 故로 朕이 於是에 瞿然히 內省호고 廓然히 自斷호야 玆에 韓國의 統治權을 從前으로 親信依仰호든 隣國大日本皇帝陛下께 讓與호야 外으로 東洋의 平和를 鞏固케호고 內으로 八域의 民生을 保全케호노니 惟爾大小臣民은 國勢와 時宜를 深察호야 勿爲煩擾호고 各安其業호야 日本帝國文明新政을 服從호야 幸福을 共受호라 朕의 今日此擧는 爾有衆을 忘홈이 아니라 爾有衆을 救活호자는 至意에 置出홈이니 爾臣民等은 朕의 此意를 克體호라

隆熙四年八月二十九日

자료 13-2

않는다. 병합 승인문서로서는 치명적 결함이라고 하지 않을 수 없다.

이와 관련하여 흥미로운 것은, 데라우치 마사다케가 1910년 11월 21일자로 천황의 어람을 위해 올린 비밀 보고서《한국병합시말韓國倂合始末》은 8월 22일에 있었던 일만을 기록하고, 그 뒤의 한국 황제의 공포 칙유의 발부 과정에 대해서는 일절 언급을 하고 있지 않다.

### 2) 순종황제의 유조遺詔, "병합 인준은 내가 한 것이 아니다."

순종황제는 1926년 4월 26일 붕어하기 직전에 자신의 곁을 지키고 있던 궁내대신宮內大臣 조정구趙鼎九에게 구술口述로서 병합조약의 인준 문제에 관한 유조를 남겼다. 이 유조는 2개월 남짓 뒤 미국 샌프란시스코 한국 교민들이 발행하는《신한민보新韓民報》1926년 7월 8일자에 보도되었다.

여기서 순종황제는 "지난날의 병합倂合 인준認准은 강린强隣이 역신逆臣의 무리와 더불어 제멋대로 해서 제멋대로 선포宣布한 것이요 다 내가 한 바가 아니라."고 밝히고, 일본이 자신을 창덕궁昌德宮 깊숙한 곳에 유폐시켜 놓고 외부와 접촉하지 못하게 한 때문에 이 사실을 지금까지 밝힐 수 없었다고 하였다. 황제는 이 유조로써 병합倂合 인준認准의 사건은 파기로 돌아갈 것이라고 말하였다. 내각총리대신 이완용과 통감 데라우치가 기명·날인한 병합조약문에 대한 최종 재가 과정에서 황제가 거부하였던 사실을 유언으로 밝힌 것이다. 황제는 "여러분들이여 노력하여 광복光復하라. 짐의 혼백이 명명冥冥한 가운데 여러분을 도우리라."는 절규로서 유언을 끝냈다.

## 5. 맺음말

한국병합조약 '체결' 과정에서 한·일 양국 정부가 수행한 관련 문건 결재 처리과정은 너무나 대조적인 것으로 나타났다. 일본 측에서 이루어진 것은 한 나라의 중대 국사로서 바른 것이라고 할 수 있는 것과 달리, 한국 측에 남겨진 문건들은 통감 데라우치의 강요에 의해 생산된 것이라고 밖에 볼 수 없는 것들이었다. 특히 일본 정부가 외무성과 내각의 건의에 따라 추밀원의 심의 의결을 거친 다음에 천황의 최종 재가로 병합을 알리는 공포 조서가 나오게 한 것은 병합의 건 자체를 그만큼 위중한 사안으로 다루었다는 것을 의미한다. 러일강화조약에 대한 일본 천황의 '비준' 처리에 견주어 월등히 높은 격식을 취한 것을 그대로 알 수 있다. 그것은 한국병합조약에 대한 일본 천황의 공포 조서가 국가 간 조약의 일반 비준서 이상의 의미를 가지는 것이라고 판정하지 않을 수 없게 한다.

한편, 한국 황제의 조서 곧 칙유는 이와 대칭선 위에서 동일한 조건과 양상을 보여야 하는데도 전혀 그렇지 못하였다. 당시 한국의 외교권은 통감부 통감에게 있기 때문에 일본의 경우처럼 외부外部에서 내각에 올리는 절차는 있을 수 없다고 하더라도 내각과 황제 사이에 이루어져야 할 절차도 확인되지 않을뿐더러, 내각총리대신과 통감 사이에서 자의적으로 이루어진 최종 문건인 병합을 알리는 황제의 칙유에 황제의 서명도 없고 대신들의 병서도 없는 것은 이 조약이 거부되었다는 명백한 증거이다. 일본 정부가 조약의 형식을 취하여 한국 병합을 달성하기로 한 이상, 이러한 문건상의 결함은 결정적인 것으로 이 조약에 근거한 이후의 일본의 한국 통치는 명백한 불법행위라고 하지 않을 수 없다.

# '허구의 극'으로서의 〈한국병합조약〉

나카쓰카 아키라 中塚明

## 들어가며

〈한국병합조약〉의 제1조는 "한국 황제폐하는 한국 전부에 관한 일체의 통치권을 완전하고도 영구히 일본 황제폐하에게 양도한다."고 되어 있습니다. 그것을 받아들여 제2조에는 "일본 황제폐하는 앞 조에 게재된 양도를 수락하는 한편 전 한국을 일본제국에 병합하는 것을 승낙한다."고 적고 있습니다. 이것은 허구입니다. 일본제국의 당사자는 허구라는 것을 충분히 알고 있으면서, 한반도의 전 국토를 군사점령 아래 두고 이 조약을 강요하여 대한제국을 식민지로 삼은 것입니다.

일본이 조선에 대하여 무슨 짓을 했는지, 하고 있는지, 그것을 일본제국의 당사자는 잘 알면서, 그것을 꾸며낸 이야기로 바꾸어 일본의 조선에 대한 침략이란 사실을 숨겨왔습니다. 그것은 근대 일본이 조선에 처음으로 무력공격을 시도한 강화도사건(1875년) 때부터 진행되어 왔습니다. 〈한국병합조약〉은 강화도사건으로부터 35년째에 실현되었습니다. 침략의 사실을 숨기고 허구를 거듭해온 35년이었습니다.

지금까지 근대 일본의 조선 침략의 역사에 대해서 일본에서는 어떠한 역사의 날조와, 또 침략의 사실을 허구의 이야기로 바뀌는 일이 반복적으로 이루어져 왔는지, 그것에 대해 새로운 사료의 소개도 곁들여 가면서 보고하겠습니다.


## Ⅰ. 날조의 시작인 강화도사건


강화도사건의 주역이었던 일본의 군함 '운요雲揚' 호의 선장 이노우에 요시카井上良馨는 사전에 해군 중앙에 보낸 의견서에서 "조선은 우리나라에게도 중요한 땅이다. 조선을 만약 다른 나라가 영유하는 때에는, 일본은 발전할 수 없다. 조선을 일본이 영유하는 때에는 일본의 국가 기초가 강해지고 세계에 웅비하는 제1보가 된다. …… 지금 조선은 국내가 어지럽다. 이 기회를 잘 간파하여 빨리 출병하기를 희망한다."고 말하였습니다.

일본의 해군은 이러한 이노우에 함장의 주장을 받아들여 운요호를 조선의 서해안에 출병시켜 강화도사건을 일으킨 것입니다. 강화도사건에 대해서 일본 정부가 외국에도 통고한 공식보고서는 '1875년 10월 8일' 날짜의 것입니다. 이것은 음료수를 구하고자 강화도에 접근한 것을 전면에 내세워 고쳐 쓴 거짓 보고서라는 사실이 2002년 도쿄대학의 스즈키 준鈴木淳 씨의 사료 소개(〈'운요' 함장 이노우에 요시카의 메이지 8년 9월 29일자 강화도사건 보고서〉, 《사학잡지》, 2002년 12월호)로 밝혀졌습니다.

이것은 일본 정부의 조선 침략의 실상을 거짓된 이야기로 꾸며낸 첫걸음이었습니다.

## Ⅱ. 내외에 공공연하게 말할 수 없는 청일전쟁의 개전 경과

1880년의 임오군란 이후 대대적인 군비확장에 착수하여 청일전쟁을 조선지배의 중요한 한걸음으로 삼고, 아울러 10년 뒤 러일전쟁으로 조선 전토를 군사점령 아래에 둔 뒤 드디어 1910년 식민지로 삼은 것입니다.

그러나 조선은 긴 역사와 독자의 문화·전통을 가진 나라입니다. 압도적인 군사력으로 조선을 종속시키고자 한 일본에 대하여 조선의 왕실·정부, 그리고 광범위한 인민 대중의 항일의 저항이 여러 방법으로 일어난 것은 당연한 일이었습니다. 조선의 민족적 저항을 쳐부수는 것은 쉬운 일이 아니었습니다.

세계는 제국주의가 제멋대로 날뛰는 횡포의 시대이기는 했습니다만, 5천 년의 역사와 문화를 가진 나라를 멸망시키고 완전히 흡수하고자 한 것은 지극히 무모한 계획이었습니다.

그리하여 일본의 조선 침략에는 여러 가지의 모략이 이용되었습니다. 청일전쟁의 개전에 앞서서 일어난 일본군에 의한 서울의 궁궐인 '경복궁' 점령도 그 가운데 하나였습니다.

일본 정부는 청국에 대해서 임전태세를 갖추는 한편으로, 구미 열강을 납득시키기 위한 청국군과 교전의 구실이 떠오르지 않아 고심하고 있었습니다. 그 가운데 개전을 위한 구체적인 책략으로 다듬어진 것이 서울의 궁궐 점령이었습니다. 국왕을 사실상 일본군의 포로로 만들어서라도 전쟁의 '명분'을 얻고자 했던 것입니다.

청일전쟁 당시, 일본에는 천황이 전쟁을 지도하는 최고기관으로서 대본영大本營이 설치되어 있었는데, 그 참모로 발탁된 도조 히데노리東條英敎라고 하는 군인이 있었습니다. 1885년 육군대학교 제1기를 수석으로 졸업하고 독일 유학을 거쳐 가와카미 소로쿠川

上操六 참모차장에게 중용되어 39세에 육군 소좌로 대본영의 참모가 되었습니다. 태평양전쟁 개전 때의 일본의 수상, 도조 히데키東條英機는 그의 아들입니다. 이 도조 히데노리가 쓴《정청용병 격벽청담征淸用兵 隔壁聽談》(이하,《격벽청담》이라고 함)이라는 제목의 책이 있습니다. 신서판 정도의 간명한 청일전쟁사입니다. 방위성 방위연구소 도서관에 소장되어 있다가, 최근 그 전체 내용이 밝혀지게 되었습니다.

거기에는 궁궐 점령이 어떻게 쓰여 있을까요. 간추려서《격벽청담》의 기록을 소개하겠습니다.

드디어 청일 양군의 군사충돌이 일어나게 되어, 조선 주재 오토리 게이스케大鳥圭介 공사가 직책에 따라 일본군이 청국군과 충돌하는 '적당한 구실'을 생각해 봤지만 좀처럼 떠올리지 못했다. 그런데 일본이 개전의 책임을 추궁당하는 것을 피하기 위해서는 "조선 정부로부터 청국병의 격퇴를 일본에 의뢰하도록 하는 것이 좋다. 그러나 이것을 조선 정부로부터 일본에 의뢰하도록 하기 위해서는 조선 정부를 일본의 무력으로 협박하는 것 외에는 방법이 없다. 그리하여 조선 측이 답변하기 곤란한 어려운 문제를 던지고 가능한 빠른 시일 안에 회답하도록 하여, 만약 만족스럽지 못한 회답을 한다든가 답하지 못하는 경우에는 무력을 행사하는 것"으로 하여, 오토리 공사가 7월 20일, "한국의 독립에 저촉하는 청국과의 여러 조약을 폐기한다.", "청국이 속국보호를 구실로 군대를 조선에 보내는 것은 조선의 독립을 침해하는 것이기 때문에 빨리 이를 국외로 격퇴한다."라는 두 가지 요구를 조선 정부에 제출하고 22일을 회답기한으로 했다. 오토리 공사는 이전에 조선 정부가 '조선은 자주국'이라고 한 점을 꼬투리 잡아 이 난제難題를 선택할 것을 요구한 것이다. 그리고 조선 정부가 만족스러운 답을 할 리가 없다는 것을 잘 알고 있었기에, 일본군 한 대대로 궁궐을 위협할 것을 조선에 출병하고 있던 일본군 최고지휘관 오시마 요시마사大島義昌 여단장에게 요구했다. 여단장은 이것을 받아들여서, 한 대대로 위협한다고 하는 것은 생략하고 즉각 전 여단을 진격시켰다.

이렇게 하여 1894년 7월 23일 새벽에 일본군에 의해 '경복궁' 점령이 일어난 것입니다. 이 전말은 제국주의 시대라고는 해도 국내외에 공언할 수 있는 것이 아니었습니다. 오토리 공사가 일본 외무성에 타전한 궁궐 점령을 전한 최초의 공전公電에는, "궁궐의 뒤 언덕에 진을 치기 위해 궁궐을 따라 전진하는데 궁궐 호위와 길거리 순찰을 하던 조선병사가 발포하여 어쩔 수 없이 응전하고 궁궐에 들어가 궁궐을 수호하게 되었다."고 외국의 외교관에게 문서를 보냈다고 말하고 있습니다. 이것은 이 사건을 외부에 발표할 때 사실의 공표를 할 수 없다는 점을 사전에 결정하고 거짓 정보를 흘렸다는 것을 말하고 있습니다.

하지만 점령을 당한 측은 잊을 수 없습니다. 그래서 조선의 왕실과 정부가 국제적으로 문제화하는 것을 두려워하여, 청일전쟁이 시작된 뒤 궁궐 점령으로부터 아직 한 달밖에 지나지 않은 1894년 8월 22일 조선 정부와 맺은 〈조일잠정합동조관日韓暫定合同條欵〉에서 "올해 7월 23일 궁궐 근처에서 일어난 두 나라 군인의 우연한 충돌 사건은 서로 함께 이것을 추궁하지 않도록 한다."고 일부러 써서, 조선 정부의 입을 막아버린 것입니다.

## Ⅲ. 사실을 정시正視할 수 없는 일본제국

도조 히데노리는 청일전쟁 뒤, 참모본부의 전사편찬戰史編纂 부장이 되었습니다. 승리에 의기양양해진 참모본부에서는 그의 지도 아래 궁궐 점령의 군사행동을 상세하게 기록하였습니다. 그 결정 초안이 남아 있습니다(나카쓰카 아키라,《역사의 위조를 바로잡다歷史の僞造をただす》, 고문연高文硏, 1997 — 한국어판,《1894년, 경복궁을 점령하라》, 푸른역사, 2002).

하지만 이 결정초안은 간행되지 않았습니다. 1903년 7월, 일본 육군의 참모본부는 "한성을 포위하여 조선 정부를 위협한 전말", 즉 '경복궁' 점령 등의 구체적 기술은, '조선의 독립'을 위한 싸움이었다고 국내외에 선언한 '선전宣戰의 조칙'과 모순하기 때문에 천황의 권위가 의심받을 수 있어 두렵다는 이유로 고쳐 쓰도록 하였습니다. 일본 육군의 작전·용병을 임무로 하여 천황에게 직속하는 최고의 군령기관인 참모본부의 부장회의가 전사의 개찬改竄을 공식적인 회의에서 결정한 것입니다.

러일전쟁에서는 전사의 날조가 더욱 계통적·조직적으로 이루어지게 되었습니다. 그것은 《러일전사편찬강령日露戰史編纂綱領》이 1906년 2월 참모총장 오야마 이와오大山巖의 이름으로 결정된 것에서부터 뚜렷해집니다.

《러일전사편찬강령》에는 네 개의 문서가 붙어 있습니다. 그 하나인 '러일전사 사초심사史草審査에 관한 주의注意'에는 15조에 이르는 '써서는 안 되는' 사항이 규정되어 있습니다. 그 가운데서도 제11조 "국제법 위반 또는 외교에 영향을 줄 위험이 있는 기사는 기록하지 않는다."가 주목되고 있습니다(나카쓰카 아키라, 앞의 책, 89~94쪽).

　　러일전쟁에서 최초의 군사작전이 일본 해군에 의한 진해만과 마산·부산의 전신국 점령이었다는 점은 와다 하루키 씨의 최근의 저서《러일전쟁 기원과 개전日露戦爭 起源と開戰》상·하(이와나미 서점岩波書店, 2009·2010)에 의해서 처음으로 정확하게 명백히 밝혀졌습니다. 이 작전은 계획대로 1904년 2월 6일 아침 일찍 실행되었습니다(와다 하루키, 앞의 책, 하, 303~304쪽). 이제까지 러일전쟁에서 최조의 작전이라고 일컬어져온 2월 9일의 인천 앞바다에서 러시아 군함과의 교전이 있기 3일 전의 일입니다. 이 사실은 이제까지 용의주도하게 감추어져 왔습니다. 중립선언을 한 대한제국의 주권을 침해하는 국제법 위반이었음이 명백하기 때문이었습니다.

　　일본이 조선을 침략하는 과정에서 있었던 군사작전은, 국제법 위반을 은폐하기 위해 여러 가지의 폭력을 동반했습니다. 궁궐인 '경복궁' 점령에 그치지 않았습니다. 그것은 그저 시작에 지나지 않았습니다. 나라여자대학을 졸업한 재일동포 2세인 한국 국적의 여성 김문자金文子 씨 — 나의 친구이고, 요사이에는 그녀에게 가르침을 얻은 적이 많습니다만 — 가 명성황후 살해사건에 대해서 이제까지의 수준을 획기적으로 높인 연구성과를 최근 출판했습니다.《조선왕비 살해와 일본인朝鮮王妃殺害と日本人》(고문연, 2009)으로, 한국어판은《명성황후 시해와 일본인》으로 최근 태학사에서 간행되었습니다. 서울대학 명예교수인 이태진 선생은, 나의《1894년, 경복궁을 점령하라》와 김문자 씨의 이《명성황후 시해와 일본인》을 "두 책은 전편과 후편이라고 해도 좋을 정도로 청일전쟁의 개전과 그 후유증을 긴밀하게 밝혔다."(한국어판 '추천사')라고 평가해 주셨습니다.

　　명성황후의 시해 당시, 서울에 주재하고 있던 러시아공사 베베르는 "우리들은 세계사에 전례가 없는 범죄 사실에 마주하고 있다. …… 평시에 다른 나라 국민이 자국의 군대, 그리고 어쩌면 공사관의 비호 아래, 게다가 지도 아래, 한꺼번에 궁궐에 난입하여 왕비를 살해하고 그 시신을 태워버렸다. 그리고 일련의 잔악한 살인과 폭행을 저지른 뒤, 여러 사람들이 둘러보는 가운데 스스로가 저지른 일을 뻔뻔스럽게도 부정한다. 그런 일은 지금까지 전혀 본 적이 없다. 명백하게, 일본은 조선에 대해서 유럽 여러 나라들이 무관심하여 전혀 처벌받을 우려가 없다는 점을 구실로 어떠한 법에도 얽매일 필요를 이미 인정하지 않는 것이다."라고 말하고 있습니다(와다 하루키, 앞의 책, 상, 189~190쪽).

그러나 이러한 모략적 범죄를 제대로 정면에서 마주하는 역사인식은 21세기 현재의 일본에서는 아직까지도 확립되지 못했습니다.

모략을 동반한 자신들의 침략을 인정하지 않는 것은, 조선의 민족적 자주의 움직임을 일체 인정하지 않는 것과 표리의 관계에 있습니다. 일본의 만행을 아무리 감춰도 당한 조선인이 그것을 잊을 수 있을 리가 없습니다. '경복궁' 점령에 대해서 동학농민군을 주력으로 하여 광범위한 조선 각계의 인사가 항일투쟁에 나섰습니다. 일본은 정부와 군이 하나가 되어 일본에서 증원부대를 보내, 서울에서 남하하여 항일운동을 서남단의 진도로 몰아넣어 모두 죽인다고 하는 작전을 전개했습니다.

이것에 관해서도 흥미 깊은 사실이 홋카이도대학 명예교수인 이노우에 가쓰오井上勝生 씨의 조사에서 밝혀졌습니다. 일본군은 항일 농민군을 근대적인 병기로 압도하고 수만 명을 살해했습니다만, 반대로 일본에서 동학농민군에게 공격받아 죽은 것은 한 사람뿐이었습니다. 도쿠시마德島 현 출신의 스기노 도라키치杉野虎吉라고 하는 병사가 1894년 12월 10일 충청도 연산의 전투에서 동학농민군의 공격을 받아 전사한 것입니다. 그것은 다음해 1월 16

일 《도쿠시마일일신문德島日日新聞》에도  보도되었습니다.  그런데 일본의 병사가 조선의 항일투쟁을 진압하는 군사작전에서 조선농민군에게 공격받아 죽었다는 것을 일본군은 감추고 있는 것입니다. 육군대신관방과 해군대신관방이 감수한 야스쿠니신사 발행의 《야스쿠니신사충혼사靖國神社忠魂史》(1935년)에는, 이 스기노 도라키치가 청일전쟁에서 청국군과의 첫 번째 전투인 성환전투에서 '전사'한 것으로 되어 있습니다.

## Ⅳ. 퇴폐를 자각하지 못하는 일본의 오늘과 이제부터

세상에 드러내지도 못할 행위로 긴 역사와 전통을 가진 조선을 침략하여, 조선의 민족적 저항을 받게 된 것은 당연한 일입니다. 이것은 일본의 조선 침략의 핵심적 문제입니다. 그 핵심적인 문제를 바로 바라보지 못하고 역사를 위조해온 일본제국의 자기기만은 당연히 모든 것이 밝혀져야만 하고, 거짓말도 사실에 기초하여 바로잡아져야만 하는 일이었습니다.

1945년 일본제국의 패전이 그 기회였습니다. 그러나 그것은 이 역사적인 대패배 속에서도 이루어지지 않았습니다.

패전 뒤 일본에서는, 중국 동북 지방에 대한 침략(만주사변) 이후 패전에 이르는 '쇼와[1]의 전쟁'의 책임은 육군의 일부 지도자에게 있다고 하여, '쇼와의 파탄'은 "메이지[2]에 대한 배신의 결과"(요시다 시게루吉田茂)라는 관념이 널리 세상에 퍼지게 되었습니다.

---

1) 쇼와는 일본이 제2차 세계대전에 패전할 당시의 연호이다.
2) 메이지는 일본 근대의 시작이라고 평가되는 메이지유신(1868년) 당시의 연호이다. 메이지유신은 에도막부 체제에서 일본 천황이 직접 통치하는 체제로의 전환과 근대 자본주의 체제로의 개혁을 말한다.

바꾸어 말하면, 영국·미국＝앵글로색슨과 협력하여 조선 침략을 진행시키며 아시아의 압박국(제국주의국)으로 변한 청일·러일전쟁의 시대를 '영광의 메이지'라고 보는 견해입니다. 이 '영광의 메이지' 사관에서는 '메이지 43년(1910년)'의 '한국병합'에 이르기까지 메이지 초년부터 일관되어온 조선 침략이란 사실이, 일본제국의 시대에 날조된 허구가 바로잡혀지지 않은 채로 기억되게 되었습니다.

지난해(2010년)의 '한국병합 100년'을 맞이해서 낸 우리의 성명에서 일본 측 서명자 540명 가운데 역사가가 227명을 헤아렸습니다. 그들은 많든 적든, 일본제국의 조선을 비롯한 동아시아에 대한 침략의 사실과 일본 군국주의의 전쟁 범죄를 분명히 하기 위해서 싸워온 연구자들입니다. 또 잘못된 역사관을 갖고 일본인 사이에 배외주의(배타주의)를 부추기는 풍조에 대해 일관해서 반대해온 역사 연구자들입니다. 그 수는 결코 적지 않다고 저는 생각합니다.

그러나 일본이란 국가의 의지를 바꾸는 데는 미치지 못하고 있습니다. 일본을 대표하는 최대 미디어 NHK에서는 재작년(2009년)부터 올해(2011년)까지 3년에 걸쳐, 연말이란 시기로서는 종래에 없는 대형기획으로서 스페셜 드라마 '언덕 위의 구름坂の上の雲'을 방영하고 있습니다. 시바 료타로 원작의 '언덕 위의 구름'의 최대 문제점은, 청일·러일전쟁을 소재로 하면서도 일본의 조선 침략에 대한 구체적 사실은 무엇 하나 쓰지 않고 조선의 민족적인 움직임도 모두 무시한 점에 있습니다. 이 작품을 '한국병합 100년'에 거듭 방영하고 있는 것이 지금의 일본입니다.

이 점을 여러분이 잊지 않도록 주의를 환기시켜 둡니다.

그러나 이런 일을 계속하고 있으면 일본은 앞으로 국제사회에서 과연 살아갈 수 있을까요? 젊은 세대가 이 일본이라고 하는 나라에 스스로 자부심을 갖고, 아울러 동아시아의 여러 국민으로부터도 함께 손을 마주잡기에 충분한 나라로서 인정받는 나라가 될 수 있을까요? 올해 3월에 동일본을 덮친 대지진, 세계에서 세 번째의 가혹한 사고를 불러일으킨 후쿠시마 원자력발전소의 참사도 포함해서, 저의 가슴속은 어둡게 가라앉지 않을 수가 없습니다.

다행히 저는 아직 살아 있습니다. 앞으로도 역사의 진실을 명백히 밝히는 일을 계속해갈 것입니다. 여러분의 원조를 부탁드리면서 제 보고를 마치겠습니다. ‘감사합니다. カムサハムニダ。’

# 1910년 한일조약에 대한 법사학적 재검토*

김창록金昌祿

## I. 머리말

1910년 8월 29일 대한제국의 《관보 호외》에 "韓國皇帝陛下는韓國全部에關亳 一切統治權을完全且永久히日本國皇帝陛下에게讓與흠"이라는 조문으로 시작되는 '병합조약'이 게재·공포되었다.[1] 그리고 대한제국의 황제와 대일본제국(이하 '일제')의 황제 사이에 체결된 이 조약을 법적 근거로 삼아 일제의 35년 동안에 걸친 한반도 지배가 시작되었다. 2010년은 이 1910년 한일조약이 공포된 지 100년이 되는 해이다.

그런데, 공포 뒤 100년이 지난 지금도 1910년 조약의 자리매김은 여전히 명확하지 않다. 문제의 핵심은 1910년 조약의 효력이다. 그리고 그 문제는 다시 두 개의 세부적인 문제를 포함한다. 하나는 1910년 조약의 효력 자체에 관한 것이고, 다른 하나는 그 효력과 관련된 대한민국과 일본국 사이의 합의에 관한 것이다. 전자는 '1910년 조약이 역사적 사실과 법적 기준에 비추어 볼 때 유효인가 아니면 무효인가'라는 문제이며, 후자는 '1910년 조약의

---

* 이 글은, 《동북아역사논총》 제29호(2010.9)에 게재한 같은 제목의 글을 수정·보완하고, 〈후기〉를 추가한 것이다.

[1] 內閣法制局官報課, 《官報 號外》, 1910.8.29, 1면(http://kyujanggak.snu.ac.kr/GAN/GAN_MAINLIST.jsp). 〈후기〉를 제외하고, 이 글에서 인용하는 인터넷 사이트는 2010년 5월 31일에 방문한 결과에 따른다.

효력에 관해 대한민국과 일본국은 어떤 합의를 하였는가'라는 문제이다.

1990년대 이래 한일 양국의 역사학자와 법학자들의 노력에 따라, 전자의 문제에 관한 논의는 현저하게 진전되었다. 그리고 후자의 문제에 관해서도 일정한 변화가 생겼다. 2010년은 이러한 진전된 논의와 변화를 더욱 발전시켜 1910년 조약을 더 명확하게 자리매김하는 의미 있는 시간의 매듭이 되어야 할 터이다.

이 글에서는, 1910년 조약의 보다 명확한 자리매김을 위해, 법사학을 전공하면서 한일 간 과거청산 문제에 관여해 온 입장에서, 그동안의 진전과 변화를 다시 한번 정리하고, 현재의 단계에서의 과제와 전망을 생각해 보기로 한다.


## II. 1910년 조약의 효력의 문제

### 1. 역사적 사실

1910년 조약의 체결과정에 관해서는, 1904년 한일의정서, 1905년 을사조약(제2차 일한협약), 1907년 정미조약(제3차 일한협약)의 체결과정을 포함한 1900년대 초 한일 간 조약들에 관해 1990년대 이래 활발하게 전개되어 온 한일 두 나라 학자들의 논의 과정에서, 많은 역사적 사실들이 밝혀졌다.

논의의 첫 단계에서는 주로 1905년 조약이 주목되어, ① 1905년 11월 15일 특파대신 이토 히로부미伊藤博文가 광무제를 알현한 자리에서 일본 측의 조약 초안을 내보이며, "(이 안은) 결코 움직일 수 없는 제국 정부의 확정된 방침이므로 금일 중요한 것은 단지 폐하의 결심 여하이다. 이것을 승낙하든지 혹은 거부하든지 마음대로지만, 만약 거부한다면 제국 정부는 이미 결심한 바 있다. 그 결과는 과연 어떻게 될 것인가. 생각건대 귀국의 지위는 이 조약을 체결하는 것 이상으로 곤란한 처지에 처하게 될 것이며, 한층 불리한 결과를 각오하지 않으면 안 될 것이다."[2]라고 협박했다는 사실, ② 다음날인 11월 16일에는 이토가 대한제국의 대신들을 자신의 숙소로 불러, "제국 정부가 스스로 결정한 바가 있어서 굳이 이 제안을 하는 이상, 귀국 정부가 이를 승낙하지 않는다고 해서 그대로 묵과하지 않을 것임을 기억하라."[3]라고 협박했다는 사실, ③ 광무제가 조약이 조인된 직후인 11월 26일에, 미국에 있던 헐버트Hulbert에게 "짐은, 총검의 위하와 강요 아래 최근 한일 간에 체결된, 이른바 보호조약이 무효라고 선언한다. 짐은 이에 동의한 적도 없고, 앞으로도 결코 동의하지 않는다."라는 취지의 전보를 보낸 것을 시작으로, 이후 1907년의 제2차 만국평화회의에 밀사를 파견할 때까지, 최소한 6회 이상 1905년 조약이 무효임을 승인해 주도록 미국 등 열강에게 호소했다는 사실[4] 등이 밝혀졌다.

이어서 1910년 조약과 관련해서도, ① 1910년 조약 체결 당시 한국통감으로서 조약문에 서명한 데라우치 마사타케寺內正毅가, 조선총독의 자격으로 조약 체결에 관해 작성한 보고문인 《조선총독 보고 한국병합 시말》의 부록 〈한국병합과 군사상의 관계〉에서, "군대, 경찰의 위력과 끊임없는 경비가 간접적으로 다대한 효력을 나타냈다는 것 역시 다툴 수 없는 사실이라 하

---

2) 《日本外交文書》 38-1, 502쪽.
3) 《日本外交文書》 38-1, 489쪽.
4) 김기석, 〈光武帝의 주권수호 외교, 1905-1907: 乙巳勒約 무효 선언을 중심으로〉, 이태진 편저, 《한국병합, 성립하지 않았다》, 태학사, 2001〔이하, '이태진(2001)'〕 참조.

겠다."5)라고 밝히고, ② 또 조약 체결 당시 용산에 주둔했던 기병연대의 대위 요시다 겐지로吉田源治郎가 《일한병합 시말》이라는 책에서 "원래 기병연대를 용산에 초치한 이유는 병합을 위해 위력을 필요로 한다는 것을 예기한 때문인 것은 명백하다. 그리고 그 목적을 위해 기병은 실로 적당한 병종兵種이었다. 왜냐하면 미개한 인민을 진무鎭撫하기 위해서는 실력을 가지는 보병보다도 오히려 외관상 위엄을 갖춘 기병을 필요로 하기 때문이다."6)라고 밝혀, 일본 측이 스스로 군사력을 동원한 위하를 가했다는 점을 인정했다는 사실이 밝혀졌다. ③ 또한 대한제국의 마지막 황제인 융희제가 1926년 4월 26일 숨지기 직전에, 자신의 곁을 지키고 있던 궁내대신 조정구에게 구술하여, 강박을 당했음을 밝힌 유조遺詔를 남겼다는 사실도 밝혀졌다. 그 유조에서 융희제는, "일명一命을 겨우 보존한 짐은 / 병합 인준의 사건을 파기하기 위하여 조칙하노니 / 지난 날의 병합 인준은 강린強隣이 / 역신의 무리와 더불어 / 제멋대로 해서 제멋대로 선포한 것이요 다 나의 한 바가 아니라. / 오직 나를 유폐하고 나를 협제脅制하여 / 나로 하여금 명백히 말을 할 수 없게 한 것으로 내가 한 것이 아니니 / 고금에 어찌 이런 도리가 있으리요. / …… 내가 최애최경最愛最敬하는 백성으로 하여금 병합이 내가 한 것이 아닌 것을 / 효연曉然히 알게 하면 이전의 이른바 병합 인준과 양국讓國의 조칙은 / 스스로 파기에 돌아가고 말 것이리라."7)라고 밝혔다.

그뿐만 아니라, 그동안의 논의 과정에서 조약 체결 과정의 형식

---

5) 寺内正毅, 〈韓国併合ト軍事上ノ関係〉, 《朝鮮総督報告韓国併合始末》, 1910.11.7, 14쪽.
6) 吉田源治郎, 《日韓併合始末》, 1911, 1쪽.
7) 《新韓民報》, 1926년 7월 8일자. 이태진, 〈약식조약으로 어떻게 국권을 이양하는가?〉, 《전통과 현대》10, 1999, 298~299쪽에서 재인용.

및 절차상의 문제점, 대한제국 보인寶印 탈취와 황제의 서명 위조, 공포 칙유의 날조 등의 사실도 제시되었다.[8]

## 2. 법적 기준

다음으로 그동안의 논의를 통해 조약들의 효력에 관련된 법에 대한 지식도 풍부해졌다. 논의는, 어떤 국제법적 문제에 적용할 법은 그 문제가 발생한 당시에 존재하고 있던 국제법이어야 한다고 하는 '시제법時際法의 원칙'을 전제로, 주로 강박에 따라 체결된 조약의 효력에 관한 당시의 국제법을 확인하는 작업을 중심으로 이루어졌다.[9] 그리고 그 작업은, 1900년대 초의 국제사회에는 그 문제에 관한 성문의 국제법이 없었다는 사정 때문에, 당시의 서양 국제법학자들의 저작에서 관습국제법을 찾는 데 초점이 맞추어졌다.

그 결과, 우선 당시의 국제법학자들 다수가 '국가의 대표자에 대한 강박에 따라 체결된 조약은 무효이지만, 국가에 대한 강박에 따라 체결된 조약은 유효이다'라고 주장했다는 사실이 밝혀졌다. 그 주장은, 조약이 '자유로운 의사의 합치'여야 한다는 원칙은 고수하면서도, 전쟁이 불법이 아니었던 당시에, 전쟁을 보다 '인도적'으로 종결짓기 위해, 국가에 대한 강박에 따라 체결된 조약의

---

8) 이태진 편저, 《일본의 대한제국 강점》, 까치, 1995(이하 '이태진(1995)')의 제1부의 논문들.; 이태진(2001) 및 이태진 외 5, 《한국병합의 불법성 연구》, 서울대학교 출판부, 2003[이하 '이태진(2003)']의 이태진의 논문들 참조. 또한 海野福寿, 《韓国併合史の研究》, 岩波書店, 2000 및 康成銀, 《1905年韓国保護条約と植民地支配責任》, 創史社, 2005도 참조.

9) 형식 및 절차상의 문제점이 1910년 조약의 효력에 미치는 효력에 관해서는, 박배근, 〈시제법적 관점에서 본 한국병합관련 '조약'의 효력: 조약 체결의 형식과 절차를 중심으로〉, 《국제법학회논총》 54-2, 2009 참조.

대표격이라고 할 수 있는 강화조약의 효력을 담보하지 않으면 안 된다고 하는 현실적인 필요성이 반영된 것이었다.[10]

하지만, 1910년 한일조약 등의 효력에 관련된 당시의 국제법학자들의 주장에 관해서는 분석이 갈렸다. 한편에서는, 조약을 무효로 만드는 국가의 대표자에 대한 강박은 사실상 "국가대표자에 대해 과거의 비리를 폭로하겠다든가, 문자 그대로 권총을 들이대고 협박하여 조약의 체결을 다그치는" "'극적인' 사태"에 국한되며, 그 결과 사실상 그 이외의 강박에 따라 체결된 조약은 모두 유효라는 것이 당시의 국제법이었다고 하는 이해[11]가 제시되었다. 이러한 이해에 따르면, 그러한 '극적인' 사태가 입증되지 않는 한 한일 간 조약들은 유효한 것이 된다.[12]

다른 한편에서는, 국가에 대한 강제와 국가의 대표자에 대한 강제는 각각 "정당화 이유"가 다르고, "국가 대표자에 대한 강제는 개별적인 폭력이나 강박(협박)의 존재의 증명이 중요하며, 국가에 대한 강제는 무력과 협박을 행사한 당사국에게 '불법행위에 대한 구제' 또는 '권리보장'의 증명이 중요하다."라는 것이 당시의 국제

---

10) 백충현, 〈國際法으로 본 1900년대 韓日條約들의 문제점〉, 《한국사 시민강좌》 19, 일조각, 1996, 76~77쪽.; 坂元茂樹, 《条約法の理論と実際》, 東信堂, 2004, 253쪽.

11) 坂元茂樹, 위의 책, 255~256쪽.; 坂元茂樹, 〈日韓은 舊條約 문제의 함정에 빠져서는 안된다〉, 이태진(2001), 86쪽. 사카모토 교수의 이러한 이해는, "국가는 단체인격이므로, 국가에 대한 강제라고 할 경우, 구체적으로는 국가원수나 대신이라고 하는 직무상의 기관에 강제가 가해졌을 경우를 말하는 것"이라고 하는 이해에 입각한 것인데, 이 이해는 사사가와 교수와 이근관 교수에 의해 비판되고 있다. 笹川紀勝, 〈日韓의 法的 '대화'를 목표하여〉, 이태진(2001).; 이근관, 〈국제조약법상 강박이론의 재검토: 일본의 한국병합과 관련하여〉, 이태진(2003) 참조.

12) 이것은 일본 정부의 입장이기도 하다. 1995년 10월 13일, 일본 중의원 예산위원회에서 하야시林暘 조약국장은, 체결과정에서 "교섭당사자·체결자 개인에 대한, 신체에 대한 강박 혹은 위하"가 없었다는 것을 이유로 1910년 조약의 유효를 주장했다. 《第134回 國會 衆議院 豫算委員會議錄 第4號》, 1995.10.13, 15쪽.

법이었다고 하는 이해[13]가 제시되었다. 이러한 이해에 따르면, 일제가 대한제국에 대해 '불법행위에 대한 구제' 또는 '권리보장'을 주장할 여지는 없었던 데 대해, 대한제국의 대표자에 대한 폭력이나 강박은 있었기 때문에, 한일 간 조약들은 무효가 된다.

또한, 19세기 말에도 "국가에 대한 강박이 '동의의 자유'를 침해하지 않는다고 하는 것은 지나치게 일반적이고 절대적이라고 하면서 무효원인이분론無效原因二分論 자체를 부정하고 있는 견해"도 있었다고 지적되기도 했다.[14]

## III. 1910년 조약의 효력에 관한 합의의 문제

### 1. 1965년의 '합의'

1910년 조약의 효력이라는 문제에 관해, 한국과 일본은 1965년의 〈대한민국과 일본국 간의 기본관계에 관한 조약〉(이하 '〈기본조약〉') 제2조에서 "1910년 8월 22일 및 그 이전에 대한제국과 대일본제국간에 체결된 모든 조약 및 협정이 이미 무효already null and void임을 확인한다."[15]라고 합의했다.

그런데 이 하나의 조문에 대해 해석은 둘로 나뉘었다. 한국 정부는, "해당되는 조약 및 협정에 관하여는 1910년 8월 22일의 이른바 한일합병조약과 그 이전에 대한제국과 일본제국 사이에 체

---

13) 笹川紀勝, 위의 글, 144쪽.
14) 박배근, 〈韓國倂合關聯'條約' 有無效論의  意義와  限界〉, 《法學研究》(부산대) 44-1, 2003, 383~384쪽.
15) 〈기본조약〉은 한국어·일본어·영어로 작성되었으며, 그 모두가 "동등히 정본"이며, "해석에 상위가 있을 경우에는 영어본에 따"르도록 되어 있다.

결된 모든 조약 협정 의정서 등 명칭여하를 불문하고 국가 간 합의문서는 모두 무효이며 또한 정부 간 체결된 것이건 황제 간 체결된 것이건 무효이다. 무효의 시기에 관하여는 '무효'라는 용어 자체가 별단의 표현이 부대되지 않는 한 원칙적으로 '당초부터' 효력이 발생되지 않는 것이며 '이미'라고 강조되어 있는 이상 소급해서 무효Null and Void이다."[16]고 해석했다. 이러한 해석의 근거는 그 조약들이 "과거 일본의 침략주의의 소산"[17]이라는 것이었다. 그에 반해 일본 정부는 "'이제는 무효'라고 하는 것은, 현재의 시점에서 이미 무효가 되어 있다고 하는 객관적인 사실을 서술한 것에 지나지 않는다. …… 또한, 무효가 된 시기에 관해서는, 병합조약 이전의 조약들은 각각의 조약에 규정된 조건의 성취 또는 병합조약의 발효와 함께 실효했고, 병합조약은 한국의 독립이 이루어진 시기 즉 1948년 8월 15일에 실효했다."[18]라고 해석했다. 이러한 해석의 근거는 "정당한 절차를 거쳐 체결되었다."[19]라는 것, 다시 말해 "대등한 입장에서 또 자유의사에 따라 이 조약이 체결되었다."[20]라는 것이었다.

이러한 〈기본조약〉에 관한 해석의 차이는 〈대한민국과 일본국 간의 재산 및 청구권에 관한 문제의 해결과 경제협력에 관한 협정〉(이하 '〈협정〉')에 관한 해석의 차이로 이어졌다. 한일 양국은,

---

16) 대한민국정부, 《한일회담백서》, 1965, 19쪽.

17) 1965년 8월 8일, 한일 간 조약과 제협정 비준동의안 심사특별위원회에서의 이동원 외무부 장관의 발언. 高麗大學校 亞細亞問題硏究所 日本硏究室 編, 《韓日關係資料集 第一輯》, 高麗大學校出版部, 1976, 252쪽.

18) 谷田正躬 外 2編, 《日韓條約と國內法の解說》(《時の法令》 別冊), 大藏省印刷局, 1966, 14쪽.

19) 위의 책, 같은 쪽.

20) 1965년 11월 5일, 일본 중의원 일한특별위원회日韓特別委員會에서의 사토佐藤榮作 수상의 발언. 《第50回 國會 衆議院 日本國と大韓民國との間の條約及び協定等に關する特別委員會議錄 第10號》, 1965.11.5, 2쪽.

〈협정〉 제1조에서 일본국이 3억 달러의 가치를 가지는 "일본국의 생산물 및 일본인의 용역"을 무상으로 제공하기로 합의하고, 제2조에서 "청구권에 관한 문제가 …… 완전히 그리고 최종적으로 해결된 것이 된다는 것을 확인한다."라고 합의했다. 그런데, 이 〈협정〉 제1조와 제2조의 관계에 대해서, 한국 정부는 양자 사이에 상호관계가 존재한다고 해석한 데 대해,21) 일본 정부는 "경제협력의 증진과 청구권 문제의 해결은 동일한 협정의 내용으로 되어 있지만, …… 양자 사이에는 전혀 법률적인 상호관계는 존재하지 않는 것이다."22)라고 해석했다. 다만, 〈협정〉에 따라 해결된 청구권의 범위와 관련해서는, 한국 정부는 "영토의 분리·분할에서 오는 재정상 및 민사상의 청구권"이 해결되었을 뿐 "일제의 36년간 식민지적 통치의 대가"는 대상이 아니라는 입장을 밝힌 데 대해,23) 일본 정부는 한반도 지배에 관한 언급은 없이 "조선의 분리독립"에 관한 청구권이 해결된 것이라고 밝혀,24) 일제의 한반도 지배의 책임에 관해서는 해석의 차이를 보이면서도, 〈협정〉에 따라 해결된 문제의 범위에 관해서는 일정한 해석의 일치를 보였다.25)

요컨대, 〈기본조약〉 및 〈협정〉과 관련하여, 한국 정부는 ①

---

21) 1965년 8월의 한일 간 조약과 제협정비준동의안심사 특별위원회에서, 장기영張基榮 경제기획원 장관이 "이 청구권 제2항['제1조 1 (a)'를 잘못 이야기한 것으로 판단됨. — 필자]에 있는 이른바 무상 3억 불은 청구권이 아니라 한걸음 더 나아가서 실질적으로는 배상적인 성격을 가진 것이라고 생각합니다. 그런 의미에서 이것은 경제협력이 아니라 청구권이 주로 되어 있"[습니]다라고 발언한 것이 그 대표적인 예이다. 高麗大學校 亞細亞問題研究所 日本研究室 編, 위의 책, 242쪽.

22) 谷田正躬 外 2編, 위의 책, 62쪽.

23) 대한민국정부, 위의 책, 41쪽.

24) 谷田正躬 外 2編, 위의 책, 61~62쪽.

25) 이상의 기술에 관한 보다 상세한 설명은, 김창록, 〈1965년 '한일조약'에 대한 법적 재검토〉, 이태진·사사가와 노리가즈 공편, 《한국병합과 현대 — 역사적 국제법적 재검토》, 태학사, 2009 참조.

1910년 조약은 애당초 무효였다, ② 따라서 35년 동안의 지배는 불법강점이었다, ③ 그래서 1965년에 그와 '관련하여' 일정한 대가를 받았다, ④ 하지만 그것은 "영토의 분리·분할에서 오는 재정상 및 민사상의 청구권" 문제를 해결하기 위한 것이었을 뿐 "일제의 36년 동안 식민지적 통치의 대가"는 아니었다라고 해석·주장한 데 대해, 일본 정부는 ① 1910년 조약은 당초에는 유효였지만 1948년 8월 15일에 무효가 되었다, ② 따라서 35년 동안의 지배는 합법이었다, ③ 그래서 1965년에 그에 '대해' 아무 것도 준 것이 없었다, ④ 하지만 "조선의 분리독립"에 관한 청구권 문제는 해결되었다라고 해석·주장한 것이다.

## 2. 한일회담 문서로 확인된 새로운 사실들

한편, 2000년대에 들어서 한국에서 일련의 한일과거청산 소송이 진행되는 가운데 제기된 한일회담 문서공개 소송을 계기로,[26) 2005년 8월 26일 한국 정부에 의해 한국 측 문서(약 3만 6천 매)가 전면 공개되었고, 다시 그것이 계기가 되어 일본에서 제기된 3차에 걸친 문서공개 소송 과정에서 일본 측 문서(약 6만 매)가 일부 공개되면서,[27) 1965년의 '합의'에 관한 새로운 사실이 밝혀지게 되었다.

1910년 조약의 효력에 관한 한일 양국 정부의 태도를 보여 주는 것으로서, 우선 일본 측 자료인 1951년 10월 31일의 〈일한 양국의

---

26) 문서공개 소송을 포함한 한국에서의 한일과거청산 소송에 관해서는, 김창록, 〈한국에서의 한일과거청산소송〉, 《法學論攷》(경북대) 27, 2007 참조.

27) 일본에서의 문서공개 소송과 일부 공개된 문서에 관해서는, 〈일한회담문서 전면공개를 요구하는 모임日韓会談文書·全面公開を求める会〉의 홈페이지(http://www7b.biglobe.ne.jp/~nikkan/) 참조.

기본관계에 관한 방침(안)〉28)이 주목된다. 여기에서 일본 정부는 "한국 측은 교섭에 임하는 기본적 태도로서, 일본에 의한 40년의 조선통치가 착취적 식민정치였다는 원칙을 내세울 것"이 예견되므로, "우리 측으로서는 원칙론으로 이러한 태도를 논파할 필요가 있고", 그러기 위해 "일본의 조선통치하의 한국인의 경제생활, 문화생활 향상의 실제면을 설시"할 필요가 있을 것이라고 밝히고 있다.

다음으로 역시 일본 측 자료인 1952년 3월 12일의 〈일한회담 제5회 기본관계위원회 의사요록〉29)도 주목된다. 이 자료에 따르면, 그날의 기본관계위원회 회의에서는, 일본측의 오노 가쓰미大野勝巳 대표가, 한국 측 초안의 '무효' 조항(대한민국과 일본국은 1910년 8월 22일 이전에 구 대한제국과 일본국 사이에 체결된 모든 조약이 무효임을 확인한다)에 관해, 1910년 조약은 "당초부터 성립 요건을 결여했기 때문에 성립되지 않았다고 주장하는 것인가, 아니면 성립되었지만 그 후 실효했기 때문에 현재 무효라는 것을 확인한다는 것인가."라고 물었다. 이에 대해, 한국 측의 유진오 대표는 "1910년 이전의 조약은 의사에 반해서 이루어진 것이기 때문에 소급해서 무효로 하지 않으면 안 된다."라고 맞받았고,30) 이에 다시 오노 대표는, 1910년 조약이 "국가 사이에 유효 적법한 조약이었다는 것은 의문의 여지가 없고, 귀국의 국민감정은 어떻든, 우리들

---

28) 〈日韓両国の基本関係調整に関する方針(案)〉, 1951.10.31(http://www.f8.wx301.smilestart.ne.jp/6ji-all/6ji-1/01186/2006-00588-1835-01-02-IMG.xdw).

29) 〈日韓会談第五回基本関係委員会議事要録〉, 1952.3.12(http://www.nuis.ac.jp/~yosizawa/00892/2006-00588-0977-01-01.xdw).

30) 다만, 유진오 대표는 이어서 "그러나 이 법. 이론을 관철할 때에는 실제로는 복잡한 문제가 발생하기 때문에, 법 이론은 제쳐 두고, 어쨌든 무효로 하고자 하는 것이다. 한국 측에서는 병합조약은 처음부터 무효라고 하고, 일본의 포츠담선언 수락에 의해 실효했다고 하는 것은 아니지만, 이 규정에서는 위 한국 측의 주장을 명확하게 하는 것을 피하고, 또 포츠담선언 수락 때부터 실효했다고 하는 주장도 피하여, 막연히 어쨌든 무효를 확인하고자 한다."라고 덧붙였다. 위의 자료 참조.

현대의 일본인은 적법한 병합이라고 생각하고 있다."라고 잘라 말했다.

끝으로 한국 측 자료인 1965년 2월 18일의 〈기본관계문서 실무자 회의 토의 요약〉[31]이 주목된다. 이 자료에 따르면, 위에서 살펴본 것과 같이 한일 양국 정부가 접점을 찾지 못하는 상태가 이어진 가운데, 한국 측은 "are null and void"라는 표현을 제안하고, 일본 측은 "are confirmed (as) null and void now", "have been invalidated and are null and void", "are already null and void"라는 표현을 제안한 결과 양측이 최종적으로 "are already null and void"라는 표현으로 결착을 지었다.

이러한 사실들은, 위에서 살펴본 1910년 조약의 무효시점에 관한 한일 양국 정부의 대립이 한일회담 시작 단계에서부터 그 전 과정을 걸쳐 이어졌으며, 결국 합의점을 찾지 못한 채 'already'라는 애매한 표현으로 귀결되었다는 사실을 확인시켜 주는 것이라고 할 것이다.

## 3. 1995년 이후의 변화

### 1) 일본의 변화

1995년 이후 〈기본조약〉과 관련하여 일본 정부의 해석에 주목할 만한 변화가 생겼다. 일본의 '종전 50주년'을 맞아, 1995년 8월 15일 당시의 무라야마 도미이치村山富市 수상이 발표한 담화[32]를 통해서, 일본 정부는 "식민지 지배와 침략에 의해 많은 나라들, 특

---

31) 〈기본관계문서 실무자 회의 토의 요약〉, 1965.2.18, 《제7차 한일회담. 기본관계위원회 회의록 및 훈령, 1964.12~65.2》, 1965(등록번호 1455).

32) 〈戰後50周年の終戰記念日にあたって〉, 1995.8.15(http://www.mofa.go.jp/mofaj/press/danwa/ 07/dmu_0815.html).

히 아시아의 여러 나라 사람들에게 커다란 손해와 고통을 주었"다고 하는 "의심할 수 없는 이 역사적 사실을 겸허하게 받아들여" "통절한 반성의 뜻을 표하고, 마음으로부터의 사과를 표명"했다. 그리고 1998년 10월 8일의 김대중−오부치 게이조小淵惠三 공동선언33)을 통해서는 "과거의 한 시기에 한국 국민에 대해 식민지 지배에 의해 커다란 손해와 고통을 주었다고 하는 역사적 사실을 겸허하게 받아들이고, 이에 대해 통절한 반성과 사과"를 한다고 밝혔다. 또한 2002년 9월 17일의 〈조일공동선언〉34)을 통해서도, "과거의 식민지 지배에 의해, 조선의 사람들에게 커다란 손해와 고통을 주었다고 하는 역사의 사실을 겸허하게 받아들여, 통절한 반성과 마음으로부터의 사과를 표명"했다.

일본 정부가 1965년에는 식민지 지배에 대한 책임을 전혀 인정하지 않았던 사실을 상기하면, 이것이 적지 않은 변화인 것은 틀림없다. 하지만, 일본 정부는 그 이후에도, "식민지 지배의 현실이라는 것을 직시하고, 엄한 반성을 하여 사과할 것은 사과해야 한다."35)라고 하면서도, 1910년 조약이 "법적으로 유효"였다36)는 입장은 계속 고수함으로써 '법적 무책임의 원칙'을 이어갔다. 요컨대 '유효정당론'에서 '유효부당론'으로의 전환인 것이다.

### 2) 한국의 변화

한편 한국 측에도 변화가 생겼다. 2005년 8월 26일 대통령 소속

---

33) 〈日韓共同宣言 −21世紀に向けた新たな日韓パートナーシップ−〉, 1998.10.8(http://www. mofa.go.jp/mofaj/kaidan/yojin/arc_98/k_sengen.html).

34) 〈日朝平壤宣言〉, 2002.9.17(http://www.mofa.go.jp/mofaj/kaidan/s_koi/n_korea_02/sengen.html).

35) 1995년 10월 17일, 일본 참의원 예산위원회에서 무라야마 수상의 발언.《第134回 國會 參議院 豫算委員會會議錄 第3號》, 1995.10.17, 34쪽.

36) 1995년 10월 5일, 일본 참의원 본회의에서 무라야마 수상의 발언.《第134回 國會 參議院 會議錄 第4號》, 1995.10.5, 19쪽.

기관인 〈한일회담 문서공개 후속대책 관련 민관공동위원회〉는, "한일 청구권협정의 법적 효력 범위"에 관해, "한일 청구권협정은 기본적으로 일본의 식민지배 배상을 청구하기 위한 것이 아니었고, 샌프란시스코조약 제4조에 근거하여 한일 양국 간 재정적·민사적 채권·채무 관계를 해결하기 위한 것이었"기 때문에, "일본군위안부 문제 등 일본 정부·군軍 등 국가권력이 관여한 반인도적 불법행위에 대해서는 청구권협정에 의하여 해결된 것으로 볼 수 없고, 일본 정부의 법적 책임이 남아 있"다라는 결정을 내렸다. 동시에 민관공동위원회는, "한일협정 협상 당시 한국 정부가 일본 정부에 대하여 요구했던 강제동원 피해보상의 성격, 무상자금의 성격, '75년 한국 정부 보상의 적정성 문제"에 관해서는, "청구권협정을 통하여 일본으로부터 받은 무상 3억 불은 개인재산권(보험, 예금 등), 조선총독부의 대일채권 등 한국 정부가 국가로서 갖는 청구권, 강제동원 피해보상 문제 해결 성격의 자금 등이 포괄적으로 감안되어 있다고 보아야 할 것"인데, "'75년 우리 정부의 보상 당시 강제동원 부상자를 보상대상에서 제외하는 등 도의적 차원에서 볼 때 피해자 보상이 불충분하였"으므로, "도의적·원호적 차원과 국민통합 측면에서 정부 지원대책을 마련"하기로 하였다라는 결정을 내렸다.[37] 그리고 이 결정에 따라 2007년 12월 10일 〈태평양전쟁 전후 국외 강제동원 희생자 등 지원에 관한 법률〉을 제정하여 "희생자와 그 유족 등에게 인도적 차원에서 위로금 등을 지원"하고 있다.[38]

위와 같은 한국 측의 일련의 조치는, 〈협정〉에 따라 해결된 청

---

37) 국무조정실, 〈보도자료 한일회담 문서공개 후속대책 관련 민관공동위원회 개최〉, 2005.8.26.

38) 태평양전쟁 전후 국외 강제동원희생자 지원위원회 홈페이지(http://www.jiwon.go.kr/index.asp) 참조.

구권의 범위 및 무상 3억 달러의 성격, 그리고 한국 정부에 의한 국외 강제동원 희생자 등에 대한 지원이라는 점에서는, 기존의 입장을 연장시킨 것이라고 할 수 있다. 하지만, "일본군 위안부 문제 등 일본 정부·군軍 등 국가권력이 관여한 반인도적 불법행위에 대해서는 청구권협정에 의하여 해결된 것으로 볼 수 없고, 일본 정부의 법적 책임이 남아 있"다고 한 점과 국외 강제동원 희생자 등에 대한 지원의 확대라는 점에서는 일정한 변화를 담고 있는 것이라고 할 것이다.

## IV. 과제와 전망

### 1. '법'을 넘어?

위에서 살펴본 것처럼, 1910년 조약의 효력에 관해서는, 조약 체결 당시부터 한일 간에 대립이 있었고, 1965년의 〈기본조약〉에 의해서도 그 대립은 해소되지 않았다. 또한 1990년대 이래 한일 학자들의 논의를 거친 지금도, 당시의 서양 국제법학자들의 저작을 근거로 한 유효론과 무효론의 대립은 여전히 이어지고 있다.

이러한 상황과 관련해서, 우선 "논쟁의 논리적 구조와 틀"에 대한 근본적인 검토와 반성이 필요하다는 지적[39]이 주목된다. 박배근 교수는 기존의 논쟁을 전면적으로 검토한 다음, "실제로는 제국주의적인 유럽 국가들의 편의에 따라 마음대로 조작된 법"인 "법실증주의 국제법학자의 저서 속에 서술되어 있는 국제법"에 의존하는 법적 삼단논법은, "법적인 관점에서는 크게 의미가 없는

---

39) 박배근, 위의 글(2003), 373쪽.

것"이라고 주장한다. 그 이유로서 제시되는 것은, "판단의 기준이
되는 '법' 자체가 정당하지 못할 뿐만 아니라 당시 무엇이 '법'이
었는가도 명확하지 않"으며, "'법'이 존재하였다고 하더라도 그것
이 한국에 대하여 구속력을 가지는지의 여부가 다시 문제가 될 수
있"고, "이런 모든 문제가 해결된다고 하더라도, 하나의 법적 문제
에는 유일하게 옳은 하나의 해답만이 있는 것은 아니라는 문제도
있"다라는 것이다.[40] 매우 경청할 만한 주장이다. 제국주의 시대
의 힘의 논리가 녹아 있는 '법'에 지금 의지하는 것이 옳은 일인지
는 의문이다. 게다가 학자 개인의 학설이라는 형태로 존재한 법은
불명확하다. 무엇보다 법적 공방의 형태를 띤 그 대립에 대해 구
속력이 있는 명확한 판결을 내려 줄 현실의 법정이 없다.

또한 법적인 차원보다 중요한 다른 차원에 초점을 맞추어야
한다는 지적도 주목된다. 운노 후쿠주海野福寿 교수는 "오늘날
세계적인 규모로 우리들에게 요구되고 있고, 제2차 세계대전의
전후 처리가 외면해 버린, 식민지주의의 청산과 극복이라는 과
제"[41]야말로, 사카모토 시게키坂元茂樹 교수는 "식민지 지배의
가혹한 실상과 그러한 역사를 어떻게 청산할 것인가라는 보다
넓은 과제"[42]야말로 중요하다고 주장한다. 그리고, 오오누마 야
스아키大沼保昭 교수는 "법적인 책임과는 다른 차원에서, 다른
근거에 기초하여, 진지한 진심어린 사죄를 포함한 다양한 형태
로 수행될 수 있는" "도의적 책임"[43]을 강조한다. 이들 주장 또
한 경청할 만하다. 식민지주의·식민지 지배 역사의 극복이야말

---

40) 위의 글, 386~389쪽.
41) 海野福寿, 〈한국병합의 역사인식〉, 이태진(2001), 152쪽.
42) 坂元茂樹, 위의 글, 98쪽.
43) 大沼保昭, 《「慰安婦」問題とは何だったのか: メディア·NGO·政府の功罪》, 中央公論新
    社, 2007, 164쪽.

로 근본적인 과제이며, 법적인 책임만큼 도의적인 책임도 중요하다.

하지만, 이들 문제의식과 주장에 대해 한편으로 공감하면서도, 과연 '법'에 관한 논의를 넘어서는 것이 대립의 해소책이 될 수 있을지에 대해서는 의문을 가지지 않을 수 없다.

우선, 대립의 출발점이 '법'이다. 애당초 일제의 한반도 지배에 대해 한국인들이 요구한 것은 "일제가 한반도를 강점하여 억압하고 약탈했으니 그에 대해 책임을 지라."라는 것이었다. 그런데 그것을 일본 정부가 "합법이었으니까 책임질 것이 없다."라며 완강히 거부했다. 그래서 그 거부에 대응하기 위해 한국인들은 "게다가 불법이었다."라고 거듭 추궁하게 되었다. 그럼에도 불구하고 일본 정부는 '합법'이라는 주장을 여전히 철회하지 않은 채 책임을 회피하고 있다. 이와 같이, 식민지주의·식민지 지배의 청산이라는 과제의 해결이 저해되고 있는 것은, 바로 그것을 둘러싼 대립이 '법'으로부터 출발한 것이기 때문인 것이다.

다음으로, 대립의 현상으로부터도 '법'을 떼어낼 수 없다. 1982년 이래 주기적으로 반복되고 있는 일본의 역사교과서를 둘러싼 갈등의 뿌리에는 바로 '법'의 대립이 자리 잡고 있다. 2001년의 일본 중학교 역사교과서 검정의 과정에서 확인된 것처럼, '새로운 역사교과서를 만드는 모임' 등의 '자유주의 사관'론자들에 의한 한반도 지배에 대한 적극적인 평가는, 결국 '한국병합은 합법적으로 이루어졌다'라는 일본 정부의 공식 입장에 터 잡고 있는 것이다. 또, 1995년에 발족한 〈여성을 위한 아시아평화국민기금〉이 '위안부' 피해자들에게 받아들여지지 않은 것은, "피해자로부터 국가보상론 등의 요구가 제기"되는 것을 두려워하여, "숨을 죽이고 폭풍우가 지나가기를 기다리"려고 한 "일본 정부의 체질"44) 때문이다. 다시 말해, 일본 정부가, 추궁이 “법적인 논의”에로 확산되는 것을 두려워하여, “‘도의적 책임’이라는 이름 아래, 편의적·정치적 고려에 터잡은 불성실한 책임 회피”[45]를 한 때문인 것이다.

이러한 점들을 고려할 때, ‘법’을 넘어선 논의로는 대립의 의미 있는 해소를 가져오기 어려울 것으로 보인다. 그뿐만 아니라, 위에서 살펴 본 1990년대 이래의 진전과 변화는 실은 ‘법’에 주목한 결과이기도 하다. 따라서 ‘법’에 관한 논의는 여전히 필요하고도 중요하다고 할 것이다. 문제는 어떻게 보다 진전된 ‘법’에 관한 논의를 만들어낼 것인가이다.

## 2. 새로운 ‘법적 틀’의 구축

‘법’과 연관된 하나의 해소책으로 생각해볼 수 있는 것은, ‘제국주의 국제법을 전제로 한 법논쟁’이라는 법적 틀 자체를 다른 법적 틀로 대체하는 것이다. 다시 말해, 제국주의 국제법의 틀 대신에 식민지 지배 일반을 불법으로 선언하는 새로운 ‘법적 틀’을 구축하고 관철하는 것이다.

이와 관련해서는, 이근관 교수가 “당시의 근대 국제법은 유럽에 기원을 두고 있었으며 그 전반적 경향이 유럽강국에 의한 식민주의 또는 제국주의적 정책을 정당화하고 있었다는 점”에 대한 “근본적인 반성”에서 출발하여, “기계적인 시제법적인 접근이 아니라” “전통 국제법 질서(와) 현안 문제에 대한 오늘날의 규범적 평가 등을 종합적으로 고려하여 진정한 화해와 공생을 가능케 하는 새로운 규범적 지점을 확보”하자고 제안하고 있는 것[46]이 주목된

---

44) 위의 책, 170쪽.
45) 위의 책, 164쪽.

다. 이 제안은, 아베 고키阿部浩己 교수의 표현을 빌리면, "법을 협애한 '현재'라는 주박呪縛으로부터 해방하여, 그 시간적 사정을 과거를 향해 연장"시키는 것[47]이 될 터이다.

오스트레일리아, 뉴질랜드, 미국 등에서의 선주 민족의 권리 회복을 요구하는 운동, 나치즘의 피해자에 대한 독일의 보상, 일본계 미국인에 대한 미국의 보상, 남아프리카·라틴 아메리카에서 확산된 과거의 부정의에 대한 진상규명·가해책임 추급을 향한 투쟁, 그리고 이 글의 주제와 직접 관련된 대일과거청산소송[48] 운동을 비롯한 한일 간 과거청산을 위한 다양한 노력 등, 최근에 전개된 일련의 '법적' 노력은 "정의의 시간적 사정을 과거에로 신장伸張시키는"[49] 커다란 흐름을 이루었다.

그리고 그러한 흐름 속에서, 2001년에 남아프리카공화국 더반 Durban에서 개최된 반인종차별 국제회의에서는 '마침내' 식민지 지배에 대한 법적 책임이 중요 의제로 다루어지게 되었다. 최종적으로 채택된 더반선언은, 과거의 '가해국'들과의 타협을 강요받은 결과 법적 책임에 대한 명확한 언급이 자제되기는 했지만, 노예제와 식민지주의에 의해 야기된 "엄청난 고통과 참상"을 인정하고 그에 대해 유감의 뜻을 밝혔으며,[50] 특히 식민지주의와 관련해서는 "식민지주의에 의해 야기된 고통을 인정하고, 언제 어디서든 식민지

---

46) 이근관, 〈한일병합조약에 대한 국제법적 고찰〉, 동북아역사재단, 《한일역사관련 국제법 학술 워크숍》, 2006, 25~26쪽. 또한 백충현, 〈일본의 한국병합에 대한 국제법적 고찰〉, 이태진(2003), 239~241쪽도 참조.

47) 아베 고키阿部浩己, 김창록 역, 〈戰後責任과 화해의 모색〉, 《法學論攷》(경북대) 26, 2007, 405쪽.

48) 이에 관해서는, 우선 김창록, 〈일본에서의 대일과거청산소송 ─한국인들에 의한 소송을 중심으로─〉, 《法史學硏究》 35, 2007 참조.

49) 아베 고키, 위의 글, 404쪽.

50) *Declaration*(http://www.un.org./WCAR/durban.pdf), at 17.

주의는 비난받아야 하며 재발이 방지되어야 한다."라고 밝혔다.[51]

전체적으로 볼 때, 식민지 지배 일반을 불법으로 선언하는 새로운 '법적 틀'은 아직 형성 중에 있지만, 현대의 국제사회에서 그것이 중요한 법적 이슈로서 등장한 것은 분명하다. 식민지주의 일반에 대한 역사적·법적 천착을 거듭함으로써, 그것을 하나의 명확한 흐름으로 만드는 것은, 일제의 한반도 지배에 대한 법적 평가의 제자리 찾기에도 기여할 터이다.

## 3. 법과 역사의 상호심화를 향해

하지만, '법'과 연관된 대립의 해소책으로 '바로 지금' 생각해 볼 수 있는 것은, 무엇이 '법'인지를 확인할 수는 없다고 하더라도, 확정할 수는 있다고 하는 것이다. 물론 현실의 법정이 없는 상황에서, 이 '확정'은 당사자들의 합의에 의한 확정을 의미한다.

이 점과 관련하여, 1990년대 이래 한일 양국의 학자들이, 조약의 효력에 관한 1900년대 초의 '법'을 상세하게 밝혀낸 것은 소중한 자산이 될 수 있다. 그들의 노력에 의해 1900년대 초에 '복수의 법'이 존재했다는 사실이 밝혀졌다. 게다가 그 '복수의 법' 사이의 우열을 확인하기가 어렵다는 사실이 밝혀졌다.

그렇다면, 지금 1900년대 초 한일조약의 효력이라고 하는 법적인 문제에 관해 판단하는 것은 결국 그 '복수의 법' 가운데 어느 하나를 선택하는 문제가 된다.[52] 강박의 역사적 사실을 인정하고

---

51) Id. at 7.
52) 이 점과 관련하여 사카모토 교수의 아래와 같은 지적은 시사적이다. "과거에 발생했던 사실 중에서 무엇이 중요하고 무엇이 중요하지 않은가 하는 구별은 없다. 모든 것은 일어났던 것이다. 중요한 것은 우리들이 무엇을 중요하게 취급할까 하는 그 태도이다."(坂元茂樹, 위의 글, 99쪽) 사카모토 교수는 "과거에 발생했던 사실"에 대해 이야기하

있는 점에서는 유효론자도 무효론자와 마찬가지이다. "대한제국에 대해 국가의 존망에 관한 압력이 일본으로부터 가해졌다는 사실은 누구의 눈에도 명백"[53]하며, "일본의 모략과 간계에 의해 굳어진 계획에 따라 한국에 위압을 가해, 병합조약을 강제 체결했다는 사실은 명백"[54]하다. 그런데도, 유효론자는 그 '복수의 법' 가운데 하나의 법을 선택하여 유효를 주장하고 있고, 무효론자는 다른 하나의 법을 선택하여 무효를 주장하고 있는 것이다.

하지만, 그러한 선택이 영원히 바뀌지 말아야 할 이유는 없다. 선택의 변화 가능성과 관련하여 특히 주목되는 것은 일본 정부의 선택이다. 일본 정부의 최초의 선택인 '유효정당론'은, 요컨대 '합법이었기 때문에 잘못한 것이 없고 그래서 아무 것도 하지 않았다'라는 것이다. 그런데 1995년에 이르러 일본 정부는 '식민지 지배에 의해 커다란 손해와 고통을 주었다고 하는, 통절하게 반성하고 마음으로부터 사과해야 할, 의심할 수 없는 역사적 사실'을 인정했다. 그래서 '유효부당론'으로 전환한 것인데, 이 '유효부당론'이라는 것은, 요컨대 '합법이었지만 잘못한 것이 있으나 아무 것도 하지 않았다'라는 것이다. 이로써 일본 정부는 매우 옹색한 "자가당착"[55]에 빠져들게 되었다. '일본은 잘못한 것이 있음에도 아무 것도 하지 않는 나라이다'라고 스스로 선언하는 형색이 되어버린 까닭이다. 그 초라한 모습을 겨우 가리고 있는 것이 '유효론'이라고 하는 '법' 논리인 셈이다.

하지만, 일본 정부에게는 다른 선택지가 있다. '늑대들의 법'인

---

고 있지만, "과거에 존재했던 법"에 대해서도 마찬가지의 이야기가 가능할 터이다.

53) 坂本茂樹, 위의 책, 277쪽.

54) 海野福寿, 위의 책, 387쪽.

55) 太田修, 〈日韓財産請求権問題の再考—脱植民地主義の視覚から〉, 笹川紀勝·李泰鎮 編, 《国際共同研究 韓国併合と現代—歴史と国際法からの再検討》, 明石書店, 2008, 711쪽.

제국주의 국제법의 시대에도 존재했던 '양들의 법'이 그것이다. 당시에 우열을 확인할 수 없는 '복수의 법'이 존재했다는 사실이 밝혀진 이상, 시제법의 원칙에 따른다고 하더라도, 지금 '늑대들의 법'을 버리고 '양들의 법'을 선택하는 데 어떠한 '법적'인 장애도 없다. 게다가 일본 정부의 새로운 선택은, '늑대들의 법'이 떠받히고 있던 제국주의 시대와의 진정한 단절을 선언하는 것이며, 바로 그 제국주의에 의해 피해를 입은 한국인들에게 '반성과 사과'의 진정성을 인정받을 수 있는 방법이며, 그래서 "평화를 유지하고, 전제專制와 예종隷從, 압박과 편협을 지상에서 영원히 제거하려고 노력하고 있는 국제사회에서, 명예로운 지위를 차지"[56]하는 길인 것이다.[57]

물론 이러한 해소책에 대해서는 현실적이지 못한 것이 아닌가 라는 의문이 제기될 수 있다. 일본 정부는 그 새로운 선택을 거부했고, 또 거부하고 있다. 그 배경에는, '무효'와 '불법'의 선언이 '법적 책임'으로 이어질 수 있다는 생각, 다시 말해 "판도라의 상자를 여는 일이 될지도 모른다."[58]라는 위기의식이 자리 잡고 있을 터이다. 하지만, 이와 관련해서는 주목해야 할 또 다른 현실이 있다. 일본 정부는 1995년 이후 기존의 입장을 바꾸었다고 하는 현실이다. 그리고, 그에 대한 평가의 문제는 별론하더라도, 한국 정부의 한국인 피해자들에 대한 지원이 확대되었고, 그 결과 피해자들에 대한 한일 양국 정부 사이의 대응의 차이는 더욱 현저하게 되었다고 하는 현실도 있다. 북한과의 관계는 여전히 미정이지만, 〈조일공동선언〉의 틀은 앞으로도 현실로서 존재하게 될 가능성이

---

56) 〈일본국헌법〉 전문.
57) 이에 관해서는, 김봉진, 〈'한국병합 유효·부당론'을 묻는다〉, 이태진 편저(2001), 258쪽 도 참조.
58) 坂元茂樹, 위의 책, 279쪽.

크다. 따라서 일본 정부의 새로운 선택은 반드시 비현실의 영역에 머무는 것이 아니라고 할 것이다.


## V. 맺음말

지금까지 1910년 조약의 효력과 그에 대한 한일 양국 정부의 '합의'와 관련하여, 특히 1990년대 이래 어떤 진전과 변화가 있었는지를 확인하고, 그것을 토대로 지금 무엇을 할 수 있고 해야 하는지를 생각해 보았다.

1910년 조약의 효력의 문제는, 한일 양국의 관계에서 가장 중요한 의미를 가지는 과거인, 35년 동안에 걸친 일제의 한반도 지배의 성격에 관한 문제이다. 또한, 그것은 현재의 한일 관계의 토대라고 할 수 있는 1965년 조약의 애매성의 근본원인이기도 하다. 1910년 조약의 효력, 그리고 35년 동안에 걸친 일제의 한반도 지배의 성격에 관해, 한일 간의 진정한 합의를 도출하는 것, 그것을 통해 1965년의 애매성을 극복하고 한일 관계의 확실한 토대를 마련하는 것이 요망된다.

그러기 위해, 일본 정부가, 1910년 조약의 공포로부터 100년이 되는 올해에는, 1995년의 무라야마 담화와 1998년의 김대중-오부치 공동선언을 넘어서, 1910년 조약과 그것에 기초한 일제의 한반도 지배가 부당한 것이었을 뿐만 아니라 불법적인 것이었다고 선언하는 것이 요망된다. 그것은 한일 간의 "역사인식의 최소한의 통일을 도모"59)함으로써 한일 간의 진정한 우호관계의 새로운 시

---

59) 和田春樹·藤原帰一·姜尚中, 〈討議 朝鮮植民地支配とは何だったのか〉, 《世界》 800호, 2010.1, 145쪽.

대를 열어젖히는 것일 뿐만 아니라, 식민지주의의 청산이라고 하는 인류적 과제의 해결로 나아가는 중요한 한걸음이 될 수 있을 것이다.

끝으로 지금까지의 진전과 변화를 만들어낸 원천에 다시 한번 주목하고자 한다. 그 원천은 법에 주목한 역사 연구와 역사 문제를 해결하려고 나선 법, 요컨대 법과 역사의 상호심화를 위한 노력이었다. 일본군 '위안부' 문제로 상징되는 한일 과거사를 청산하기 위해, 피해자와 시민, 학자들과 실무가들이 거리와 법정과 의회와 심포지엄 등에서 함께 노력한 결과였다.[60]

지금까지의 한일 양국의 역사학자와 법학자들의 대화는 그 노력의 일환으로서 높이 평가되어야 할 것이다. 그리고, '1910년 조약 100년'을 맞는 2010년에는, 한일 양국에서 공개된 관련 문서에 대한 심화된 분석을 토대로, 한일 간 과거청산의 보다 큰 진전을 이루어내기 위해 그 대화를 더욱 심화·발전시켜야 할 것이다.

---

60) 일본 국내에서의 노력에 관해서는, 和田春樹 外編, 《日本は植民地支配をどう考えてきたか》, 梨の木舍, 1996 참조.

## 〈후기〉

2010년 5월에 위의 논문을 탈고한 뒤, 이 주제와 관련하여 두 가지 주목할 만한 일이 있었다.

### 1. 2010년 한일 지식인 공동성명

하나는 2010년 5월 10일에 한일 양국의 지식인 각각 100여 명(한국 측 109명, 일본 측 105명)이, 서울과 도쿄東京에서 〈'한국병합' 100년에 즈음한 한일 지식인 공동성명〉을 발표하고,[61] 7월 28일에는 서명자를 1천 명 이상(한국 측 587명, 일본 측 531명)으로 늘려 또다시 발표한[62] 것이다.

이 〈공동성명〉에서 양국의 지식인들은, "'한국병합조약'을 어떻게 보아야 할 것인가."라는 "문제야말로 두 민족 사이의 역사 문제의 핵심이며, 서로의 화해와 협력을 위한 기본"이라고 자리매김하고, "병합조약 등은 …… 당초부터 'null and void'였다고 하는 한국 측의 해석이 공통된 견해로 받아들여져야 할 것"이라고 선언하고, 그러한 "공통의 역사인식에 입각하여", "한국과 일본 사이에 진정한 화해와 우호에 기초한 새로운 100년을 열어갈" 것을 호소했다.[63]

이것은 위의 본문 '맺음말'에서 적은 "한일 간 과거청산의 더 큰 진전"의 가능성을 한층 키운 것이라고 할 것이다.

---

61) 〈'韓日병합조약 무효' 한일 지식인 공동선언〉, 《연합뉴스》(인터넷판), 2010.5.10 17:18.
62) 〈韓日지식인 1천118명 "병합 원천 무효"〉, 《연합뉴스》(인터넷판), 2010.07.28 18:10.
63) 〈'한국병합' 100년에 즈음한 한일 지식인 공동성명〉, 2010.5.10.

## 2. 2012년 한국 대법원 판결

다른 하나는 2012년 5월 24일 한국의 대법원이 이 주제와 관련하여 획기적인 판결을 선고한 것이다.

미쓰비시중공업과 신일본제철에 의해 강제노동을 강요받았던 한국인 피해자들이 두 회사를 상대로 제기한 손해배상청구소송의 상고심 판결[64]에서, 한국의 대법원은, "일제강점기 일본의 한반도 지배는 규범적인 관점에서 불법적인 강점에 지나지 않"는다라고 선언했다. 그리고 그 연장선상에서 "청구권협정의 협상과정에서 일본 정부는 식민지배의 불법성을 인정하지 않은 채, 강제동원피해의 법적 배상을 원천적으로 부인하였고, 이에 따라 한일 양국의 정부는 일제의 한반도 지배의 성격에 관하여 합의에 이르지 못하였는데, 이러한 상황에서 일본의 국가권력이 관여한 반인도적 불법행위나 식민지배와 직결된 불법행위로 인한 손해배상청구권이 청구권협정의 적용대상에 포함되었다고 보기는 어"렵다라고 밝히고, 결론적으로, "원고 등의 손해배상청구권에 대하여는 청구권협정으로 개인청구권이 소멸하지 아니하였음은 물론이고, 대한민국의 외교적 보호권도 포기되지 아니하였다고 봄이 상당하다."라고 선언했다.

이것은 분명 위의 본문 III-3-2)에서 살펴본 한국 정부의 〈2005년 결정〉을 훨씬 뛰어넘는 것이다. 〈2005년 결정〉에서 한국 정부가 "일본 정부의 법적 책임이 남아 있"다고 규정한 것은, 어디까지나 "일본군 위안부 문제 등 일본 정부·軍 등 국가권력이 관여한 반인도적 불법행위"였다. 강제동원에 관해서는 "'고통 받은 역사적 피해사실'에 근거하여 정치적 차원에서 보상을 요구하였으

---

64) 대법원 2012.5.24. 선고 2009다22549 판결.; 대법원 2012.5.24. 선고 2009다68620 판결.

며, 이러한 요구가 양국 간 무상자금산정에 반영되었다.", "무상 3억 불은 …… 강제동원 피해보상 문제 해결 성격의 자금 등이 포괄적으로 감안되어 있다고 보아야 할 것"이라고 하여, 오히려 소극적인 해석이 가능할 수도 있는 여지를 남겨 놓았었다.

그에 대해 위의 대법원 판결은 "일본의 국가권력이 관여한 반인도적 불법행위"는 물론이고 "식민지배와 직결된 불법행위"로 인한 청구권도 소멸되지 않았다고 확인하고, 나아가 그에 대한 "대한민국의 외교적 보호권도 포기되지 아니하였다."라고 밝혔다. 이러한 '확산'이 가지는 의미는 심대하다. 그것은 곧 '식민지 책임 일반에 관한 청구권'이 소멸되지 않았고, 그에 대한 외교보호권도 소멸되지 않았다는 의미에 다름 아니다. 그렇다면, 당연히 피해자는 그 청구권을 지금 행사할 수 있는 것이며, 대한민국 정부는 그 청구권의 실현을 위해 외교보호권을 행사하지 않으면 안 되는 것이다.

이것은 위의 본문 IV-3에서 지적한 한국의 '현실'이 한층 더 진전되었다는 것을 의미한다. 한국의 최고법원이 "일제강점기 일본의 한반도 지배는 규범적인 관점에서 불법적인 강점"이라고 다시 한번 확실하게 못 박고, 1965년 조약들에도 불구하고 "식민지배와 직결된 불법행위"로 인한 청구권과 그에 대한 한국 정부의 외교적 보호권은 소멸되지 않았다고 명확하게 선언했다. 이 선언은 한국의 모든 국가기관을 구속하는 '법적 선언'이다. 이로써 '합법지배', '모두 해결'이라는 일본 정부의 주장과의 사이의 간극은 더욱 현저해진 것이다.

이제 한일 관계를 '정상화'하는 방법은 둘 중 하나이다. 하나는 일본 정부가 〈한일 지식인 공동성명〉을 전면적으로 받아들이는 것이다. 다른 하나는 1965년 〈기본조약〉과 〈협정〉의 생명이 다하였음을 선언하고 새로운 한일조약을 맺는 것이다.

# 일제 강제징용 피해자 국제법적 구제 논거 및 정책과제[*]

이장희 李長熙

## I. 문제제기

2013년 8월 15일로 광복 68주년을 맞았다. 광복은 되었지만, 진정한 광복은 아니었다. 물리적으로 남북의 국토는 아직도 분단되어 이념적·군사적으로 소모적 대결을 이 순간에도 하고 있다. 민족정신사적으로는 일제 식민지 잔재 청산이라는 역사정의를 대내외적으로 아직도 확립하지 못하고 있다. 자주적이고 평화롭게 민주적 통일국가를 건설하기 위해서는, 대한민국은 정신적·물질적으로 건강한 국가사회를 갖추고 있어야 한다. 평화통일은 국내적, 남북 양자 사이, 그리고 주변 국가 사이에서도 긴밀한 선린우호 협력의 기초 위에서만 가능하다. 그런데 오늘날 우리는 남북 사이에서도 정치·군사적으로 긴장관계일 뿐만 아니라, 주변국 특히 한일 사이에는 현재 소모적 식민지 잔재 청산에 대한 역사전쟁의 진실게임을 치열하게 치르고 있다. 이처럼 식민지 잔재 청산과 남북 사이 신냉전의 희생양이 되어 민족의 소중한 에너지를 소진하고 있다. 정신사적으로 한반도는 탈식민지와 탈냉전을 1990년대 이미

---

[*] 이 논문은 이장희, 〈일제 강제징용자 법적 구제 및 정책과제〉, 한국법제연구원, 《GLOBAL LEGAL ISSUES》 2012[I], 2012.12.28, 201~218쪽 게재 논문을, 새로운 자료를 토대로 논문 내용에 최근의 변화를 대폭 반영하여 수정·보완한 것이다.

이룬 국제사회의 큰 흐름과 동떨어진 역사퇴행을 거듭하고 있다. 참으로 안타까운 일이다. 그러나 통일국가 그리고 평화로운 동북아 공동체는 남북 사이 화해 및 한일 사이의 진정한 역사화해, 아니 식민지 잔재가 말끔하게 청산되어야 가능하다. 이 식민지 잔재 청산의 장애물은 일차적으로는 일본이지만, 대한민국 역대 정부의 지난 수년 동안의 소극적 태도(부작위)에도 어느 정도 책임이 있었다고 본다.[1]

그런데 한국 사법부가 오랜 침묵을 깨고 2011년과 2012년에 한국 정부의 이러한 역사정의에 대한 소극성에 큰 경종을 울리는 두 가지 역사적 판결을 내렸다. 첫째로 2011년 8월 30일 한국의 헌법재판소가 일본군 위안부 피해자들이 낸 헌법소원 사건에서 이들의 배상청구권이 '대한민국과 일본국 사이의 재산 및 청구권에 관한 문제의 경제협력에 관한 협정'(이하 청구권협정)에 따라서 소멸되었는지에 관한 한일 사이의 해석상의 분쟁을 이 협정 제3조가 정한 절차에 따라 해결하지 않고 있는 외교통상부의 부작위는 위헌이라고 확인하는 결정[2]을 내렸다. 이 결정이행을 위해 한국 정부는 TF팀을 설치(2012.9.15)하고, 두 차례(2011.9.15, 2011.11.15)에 걸쳐 외교공한을 통해 일본 측에 양자협의를 제안하였으나, 일본

---

1) 한 예로, 1997년에 공개방침이었던 1965년 한일협정 관련 외교문서 공개가 일본 정부의 '비공개 요청'으로 지연되었다. 2005년 노무현 정부 들어 식민지배·전쟁 피해자들의 목소리를 중시하여 공개를 단행하였다. 1997년 당시 일본 외무성이 "북일[日朝]교섭과 한일[日韓]의 신뢰관계에의 영향을 강력히 우려한다."며 사실상의 비공개 요청을 행한 것을 받아들여 공개하지 않았다. 오타 오사무太田修, 〈재산청구권 문제의 재고 ─탈식민주의의 시각에서─〉, 서울대 한국문화연구소·역사학회·서울국제법연구원 공동주최 국제학술회의 '진정한 한일우호관계를 위한 반성과 제언'(2005.6.3) 논문집, 292~294쪽.

2) 2011.8.30 선고, 2006헌마788 결정(대한민국과 일본국 사이의 재산 및 청구권에 관한 문제의 경제협력에 관한 협정 제3조 부작위 위헌 확인 사건).

측은 양자협의에 응하지 않고 있는 상황이다. 한국 정부는 청구권 협정 제3조 2항에 따른 중재회부를 비롯하여 면밀한 법적 검토를 하고 있다. 동시에 한일정상회담 및 외교장관회담 등 고위급회담에서 일본 측의 성의 있는 노력을 촉구하고 있다.

그리고 둘째로 2012년 5월 24일 대법원이 1965년 청구권협정에도 불구하고 일본 사법부의 1·2심 및 최고재판소의 종래 판결과 한국 고법 원심판결을 수용하지 않고 일제 강제징용 피해자에 대한 일본 정부의 책임인정과 피해자 개인의 배상청구권을 인정하는 신일본제철 소송 사건[3]과 미쓰비시중공업 소송 사건[4] 두 가지 사건에 대한 원심파기환송 판결을 내렸다. 2012년 5월 24일 동일한 일자에 대법원은 강제징용 배상과 임금청구 사건에 대한 판결

---

3) 신일본제철을 피고로 한 소송이다. 1977년 12월 24일 원고는 일본 오사카지방재판소에 신일본제철과 일본국을 피고로 하여 불법행위를 이유로 한 손해배상과 강제노동 기간 동안의 미지급임금의 지급을 청구하는 소송을 제기한 것이다. 이 소송은 2001년 3월 27일 원고가 패소하였다. 이후 2002년 11월 29일 일본 오사카고등법원의 항소기각 판결, 2003년 10월 9일 최고재판소의 상고기각 및 상고불수리 결정으로 일본에서 판결은 확정되었다. 한국에서 이 사건의 원고들은 2005년 2월 28일에 일본에서의 소송에서 주장한 것과 동일한 청구원인으로 신일본제철을 피고로 서울중앙지방법원에 소송을 제기하였다. 서울중앙지법 1심과 서울고등법원 2심에서 모두 패소하였다. 이 사건에 대해 대법원은 서울고등법원의 항소심 판결을 파기하였다. 서울중앙지법 2008.4.3. 선고 2005가합16473호 판결; 서울고등법원 20009.7.16. 선고 2008나49129 판결; 대법원 2012.5.24. 선고 2009다68620 판결.

4) 미쓰비시중공업을 피고로 한 소송이다. 원고는 히로시마지방재판소에 미쓰비시중공업과 일본국을 피고로 하여 불법행위를 이유로 한 손해배상과 강제노동 기간 동안의 미지급임급의 지급을 청구하는 소송을 제기하였다. 1999년 3월 25일에 패소하였다. 이후 2005년 1월 19일 히로시마고등재판소의 항소기각 판결, 2007년 11월 1일의 최고재판소의 상고기각에 따라서 일본에서의 판결은 확정되었다. 한국에서는 이 사건의 원고들은 2000년 5월 1일에 일본에서의 소송에서 주장한 것과 동일한 청구원인으로 미쓰비시중공업을 피고로 부산지방법원에 소송을 제기하였으나 패소하였으며, 부산고등법원에서도 패소하였다. 이 사건 대법원 판결은 부산고등법원의 항소심 판결을 파기한 것이다. 부산지법 2007.2.2. 선고 2009다68620 판결; 부산고법 2009.2.3. 선고 2007나4288 판결; 대법원 2012.5.24. 선고 2009다22549 판결.

로, 두 개의 사건에 대해 동일한 판결을 내렸다. 이 두 가지 사건은 원고, 피고, 소송의 경과나 하급심은 모두 다르다.

이 글에서는 역사정의 확립 차원에서 일제 강제징용 피해자의 법적 구제 문제를 2012년 5월 24일 대법원의 판결 분석을 통해서, 강제징용 피해자 법적 구제의 문제점 및 그 근본 요인, 법적 구제 논거, 향후 중장기 정책과제 그리고 전략적 당면 해법을 점검해 보고자 한다.

## II. 일제 강제징용 피해자 법적 구제의 문제점 및 근본 요인

### 1. 세 가지 핵심 국제법적 문제점

일제 강제징용 피해자 법적 구제에서 세 가지 국제법적 쟁점이 있다.

첫째 문제는 일본 식민지배의 법적 성격 문제이다. 일본 정부(행정부, 입법부, 사법부)가 구두로는 사과[5]를 하면서도 근본적으로 일제 식민통치의 불법성과 범죄성을 법적으로는 인정하지 않고 있다는 점이다. 그것은 1995년도 일본 정부가 인도적 차원에서 민간주도의 '아시아여성기금'(국가는 간접지원)을 설립한 것[6]도 이러

---

5) 구두사과: 1993년 8월 3일 고노 담화는 위안부 문제에 대해 강제성을 구두로 처음 인정하였고, 1995년 무라야마 수상은 1910년 강제병합조약은 유효하지만 강제 방법으로 고통을 당한 조선인에게 사과한다고 구두로 하였다.

6) 일본 정부는 일본군 위안부 피해자 문제는 한일 청구권협정에 의해 이미 해결되었다는 입장을 견지하고 있다. 다만, 1993년 8월 고노 담화 등을 통하여 사죄와 반성의 뜻을 표명하였다. 1995년 8월 일본 정부는 '아시아여성기금'을 설립하고, 피해자들에게 개별

한 법적 범죄성을 피해가기 위한 방편의 하나이다. 일본 정부의 식민지 합법성 시각은 1965년 한일기본조약 제2조("1910년 8월 22일 이전에 맺은 협정 및 조약은 이미 무효로 한다.")의 해석에서도 '무효' 시점에 대해 한국은 원천무효를 주장하는 것과 달리, 일본은 1948년 8월 15일 이후에 무효라고 하면서 일제 식민통치를 합법적이라고 주장하는 데서 명백히 드러나고 있다.[7]

두 번째 문제는 1965년 청구권협정에 의해 원고의 권리가 최종 소멸되었는지의 문제이다. 일본 정부는 강제징용 피해자 문제가 1965년 청구권협정 협상 때 8개 대일청구 항목에 이미 포함되었기에 청구권협정 제2조 1항에 따라 완전, 최종 해결되었다는 입장이다. 2005년 8월 한일 외교문서 공개 이후에도 한국 정부조차도 일본군 위안부 문제, 원폭피해자 문제, 사할린교포 문제에 대해서는 일본 정부의 잔존책임을 인정하면서도, 강제징용 피해자에 대해서는 일본과 유사한 입장이다.

세 번째는, 위의 첫째, 둘째의 국제법 위반을 근거에 따라 피해자 원고가 일본의 불법행위를 추구하고 실제로 집행할 수 있느냐 문제이다. 필자는 집행할 수 있다고 보고, 국제법상 한국의 국가책임 문제로 볼 것이 아니라고 본다.

그런데 청구권협정에 의하여 포기된 것은 외교적 보호권이지 개인청구권까지 포기한 것은 아니라는 대법원의 판결에는 동의하지만, 판결 이유에 대해서는 비판적인 견해도 있다.[8] 대법원 판결

---

적으로 1인당 500만 엔(한화 약 4,300만 원 상당) 지원을 발표하였다. 2007년 3월 기금은 해산하였다. 당시 한국 피해자 단체 및 관련 단체들은 기금활동 저지운동을 전개하였다. 배상이 아닌 인도적 자선사업의 대상으로 인식한다는 이유였다. 이를 계기로 1998년 4월 한국 정부가 〈일본군위안부생할안정지원법〉상 일시금을 500만 원에서 4,300만 원으로 인상 지급하였다.

7) 이장희, 〈1910년 '한일병합조약'의 법적 무효성〉, 이장희 외, 《1910년 '한일병합조약'의 역사적·국제법적 재조명》, (사)아시아사회과학연구원, 2011.9, 20~23쪽.

집행에 따른 국가책임 추궁 문제이다. 우리 법원에서 원고들은 일본에서의 소송과는 다르게 피고에는 일본 당국을 주권면제시키고, 한국주재 해당 기업(신일본제철, 미쓰비시중공업)만을 피고에 포함시켰다. 이러한 일본 정부의 시각이 변하지 않는 한 일본 사법부도 일제 강제징용 피해자의 개인청구권을 인정하기란 매우 어려운 것이다.

내각책임제 정부형태를 채택한 일본 정부의 입장이란 바로 일본 국회(중의원과 참의원)의 입장을 그대로 반영한 것이다. 원래 사법부는 보수적이다. 일본 사법부도 예외가 아니다. 일본 사법부는 일본 실정법에 충실하게 판결할 수밖에 없는 것이다. 그래서 1·2심 그리고 최고법원을 포함한 일본 사법부는 일본 정부를 상대로 한 일제 강제징용 피해자 개인의 청구를 모두 기각했다. 그 법적 근거는 1965년 한일 청구권협정에 의해 "…… 최종적으로 완전하게 해결되었다."는 입장이다. 여기서 일본 법원의 판결의 주요 논거로서 강제동원 당시 법제 아래에서 한국인은 일본인으로, 한반도는 일본 영토의 구성 부분이었다고 판단하면서 국민징용령에 기초한 징용은 그 자체로 불법행위라고 할 수 없다고 판시하였다. 또 피해자의 청구권이 제척 기간과 소멸시효 법리에 따라서 이미 소멸하였다고 판시하였다.

한일 양 정부가 동일한 입장을 취해 오다가, 한국 정부는 2005년 8월 국무총리 주제 〈민관합동위원회 발표〉9)에 의한 1965년 한

---

8) 박배근, 〈일제강제징용 피해자의 법적 구제를 위한 국제법적 과제와 향후 정책과제〉, 세계국제법협회ILA 한국본부·서울변호사회 춘계공동학술세미나 '인권 현안의 국제법적 과제와 정책'(2013.5.27) 논문집, 41~45쪽.

9) 2005년 8월 한일회담 문서공개 후속대책 관련 민관합동위원회가 발표한 의견의 정리: 1) 한일 청구권협정은 기본적으로 일본의 식민지배 배상을 청구하기 위한 것이 아니었고, 샌프란시스코조약 제4조에 근거한 한일 양국간 재정적·민사적인 채권·채무 관계를 해결하기 위한 것이다.; 2) 일본군 위안부 문제 등 일본 정부·군 등 국가권력이

일협정 외교문서 공개 이후 1965년 청구권협정 협상 때 8개 대일 청구 항목에 일본군 위안부, 사할린동포, 한인 원폭피해자 문제는 포함되지 않았다는 입장을 확인하였다. 그래서 한국 정부는 1965년 청구권협정에 상관없이 이 세 가지 사항에 대한 피해자 개인의 일본 정부에 대한 잔존책임을 처음으로 인정하였다. 그런데 한국 정부는 일제 강제징용 피해자 문제는 대일청구 8개 요강 항목 가운데 제5호에 이미 포함되고 있었기 때문에, 1965년 청구권협정에 의해 강제징용 피해자 문제는 해결된 것으로 보는 일본 정부의 입장에 동의하였다. 그러나 2012년 5월 24일 대법원 판결은 강제징용 피해자 문제에 대한 한일 양 정부의 종래 입장을 전혀 인정하지 않았다. 즉 1·2심 모두 원고 패소 판결이 선고되었으나, 대법원이 2심 판결을 파기하고 부산고법으로 사건을 환송하였다. 2013년 7월 10일 파기환송심인 부산고법은 미쓰비시중공업에게 피해자 1인당 위자료 각 8천만 원 및 지연이자를, 파기환송심인 서울고법은 신일철주금(옛 일본제철)에게 피해자 1인당 위자료 각 1억 원 및 지연이자를 지급하라는 판결을 각각 선고하였다. 2013년 7월 30일 신일철주금은 서울고법 판결에 불복, 대법원에 상고하였다. 현재 총 6건[10]의 강제동원 피해자 관련 국내소송이 계류 중에 있다.

---

관여한 반인도적 불법행위에 대해서는 청구권협정에 의하여 해결된 것으로 볼 수 없고, 일본 정부의 법적 책임이 남아 있다.; 3) 사할린동포·원폭피해자 문제도 한일 청구권협정 대상에 포함되지 않았다. 국무조정실 보도자료: 한일회담 문서공개 후속대책 관련 민관합동위원회 개최(2005.8.26).

10) 대법원 파기환송심 2건과 2012년 5월 24일 판결 이후 제기된 신규소송 4건(미쓰비시중공업 2건, 신일철주금 1건, 후지코시 1건)이다.

## 2. 근본 요인

일본 정부가 일제 식민지배의 불법성과 범죄성을 인정하지 않고, 또 1965년 청구권협정으로 최종적으로 해결되었다고 주장하는 두 가지 문제의 근본 요인은 크게 다섯 가지로 지적해 볼 수 있다.

첫째, 일본의 일반적 지배여론층의 역사정의 인식이 약하다.

전후 일반적 일본 사회의 지배여론층(재벌, 지식인, 관료, 언론 등)은 전범세력 및 후예들이 대부분이다. 이들은 역사정의와 같은 거대담론의 역사인식과 국제사회의 평화와 정의에 대한 이해가 전무하다. 이들은 일제 식민지배 당시 한국을 비롯한 주변 아시아 국가들과 전쟁을 주도적으로 일으킨 장본인들의 후예들로서, 1946년 도쿄 전범군사재판소에서 전범자로 유죄 판결을 받은 이후 미국 당국의 힘으로 석방된 자들의 후손들이다. 그들은 전후 일본의 정치, 경제, 언론, 군부에 다시 복귀하여 과거 아름다운 군국제국주의 영화를 재환상하고 지금도 거기에 도취하고 있다. 변화하고 있는 국내외 정세 속에서 국제사회의 지도국가로서 일본이 나아가야 할 객관적인 외교정책에 대한 철학과 역사인식이 없다. 그들은 일본 평화헌법 제9조 개정과 자위대의 집단적 자위권 행사를 강하게 주장한다. 그 때문에 그들은 한일 사이에도 일제 식민통치의 불법성, 범죄성을 전혀 인정하지 않는다.

둘째, 일본 정부(국회)의 과거사 청산 정책의 소극성이다.

군국주의와 극보수를 지향하는 자민당이 지배하고 있는 일본 정부와 국회는 식민지 청산에 대해 매우 소극적이다. 지난 3년 동안 집권한 일본 민주당 정권조차 보수적 정당과 여론층의 압력으로 극우적인 대일정책을 폈다. 민주당 노다 총리는 일본 역사교과서 왜곡을 단행하였고, 한국이 독도를 불법 점거하고 있다고 비판한 적이 있다.

셋째, 일본의 사법부가 역사정의를 인식하지 못한 판결의 문제이다. 일본 사법부의 판결은 일제 식민지배에 대해 합법을 전제로 내린 판결이다. 일본 사법부, 즉 제1·2심과 최고재판소에서는 모두 강제징용 피해자의 개인청구권을 기각하였다. 일본 실정법에 충실하였다는 명분과 한계는 있지만, 인간과 역사에 대한 투철한 역사인식과 철학인식이 있었다면, 좀 더 전향적인 판결이 나올 수 있었을 것이다. 일제 강제징용 피해자 인권 문제는 보편적 인권을 침해한 전쟁범죄이다.

넷째, 한국 역대 정부의 식민지 과거사 청산 의지 부족이다. 1차적으로 일제 강제징용 피해자 문제가 오랫동안 방치된 것은 1965년 청구권협정으로 모든 것이 해결되었다는 일본 정부 입장에 동의한 한국 역대 정부에도 책임이 크다고 본다. 시민단체가 문제제기를 하면, 정부는 한일 관계 우호 손상을 우려해 매우 달가워하지 않았다. 우리 정부 안에도 역사왜곡을 옹호하는 세력이 있다는 의미이다.

다섯째, 미국의 일본 전범처리에 대한 소극성이 전후 전범의 사회 복귀를 가능케 하였다. 전후 일본 사회에 전범이 다시 복귀한 것은 미국의 전후 일본 전범처리가 엄격하게 적용되지 않았기 때문이다. 연합군 극동사령부 사령관 맥아더 장군은 점령 초기에는 포츠담협정과 전범처벌에 충실했지만, 한국전 전후 냉전의 분위기에 따라11) 미국 국무성의 동아시아 외교정책에는 충실했지만, 인도에 반하는 전쟁범죄 처벌이라는 국제사회의 역사정의 확립에는 소홀하였다.

일제 식민지배의 불법성과 범죄성을 인정하지 않는 근본 요인

---

11) 이토 나리히코 지음, 강동완 옮김, 〈일본 헌법 제9조를 통해본 또 하나의 일본〉, 《행복한 책읽기》, 2005, 49~50쪽.

은 일본의 역사인식과 그로부터 나온 한일 사이의 합의문서에 대한 법적 입장에서 명백히 나타나고 있다. 우선 일본은 일제 식민통치를 불법성 및 범죄성을 전혀 인정하지 않는다. 일제 식민통치는 조선의 근대화에 도움이 되었다고 강변한다. 다음으로 1910년 강제병합조약의 내용 및 절차에서 합법성을 전제로 한 1951년 샌프란시스코조약, 1965년 한일협정을 아전인수격으로 해석하는 데 요인을 두고 있다.

## III. 일제 강제징용 피해자 법적 구제 논거

일제 강제징용 피해자 법적 구제 논거를 한국 대법원의 강제징용 피해 배상 판결(2012.5.24) 분석을 중심으로 논의하고자 한다.

### 1. 사건개요

대한민국 대법원은 2012년 5월 24일 1965년 한일 청구권협정에 상관없이 식민지배에 따른 불법행위로 피해를 당한 개인의 청구권은 살아 있다고 판결했다. 이로써 일제강점기 강제징용 피해자들이 일본 기업들에서 강제노역에 시달린 지 70년 만에 손해배상과 미지급임금을 받을 길이 열렸다. 일본 국가권력의 반인도적 불법행위나 식민지배와 관련된 불법행위로 인한 피해자 개인의 손해배상 청구권은 1965년 한일 청구권협정의 적용 대상에 포함되지 않는다는 대법원의 첫 판결이 나왔다. 이 대법원의 판결은 그동안 일제 식민지 지배를 합법시하는 전제 아래, 1965년 청구권협정으로 모든 것이 종결됐다는 일본 정부와 일본 1·2심 사법부[12)]

의 입장을 정면 부인한 것이다. 또 한국에서 민관합동위원회에 의한 2005년 1월 한일협정 외교문서 공개 이후, 2005년 8월 26일 일본의 국가권력이 관여한 반인도적 불법행위나 식민지배와 직결된 불법행위로 인한 손해배상 청구권은 1965년 청구권협정에 의해 해결될 수 없다는 민관합동위의 공식 견해가 표명되었다. 그 결과 한국 정부에 의한 일본군 위안부, 원폭피해자, 사할린동포 문제에 대한 일본의 잔존 국가책임을 인정하는 입장으로 선회하였다.

한국에서 미쓰비시중공업을 상대로 2000년 5월 1일 부산지방법원에 6명의 피해자를 원고로 하여 제소한 지 12년이 넘은 2012년 5월 24일 드디어 대법원 판결이 나왔다. 12년이나 지체된 것은, 한일협정 문서 공개를 둘러싸고 한국의 외교통상부가 문서 공개를 거부하여 소송이 중단되었고, 결국 부산지방법원에서 한일협정 문서 공개를 구하는 별개의 행정소송을 한국 행정법원에 제소하는데 시간이 5년이나 걸렸기 때문이다.[13]

이 재판은 2004년 2월 14일 서울행정법원에서 일부 승소 판결이 났고, 양 당사자가 항소를 하였으나, 항소심 도중에 한국 정부가 순차적 문서 공개를 결단하여 항소를 취하하여 결국 2005년에 한국에서는 한일협정 문서가 공개되었다.

한국에서 미쓰비시중공업을 상대로 한 재판에서는 유감스럽게도 제1심 하급심에서는 승소판결이 나오지 않았다. 다시 말해, 2007년 2월 2일 부산지방법원에서는 시효를 이유로 원고 청구가

---

12) 일제 강제징용 피해자 김규수(83) 씨 등 원고 9명이 미쓰비시중공업과 신일본제철을 피고로 1995년부터 히로시마지방재판소와 오사카지방재판소에 각각 손해배상소송을 제기하여 패소하였다. 이후 한국에서도 제소하였으나 2009년 부산고법(부산고법 2012나 4497)과 서울고법(서울고법 2012나44947)의 항소심에서도 패소하자 대법원에 상고하였는데, 2012년 5월 24일 대법원은 각각 원심파기 및 환송 판결하였다.
13) 최봉태, 〈헌법재판소와 대법원의 개인배상권 인정 이후의 과제〉, 한일협정 47년 특별 기자회견과 국민보고 '짓밟힌 개인배상권 어찌할 것인가?'(2012.6.21) 자료집, 5~6쪽.

기각이 되었다. 그런데 2009년 2월 3일 제2심인 부산고등법원에서는 오히려 제1심의 성과마저 번복하고 일본 법원 확정판결[14]의 기판력을 인정하여 그에 반하는 판단을 할 수 없다는 참담한 결과가 나왔다.

한국에서 일본 법원의 판례를 뒤집는 판결이 나오지 못한 배경에는 우선 전후 보상 관련 판례가 없는 관계로 여러 가지 어려운 점이 많다는 점을 들 수 있다. 관할권, 이중 제소, 일제 시대 불법행위의 준거법 문제, 시효, 국제사법의 적용 문제, 전쟁 전 회사와 전쟁 후 회사의 법인격 동일성 문제, 외국 판결의 승인논리 등 많은 난점을 가지고 있다.

이런 점에 대해 제1·2심 한국 재판부가 일본의 재판부와 달리 판결을 하는 것이 법리적으로 큰 부담이 되는 것도 사실일 것으로 추측되었다. 부산고등법원에서는 화해를 통한 해결을 촉구하였지만 미쓰비시중공업의 완강한 거부로 패소되어 대법원까지 가게 되었다.

그리하여 한국 대법원에 참고자료를 제출하여 한국의 법원이 적어도 원고들에 대한 미쓰비시중공업의 법적 책임을 궁극적으로 부정한 일본의 동종 판결을 그대로 받아들인다는 것은 한국의 선량한 풍속이나 그 밖의 사회질서에 반하며, 3·1운동으로 건립한

---

14) 일본에서 강제징용자 피해 재판: 일본에서는 1995년 12월 11일 '한국 원폭피해 미쓰비시동지회' 6인이 히로시마지방재판소에 일본 정부 및 미쓰비시중공업을 상대로 제소하였고, 이어 1996년 8월 29일 동지회 40인이 추가 제소하였다. 위 재판은 1999년 3월 25일 패소하였다. 이에 그 사이 사망한 6인을 제외하고 40인이 항소하여 2005년 1월 19일 히로시마고등재판소에서 402호 통달에 의해 정신적 고통에 대한 위자료 청구가 인용되어 일본 정부에 대해 원고 1인당 120만 엔의 금원(위자료 100만 엔, 변호사 비용 20만 엔)을 지급하라고 판시하였다. 이 재판이 2007년 11월 1일 최고재판소에서 확정이 되었다. 최봉태, 〈동아시아 일제피해자들에게 희망을 준 판결〉, 《진실의 길》, 2012.5.25.

대한민국 임시정부의 법통을 계승하고 있음을 선언하고 있는 한국 헌법에도 반하는 것으로 부당하다고 주장하였다. 나머지 법리들은 1심 판단이 정당하다고 주장하였다.

그 결과 드디어 2012년 5월 24일 대법원의 승소취지의 원심파기 판결을 얻게 되었다. 일제강점기 반인도적 불법행위 및 불법강점에 기인한 피해에 대한 청구권이 1965년 한일 청구권협정에도 불구하고 살아 있다는 것을 전제로 대법원은, 일본 판결을 수용한 1·2심 부산지방법원 하급심에서 패소한 원심을 원고들의 손을 들어 주어 강제징용 피해자에게 배상의 물꼬를 튼 것이다.

여기서는 주로 일본 법원 판결의 승인여부, 피고(미쓰비시)의 당사자 적격 문제, 청구권협정에 따른 원고 등의 청구권의 소멸여부 그리고 피고의 소멸시효 완성에 대한 항변을 할 수 있는지 여부를 중심으로 대법원 승소 판결의 논거를 분석한다.

## 2. 대법원 판결의 주요 논거

대법원은 일본 법원의 판결과 한국 법원의 하급심을 다음 네 가지 논거로 배척하였다.

1) 식민지배의 합법을 전제로 한 일본 법원 판결의 승인여부

일본의 최고재판소 등 각 심급의 기각 판결을, "식민지배가 합법적이라는 법의식을 전제로 하기 때문에, 강제동원 자체를 불법으로 보는 대한민국 헌법가치와 충돌한다."는 이유로 대법원은 배척했다. 다시 말해, 일본 재판부가 1940년대 2차 대전 때 일련의 국민동원령, 징용령 등 일제 법령 자체를 합법이라는 것을 전제로 피해자에게 배상할 수 없다, 불법이 아니니 불법에 상응한 배상도

없다는 취지의 판결은 우리 헌법의 핵심가치(대한민국 법통, 3·1정신 등)와 정면충돌한다는 것이다. 따라서 이는 위헌이기에 대법원은 1·2심을 배척하였다.

### 2) 피고인 적격 문제

대법원은 피고 기업인 현 미쓰비시(주)가 피해자에게 손해를 준 2차 대전 전후의 (구)미쓰비시의 실질을 이어받은 것으로 피고적격을 인정하였다. 그러나 일본에서는 동일성을 부인하였다. 일제강점기에 국민징용령에 의하여 강제징용되어 일본국 회사인 미쓰비시중공업 주식회사(이하 '구 미쓰비시'라고 한다)에서 강제노동에 종사한 대한민국 국민 갑 등이 구 미쓰비시가 해산된 뒤 새로이 설립된 미쓰비시중공업 주식회사(이하 '미쓰비시'라고 한다)를 상대로 국제법 위반 및 불법행위를 이유로 한 손해배상과 미지급임금의 지급을 구한 사안에서, 구 미쓰비시와 미쓰비시는 실질적으로 동일성을 유지하여 법적으로 동일한 회사로 볼 수 있으므로, 갑 등은 구 미쓰비시에 대한 청구권을 미쓰비시에 대하여 행사할 수 있다고 하였다.

### 3) 청구권협정에 의한 원고 등의 개인 청구권의 소멸여부

대한민국 대법원은 청구권협정에도 불구하고 원고들 개인의 손해배상청구권은 소멸하지 않았다고 다음 다섯 가지 근거로 판단하였다.[15]

그 다섯 가지 근거는 (1) 청구권협정의 기본 성격, (2) 청구권협정 제1조(5억 달러)의 자금과 제2조(양국 간 권리. 채권·이익 문제의 완전하고 최종적인 해결)와의 관계, (3) 협상과정 해석 분석, (4)

---

15) 최봉태, 주13의 논문, 7~8쪽.

국가 및 개인의 독자적 법주체론에 기초한 청구권협정 조문, (5) 청구권협정과 국내법 분리로 나눌 수 있다. 좀 더 구체적으로 설명하면,

(1) 한일 청구권협정은 본질적으로 일본의 식민지 배상을 청구하기 위한 협상이 아니고, 샌프란시스코조약 제4조에 근거하여 한일 양국 사이의 재정적·민사적인 채권·채무를 해결하기 위한 것에 지나지 않는다는 것이 기본 성격이다.

(2) 한일 청구권협정 제1조에 의해 일본 정부가 제공한 경제협력자금은 제2조에 의한 권리 문제의 최종 해결을 위한 대가관계에 있다고 보이지 않는다.[16] 일본 정부는 유무상 5억 달러의 제공은 청구권의 변제가 아니라 어디까지나 한국에 대한 경제협력 내지 독립축하금 명목으로 이루어진 것임을 주장하였다.[17]

(3) 청구권협정 협상과정에서 일본 정부가 식민지배의 불법성을 인정하지 않은 채, 강제동원 피해의 법적 배상을 원천적으로 부인하여 이에 따라 한일 양국 정부는 일제의 한반도 지배의 법적 성격에 대해 합의하지 못하였다. 이러한 상황에서 국가권력이 관여한 반인도적 불법행위로 인한 손해배상 청구권이 한일 청구권협정에 포함되지 않았다.

(4) 국가가 조약에 의해 개인청구권을 소멸시킬 수 있다하

---

16) 요시자와 후미토시吉澤文壽, 〈한일기본조약 체결 과정에서의 '식민지책임론'〉, 동북아역사재단·대한국제법학회 공동주최 국제학술회의 '한일협정 50년사의 재조명' 논문집, 137~138쪽.

17) 일본의 한일조약 비준 국회에서 5억 달러의 자금과 청구권협정 제2조의 관계에 대해서 묻는 의원들의 질문에 대해 시이나 외상은 반복해서 "청구권 문제와 경제협력은 어떠한 법률적 관계도 없다. 5억 달러는 한국 정부가 새롭게 발족함에 따라 경제건설이 필요하다고 생각하여 경제협력하는 것이다."라고 답변하였다. 이원덕, 〈한일조약과 과거사 문제〉, 주2의 논문집, 213쪽, 주18 재인용.

더라도 국가와 개인이 별개의 법적 주체임을 고려하면, 조약에 명확한 근거가 없는 한 조약체결로 국가의 외교적 보호권 이외에 국민의 개인청구권이 소멸하였다고 볼 수 없다. 여기 한일 청구권협정에는 개인청구권 소멸에 관하여 한일 양 정부의 의사의 합치가 있었다고 볼 충분한 근거가 없다.

(5) 일본이 청구권협정 직후 일본 국내에서 대한민국 국민의 일본국 및 그 국민에 대한 권리를 소멸시키는 내용의 재산조치법을 시행한 조치는, 한일 청구권협정만으로 대한민국 국민 개인의 청구권이 소멸하지 않음을 전제로 할 때 비로소 이해될 수 있음을 명백히 보여 주었다. 부연설명하면, 일본이 1965년 청구권협정 직후 일본 국내에서 '재산 및 청구권 협정에 관한 일본국과 대한민국 사이의 협정 제2조의 실시에 따른 대한민국 등의 재산권에 대한 조치에 관한 법률'(법률 제144호, 이하 '재산조치법')을 시행하였다. 그 내용은 "대한민국 또는 그 국민의 일본국 또는 그 국민에 대한 채권 또는 담보권으로 제2조의 재산, 이익에 해당하는 것을 1965년 6월 22일에 의해 소멸한 것으로 한다."는 것이다.

(1), (2), (3)의 입장은 일본 정부는 1965년 협정 이후 이미 인정하고 있었고, 다만 일본 입장이 한국 국민에게 전달하여지지 않은 것에 지나지 않는다는 것이다. 한일협정 직후 한국 정부는 여론의 민감성을 의식해 협정의 성격과 협상과정의 실체적 진실을 국민에게 알리지 않았다.

(4)의 논리 또한, 일본에서 전후 보상 소송을 담당하여 온 법률가들 및 재판부의 판단근거 논리였다. 일본의 법률가들은 특히 일본의 국내조치법(법률 411호)에 재산 권리 이익을 소멸시켰을 뿐 청구권은 소멸시킨 바가 없기 때문에 여전히 개인청구권은 남아

있다고 판단하고 있다. 당시 야나이 순지柳井俊二 일본 조약국장18) 도 일본 국회에서 같은 취지로 답변을 하였다. 대한민국 대법원의 판결은 일본의 사법부나 행정부의 해석과 이 점에서 동일하다고 볼 것이다.

(5)의 논거 또한 일본 최고재판소와 동일하다. 즉, 일본 최고재 판소는 2007년 4월 27일 니시마쓰건설 사건에서 샌프란시스코평 화조약의 틀 안에서 이루어진 전후에 대한 법적 견해를 밝히면서, 권리를 실체법적으로 소멸시키는 것이 아니라 다만 소구訴求할 수 있는 권능을 상실할 뿐이라고 판단하면서 채무자들의 자발적 이 행을 촉구한 바 있다.19)

### 4) 소멸시효 완성 항변

대법원은 피고(미쓰비시)와 일본 법원이 주장한 소멸시효 완성 을 인정하지 않았다. 이는 과거사 시효 문제에서, 국가권력에 의하 거나 국가권력의 강압 아래 피해청구를 하기 어려웠던 기간 동안 시효를 배제하는 취지의 이전 대법원 판결과 더불어 피고의 시효 소멸 주장은 신의성실 원칙과 권리남용 원칙의 위반이라는 취지 이다.

1945년 8월 15일 해방 뒤 1965년 국교정상화까지 국교가 단절 되어 피해자들은 권리주장이 불가하였고, 이후에도 한일협정 내용 이 2005년까지 일반에게 공개되지 않아, 피해자들이 협정에 개인

---

18) 1991년 12월 5일 일본참의원 PKO 특별국회에서 야나이 조약국장은 "청구권협정에 의해 소멸된 것은 국가의 외교적 보호권이며, 개인의 청구권이 포기된 것은 아니다." 라고 공식 답변하였다. 그러나 이 발언은 일본 정부가 개인차원의 청구권에 대해 보상 할 의사가 있음을 표현한 것이라기보다는 개인의 절차적 소송권이 청구권협정 제2조 에 의하여 소멸되지 않고 여전히 유효하다는 것을 표명한 것에 지나지 않는다.
19) 최봉태, 주13의 논문. 8쪽.

청구권까지 포함된 것인지 여부를 판단할 수 없어 자신들의 청구
주장을 할 수 없는 장애를 가지고 있었기에 이를 시효가 진행되지
못하는 객관적 사유로 판단하였다.


### 3. 요약


요약하면 이번 대법원 판결은 1910년 강제병합을 통한 일제강
점기 일본의 한반도 식민통치 자체가 불법이라는 것이며, 이를 근
거로 한 법률관계 또한 대한민국의 헌법정신과 배치되므로 그 효
력을 배척하는 것으로서 역사적 사실과 역사정의에 입각한 판결
이라고 볼 수 있다.

일본의 국가권력이 관여한 반인도적 불법행위나 식민지배와 직
결된 불법행위로 인한 손해배상 청구권은 청구권협정에 포함되지
않았으며, 대한민국의 외교적 보호권 또한 소멸하지 않았다. 설사
포함되었다고 하더라도 외교적 보호권만 포기된 것이고, 개인청구
권은 소멸되지 않았다. 국가와 별개의 법인격을 가진 국민의 동의
없이 국민 개인의 청구권을 직접적으로 소멸시킨다는 것은 근대
법 원리와 상충된다. 설사 허용된다고 하더라도 개인의 청구권 소
멸을 위해서는 조약상 명확한 근거가 필요한 바, 한일 청구권협정
의 해석상 개인의 청구권 소멸에 대한 양국의 의사의 합치가 있었
다고 보기는 불가하다. 일본 또한 한일 청구권협정 체결 이후 일
본의 국내법조치(재산권조치법 제정, 시행)를 고려하면, 청구권협정
만으로 개인청구권이 소멸하지 않는다고 인식하였던 것이다.

## IV. 일제 강제징용 피해자 법적 구제를 위한 중장기적 정책과제

향후 정책과제는 국제법과 국제사회의 변화추세에 맞는 정책을 선택해야 할 것이다. 2012년 5월 24일 대법원 판결 이후 향후 일제 강제징용 피해자 법적 구제 정책과제를 선정할 때, 우리는 다음과 같은 국제사회의 변화에 주목하고 일본과 함께해야 할 사항과 우리 스스로 해야 할 사항을 나누어 정책을 수립해야 한다.

1648년 웨스트팔리아체제로 시작된 근대 국제법은 국가 간 체제를 기초로 한 법질서이다. 그러나 제1·2차 세계대전을 겪으면서 국제법의 목적인 국제평화는 주권국가 중심의 이기주의 체제에만 맡겨둘 수 없게 되었다. 그래서 주권국가 중심의 국제법의 주체의 개념이 국제기구 및 비국가적 실체로 차츰 확대되고 다양화되었다. 그래서 국제법의 개념 정의도 '국가 간의 법'에서 '국제사회의 법'으로 바뀌었다. 이처럼 국제법의 발전 추세가 국가 사이의 체제에서 국가를 포함하여 비국가적 실체도 국제공동체의 발전에 큰 기여를 하고 있는 것이 국제적 추세이다.

또 국제법의 목적인 국제평화 개념도 과거의 소극적 평화(전쟁부재, 불간섭)에서 분쟁의 근본원인을 제거하는 것을 목표로 한 적극적 평화(빈곤퇴치, 인권존중 등)로 바뀌었다.

그뿐만 아니라 국제법의 규율 대상도 과거의 정치·외교·군사적 문제 중심에서 경제, 환경, 여성, 노동과 같은 비정치적·군사적 문제로 그 대상이 확대하였다.

나아가 현대 국제법은 점차적으로 과거 식민지 시대의 국제법적 잔재를 걷어내고 있는 추세이다. 일제 강제징용 피해자 문제의 해결도 국제법의 세계적 대흐름에 따라야 할 것이다.

## 1. 국제사회와 국제법의 변화에 맞는 정책 입안

국제사회의 중심에 있는 국제법이 주요한 변화를 맞고 있다. 곧, 국제법 주체의 확대, 국제법 목적의 변화, 그리고 국제법 대상의 확대는 주권 국가 외에도 UN이라는 국제기구와  NGO가 국제사회에 강한 여론 형성과 문제해결에 주요한 역할이 증대하고 있다는 것을 항상 주시하고 정책 과제를 제시해야 한다.

## 2. 일본 지배층의 역사인식 제고를 위한 일본의 건강한 여론 형성 작업

평화를 사랑하는 양심적인 한일 역사 NGO 활동가들 사이에 교류 활성화를 통해 한일 시민사회의 올바른 역사정의 확립에 대한 공감대 제고가 필요하다.

## 3. 국제사회에 일본의 식민지 불법 역사 왜곡 및 불법 사실을 널리 홍보

객관적인 국제여론 형성을 강화해야 한다. 국제사회를 움직이는 것은 국제법과 국제여론이다. UN 총회 및 인권이사회 등 국제무대에서 이 문제를 제기하여 국제사회의 여론을 환기시켜야 한다.

4. 한국 사법부의 강제징용 피해자 법적 판결(2012.5.24)의 이행 구체화를 위한 적극적 후속 국내 입법조치 강화

국회는 입법 이행조치, 정부는 후속 행정행위를 해야 한다.

5. 식민지배의 합법을 전제로 한 일본 법원의 판결의 국제법적 불법성의 이론적 근거를 심층적으로 연구

국내 국제법학자의 연구회를 발족하여 세미나를 개최하고 자료집을 편찬해야 한다.

6. 국제학술회의 개최

미국, 일본, 독일 등 주요국가의 국제법학자들이 참여하는 강제징용 피해자 대법원 판결에 대한 국제학술회의를 개최하고, 홍보와 객관적 지지를 제고해야 한다.

7. 강제징용 피해자 문제 학술회의 및 관련 업적물을 영어로 번역하고, 해외학술지에 게재

한국어로 된 학술논문을 영어로 번역하여, 외국 유명 국제법학회지 및 관련 학술지에 게재하여 인용케 해야 한다.

## V. 강제징용 피해자의 전략적 당면 해법

일본 정부는 일제 식민지 통치의 합법성 고집과 1965년 청구권 협정에 의한 기 해결 원칙을 견지하여 왔다. 한국 정부는 식민지 통치의 불법성을 인정한 점에서는 일본 정부와의 차별성을 견지하면서도, 1965년 청구권협정 기 해결 원칙에서는 동일한 입장을 취해 왔다. 2005년 8월 문서공개 이후에도 일본군 위안부, 재일 원폭피해자, 사할린동포 문제에서는 일본 정부의 잔존책임을 인정하면서도 강제징용 피해자 문제에 대해서는 유보적이었다. 그런데 2012년 5월 24일 대법원의 판결에서 피해자 개인의 손해배상 청구권 인정 이후 당연히 정부의 입장은 달라져야 한다. 일제 강제징용 피해자 개인의 손해배상 청구권 판결을 이행하기 위해 정부는 국내이행 입법조치와 더불어, 한일 사이에도 청구권협정 제3조에 의한 해결절차(외교교섭 및 중재)에 따라야 할 것이다. 다음 몇 가지 전략적 당면 해법을 현실적으로 생각해 볼 수 있다.

### 1. 일본 정부의 국내 특별 입법

최선의 해법은 일본 정부 스스로 일제 강제징용 피해자를 전쟁범죄로 인정하고, 이에 따른 손해배상을 위한 특별 국내입법을 하는 것이다. 그런데 특별 입법은 우경화와 군국주의화를 강화하고 있는 일본 정부와 일본 중의원의 정치 현실을 볼 때 거의 실행 불가능해 보인다.

## 2. 정치·외교적 해법

1965년 청구권협정 제3조 1항에 따르면, "본 협정의 해석 및 실시에 관한 양 체약국 간의 분쟁은 우선 외교상의 경로를 통하여 해결한다."고 명시하고 있다. 청구권협정은 분쟁 시에 1차적으로 한일 양자 간 정치·외교적 협상을 통해 해결을 규정하고 있다. 그런데 일본군 위안부 문제에 대해 2011년 8월 30일 헌법재판소 판결 이후, 한국 정부의 두 차례(2011년 9월과 11월)의 외교교섭 시도에 일본은 응하지 않았다.

## 3. 중재에 의한 방법

청구권협정 제3조 2항에 따르면, 제3조 1항의 외교교섭으로 해결할 수 없을 때, 어느 일방 체약국의 정부는 타방 체약국의 정부에게 분쟁의 중재仲裁, arbitration를 요청하는 공한을 보내 해결을 시도할 수 있다. 협정이 규정하는 중재절차는 국제법상 중재, 국제중재 또는 중재재판으로 알려진 것의 하나이다. 한국과 일본이 모두 가입하고 있는 1907년 헤이그에서 체결된 '국제분쟁의 평화적 해결협약'에 따르면, "국제중재재판은 국가 사이의 분쟁을 체약국들이 스스로 선정한 재판관에 의하여 법의 존중을 기초로 해결하는 것을 목적"으로 하고 있고, "중재재판에 의뢰한다는 것은 그 판정에 충실히 따른다는 약속을 포함한다."고 규정하고 있다.[20]

---

20) 국제분쟁의 평화적 해결협정 제37조: 한국에 대해서는 2000년 2월 21일, 일본에 대해서는 1911년 2월 11일 발효되었다. 한국 정부가 한일 사이의 모든 분쟁에 대해여 중재재판을 제기하는 것이 아니고, 별도의 '중재재판협약'이 체결되어야 한다(협약 제39조). 1990년 초 일본군 위안부 문제를 이 협약으로 설치된 상설중재재판소PCA에 제기하려고 했지만, 일본 정부의 동의를 얻지 못해 실패하였다.

일본 측이 응할 경우 이러한 해법이 모색될 수 있다. 그러나 일본 측은 중재위 해결방식은 한일 양국의 우호협력 관계를 현저하게 해칠 것으로 판단, 단호하게 거부하고 있으며, 중재로 해결될 가능성이 없다고 보고 있다. 중재보다 일본은 외교적인 해법을 마련하여 한국 측이 수용하도록 노력하는 편이 합리적이라고 보고 있다.

마찬가지로 한국 정부는 일본군 위안부 문제에 대해 2011년 8월 30일 헌법재판소 판결 이후, 두 차례의 외교교섭이 실패하자 중재에 따른 방법을 고심하고 있는 중이다. 그 이유는 이 방법이 헌재가 판시한 위헌 상태에서 벗어나는 최선의 길이고, 국내 정대협 등 피해자 단체의 입장을 고려한 데서 비롯하기 때문이다.

그런데 중재해결을 시도할 때, 일본 측이 독도 문제에 대한 국제사법재판소 제소를 가지고 나올 가능성이 있다는 우려도 있다. 또 중재위 구성도 간단한 문제가 아니고, 판결이 나와도 그 집행력에 대해서 의문을 제기할 수 있다.

## 4. 재단(기금) 설립에 의한 해결 방법

독일은 입법에 의해 ‘기억, 책임, 그리고 미래 재단’을 설립하여 101억 마르크(5,160억 엔)의 기금을 마련(정부와 재계가 50퍼센트씩 출자)하여 167만 명의 강제동원 피해자에게 보상금을 지불하였다. 일본의 경우, 1995년 시도한 ‘아시아여성기금’에 대한 평가 문제가 여전히 뜨거운 감자로 되어 있기 때문에 섣불리 제2의 재단 설립안 해결은 어려운 실정이다. 더구나 독일 정부는 나치 희생자에게 국가의 불법성과 범죄성을 인정하고 있기에, 재단은 그 불법에 대한 손해배상의 한 방법으로서 수용에 어려움이 없었다. 그러나 일본은 근본적으로 일제 식민통치의 불법성과 범죄성을 인정하지 않고, 관련 희생자에게 금전 지급은 다만 범죄성 인정의 회피 수단에 지나지 않는다.

## 5. 일본 정부 안에서 검토된 새로운 제안

2012년 12월 16일 일본 총선거 이전에 민주당 노다 정부 아래에서 새로운 위안부 해법이 모색되고 있어서 주목할 필요가 있다.

이명박 정부가 2012년 12년 겨울까지, 노다 정권은 2012년 9월 (민주당 대표선거)까지 양 정부의 수뇌가 최후의 결단 시기로 검토한 바 있다. 내각에서는 사이토 관방부장관과 나가시마 보좌관을 중심으로 한 움직임이, 외무성에서는 스키야마 아시아대양주국장과 오노 동북아과장 그리고 민주당에서는 마에하라 정조회장 등을 중심으로 한 움직임이 가시화되었으나, 한국 정부 당국이 부정적 반응을 보이자 다시 물밑으로 숨어들었다.

검토된 일본 측의 새로운 제안 내용은 (1) 총리에 의한 사죄 표명(양국 정상 간 공동선언 포함) (2) 정부 예산조치에 의한 금전 지급 (3) 일본 정부 당국자의 위안부 할머니 직접방문 위로 (4) 역사공동위에서 위안부 문제를 공동의 연구 주제로 다루어 나가자는 내용으로 구성된다고 한다.[21]

일본의 유력한 위안부 단체가 사실상 일본 국내입법이 불가능하기 때문에 위의 새로운 제안을 정대협 간부에게 긍정적 검토를 하도록 전달했다는 소식도 있다. 그러나 정대협 입장은 아직 확인되지 않고 있다.

---

21) 《홋카이도신문》, 2012년 5월 12일자.

## VI. 맺는 말

위에서 강제징용 피해자의 국제법적 구제 논거에서 핵심 문제는 일본이 식민지배의 불법성과 범죄성을 전혀 인정하지 않고, 또 1965년 청구권협정으로 최종 종결되었다고 고집하고 있는 데 있다고 하였다. 이러한 핵심 문제점의 근본원인들 안에는 일본의 일반적인 지배적 여론층의 역사정의 인식의 결여, 일본 정부(국회)의 과거사 청산 정책의 소극성, 일본 사법부의 역사정의를 인식하지 못한 판결 문제, 한국 역대 정부의 식민지 과거사 청산 의지 부족, 미국의 일본 전범처리에 대한 소극성 등이 포함되어 있다.

강제징용 피해자의 법적 구제에 대해 위와 같은 어려운 한일 양 정부의 역사적·법적인 장애 요소에서도 우리 대법원은 역사적인 용기 있는 판결을 내렸다. 우리 대법원은 2012년 5월 24일 일제 강제징용 피해배상 판결에서 식민지배의 합법성[22]을 전제로 한 일본 판결을 수용하지 않았고, 또 현 미쓰비시가 피해자에게 손해를 준 구 미쓰비시의 실질을 이어받았다는 피고적격을 인정하였다. 그리고 다섯 가지 논거로 청구권협정으로 징용 피해자의 개인청구권은 소멸하지 않았으며, 미쓰비시중공업와 일본 법원이 주장한 소멸시효 완성을 인정하지 않았다. 나아가 우리 대법원은 강제동원 책임 기업의 책임을 면책시킨 일본의 판결이 우리 헌법정신에 반해 받아들일 수 없으며, 비인도적 불법행위로 인한 피해는 한일 청구권협정의 대상이 되지 않았고, 소멸시효도 받아들일 수 없다고 판단하였다.

혹자는 우리 대법원도 1965년 청구권에서 개인청구권이 소멸한 것이 아니라고 본 점에서는 동일하나, 다만 자발적 이행을 권고

---

22) 이장희, 주 8의 책, 137~139쪽.

받고 있는 채무자들이 자발적 이행을 하지 않고 있기에 그에 대해 강제하는 판결을 한 것으로 일본 사법부 최고재판소의 권위를 담보하여 주었다는 주장도 있다. 그래서 과거 역사를 전혀 반성하지 않는 일본 정부관료들과 언론에 의해 일본 사법부와 한국 사법부가 대립적인 판결이 나온 것처럼 보여 준다고 한다. 2005년 8월 민관합동위원회 발표 이후 한국 정부는 처음으로 반인도적 불법행위와 관련하여 한일 청구권협정에도 불구하고 일본의 잔존책임을 인정하였다. 다시 말해, 일본군 위안부 문제, 사할린교포 문제, 원폭피해자 문제 등 세 가지 문제는 한일협상 과정에서 전혀 논의되지 않았으므로 청구권협정 제1조의 유무상 5억 불과는 관련이 없다는 것이다. 다만 강제징용자 문제는 한일협정 협상 때 8개 청구항목 (5)[23)]에 포함되어 논의가 있었기에 유무상 5억 불로 해결이 된 것으로 본다는 것이다. 2005년 이전에는 한일 양 정부 공히 외관적으로는 1965년 청구권협정으로 식민지 기간 동안 양 정부 사이, 양 국민 사이의 모든 문제가 최종 완전 해결되었다는 입장을 견지했다. 결국 2004년 서울행정법원의 판결, 2011년 헌법재판소 결정, 그리고 2012년 5월 24일 대법원의 판결을 통해 일제 강제징용 피해자들에게 역사정의가 돌아가게 될 계기가 만들어졌다

---

23) 한일 합의의사록에 적시된 대일청구 8개 요강: 위 합의의사록에 적시된 대일청구 8개 요강은 "① 1909년부터 1945년까지 사이에 일본이 조선은행을 통하여 한국으로부터 반출하여 간 지금地金 및 지은地銀의 반환청구, ② 1945년 8월 9일 현재 및 그 이후의 일본의 대對조선총독부 채무의 변제청구, ③ 1945년 8월 9일 이후 한국으로부터 이체 또는 송금된 금원의 반환청구, ④ 1945년 8월 9일 현재 한국에 본점, 본사 또는 주사무소가 있는 법인의 재일在日재산의 반환청구, ⑤ 한국법인 또는 한국자연인의 일본은행권, <u>피징용 한국인의 미수금</u>, 보상금 및 기타 청구권의 변제청구, ⑥ 한국인의 일본국 또는 일본인에 대한 청구로서 ① 또는 ⑤에 포함되지 않은 것은 한일회담 성립 뒤 개별적으로 행사할 수 있음을 인정할 것, ⑦ 전기前記 제 재산 또는 청구권에서 생한 제 과실果實의 반환청구, ⑧ 전기前記 반환 및 결제는 협정 성립 뒤 즉시 개시하여 늦어도 6개월 이내에 완료할 것" 등이다.

고 평가할 수 있다. 필자는 이번 대법원의 판결을 환영하는 바이며, 더불어 동아시아 역사정의 정립차원에서 진정한 상생과 역사화해의 시대로 나아가기를 바라며 다음과 같이 정부에 건의한다.

첫째, 이번 판결을 계기로 일제 강제동원 피해자 문제를 해결하는 데 한국 정부가 후속조치를 위한 새로운 전기를 마련하기를 바란다.

둘째, 진정한 한일 관계 회복을 위하여 일본 정부와 기업들의 자발적이고 성의 있는 입법적 대응이 있기를 촉구한다.

셋째, 일본 정부는 한일 청구권협정을 왜곡하여 해석하지 말고, 일제 강제징용 피해자 문제에 대해 법적 책임을 인정하며 상응한 구체적 조치를 성실하게 취하길 바란다.

넷째, 일본 정부는 식민지 지배의 불법성을 인정하고, 더 이상의 역사왜곡을 중단하며, 한일 사이 상호이해와 역사화해 분위기를 바탕으로 진정한 상생의 길로 나서길 바란다.

다섯째, 5월 24일 대법원 판결 집행으로 제기되는 국제법적 문제에 철저한 대비가 필요하다.[24] 그러나 대법원 판결의 집행에 관하여 일본 측이 한국의 국제법 위반을 주장하고 지적하면서 한국의 국가책임을 추궁할 수도 있다는 견해[25]에는 찬성하지 않는다.

---

24) 박배근, 주9의 논문, 41~45쪽.
25) 위의 논문.

여섯째, 강제징용 피해자에 대한 5월 24일 판결에 대해 대법원과 외교통상부 사이의 상호 긴밀한 의견교환을 통하여 역사정의의 차원에서 대외적으로 통일된 목소리를 낼 필요가 있다. 그동안 한국 정부와 일본 정부는 강제징용 피해자 문제에 대해서는 1965년 청구권협정으로 이미 해결되었다는 동일한 입장을 견지했다. 5월 24일 판결 이후 일본 정부의 입장은 변함이 없다. 심지어 일본 외무성은 "한국 사법부의 최종판결을 따르겠다."는 신일본주금에게 피해자에게 배상하지 말라는 위협적인 요구를 공공연히 하고 있다.[26] 반면 한국 정부, 특히 외교부는 대법원 판결에 대한 정부 입장 정립에 매우 고심하고 있다. 외교부는 열린 시각에서 국제사회와 현대 국제법의 발전추세, 그리고 식민지 배상에 대한 국제적 국가실행[27]의 대세를 감안해 대법원과 긴밀히 협조하여야 한다. 나아가 외교부는 일본 정부에 대해서도 5월 24일의 판결에 따라 강제징용 피해자의 한국소재 일본기업 재산에 대한 손해배상금 집행에 대해 상호협조하도록 외교적 협상[28]을 긴밀하게 가져야 할 것이다.

---

26) 《매일경제》, 2013년 8월 22일자.
27) 32년 동안(1911~1943년) 리비아를 식민지배한 이탈리아는 2008년 8월 30일 이탈리아– 리비아 '우호협력조약'(일명 벵가지Benghazi 조약)을 통해 공식사과하고, 문화재 반환과 5년에 걸친 식민피해 손해배상금 지불 약속을 하고 시행하였다. 이장희, 〈리비아–이탈리아 '식민지' 손해배상책임사례의 국제법적 검토〉, 도시환 외, 《한일협정 50년사의 재조명》 II, 동북아역사재단, 2012.12, 81~90쪽.; 또 케냐는 19세기 말부터 1963년까지 영국의 식민지배 아래에 있었다. 영국은 최근 2013년 5월 1950년대 케냐 독립운동 기간 동안에 식민지배로 피해를 준 케냐 정부에 대해 식민지배 피해에 대한 배상협상에 들어갔다. 나가하라 요코, 〈현대사 속의 '식민지 책임' ―아프리카 식민지를 중심으로―〉, 도시환 외, 《한일협정 50년사의 재조명》 II, 동북아역사재단, 2012.12, 135~138쪽.
28) Choi, Hesuk, Diplomacy only solution for forced laborers, *The Korea herald*, 2013.8.9.

# 〈한국병합조약〉의 무효성과 〈병합조서〉

가스야 겐이치糟谷憲一

## 들어가며

1910년 8월 22일에 〈한국의 병합에 관한 조약〉(이하, 〈병합조약〉)이 조인되자 이에 따라 8월 29일에 대한제국은 소멸되어 일본에 병합되었다.

병합조약 조인에 이르는 과정을 본다면, 이 조약이 대등한 입장, 쌍방의 자유의사로 체결된 조약이 아니고, 일방적으로 강제당한 조약이었다고 하지 않을 수 없다. 식민지 체제가 붕괴되고 식민지 지배의 부당성이 명백해진 시대의 변화를 근거로 한다면, 일방적으로 강제당한 조약은 부당하며 조인 시점에서부터 법적으로 무효한 것이었다고 하는 것이 역사의 진보, 국제사회의 진보라는 방향과 일치하는 것이다. 이 글에서는 첫 번째로 병합조약이 일방적인 강제에 따른 것이며, 부당·무효라는 점을 논하고자 한다.

그러나 〈병합조약〉이 정당·무효하다고 하면, 일본의 조선에 대한 식민지 지배를 역사적으로 어떻게 평가해야 좋은 것인가라는 문제가 생긴다. 일본에 의한 식민지 지배는 군사력을 배경으로 했고, 조선인민을 통치의 객체로만 자리매김했다고 하는 의미에서 전제적인 지배였다. 그것은 덴노天皇의 대권으로 조선을 통치한다고 하면서, 조선총독에게 강대한 권한을 부여한 1910년 8월 29일 발포發布한 조서(이하, 〈병합조서〉)를 기본방침으로 하는 지배체계였다. 이 글의 두 번째 과제로서 이 〈병합조서〉의 역사적인 구실과 거기에 규정된 조선에 대한 식민지의 기본적 성격에 대해서 논하고자 한다.


## 1. 〈한국병합조약〉의 부당성·무효성에 대해

### (1) 군사력을 배경으로 한 주권 침해가 축적된 귀결

〈한국병합조약〉이 부당·무효라는 점은 세 가지 측면에 걸쳐 지적할 수 있다.

첫 번째는 〈한국병합조약〉의 조인이 일본의 강대한 군사력을 배경으로 해서, 러일전쟁 개전 직전부터 연속된 한국에 대한 주권 침해, 부분적인 박탈이 축적된 귀결이었다는 점이다(조선은 1897년 10월에 '대한'이라고 국호를 고쳤으므로 '병합' 시기까지는 '한국'이라고 표기한다).

1903년 8월부터 만주·한국의 세력분할을 둘러싸고 러일교섭이 시작되었다. 이 교섭에서 일본은 군사 부문을 포함한 한국의 내정에 관여할 권리를 주장하며, 러시아가 요구한 한국 영토의 군략적 미사용 조항·중립 지대 설정을 거절했다. 일본은 한국을 그 '세력권' 또는 '종속국'으로 삼는 것을 양보하지 않았던 것이다. 일본 정부는 12월에는 대러 개전을 결의했는데, 전쟁 개시에 즈음해서는 한국을 군사적으로 제압할 것을 불가결한 방침으로 삼았다. 12월 30일의 각의결정 〈대러교섭 결렬 시 일본이 취할 대청한對淸韓방침〉에서 한국에 대해서는 '실력'으로 임할 방침이 확인되었다. 이 방침은 "공수동맹 또는 다른 보호적 협약"의 체결이 "가장 편의에 적절할 것"이라고 하면서도, 설령 조약체결에 성공했을 경우에도 "한국 황제에게 시종 일관되게 그 조약을 준수하게 하는 것은 도저히 기대하기 어려운 것이므로 최후의 성공은 실력의 여하에 기대할 것, 거의 말할 필요가 없다."고 했다[《일본외교연표 및 주요문서日本外交年表並主要文書》].

대러 개전에 앞서 일본은 1904년 2월 6일 이래, 한국에 대한 군사 행동과 요충지 제압을 시작했다. 10일의 대러 선전포고 뒤, 19일에 일본의 제12사단 주력이 서울에 들어왔다. 그 무력에 의한 위압 아래, 하야시 곤스케林權助 일본공사는 외부대신 서리 이지용李址鎔과 〈한일의정서〉를 조인했다. 〈한일의정서〉로 "제3국의 침해"(러시아를 가리킴), 내란에 대처하기 위한 일본의 군사행동은 합법화되었고 그에 대한 한국 정부의 편의 공여가 의무(화)되었으며 일본이 군략상 필요한 지점을 임기응변적으로 수용할 수 있게 되었다(제4조). 또 양국의 "친교를 유지하고 동양평화를 확립하기 위해", 한국 정부가 일본 정부를 "확신하고 시설의 개선에 관해 그 충고를 수용할 것"이 규정되었다(제1조). 게다가 이 협약의 취지에 위반되는 협약을 제3국과 체결하는 것이 금지되었다(제5조).

의정서는 한편으로는 한국 황실의 안전강녕의 보증(제2조), 한국의 독립 및 영토 보전의 보증(제3조)을 구가하고 있었지만 제1조, 제4조, 제5조는 군사, 내정, 외교의 모든 면에 걸쳐서 일본의 간섭과 무제한에 가까운 행동을 허용하여 한국의 독립·주권을 침해·제약하는 것이어서 한국의 독립은 위기에 직면하게 되었다.

5월에 러·일의 주 전장이 만주로 옮겨지면서, 5월 31일에 일본 정부는 〈대한방침對韓方針〉, 〈대한시설강령對韓施設綱領〉을 각의결정하고 한국에 대한 지배강화를 꾀했다. 〈대한방침〉은 한국의 "정치문란과 인심의 부패가 도저히 오래 그 독립을 유지하기 어렵다는 것이 명료하므로 우리나라에서는 적절히 정치상, 군사상 및 경제상 점차 해당국에서 우리의 지위를 확립하고, 이로써 장래에 재차 분규를 빚는 어리석음을 끊고, 제국 자위의 길을 관철하지 않으면 안 된다."고 하여 장래적으로는 한국의 독립을 탈취하는 방향으로 진행할 것임을 나타냈다. 6항목으로 구성되는 〈대한시설강령〉에서는 최초의 "방비를 관철할 것"에 대해 전쟁이 끝난 뒤에도 상당 규모의 군대를 주둔시킬 것을 명시함과 동시에 외교의 감독, 재정의 감독, 교통기관의 장악, 통신기관의 장악, 척식을 기도할 방침을 나타냈다(《일본외교연표 및 주요문서》). 그 뒤의 일본의 대한정책은 〈대한시설강령〉을 따라서 전개되었다. 1904년 8월에 조인된 제1차 한일협약에 기초하여 일본 정부가 추천한 재정 고문, 외교 고문이 초빙되었다. 이밖에도 경무 고문, 학정참여관 등의 일본인 고문(외교 고문은 미국인)이 행정각부에 초빙되었다. 특히 재정 고문, 경무 고문은 거기에 부속되는 보좌기관을 두고, 그것을 통해서 한국 정부의 재정기관·경찰기관을 전국적으로 종속시켰다. 일본은 또 경부철도를 개통시키고, 임시군용철도감부에 의해서 경의철도 공사를 진행시켜 철도를 지배 아래에 두었다. 1905년 4월에는 한일통신기관협정을 조인시켜, 한국의 통신기관(우편·전신·전화)을 위탁경영이라는 명목으로 접수하여 관리 아래에 두었다.

　이렇게 한국의 주권은 서서히 침해되었는데, 그것을 떠받친 것은 군사력이었다. 1904년 3월에 한국주둔군이 편성되어 예하병력이 차츰 확장되었다. 주둔군은 7월에는 군률을 발포해 군용의 전신선과 철도의 파괴자를 사형에 처한다고 하였고, 또 서울과 그 부근의 치안경찰권을 장악했다. 이것에 따라서 모든 반일운동을 가혹하게 진압하고자 했다.

이상과 같이 일본의 한국 지배가 강화되는 가운데, 1904년 4월 8일에 일본 정부는 새로운 방침 〈한국보호권 확립의 건〉을 각의에서 결정했다. 이 방침은 "원래 한국의 외정은 동양 재앙의 뿌리가 잠재하는 곳이므로 장래에 있을 분규 재발의 단서를 끊고, 이로써 제국의 자위를 관철하기 위해"라고 하면서 보호권의 확립, 곧 한국 외교권의 장악을 거론했다(《일본외교연표 및 주요문서》). 한일의정서에서는 아직 구가되고 있던 한국의 독립·영토 보전의 보증이 여기서 내팽겨졌다. 일본은 7~9월에 미국과 영국, 러시아로부터 한국의 보호국화에 대한 양해를 얻었다. 10월, 한국주둔군의 병력을 현역병으로 구성된 정병 2개 사단으로 대신하여 강화한 뒤, 11월 17일에 한국 정부와 보호조약(제2차 한일협약)을 조인했다.

보호조약으로 일본은 한국의 외교권을 빼앗고 서울에 통감을 두었다. 통감은 황제를 내알할 권리를 가졌으며, 내정에 대한 지배를 진행시키는 역할을 맡았다. 1906년 2월에 통감부가 개설되었고, 3월에 초대통감 이토 히로부미伊藤博文가 착임했다. 통감은 〈한국 시정 개선에 관한 협의회〉의 개최 등을 통해서 한국 정부를 지도·통제하는 한편, 일본인 고문관과 그 부속기관을 통해서 내정을 장악하고 재정·세제·금융과 교육의 식민지적 재편을 진행시켰다(징세제도 개혁, 농공은행·지방금융조합의 설치, 일본인에 의한 토지 소유의 합법화, 보통학교령 등).

1907년 6월, 고종황제가 파견한 사자가 보호조약의 무효를 호소하는 헤이그 밀사 사건이 일어나자, 이토 통감은 강경 방침으로 임하여 고종의 퇴위를 강요하고 제3차 한일협약을 조인했으며, 황제 퇴위강제 반대운동을 억누르고 1개 여단의 증파를 얻어낸 다음 8월에는 한국군을 해산시켰다. 제3차 한일협약으로 통감은 한국의 내정에 대한 지배를 전반적으로 강화하여 차관 이하의 일본인 관리를 한국 정부에 다수 임용시켰고, 지방에는 도道 아래인 군郡 수준에까지 배치했다.

그러나 식민지화 정책, 황제 퇴위강제에 대한 반발·저항도 커졌다. 농촌 지역에서는 의병운동, 도시 지역에서는 애국계몽운동이 전개되었다. 이에 대해서 통감부와 한국주둔군은 군대·헌병·경찰의 강화에 의한 의병 진압 작전, 치안 법규 제정에 의한 계몽운동 규제를 진행시키는 한편, 경제의 식민지적 재편의 추가 진전(징세 체제의 강화, 한국은행·동양척식회사의 설립 등)을 도모했다. 강압적인 외국지배의 진전에 대하여 저항이 계속되자 지배는 안정되지 않았다. 그 이유를 한국에서 일본의 '실력'이 부족하기 때문이라고 본 일본 정부는 1909년 7월, 적당한 시기에 한국을 병합할 방침을 각의에서 결정하기에 이르렀다.

이 방침에 기초하여 7월에 한국 정부의 군부를 폐지하였고, 10월에는 한국의 사법기관을 접수해 통감부의 기관으로 만듦과 동시에 한국 정부의 법부를 폐지했다. 이렇게 하여 한국 주권의 부분적 박탈을 더 한층 진행한 다음, 1910년 4~5월에 영국과 러시아로부터 '한국병합'에 대해 승인을 얻고, 병합을 실행에 옮기기에 이르렀던 것이다.

1910년 5월 30일, 제3대 통감으로 육군대신 데라우치 마사타케寺內正毅가 겸임 형태로 임명되어 6월 1일로부터 한국주둔군은 병력을 서울의 용산에 집중했다. 6월 24일에는 한국 경찰사무 위탁에 관한 한일각서를 조인시키고, 한국 정부의 경찰은 일본 정부에 위탁한다는 명목으로 접수되어 7월 1일에는 헌병을 중심으로 하는 경찰제도인 헌병경찰제도가 발족되었다. 이와 같이 군사력, 헌병을 중심으로 한 경찰력에 의한 지배 강화를 도모하는 한편, 일본 정부는 6월 3일에 '병합' 뒤의 한국에 대한 시정방침을 각의에서 결정했다. 육군대신으로서 이 각의의 결정을 밀어붙였던 데라우치 통감은 7월 23일에 서울에 착임하여 '병합'을 단행했던 것이다.

## (2) 일방적인 강제

두 번째로 〈한일의정서〉부터 〈한국병합조약〉에 이르기까지 두 나라 사이의 조약은 일본 측이 일방적으로 제시, 강제한 것이며 한국 측의 '합의'를 얻을 수 있었다고는 도저히 말할 수 없는 것이다. 아래에서 순서를 따라 설명하기로 하자.

1) 〈대러교섭결렬 시 일본이 취할 대청한對淸韓방침〉에 "가능한 한은 명의가 바른 방식을 선택하는 것을 득책으로 삼는다."고 되어 있는 것처럼 "실력으로 우리 세력권 아래에 두어야 한다."라고 하는 것이 기본적인 자세인 이상 조약 체결은 '실력에 의한 지배'를 덮어 가리는 '명의'인 것이었다. 한일 사이에 최초로 조인된 〈한일의정서〉가 그러한 것이었다.

2) 다음 단계인 보호국화에 임하여 일본 정부는 경우에 따라서는 조약에 따라서가 아니라 일방적인 통고나 선언에 따라서 목적을 달성한다고 하는 방침을 세웠다. 1905년 10월 27일의 각의결정 〈한국보호권 확립에 관한 건〉은 실행의 방법순서로서 8항목을 내걸고 있는데, 그 마지막에 다음과 같은 항목을 내걸었다(《일본외교연표 및 주요문서》).

착수하면서 도저히 한국 정부의 동의를 얻을 전망이 없을 때는 최후수단으로서 한편으로 한국에 대해서는 보호권을 확립할 것을 통보하고, 열국에 대해서는 제국 정부가 오른쪽 조치를 취하게 된 부득이한 이유를 설명하고 아울러서 한국과 열강 사이의 이익은 그것을 장애하는 일이 없을 것을 선언할 것.

일본 정부가 한국의 동의 없이도 보호국화를 실행할 수 있다고 생각하고 있었다는 것은 명백하다.

3) 보호조약의 체결 시에 일본 측은 한국 측의 동의를 얻는 수속을 철저히 무시했다.

1904년 11월 15일에 특파대사 이토 히로부미가 고종을 내알했을 때의 언동은 고종에 대한 공갈이었으며, 한국 황제·정부의 정책결정 과정을 구속하고 제약하는 것이었다.

이토 대사는 조약안에 대해서 "본 안은 제국정부가 갖가지 고려를 거듭하여 조금도 변통의 여지도 없는 확정안"으로 "만약 거부하며 상응하지 않으면 제국 정부는 이미 결심한 바가 있다. 그 결과는 과연 어떻게 될 것인가? 아마 귀국의 지위는 이 조약을 체결하는 것보다 곤란한 경우에 처하며 한층 더 불이익의 결과를 각오해야 할 것이다."라고 말했다. 이래서는 쌍방이 자유로운 의사에 기초하여 합의에 도달한 정상적 교섭이라고는 도저히 말할 수 없다. 이 공갈에 대해서 고종이

중대사에 속한다. 짐이 스스로 결재할 수 없다. 짐이 정부 신료에게 자문하고, 또 일반 인민의 의향도 살피는 일이 필요하다.

라고 광범한 의견 집약의 기회와 수속이 필요한 일이라고 말하자, 이토는

폐하가 정부 신료에게 자문을 구하는 것은 지당하며 외신外臣

또한 굳이 오늘 결재를 구할 뜻은 없다. 그러나 일반 인민의 의
향을 살핀다는 운운의 지시에 관해서는 기괴하기 짝이 없다고
생각한다. 왜냐하면 귀국은 헌법정치가 아니다. 천하의 정치 모
두가 폐하의 결재로 결정된다고 한다. 이른바 군주전제국이 아닌
가. 그러나 인민의향 운운 하는 것도 이 인민을 선동해 일본의
제안에 반항을 시도하려는 의사라고 추측된다. 이 용이하지 않은
책임을 폐하 자신이 지게 되기에 이르게 될 것을 우려한다.

라고 일방적인 부정에 나섰다〔이상의 대화는 《일본외교문서日本外交
文書》 제38권 제1책, 499~503쪽에 수록된 〈이토 대사 내알견 시말伊藤大
使內謁見始末〉에 따름〕.

　"일본의 제안에 반항"이라고 하는 표현 속에 상대를 대등한 교
섭자로서 간주하고 있지 않음이 명백하다. 고종이 만사를 친히 결
재하는 전제군주였다 해도 사안의 중대성에 따라서는 신료나 인민
의 의견을 집약한 다음 황제가 결재한다고 하는 수속은 있을 수
있는 것이고, 그 수속을 결정하는 것은 이토가 아니고 고종이다.
국정의 대사大事를 결정할 때는 2품 이상의 고관의 의견을 집약하
는 일, 경우에 따라서는 인민의 의견을 듣는 일도 조선왕조의 역사
속에서 이뤄졌던 일이다. 이토는 고종이 이러한 의견의 집약을 행
하기 위한 시간적 여유와 환경을 주는 것조차 하지 않았던 것이다.
　　4) 통감부에 의한 내정지배를 강화한 〈제3차 한일협약〉이나
한국 자체를 소멸시킨 〈병합조약〉도 일본이 조약안을 준비하고 일
방적으로 강요한 것이며, 〈보호조약〉 때처럼 한국 측의 동의를 얻는
수속은 무시되었다. 〈병합조약〉을 사례로 말하자면, 교섭이 시작된
것은 1910년 8월 16일이었다. 조약안의 가부에 대해 한국인 신료나
인민의 의견을 넓게 집약하는 일은 이루어지지 않았던 것이다.

### (3) 〈병합조약〉 내용의 허구성과 강제성

세 번째로 〈병합조약〉은 한국 황제가 '통치권'을 일본 황제(덴노)에게 '양도'한다고 규정하고 '병합'이 쌍방 합의인 것처럼 가장하고 있지만, 이것은 허구에 지나지 않고 '병합' 뒤의 한국의 지위는 일본 정부에 의해서 일방적으로 결정된, 강제당한 것이다.

일본은 '실력'으로 압박하여 한국을 소멸에 이르게 만든 것이며, 역사적인 경과에 비추면 어떠한 의미에서도 한국의 황제·정부·인민이 자발적으로 일본에 주권을 양도했다고는 말할 수 없기 때문이다.

다음으로 〈병합조약〉에는 '병합' 뒤의 한국 황제·인민의 지위에 대해서 일본 황제·정부가 일방적으로 결정할 수 있게 되어 있었다. 이 점에 관하여 병합조약 조인 교섭에서 한국의 이완용李完用 수상이 주장할 수 있었던 것은 황제·태황제의 호칭 문제뿐이었다. 이에 따라 구한국 황제·황족은 덴노의 신하로 위치 지어졌으며 한국인이 일본인과 동등한 지위에 위치 지어지는 일은 없었다.

## 2. 〈병합조서〉와 일본의 조선 식민지 지배

일본의 조선에 대한 식민지 지배는 정당화할 수 없는 것임을 전제로 해서, 35년 동안에 걸친 식민지 지배의 실태를 파악하기 위해서는 일본 정부의 조선에 대한 식민지 지배의 기본방침은 어떠한 것이었는지, 또 식민지 지배의 기본적 성격은 어떠한 것이었는지를 생각할 필요가 있다.

## (1) 〈병합조서〉의 역사적 역할

일본에 의한 조선 식민지 지배를 담당한 조선총독부는 1910년 8월 29일에 발포한 조서를 〈한일합방의 조서〉라고 호칭하며 식민지 지배의 기본방침으로 삼았다. 이 조서의 내용은 다음과 같다.

짐이 동양의 평화를 영원히 유지하여 제국帝國의 안전을 장래에 보장하는 필요를 생각하며, 또 항상 한국이 화란禍亂의 근원임을 살펴서 지난번에 짐의 정부로 하여금 한국 정부와 협정하게 하고 한국을 제국의 보호 아래 두어서 화의 근원을 막고 평화의 확보를 기한 지라. 이후로 4년 남짓 경과하여 그 사이 짐의 정부는 힘써 한국 시정施政의 개선에 노력하여 그 성과가 또한 볼 만한 것이 있으나, 한국의 현 제도는 아직 미완의 보지保持를 완전하게 하는 데 충분하지 못하니 두려운 생각이 늘 국내에 가득하여 백성이 그 울타리에서 편안치 못하니 공공의 안녕을 유지하여 민중의 복리를 증진함을 위할진대 현 제도의 혁신을 피하지 못함이 확연하게 되었느니라.

짐은 한국 황제폐하와 더불어 이 사태를 보고 한국을 들어서 일본제국에 병합하여 추세의 요구에 응함이 부득이한 것이 있음을 생각하여 이에 영구히 한국을 제국에 병합케 하니라. 한국 황제폐하 및 황실 각 구성원은 병합 뒤라도 상당한 우대를 받을 것이며 민중은 직접 짐이 위무하는 아래에 서서 그 강복康福을 증진할 것이며, 산업 및 무역은 평온한 통치 아래 현저한 발달을 보게 할 것이니, 동양의 평화가 이에 따라 더욱 그 기초를 공고하게 함이 짐이 믿어 의심치 아니하는 바이라.

짐은 특히 조선총독을 두고 짐의 명을 받아서 육해군을 통솔

하며 제반 정무政務를 모두 관할케 하니 백관유사百官有司들은 충분히 짐의 뜻을 체득하고 일에 종사하여 시설의 완급緩急이 마땅함을 얻어서 백성들로 하여금 영원히 평온한 통치의 경사에 신뢰하게 함을 기할지어다.

어명御名 어새御璽

메이지明治 43년 8월 29일

(대신부서 생략)

제1단락은 '병합'의 이유 설명이다. 이것은 일본국가 '공식결정'의 '한국병합사'상像이다. 정치적으로 불안정하고 혼란하여 스스로의 힘으로는 개혁할 수 없는 한국을 일본의 지도로 개혁시키려고 했지만, 그 일본을 의심하는 사람이 많기 때문에 공공의 안녕 유지, 민중의 복리 증진을 위해서 '병합'한다고 하는 '논지'다.

제2단락에서는 '병합'이 한국 황제와의 합의에 따른 것인 듯 가장하고 있는 점은 〈병합조약〉과 같지만 '통치권'의 '양도'라고 하는 날조는 나오지 않는다. 일본 황제가 행위의 주체인 점이 명백하게 되어 있다. 그 다음에 한국 황제·황실에 '상당한 우대'를 해 주는 것, 한국의 민중은 직접 덴노의 '위무하는 아래에 서'게 된다고 기술되어 있다. 한국 황제·황실도 민중도 덴노로부터 혜택이 주어지는 대상으로서 위치 지어졌을 뿐이고 어떠한 권리가 보장된 것은 아니었다.

제3단락에서는 통치기관으로서 조선총독을 둘 것을 적고 '백관유사'가 덴노의 생각을 받들어 민중('서민')을 다스리도록 지시하고 있다.

제2단락에 있는 덴노에 의한 민중의 직접적인 '위무', 제3단락에 따른 총독에 의한 통치는 〈병합조약〉에는 없는 것이다. 따라서 '병합'의 통치형태·통치방침의 기본은 〈병합조서〉에서 명시되었다고 해야 하며, 그것은 민중을 덴노의 '신민'으로서 지배하는 것, 총독에 의한 통치였던 것이다.

이처럼 〈병합조서〉는 식민지 지배를 정당화하는 사상의 원천이며, 식민지 지배의 형태·방침의 기본을 나타내고, 식민지 지배의 체계를 쌓아올려 가는 데 법적·정치적인 원천이자 근거가 되는 구실을 완수했다.

## (2) 조선에 대한 식민지 지배의 기본적 성격

그러면 마지막으로 이 〈병합조서〉를 원천으로 해서 쌓아올려진 조선에 대한 식민지 지배 체계의 기본적 성격은 어떠한 것이었는지를 보고 가자.

첫째, 한반도 거주자(그 대부분은 조선인)에게는 일본의 국정에 대한 참가 권리가 없고, 조선에 관련된 사항을 심의·결정하기 위한 독자적인 입법기관이 없었기 때문에 조선인은 조선총독부에 의한 통치의 객체에 지나지 않았다.

'병합' 당초부터 조선에 관해서는 덴노, 제국의회, 조선총독에게 입법권(각각 칙령, 법률, 제령을 제정할 수 있었다)이 있어서 제국의회는 조선총독부 특별회계예산의 심의를 통해서 조선총독부를 견제할 수도 있었다. 그러나 조선인은 입법에도 예산 심의에도 관여할 수 없었던 것이다.

둘째, 경제 면에서는 일본인 자본·지주의 이익을 우선시킨 종속적인 개발정책이 추진되는 한편, 교육 면에서는 '의무교육'이 실현되지 않고 중등·고등 교육의 기회도 일본인에 견주어서는 보장되지 않는 등, 조선인의 지위와 권리 향상에 연결되지 않는 정책이 다양한 분야에서 전개되었다. 이것도 조선인의 정치 참가 권리가 현저하게 제한된 사실의 귀결이었다.

셋째, 덴노의 신민으로 위치 지어짐에 따라 천황에 대한 충성, 국책에 대한 순응만은 엄격하게 의무 지워졌다. 중일전쟁 전면 개시 뒤, 황민화 정책 시기에서 병력·노동력으로서 조선인의 동원은 그 절정을 이루는 것이었다.


## 맺으며

이상과 같이 〈병합조약〉의 부당성·무효성, 〈병합조서〉의 역사적 구실과 일본에 의한 식민지 지배의 기본적 성격에 대해 논하여 보았다. 우리는 일본에 의한 조선의 식민지화, 식민지 지배가 조선의 주권을 완전히 빼앗고 조선인의 권리를 짓밟으며 차별적으로 다루는 것이었음을 직시하여 식민지화·식민지배를 정당화하는 모든 논의를 극복해가지 않으면 안 된다.

# 'null and void'를 둘러싼 대립을 극복하기 위해서

오타 오사무太田修

## 1. 한국과 일본의 다른 해석

1965년의 한일 국교수립 때 체결된 〈대한민국과 일본국 간의 기본 관계에 관한 조약〉(이하, 기본조약) 제2조에는 "1910년 8월 22일 이전에 대일본제국과 대한제국과의 사이에 체결된 모든 조약 및 협정은 이미 무효이다."라고 선언되었다. 그러나 잘 알려져 있듯이 이 조문의 해석은 한일 두 정부에서 차이가 난다.

조약 체결 당시 일본 정부는 〈한국병합조약〉 등은 "대등한 입장에서 또 자유의사로" 체결되었으므로[1] 체결 때부터 효력을 발하여 유효했지만, 1948년 8월의 대한민국 성립 때 효력을 잃었다고 해석했다.[2] 한편 한국 정부는 '무효null and void'라는 용어 자체가 "국제법상의 관용구"로서 "무효"를 가장 강하게 나타내는 글귀이며 "당초부터" 효력이 발생하지 않는 "소급해서 무효"라고 보았다.[3]

이러한 양쪽의 해석차는 그 뒤로도 해소되는 일 없이 오늘날에도 이어지고 있다. 특히 1990년대 이후로는 한일 역사학자·국제법학자 사이의 〈한국병합조약〉 논쟁과도 얽히면서, 조문의 법률적

---

1) 사회당의 이시바시 마사시石橋政嗣 의원의 질문에 대한 사토 에이사쿠佐藤栄作 수상의 답변(〈제510회 국회 중의원 일본과 대한민국 사이의 조약 및 협정 등에 관한 특별위원회 회의록 제10호〉, 1965년 11월 5일).
2) 외무성, 〈일한제조약에 대하여〉, 1965.11, 3~4쪽.
3) 대한민국정부, 〈대한민국과 일본국 간의 조약 및 협정 해설〉, 1965, 11쪽.

해석 수준을 넘어 역사인식을 둘러싸고 대립하고 있다. 또 이 '무효' 조항의 해석 문제는 한일韓日 두 나라 사이뿐 아니라, 북일北日 두 나라 사이 현안의 하나로서 장래의 북일 국교정상화 교섭에서도 넘지 않으면 안 될 허들이기도 하다.

기본조약 제2조의 '무효' 조항 해석 문제란 무엇을 말하는 것일까? 이 글에서는 근년 새롭게 공개된 한일회담문서를 사용하여 '무효' 조항이 최초로 제기된 한일국교정상화교섭(이하, 한일회담)의 논의 경위를 더듬어, 새로이 '무효' 조항 문제의 역사적 의미를 생각하고 현재 상황을 극복하기 위한 하나의 시안試案을 제시해보고자 한다.

## 2. 한일회담에서 '무효null and void'론 제기

한일회담에서 한국 측이 '무효null and void' 조항을 처음으로 제기한 것은 제1차 회담(1952년 2~4월)의 〈외교관계를 포함한 양국의 기본관계 수립에 대해 토의하기 위한 분과위원회〉(이하, 기본관계위원회)에서였다. 그것은 한국 외무부 정무국 편저 《한일회담 약기略記》(1952년 7월) 등에 의해서 이전부터 알려져 있었지만, 기본관계위원회 회의록이 공개되어 있지 않았기 때문에 논의의 자세한 내용이 불분명했다. 2005년 말에 결성된 한일시민NGO 〈한일회담문서 전면공개를 요구하는 모임〉의 개시청구운동으로 2006년부터 일본 외무성의 한일회담문서가 공개되기 시작했고, 그 가운데 제1차 회담 〈기본관계위원회 의사요록〉으로 '무효' 조항을 둘러싼 논의의 내용이 밝혀졌다. 그것은 아래처럼 약간 복잡한 것이었다.

우선 일본 측은 제1차 기본관계위원회(1952년 2월 22일)에서 〈한일우호조약안〉을 제시했지만, 식민지 지배의 문제는 일절 언급하지 않았다. 이에 대해 한국 측은 제4차 기본관계위원회(3월 5일)에서 〈대한민국 일본국간 기본조약(안)〉을 제시하고 그 제3조에 다음과 같은 조문을 넣을 것을 요구했다.

> 제3조 대한민국과 일본은 1910년 8월 22일 이전에 구 대한제국과 일본 사이에 체결된 모든 조약이 무효라는 점을 확인한다.[4]

동시에 제출된 영문안에서는 문장 끝의 '무효이다'는 'are null and void'라고 표기되었다.[5] 이 제3조는 1965년의 기본조약 제2조의 원형이라고 할 수 있는 것으로, '무효이다are null and void'가 처음으로 제시되었다는 점이 중요하다.

이 위원회에서 한국 측 대표 유진오는 다음과 같이 설명했다. "1910년 이전의 조약은 의사에 반해 행해진 것이므로 소급하여 무효로 하지 않으면" 안 되지만, 그것을 "강하게 주장하면 이 회담이 성립되지 않는다.", 또 "법리론을 관철할 때는 실제로는 복잡한 문제가 일어나므로, 법리론은 제쳐두고 어쨌거나 무효"라고 하고,[6] 'are null and void'는 "언제부터라고 하는 것도 일체 덮어두고" '무효'를 표현한 것이다.[7] 이 규정에 따라서 "일본 측은 일본 측으로

---

4) 원문은 한국어. 문서번호 976 〈한일회담 제4차 기본관계위원회 의사 요약〉, 1952년 3월 5일, 《일본 외무성이 공개한 한일회담문서》, 이하 《일본 한일회담문서》.

5) 이탈리아 강화조약 제31조의 이탈리아와 알바니아 사이에 체결된 "일체의 협정 및 결정이 무효이다are null and void"를 참고하여 고안한 것이 아닐까 하고 필자는 추측하고 있다(*Treaty of Peace with Italy*, 1947, Printed in USA, p.15).

6) 문서번호 977, 〈한일회담 제5차 기본관계위원회 회의록〉, 1952년 3월 12일, 《일본 한일회담문서》.

7) 문서번호 979, 〈한일회담 제7차 기본관계위원회 회의록〉, 1952년 3월 28일, 《일본 한일회담문서》.

서 일단 설명이 될 것이고, 한국 측도 다른 내용이 될지 모르지만 설명이 된다." 이 유진오의 발언의 진심과 'are null and void'의 법적 해석에 불분명한 부분이 있기에 결론은 유보해 두고자 하는데, 유진오의 설명을 말 그대로 이해하면 한국 측이 제시한 'are null and void'는 '무효'의 시간적 한정을 내포하지 않은 타협안이었다고 말할 수 있다.[8]

이 한국 측의 제안에 대해서 당초 일본 측은 제3조의 삭제를 요구하고 있었지만, 제7차 기본관계위원회(3월 28일)에서 오노 가쓰미大野勝巳 대표는 다음과 같은 안을 제시했다.

> 무효라고 하는 자구字句를 이용한다면, 언제부터 무효인가를 확실히 해두지 않으면 안 되기 때문에, '이미'라고 하는 자구를 더하고 싶다. 영어의 'now'라고 하는 정도의 뉘앙스인 …… 'now'라든가 'no longer'라든가 말하는 말을 넣지 않으면 무효라고 하는 자구는 사용할 수 없다.[9]

일본 측은 '무효'를 사용한다면 '이미'를 넣을 것을 한국 측에 강요했다. 다만 '이미'는 〈한국병합조약〉이 '정당'하게 체결되어 1948년의 대한민국 수립 시점에 비로소 '무효'가 되었다는 일본 측 해석의 정당성을 쉽게 주장하게 만들기 위한 문언이었다.

결국 이 '무효' 조항을 둘러싼 논의는 제1차 회담이 결렬됨으로

---

8) 1965년 2월의 한국 국회에서는 야당 민정당의 강문봉 의원이 *Black's Law Dictionary*의 설명을 소개하면서 'null and void'는 "단지 무효라는 것일 뿐이며 소급해서 무효라고 한다는 의미는 없다."라고 정부 해석의 잘못을 지적했다(〈제48회 국회회의록〉 제2호, 한국 국회사무처, 1965년 2월 27일).

9) 문서번호 979, 〈한일회담 제7차 기본관계위원회 회의록〉, 1952년 3월 28일, 《일본 한일 회담문서》.

써 중단되었다. 하지만 한일 쌍방은 ‘무효’의 시기를 둘러싼 해석의 대립을 봉합하기 위해서 ‘null and void’와 ‘이미’를 조합하는 타협안을 찾아내고 있었다. 여기서 1965년의 기본조약의 뼈대가 완성되었고, 쌍방은 실질적으로 거기에 거의 합의하고 있었던 것으로 보인다.

1965년의 한일조약 타결 전야에 행해진 제7차 한일회담의 기본관계위원회에서는 기본적으로 제1차 회담에서 했던 논의가 반복되었다. 한국 측은 당초, 기본조약의 전문에 ‘과거 청산’이라고 하는 문언을 넣을 것을 목표로 삼았지만, 그것을 철회하고 ‘무효null and void’ 조항의 삽입을 관철하는 것에 집중했다. 이에 대해 일본 측은, 당초는 ‘null and void’를 거부하는 포즈를 취하고 있었지만, ‘already’(일본어 조문으로 ‘もはや’, 한국어 조문으로 ‘이미’)를 넣어 ‘are already null and void’로 하는 것을 조건으로 거기에 동의했다. 한국 측도 이것을 받아들여 합의가 이뤄졌다. 다시 말해, ‘already’의 삽입은 제1차 회담의 논의의 연장선 위에 이뤄진 것으로, 일본 측이 스스로의 해석을 보강하기 위해서 취한 조치였다고 봐도 좋다. 이렇게 해서 1965년 6월에 체결된 한일기본조약에서는 첫머리에서 말한 것처럼 제2조 ‘무효’ 조항에 대한 다른 해석이 이루어지게 되었던 것이다.

그럼 한국 측은 제1차 회담에서 왜 ‘무효null and void’론을 제시하고 그 뒤에도 그것을 계속 주장한 것일까? 또 반대로 일본 측은 왜 ‘무효null and void’론을 계속 비판한 것일까?

## 3. '무효null and void'론─식민지 지배를 둘러싼 대립

우선 제1차 회담에 대해 한국 측이 '무효null and void'론을 제기하고 그 뒤에도 그것을 계속 주장한 이유로 아래와 같은 점을 들 수 있다. 첫째, '무효null and void'론은, 식민지 지배 비판의 역사를 배경으로 형성된 인식이었기 때문이다. 지금까지 연구가 지적해 온 것처럼, 일본이 〈한국병합조약〉 및 그밖에 모든 협정의 체결을 강제하고 식민지화를 추진하는 과정에서 대한제국 황제나 지식인, 의병 등의 저항운동이 있었다.[10] 1919년에는 대한민국 임시정부의 대표 김규식이 파리강화회의에 제출한 〈임시정부·한국독립승인청원서〉에서 '합병조약의 폐기'가 주장되었고, 1941년에는 충칭重慶에서 발표한 대한민국 임시정부의 〈대일對日정부성명서〉에서 "합방조약 및 모든 불평등조약의 무효"가 선언되었다.[11] 조선 안팎에서는 민족해방운동이 전개되어 식민지 지배로부터 독립이 지향되었다. 이처럼 '무효'의 선언이나 민족해방운동은 식민지 지배를 비판하는 것이었던 것이다.

한국 정부는 이러한 식민지 지배 비판의 역사를 근거로 해서 '한국병합조약 무효론'을 주장했다고 이해해야 할 것이다. 1949년에 한국 외무부가 작성한 《대일배상요구조서》의 서문 〈대일 배상 요구의 근거와 요강〉에서는 "일본의 한국 지배는 한국 국민의 자유의사에 반한 일본의 일방적인 강제적 행위이며 정의, 공평, 호혜의 원칙에 입각하는 일 없이 폭력과 탐욕의 지배"였다고 서술하고 있다.[12] 제1차 회담에서 유진오가 〈한국병합조약〉 체결이 "민족의

---

10) 강성은, 이태진, 김기석, 이종현 등의 연구를 참조〔사사카와 노리카츠笹川紀勝·이태진 편저, 〈국제공동연구 한국병합과 현대:역사적 국제법적 재검토〉, 아카시서점明石書店, 2008〕.
11) 운노 후쿠주海野福寿, 《한국 병합사의 연구》, 이와나미서점岩波書店, 2000, 3~9쪽.
12) 대한민국 외무부 정무국, 《대일배상요구조서》, 1~2쪽.

총의總意에 반한” 것으로 “당시로 소급하여 무효이다.”라고 해석해야 하며, 그것은 한국민의 “강한 신념·국민 감정”이라고 주장한 근거이다.

둘째 이유로 1951년 9월에 체결된 샌프란시스코 강화조약에서 식민지 지배의 책임이 추궁당하지 않았던 것을 들 수 있다. 한국 정부는 《대일배상요구조서》의 서문에서 “대일 배상요구의 기본정신은 일본을 징벌하기 위한 보복의 부과가 아니며, 회복을 위한 공정한 권리의 이성적 요구”이며, “우리는 을사조약乙巳条約의 무효성을 국제법적으로 설명할 수 있고, 또 ‘카이로’, ‘포츠담’ 양 선언의 진의를 천명함으로써 한국에 대한 일본의 과거 36년 동안의 지배를 비합법적 통치로 낙인찍음과 동시에, 그 기간 피해를 받은 방대하고 무한한 손실에 대해서 배상을 요구할 수도 있”으나, “이것은 모두 불문에 붙”이고 “중일전쟁 및 태평양전쟁”의 “인적·물적 피해”에 한해서 “배상”을 요구한다고 했다.[13] 다시 말해, 1949년 당시의 한국 정부는 ‘을사조약의 무효성’은 주장하지 않고 강화조약의 서명국이 되어 ‘회복을 위한 공정한 권리’로서의 ‘배상’을 요구할 방침이었던 것이다.

그런데 한국은 연합국이 아니라는 이유로 샌프란시스코 강화조약에 서명하지 못하고 ‘배상’을 요구할 수 없게 되었다. 그 대신에 한일 양국의 재산 및 청구권은 쌍방의 ‘특별결정’에 따라서 결정해야 한다고 하는 제4조가 한국에 적용되게 되었다. 이 제4조에 따라서 시작된 한일 재산청구권교섭에서도 ‘회복을 위한 공정한 권리’로서의 ‘배상’을 요구할 수 없는 것은 아닐까 생각되었다. 게다가 가장 중요한 것은 강화조약의 배후에 일본의 식민지 지배의 책임을 묻지 않는 제국의 논리가 엄연히 존재하고 있었던 것이다.

---

13) 주12의 책과 같음.

한국 측은 이러한 사태에 직면하여 일본과의 직접교섭에서 '무효 null and void'론, 곧 일본의 식민지 지배가 '비합법적 통치'였다고 하는 논리를 전개함으로써 '대일 배상요구'의 정당성을 주장해 갈 방침을 정했던 것이라고 생각할 수 있다.

한편 일본 정부는 아래와 같은 두 가지 이유에서 '한국병합조약 유효론'을 계속 주장했다. 먼저 '식민지 지배 정당론' 및 '시혜론'을 내용으로 하는 역사인식을 견지하고 있던 사실을 들지 않으면 안 된다. 패전 직후의 일본 정부는 제국의 구 식민지가 "이번 전쟁과 관계없이 제국이 정당하게 취득했으며 제국의 주권 행사에 의해 종래 싸움이 없었던 영토"이며, "한일합병조약, 한국병합선언에 대해 오늘날까지 미국, 영국, 소련의 어떤 나라에서도 이의가 있다는 얘기가 없었다."고 인식하고 있었다.[14] 1949년 12월에 외무성이 연합국 측과 강화회의를 위해서 작성한 〈할양지에 관한 경제적 재정적 사항의 처리에 관한 진술〉에서도 "당시로서는 국제법, 국제 관례상 보통이라고 인정되고 있던 방식에 따라 취득되어 세계 각국 모두 오랫동안 일본령으로서 승인하고 있었다."는 것이었다.[15] 게다가 같은 자료에는 다음과 같이 기록되어 있다.

일본의 이들 지역에 대한 시정施政은 결코 이른바 식민지에 대한 착취 정치라고 인정되어야 하는 것이 아니다. 반대로 이들 지역은 일본 영유가 된 당시는 모두 가장 저개발 지역이었으며,

---

14) 〈연합국의 대일 요구 내용과 그 한계(연구 소재)〉(쇼와 20년 10월 29일, 조약국), 《포츠담선언 수락관계 1건 선후 조치 및 각지 상황 관계(일반 및 잡건) 제1권》A'1002, 외교기록 공개문서 제3차 공개, 외교사료관 소장.

15) 〈할양지에 관한 경제적 재정적 사항의 처리에 관한 진술〉(쇼와 24년 12월 3일), 〈할양지의 경제적 재정적 사항의 처리에 관한 진술〉, 외무성 편 《일본외교문서-샌프란시스코평화조약 준비대책》, 2006, 443~445쪽.

> 각 지역의 경제적·사회적·문화적 향상과 근대화는 오로지 일본
> 측의 공헌에 따른 것임은, 이미 공평한 세계의 식자 ― 원주민
> 을 포함해 ― 인식하고 있다.16)

게다가 일본의 식민지 통치는 국고로부터 고액의 보조금과 민간자금을 투입하여 '출초出超' 상태가 되어 있고, 일본의 통치 이래 조선인의 소득 및 생활수준은 상승했으므로 경제적·사회적 분야에 관한 한 "일본의 식민지 착취 운운하는 설은 정치적 선전 내지 실정을 알지 못한 것에 기인한 상상론에 불과하다."고 단언하고 있다.

미야모토 마사아키에 따르면 '시혜론' 등의 식민지 지배인식의 기본적인 요소는 패전 직후부터 중앙관청, 관계기업, 식민지 경험이 있는 유식자 등에 의해 단발적으로 표출되었는데, 그러한 주장은 각 방면의 조사활동과 상호교류 속에서 일정한 인식을 형성했고, 그렇게 "짜 맞추어진 식민지 인식은 중앙관청을 포함한 관계자에게 공유·정착·계승"되었던 것이다.17)

둘째, 한국 측의 '대일 배상요구'와 식민지 지배 피해에 대한 보상 요구는 봉쇄되지 않으면 안 된다고 생각하고 있었기 때문이다. 일본 정부는 〈할양지에 관한 경제적·재정적 사항의 처리에 관한 진술〉에서 '식민지 지배 정당론' 및 '시혜론'에 기초하면서 "과거의 이들 지역의 취득·보유를 가지고 국제적 범죄시하고, 징벌적 의도를 배경으로 해서 이들 지역의 분리에 관련한 모든 문제 해결의 지도 원칙으로 삼는 것은 승복할 수 없다."고 말하고 있다.18)

---

16) 주15의 책과 같음.
17) 미야모토 마사아키宮本正明, 〈패전 직후의 일본정부·조선관계자의 식민지 통치 인식의 형성―《일본인의 해외활동에 관한 역사적 조사》 성립의 역사적 전제〉, 《세계인권센터 연구기요》 제11호, 2006.3.

　다시 말해, 식민지 조선은 〈한국병합조약〉 체결이라고 하는 "국제법, 국제 관례상 보통이라고 인정되고 있던 방식"에 의해 "정당하게 취득"되었고, 그 뒤의 식민지 지배는 "경제적·사회적·문화적 향상과 근대화"에 공헌했으므로 "국제적으로 범죄시"되어서는 안 된다고 하는 것이다. 실제로 샌프란시스코 강화조약에서 일본의 식민지 지배는 '국제적으로 범죄시'되는 일 없이, 그 청산이 요구되지 않았다. 일본 정부는 그 뒤에도 〈한국병합조약〉은 "국제간에 유효적법한 조약"이었다고 주장해 왔는데, 그 주장은 식민지 지배 피해에 대한 보상을 실시하지 않는 이론적 근거로 존재해왔다.

　한일회담에서 드러난 한일 쌍방의 인식차와 대립은 단순한 외교당국자의 말의 응수에 따른 것이 아니라, 쌍방의 '국민'의 의사가 반영된 대립이라고 이해해야 할 것이다. 그렇게 생각하면 '무효 null and void'론을 둘러싼 한일 쌍방이 다른 해석의 밑바탕에는 일본의 식민지 지배를 비판하는 한국 측과 식민지 지배를 옹호하는 일본 측의 역사인식을 둘러싼 충돌이 있었다고 할 수 있다. 한마디로 말하면, '무효null and void'론을 둘러싼 논쟁은 식민지 지배의 인식을 둘러싼 대립이었던 것이다.

　이러한 이해의 위에 서본다면 〈한국병합조약〉은 "대등한 입장에서, 또 자유의사로" 체결되었으므로 체결 때부터 효력을 발휘하여 유효했다고 하는 일본 측 '유효론'은 식민지 지배에 대한 사죄와 반성을 공식으로 표명하고 있는 오늘날 일본 정부의 입장과는 맞지 않는 것이라고 하지 않을 수 없다. 앞서 본 것처럼 '유효론'은 '식민지 지배 정당론' 및 '시혜론', 식민지 지배 피해의 보상요구 봉쇄론에 따른 것이기 때문이다. '유효론'을 계속 주장하는 것

---

18) 주17의 책, 〈할양지에 관한 경제적 재정적 사항의 처리에 관한 진술〉(쇼와 24년 12월 3일).

은 식민지 지배에 대한 사죄와 반성을 공동화空洞化시키게 된다고
생각해야만 할 것이다.


## 4. 또 하나의 한일·북일 공동선언을

2010년 8월, 당시 간 나오토菅直人 수상은 〈한국병합조약〉의
100년째를 맞이하는 〈내각총리대신 담화〉를 발표했다. 간 담화
에서 〈한국병합조약〉에 대한 평가가 이루어지지는 않았지만, 일
본에 의한 식민지 지배가 "당시의 한국 사람들"의 "뜻에 반反하
여 행해졌다."는 점이 표명되었다. 약간 깊이 말하자면, 식민지
지배의 기점이 된 〈한국병합조약〉이 "뜻에 반해" 체결된 것임을
간접적으로 인정했다고 해도 좋다. 이것은 유진오가 1952년 한일
회담에서 "1910년 이전의 조약은 의사에 반해 행해졌다."라고 주
장한 것을 58년이 지나 간신히 일본 정부가 인정한 것이다. 또
1998년의 〈한일공동선언〉에서 한걸음 전진한 것이라고 평가할
수 있다.
　다만 그 뒤 10월의 국회 답변에서 간 수상은 1965년의 기본조
약에서 확인되고 있는 것처럼 "이미 무효이다."라고 하는 종래의
입장에서 변경은 없다고 말했다. 일본 정부로서는 〈한국병합조약〉
은 1948년까지는 '유효'였다고 하는 인식에는 변화가 없다는 것이
다. 이 일본 정부의 '유효론'을 지금 당장 변화시키는 일은 용이하
지 않다고 해도 '무효null and void'론을 둘러싼 대립을 극복하는 길
을 찾는 것은 가능하다. 그 하나로서 새로운 한일공동선언을 주고
받는다고 하는 시안試案에 대해 생각해 보고 싶다. 1995년의 〈무라
야마村山 담화〉가 1998년의 〈한일공동선언〉으로 열매를 맺은 것처

럼 〈간 담화〉를 새로운 한일공동선언에 승화시키면 어떨까라고 하는 것이다.

우선 신新한일공동선언은 〈한국병합조약〉이 조선인들의 "뜻에 반해" 강제적으로 체결된 불평등조약인 것을 선언하는 것으로 한다. 〈한국병합조약〉이 강제적으로 체결된 것임은 한반도와 일본의 역사연구자가 합의하고 있는 바라서 어려운 것은 아니다. 신한일공동선언을 주고받음으로써 한일은 한걸음 전진한 역사인식의 무대에 서는 것이다.

나아가 신한일공동선언은 식민지 지배와 전쟁에 의한 피해에 대한 보상도 동반하는 것이 아니면 안 된다. 지금까지 일본 정부는 한일 사이의 과거 문제는 한일 청구권협정에서 모두 해결이 끝났다고 주장하면서 식민지 지배·전쟁에 의한 피해에 대해서 보상을 실시해 오지 않았다. 주한 피폭자, 사할린 거주 조선인, 재일한국군인·군속, 일본군 '위안부' 등의 문제에 대해서는 인도적 견지에서 특별조치가 취해졌지만 그 조치들도 일본국적자인 군인·군속 등에 대한 보상과 비교하면 불충분한 것이었다. 〈한일공동선언〉으로 표명된 식민지 지배에의 사죄는 말뿐으로, 내실이 동반하지 않은 것이 되어 버린 것이다.

마침 2011년 8월 30일에 한국 헌법재판소는 일본군 '위안부' 및 한국 원폭피해자의 〈배상청구권〉 문제를 해결하지 않는 채 방치하고 있는 것은 위헌이라는 판결을 내렸다. 이어서 2012년 5월 24일에는 한국 대법원이 "일본의 국가권력이 관여한 반인도적 불법 행위와 식민지 지배에 직결된 불법 행위에 의한 손해배상청구권은 청구권협정의 적용대상으로 포함되어 있었다고 보기에는 곤란"하다고 하면서, 식민지 지배에 따른 피해가 한일 청구권협정에서는 해결되지 않았다고 판결을 내렸다.

이에 대해서 일본 정부는 "1965년의 한일 청구권협정으로 완전하고도 최종적으로 해결되었다."라는 지금까지의 입장을 반복하면서 응하지 않았다. 〈한일공동선언〉으로 표명한 식민지 지배에 대한 사죄를 말만의 것으로 만들지 않기 위해서는 피해자 등의 소리를 받아들여 한국 정부와 협의를 해서 일본군 '위안부', 주한 피폭자, 강제동원 피해자에게 보상조치를 실시하는 방향으로 나아가야 할 것이다. 신한일공동선언은 그것을 추진하여 실천하는 계기가 될 수 있는 것이 아닐까?

눈을 한반도의 북쪽으로 돌려 보자. 간 전 수상은 〈담화〉 발표 뒤의 10월의 국회 답변에서 〈담화〉가 조선민주주의인민공화국도 대상으로 하는 것임을 표명했다. 그렇다면 북일 사이에서라도 2002년의 〈북일평양선언〉을 버전업시킨 신북일평양선언을 주고받는 길이 보이는 셈이다. 그때에 한일의 경우는 조약체결에 따라 국교가 정상화되었지만, 북일의 경우는 신북일평양선언의 교환을 기초로 해서 국교를 정상화하는 방법도 생각해 볼 수 있다. 일본과 중화인민공화국이 중일[日中]공동성명을 발표하고 국교정상화를 실현했던 전례도 있으므로 불가능한 것은 아니다. 북일 국교정상화가 이뤄지면 재북 피폭자에게는 즉시 주한 피폭자와 같은 조치가 강구되고, 일본군 '위안부'나 강제동원 피해자에게 민간 수준에서 지원도 시작할 수 있을 것이다.

역사인식의 공유는 불가능하다고 단념할 것이 아니라, 역사를 둘러싼 대화를 진행시킬 노력을 계속해 가지 않으면 안 된다. 그 축적이 식민지 지배·전쟁 피해자 등을 구제하고, 미래의 더 좋은 관계형성으로 이어져 가는 것이므로. 또 하나의 한일·북일 공동선언이 그 계기가 되지는 않을까?

제3부
화해를 위해 해결해야만 할 문제

# 전후 보상 ― 긴장되는 한일 관계 속에서

우쓰미 아이코 內海愛子

## 긴장되는 한일 관계

한일조약이 체결되고부터 48년, 역사 인식을 둘러싸고 한일 관계가 긴장되고 있다. 일본군 전 '위안부' 문제가 그 초점의 하나이다. '위안부'의 강제성을 부정하는 정치가의 발언이 거듭되고 있고, 아베 내각에서는 1993년 8월 4일의 고노 요헤이 河野洋平 내각 관방장관이 발표한 〈고노 담화〉(〈위안부 관계조사 결과에 관한 고노 내각 관방장관 담화〉)의 재검토조차 공공연하게 언급되고 있다.

〈고노 담화〉는, 일본 정부가 "위안소는 당시의 군 당국의 요청에 의해 설영設營된 것이며, 위안소의 설치·관리 및 위안부의 이송에 대해서는, 구 일본군이 직접 또는 간접적으로 이 일에 관여했던" 것을 분명히 하고 있다. 게다가 피해자에 대한 '사과와 반성의 뜻'을 표명하고, 보상을 대신할 '조치'를 향후 '진지하게 검토'하겠다고 말하고 있었다. 보상은 1965년의 한일조약으로 '해결완료'되었지만, 그것을 대신할 '조치'의 검토를 표명한 것이다. 그 전해인 1992년 1월 17일, 미야자와 기이치 宮沢喜一 당시 수상이 이미 한일 정상회담에서 노태우 대통령에게 사죄하고 '사과와 반성의 뜻'을 표명하고 있었다. 정부는 127건의 제1차 조사 결과를 공표(7월 6일)했는데, 이때는 "군의 관여는 인정하지만 강제연행을 입증할 자료는 없다."고 하고 있었다. 제2차 조사(1993년)를 근거로 해서 나온 〈고노 담화〉에서는 "'위안부'들의 의지에 반하여 행해졌다."
라고 '강제성'을 인정하고 있었던 것이다.

1991년 8월 14일, 김학순金學順 씨가 일본군 전 '위안부'였다고
밝히고 나왔다. 참의원 예산위원회에서 노동성 직업안정국장이
"위안부는 민간업자가 데리고 다녔다."며 일본군의 관여를 부정한
것을 안 김학순 씨가 '증언'을 단행한 것이다. 침묵을 강요당해온
피해자들이 차례차례로 입을 열어 역사의 어둠 속에 갇혀 있던
'전시 성폭력'의 실태가 조금씩 밝혀져 나왔다. '증언'은 우리의 상
상을 훨씬 뛰어넘었다. 듣는 사람에게 격렬한 분노와 말할 수 없
는 슬픔을 불러일으켰다. 반세기가 지나도록 치유되지 않았던 깊
은 마음의 상처를 접한 많은 시민과 연구자들이 문제의 해명, 해
결을 위해서 움직이기 시작했다. 문제의 심각함으로 말미암아 전
후보상운동과 관련된 사람뿐만이 아니라 성폭력, 전쟁책임, 식민
지책임을 생각하는 많은 시민이 일본군 전 '위안부' 문제에 주목
하기 시작했다.

"일본 정부의 직접 사죄와 보상을 요구하고 있습니다."

지금까지도 강제동원이나 사할린 잔류 한국인, 한국인 전 BC급
전범자 등의 보상 요구가 있었지만, 일본 정부는 한일조약으로 '해
결완료'했다며 청구를 거부해왔다.
1978년, 한국인 전 BC급 전범자들이 일본에 방치되어 있던 한
국인 전범의 유골 반환을 요구하는 '국회청원'을 했다. 반환에 즈
음하여 '사죄'와 '보상'을 요구했기 때문에 채택되지 않았다. '조약'
으로 '해결완료'했다는 이유에서였다. 이듬해인 1979년, '보상'이란

용어를 대신하여 '유골 송환에 즈음하여 성의와 의례를 다할 것'
이라고 표현을 바꿔서 다시 한번 '청원'을 제출하여 채택되었다.
하지만 후생성은 종래에도 '성의와 의례'를 다해왔다면서 지금까
지의 방침을 바꾸려 하지 않았다. 유골 송환에 즈음하여 후생성
원호국이 주최하는 '위령제'는 거행되었지만 '사죄'도 '보상'도 없
었다. '청원' 채택 뒤에도 전 전범자들은 '보상' 요구 운동을 계속
하고 있지만, '해결완료'라는 높은 벽에 가로막혀 '이러지도 저러
지도 못하는 상태'〔한국인 전 BC급 전범자 이학래李鶴來의 증언〕가 30
년 이상 계속되고 있다.1)

　조약으로 정말 '해결완료'됐는가? 한일회담에서 무엇을 어떻게
이야기 나누고 '해결'했는가? 한국이 1995년에 한일회담문서를 공
개할 때까지 피해 당사자조차 그 내용을 알 수 없었다. 납득할 수
없지만 반박의 근거가 될 자료를 입수하지 못했던 피해자들은 '단
념'을 강요당해왔다. 전 '위안부'들의 '증언'이 그 '벽'의 일부를 무
너뜨렸다. '증언'을 들은 사람들이 정부의 '해결완료'라는 정책을
바꾸려고 '지혜'를 짜내며 운동을 전개했다. 법적인 틀을 바꿀 수
없는 가운데서도 피해자의 호소에 어떻게든 응할 수는 없을까!
〈고노 담화〉에도 있었던 보상을 대신할 '조치'라는 생각에서 관민
이 '지혜'를 짠 것이 〈여성을 위한 아시아평화국민기금〉(1995년 7
월 19일 설립)이다. 〈기금〉은 민간인들의 모금에 의한 '보상금'에다
가 수상의 '사과의 편지'를 더해서 피해자에게 직접 전한다고 하
는 '조치'를 취하여 1996년 8월부터 '보상금' 지급을 시작했다.

　〈기금〉의 설립에 나섰던 무라야마 내각은 전후 50년째의 8월

---

1) 한국인 전범이 왜 일본 정부에게 '사죄'와 '보상'을 요구하는지에 대해서는 이 책의 오
　카다 논문과 우쓰미 아이코, 《김은 왜 재판을 받았는가? 조선인 BC급 전범의 궤적》,
　아사히신문출판, 2008 참조.

15일, 수상 담화(〈전후 50년을 맞이한 수상 담화〉)를 발표했다. 〈담화〉에서는 "멀지 않은 과거의 한 시기, 국책을 그르쳐 전쟁으로 가는 길을 걸어 국민을 존망의 위기에 빠뜨렸으며, 식민지 지배와 침략에 의해서 많은 나라들, 특히 아시아 여러 나라의 사람들에게 많은 손해와 고통을 주었습니다."라고 말하며 '통절한 반성'과 '마음으로부터의 사과'를 표명하고 있다.[2]

〈무라야마 담화〉는 식민지 지배에 대해 일본 정부로서는 처음으로 '사과'를 표명하고 '반성'의 뜻을 나타낸 것이다. 이 〈담화〉는 노다 정권까지 이어져 왔다. 아베 수상 또한 "지금까지의 역대 내각의 입장을 계승할 생각입니다."(2013년 5월 15일 참의원 예산위원회)라고 표명하고 있다. 그러나 "그 위에 적절한 시기에 21세기에 어울리는 미래지향의 담화를 발표하고 싶다."고 말하고 있어서 아베 정권이 어떠한 역사 인식을 나타낼 것인가, 그 '내용'에 따라서는 한일 관계가 더욱 긴장될 가능성을 띄고 있다.

일본 정부는 〈무라야마 담화〉와 〈기금〉에 의한 '보상금'과 '사과의 편지'를 전함으로써 일본군 전 '위안부' 문제를 '해결'하려고 했다. 하지만 국가의 책임을 인정하지 않는 〈기금〉 방식에 납득하지 못하는 피해자가 많았다. 각 신문에 게재된 〈의견 광고〉(1994년 11월 30일)에는 "일본군이 저지른 죄는 일본 정부가 갚아주었으면 합니다.", "우리는 '민간 기금'에 의한 '위문금'이 아니라 일본 정부의 직접 사죄와 보상을 요구하고 있습니다."라는 큰 머리글이 김학순 씨의 얼굴 사진과 함께 게재되었다. 〈기금〉은 한일조약으로 '해결 완료'되었다는 전제 아래에서 찾아낼 수 있는 가능성을 추구했었

---

2) '사과おわび'는 1998년부터 한국어로 '사죄'라고 번역되고 있다. 영어로는 처음부터 'apology'라고 번역되고 있다. 다만 일본 국내에는 시종, 'おわび'라는 용어를 사용하고 있다(이 책의 와다 논문 참조).

다. 하지만 피해자들이 납득할 수 없는 점도 여기에 있었다. 피해자가 요구한 것은 '도의적 책임'이 아니라 일본 정부가 '법적 책임'을 인정하고 '배상', '보상'을 실시하는 것이었다. '사과'와 '보상금'의 해석을 둘러싸고 〈기금〉 관계자와 피해자의 '평가'가 갈렸을 뿐만 아니라, 피해자와 지원자 사이에도 균열이 생겼다. 〈기금〉 관계자에게는 현행 법 제도 안에서 생각할 수 있는 정책을 최대한 추구하여, 민간으로부터 '보상금'을 모으기 위해 다대한 노력을 했다는 생각이 있을 것이다. 문제는 피해 당사자가 이것을 어떻게 받아들였는가이다. '보상금'을 받은 피해자는 한국에서는 61명(《홋카이도신문》, 2012년 9월 28일자)으로 (위안부) 인정 피해자의 반수 이하에 그쳤다고 한다. 이 숫자는 피해자의 과반수가 '사과'와 '보상금' 지급이라고 하는 일본의 '해결책'을 받아들이지 않았다는 것을 의미하고 있다. 〈기금〉은 2002년 9월, 각국에서의 사업을 종료하여 2007년 3월에 해산했다.

## '가해자에게 처벌'을

1991년 8월 3~4일, 도쿄에서 〈아시아·태평양 지역 전후 보상 국제포럼〉이 열렸다. 아시아에서 참가한 15명이 피해와 보상을 호소했다. 하지만 일본 정부는 1952년의 샌프란시스코 평화조약과 한일 양국 간 조약 등으로 '해결완료'라고 주장하며 피해자의 신청을 무시했다. 국가 사이에서 '해결완료'한 배상으로 개인 보상은 가능한가? 변호사와 연구자와 운동을 지원하는 사람들의 조사와 검토가 시작되었다. 피해자는 일본 정부에 개인 보상을 요구할 수 있다, 이렇게 판단한 변호사들이 차례차례로 제소에 나섰다. 이미

〈원폭의료법〉의 재한在韓 피폭자에 대한 적용의 가부를 묻는 손진두孫振斗 재판 등이 있었지만, 전후 보상을 요구하는 재판이 본격적으로 시작된 것은 1990년대가 되고부터이다. 1991년에는 김학순 씨도 원고로서 이름을 올린 〈아시아태평양전쟁 한국인 희생자 유족회〉가 보상 청구의 재판을 청구했다. 일본군 전 군인·군속, 강제연행, 강제징용, BC급 전범, 사할린 미귀환자, 시베리아 억류, 우키시마마루浮島丸 호 등 일본의 전후 처리에서 남겨진 피해자들이 소송을 밟고 있는 것이다. 1990년대에는 51건의 재판이 제기되었다. 2000년에 들어가도 제소가 잇따라 2008년까지 90건을 헤아렸다.

전 '위안부' 관련 제소도 잇따랐다. 7건이 제소되었지만, 시효와 제소 기간 때문에 소송이 각하되거나 개인이 가해국가에 직접 손해배상을 청구할 권리를 인정할 수 없다고 하여 각하되어 왔다. 그런 가운데 1998년 4월 28일, 야마구치지방법원의 시모노세키지부는 원고의 주장을 일부 인정하는 판결을 내렸다. 판결은 정치의 태만에 페널티를 부과하고, 전후 보상의 조속한 입법을 촉구했다. 국가가 보상 입법을 게을리하고 있는 부작위를 위법이라고 하여 원고 3명에게 위자료 각 30만 엔을 지불하라고 명했다. '위안부 제도'는, 원고가 주장하듯이 철저한 여성차별, 민족차별 사상의 결과이며, 여성 인격의 존엄을 밑바닥에서부터 침범하여 민족의 긍지를 유린하는 것이었고, 게다가 결코 과거의 문제가 아니라 현재에도 극복해야 할 근원적인 인권 문제라는 점 또한 분명하다고 언급하고 있다. 현재의 사법 범위에서 가능한 일을 최대한 추구하고자 한 판결이었다. 사법이 한 걸음 내디딘 '획기적인 판결'이라고도 평가되었지만, 2001년 3월 29일 히로시마고등법원은 원고의 호소를 기각했고, 2003년 3월 25일 최고재판소도 기각했다.

일본 정부의 정책, 사법의 판단에 납득할 수 없었던 피해자들 사이에서 "가해자에게 처벌을"이라는 목소리가 높아져 왔다. '위안소 제도'를 만들어 여성들을 연행한 책임자를 분명히 밝히고 그 처벌을 요구해온 것이다. 극동국제군사재판(도쿄재판)이나 BC급 전쟁재판에서는 조선인, 대만인 등 식민지 출신 여성에 대한 성폭력은 심리되지 않았다.

'위안소'에 대해서는 네덜란드인 여성을 연행한 스마란위안소 사건 등의 서증書証이 법정에 제출되었고, '대동아공영권' 전역에서 일어났던 주민 학살이나 성폭력의 증거도 제출되고 있다. 점령지 주민에 대한 성폭력에 대해서는 인도네시아, 말레이시아, 필리핀 등 점령 지역에서 있었던 피해가 거론되고는 있었다. 하지만 제출된 증거 건수는 한정되었고, 피해자의 목소리를 충분히 반영한 재판이 되지는 못했다.3)

자기를 연행한 책임자가 누군가, '성노예제'라고도 할 수 있는 '위안소 제도'를 누가 만들었는가? 피해자, 그 가운데서도 한국인 피해자 사이에서 '책임자 처벌'을 요구하는 목소리가 높아졌다. 그 '목소리'를 받아들인 것이 2000년 12월, 도쿄에서 열린 〈일본군의 성노예제를 재판하는 여성 국제전범 법정〉이다. 일본, 한국, 필리핀 등의 시민에 의한 민중법정에 법적 구속력은 없다. 하지만 검사역을 맡았던 패트리샤·B·세일즈는 〈법정〉이 도쿄 재판의 재심리라고 말하고 있다. 〈법정〉은 일본의 전쟁범죄를 재판한 도쿄 재판에서는 충분히 심리되지 않은 '위안소 제도'나 전시성 폭력을 거론했다. '인도人道에 대한 죄'에 의하여 식민지 지배와 조직적으

---

3) 도쿄재판과 성폭력에 대해서는 요시미 요시아키吉見義明 감수, 우쓰미 아이코·우다가와 고타宇田川幸大·다카하시 시게히토高橋茂人·쓰치노 미즈호土野瑞穂 편 해설, 《도쿄재판 ─ 성폭력 관계 자료》, 현대사료출판, 2011 참조.

로 광범위하게 대규모로 행해진 성폭력의 국가책임을 심리하여, 일본군 '위안부' 제도를 재판한 것이다. 조선인, 대만인 전 '위안부'가 증언했고, 또한 인도네시아, 필리핀, 동티모르, 중국 등 점령 지역의 성폭력 피해자도 증언했다.

12월 12일, 이 〈법정〉은 "천황, 관계 정치가, 군인에게 책임이 있다. 일본 정부는 '위안소' 제도의 설치와 운영에 대해서 국가책임을 진다."고 판정하여 가해자의 책임을 분명히 밝히고 유죄 판결을 내렸다. '책임자 처벌'을 한 것이다. 재판장의 판결을 들은 피해자들은 온몸 가득히 기쁨을 나타내었다. 〈법정〉은 "젠더 정의라는 관점에서 도쿄재판에서 불문에 붙여졌고 현재도 계속되고 있는 식민지주의의 극복을 목표로 한 실천"이었지만, 정부 정책을 변경할 법적 구속력은 가지고 있지 않다.[4] '해결완료'라는 일본 정부의 정책은 지금도 계속되고 있다.

'판결' 전에도 '위안부' 문제의 입법에 의한 해결을 도모하고자 하여 〈전 '위안부'의 보상 입법을 요구하는 변호인단협의회〉가 〈전시 성적 강제 피해자 배상 요강안〉(2000년 4월)을 발표하고 있었다. '위안부'를 강제한 것과 전후에 방치한 것에 대한 사죄와 배상을 목적으로 한 〈요강〉이다. 또 2000년 10월에는 민주당, 공산당, 사민당이 각각 〈전시 성적 강제 피해자 문제해결 촉진법안〉을 제출했지만 심의 미완료로 폐안이 되었다. 〈여성 전범 법정〉의 '판결'이 나온 뒤에도, 2001년 3월 앞의 3당이 또다시 공동으로 법안을 참의원에 제출했다. 2010년까지 입법에 의한 해결을 목표로 한 법안은 8차례에 걸쳐 상정되었지만 성립되지 않았다.

---

4) 김부자金富子, 〈여성 국제전범 법정으로부터 10년 ─ 일본군 '위안부' 문제의 현재〉, 《계간 피플즈 플랜》 52호, 피플즈 플랜 연구소, 2010. 〈여성 국제전범 법정〉에 대해서는 바우넷 재팬VAWW-NET Japan 편, 《일본군 성노예제를 재판하는 2000년 여성 국제전범 법정의 기록》 전6권, 녹풍綠風출판, 2000~2002.

# "부작위不作為는 위헌" — 한국 헌법재판소의 판결

김학순 씨가 밝히고 나서 20수년이 지났다. 그동안 피해자들은 일본 정부로부터 법적 책임과 사죄를 쟁취하고자 노력을 거듭해 왔지만, 일본의 정책을 바꾸지 못하던 가운데 2006년, 한국에서 전 '위안부' 109명이 원고가 되어 한국 헌법재판소에 소송을 일으 켰다. 2011년 8월 30일 헌법재판소는, 이들의 배상청구권이 한일 청구권·경제협력협정 제2조 1항에 의해서 소멸한 것인지 아닌지 에 관한 한일 양국 정부 사이에 해석상의 분쟁이 있는데, 그것을 이 협정 제3조에 근거해서 해결하지 않고 있는 한국 정부의 부작 위는 헌법위반이라고 판결했다. 문제의 협정 제3조는, 우선 분쟁 을 외교상의 경로를 통해서 해결할 것을 요구했으며, 그래도 해결 하지 못한 경우에는 어느 쪽이든 한쪽 국가의 요청에 의해 중재로 옮길 수 있다, 중재는 양국의 중재위원과 그 두 사람이 합의한 제 3국의 중재위원, 또는 양자가 합의한 제3국 정부가 지명하는 중재 위원과의 세 사람의 합의로 결론을 내고, 양국 정부는 그 결론을 따라야 한다고 정하고 있다. 헌법재판소로서는, 협정 제3조가 정 한 수속을 따라서 해결을 위한 구체적인 행동을 취하도록 한국 정 부에게 요구했던 것이다.

판결 뒤인 9월 15일, 한국 정부 외교통상부는 주한일본대사에게 협의를 신청했다. 그러나 일본은 1965년의 한일 청구권협정에 의 해 법적으로 해결완료라고 하는, 지금까지의 자세를 바꾸지 않았 다. 이명박 대통령은 2011년 12월 17~18일의 한일 정상회담에서 처음부터 '위안부' 문제는 '반인도적인 불법행위'였다는 강한 말로 노다 요시히코 수상(당시)에게 문제 해결을 촉구했다. 수상은, 문 제가 조약상으로는 해결완료된 문제지만 더 노력할 수 없는지 지혜를 짜낼 생각이라고 말했다. 하지만 그 뒤로도 구체적인 움직임은 보이지 않았다. 일본 정부의 움직임이 없는 가운데, 한국에서는 시민단체가 12월 14일, 수요시위 1천 회를 계기로 서울의 일본대사관 앞에 '소녀상'(평화기념비)을 건립했다. 2012년 3·1절(독립운동 기념일)에는, 이 대통령이 '법 이전에 국민 정서, 감정의 문제'라고, 인도적 수준의 해결을 촉구하는 연설을 했다.

일본 정부는 무엇을 생각하고 어떻게 하려 하고 있는 것일까? 4월 20일이 되어서야 간신히 사이토 쓰요시 관방 부장관이 방한해서 외교안보 수석비서관 천영우와 협의했다. 일본 측이 낸 해결책은 아래의 세 가지다.

① 수상의 이명박 대통령에 대한 사죄
② 무토 마사토시 주한대사의 전 위안부에 대한 사죄
③ 일본 정부에 의한 보상

이것이 일본에게는 최대한의 '해결책'이었을 것이다. 하지만 천 씨는 "일본 측은 한국의 위안부 지원단체로부터도 의향을 직접 들어야 한다는 생각을 나타내며 타협하지 않았다고 한다."(《홋카이도 신문》, 2012년 5월 12일자)

한국의 지원단체 가운데는 〈정신대 문제 대책협의회〉가 대표적인 조직인데, 일본 정부가 한일 정부 사이의 '협의' 뒤에 이 단체에게 의향을 물었다는 보도는 없다.

헌법재판소의 판결 뒤, 일본에서도 피해자의 요구를 실현하기 위한 운동이 계속되었다. 민주당 정권 아래에서 해결에 희망을 걸고 〈일본군 '위안부' 문제 해결 전국행동 2010〉이 조직되어 각지에서 집회와 로비 활동 등을 실행했지만, 피해자들이 이어서 세상을 떠나는 가운데 입법에 의한 해결이 어렵다고 생각한 운동단체 안에는 피해자가 납득할 '정치결단'을 목표로 한 그룹도 있었다. 하지만 이 활동이 실현되지 못한 채 민주당 정권이 교체되었다.

이러한 가운데 2012년 5월 24일 강제노동에 대한 한국 대법원 (최고재판소) 판결이 나왔다. 이 재판은 미쓰비시중공업, 신일본제철(구 일본제철)에서 강제노동을 강요당한 조선인 노동자(2만 명 이상에 달함) 가운데 생존자 8명(미쓰비시 히로시마 중공업 전 징용공과 일본제철 전 징용공)이 미지불 임금의 지불과 손해배상(각각 1억 100만 원)을 요구한 소송의 상고심 판결이다. 판결은 '개인의 청구권'이 남아 있다는 인식을 나타내며 원심을 파기하여 사건을 부산고등법원에 반려한 것이다. 판결은 또 "청구권협정은 일본의 식민지배 배상을 청구하기 위한 것이 아니라, …… 한일 양국 사이의 재정적·민사적 채권·채무 관계를 정치적 합의에 의해서 해결하기 위한 것"으로 "일본의 국가권력이 관여한 반인도적 불법행위와 식민지배로 직결된 불법행위에 의한 손해배상 청구권이 청구권협정의 적용대상에 포함되어 있었다고 보기는 어렵다."라는 판단도 나타냈다. 각각 부산고등법원과 서울고등법원으로 심리를 되돌려 보낸 것이다. 부산고등법원에서 미쓰비시중공업 소송 판결은 2013년 7월 2일에 나올 예정이다.

한국의 대법원은 식민지 지배의 책임 일반에 대한 한국인의 청구권, 한국의 외교적 보호권은 소멸되지 않고 있다고 판단했다. 청구권은 소멸했다는 일본의 최고재판소 판결(일본제철 2007년 1월 최고재판소에서 기각/미쓰비시 히로시마 중공업 2007년 11월 최고재판소 일부 용인, 일본 국가가 상고)과는 다른 판결에 대해 일본 외무성이 〈의견서〉(2013년 5월 13일)를 제출했다. 부산의 고등재판소에서 진행되고 있는 환송심 미쓰비시중공업 재판에 대해서, 샌프란시스코 강화조약 제14조(b), 한일 청구권협정 제2조 3 및 조치법을 근거로 피고 기업에게 "법적 의무는 없다."고 결론 내리고 있다. '청구권'은 소멸한 것인가, 일본에서만이 아니라 한국 안에서도 대법원 판결에 대한 평가가 갈리고 있다. 고등법원의 환송심이 어떠한 판결을 내릴 것인지 주목되고 있다.


## "식민지 지배의 청산을 빠뜨린 평화조약"


대법원 판결의 평가를 둘러싼 논의 속에서 샌프란시스코 평화조약이 문제가 되고 있다. 정재정 동북아시아역사재단 전 이사장은 이 조약을 "식민지 지배의 청산을 빠뜨린 평화조약"이라고 평가하고, 오늘의 한일 사이에 발생하고 있는 문제의 밑바닥에 이 조약이 있다고 지적하고 있다.[5]

정재정이 지적한 '평화조약'은 냉전 구조 속에서 만들어졌다. 한반도에 두 개의 '국가'가 성립되고 중화인민공화국이 수립될 것이 확정적이었던 1949년 여름, 이 시기를 기점으로 미국은 일본의 전후 처리를 안전보장 문제와 밀접하게 링크시켜 검토하기 시작했다. 그 다음으로 1950년의 한국전쟁이 동아시아에서 일본의 전략적 위치를 크게 바꾸었다. 미국은 군사력의 공백 지역이 된 일본의 재군비와 경제 부흥을 우선시한 대일 강화를 진행시켜 1950년 11월 24일에 강화 당사국, 영토, 안전보장, 배상청구권의 포기 등 〈대일강화 7원칙〉을 발표했다. 1951년 9월 5일, 샌프란시스코의 오페라하우스에서 열린 강화회의 총회에서 미국의 덜레스 국무장관은 일본의 강한 거절로 말미암아 참가가 거부되었지만, 대한민

---

5) 《중앙일보》 일본어판, 2012년 8월 31일자.

국은 조선에 있는 막대한 일본 재산의 조선으로 귀속 승인을 획득했다. 통상, 항해, 어업 및 그 밖의 상업거래에서는 '연합국과 동격의 지위'에 섰다. 평화조약은 "여러 가지 점에서 조선을 한 연합국으로서 취급하고 있다."고 연설했다.[6]

일본은 샌프란시스코조약의 당사국에서 배제시킨 대한민국과, 조인 직후인 1951년 10월 20일, 국교회복으로의 제1차 예비회담을 열었다. 14년에 걸친 교섭 뒤에 1965년 6월 22일, 〈대한민국과 일본국 사이의 기본 관계에 관한 조약〉이 조인되어 같은 해 12월 18일에 발효되었다. 샌프란시스코조약과 한일조약의 체결로서, 일본은 한국과는 '개인 배상'도 포함한 배상이 모두 끝났다고 주장하고 있다. 한국으로부터 청구나 전후 보상 재판에서 일본국 측은 이 주장을 반복해 왔다. 사법 또한 '해결완료'라면서 원고의 주장을 기각해왔다. 하지만 앞에서 본 한국의 대법원은 "개인의 청구권은 남아 있다."는 인식 위에 판결을 반송한 것이다. 헌법재판소가 위헌 판결을 내리고, 대법원이 반송을 명한 속에서 한국의 '역사 인식'에 대한 관심은 강해져갔다.

2012년 8월 15일 이명박 대통령은 일본군 전 '위안부' 문제는 과거의 문제가 아니고 반드시 해결해야 할 보편적 인권 문제라고 밝히며 다음과 같이 말했다.

"우리는 일본과의 과거사에 걸쳐 있는 쇠사슬이 한일 양국뿐만이 아니라 동북아시아의 미래를 향한 걸음을 늦추고 있다고 하는 사실을 지적하려 합니다. 특히 일본군 위안부의 피해자 문제는 양국의 차원을 넘어서 전시 여성 인권 문제로서 인류의

---

6) 외무성, 《샌프란시스코회의 회의록》, 1951.9, 69~73쪽.

보편적 가치와 올바른 역사에 반하는 행위입니다. 일본의 책임 있는 조치를 촉구합니다."(서울 세종문화회관에서 열린 〈제67주년 광복절 경축사〉 가운데)

이 날, 뇌우 속에서 일본대사관 앞에는 1천 명 가까운 사람들이 모여 '일본 정부의 사죄와 피해자에게 배상이 필요'함과 '전 위안부'의 마음을 울릴 '사죄'를 요구하고 있다는 것을 호소했다.

이 대통령은 8월 10일에는, 다케시마竹島(한국명 독도)에 상륙해서 '한국령'이라고 새겨진 바위와 함께 찍은 사진을 공개했다. 일본이 가해자와 피해자의 입장을 잘 이해하지 못하기 때문에 알 수 있도록 한 것이라고 한다. 올림픽의 축구선수가 '독도는 우리 땅'라고 쓴 종이를 내걸었던 것도 10일이다. 14일에는 충청북도 청원에서 열린 교원 세미나에서 이명박 대통령이 "덴노가 한국을 방문하고 싶다면 독립운동으로 죽은 사람들에게 진심으로 사과하는 것이 좋다."고 했다고 보도되었다. 1990년, 덴노가 노태우 대통령에게 말한 "통석의 념(아프고 애석한 마음)을 금할 수 없습니다."라고 한 표현에 "'통석의 념' 같은 말 한마디 가지고 온다면 한국에 올 필요는 없다."고 비판했다고도 한다. 뒤에 발언이 오해된 채 보도됐다고 전해지고는 있지만, '덴노 발언'이 일부 일본인의 반한 감정에 불을 붙였다. 역사 인식에 더해 영토와 천황 문제로 한일관계가 한층 더 긴장되어갔다.

이명박 대통령의 언동이 한일 사이에 긴장을 낳은 가운데, 노다 요시히코 수상은 2012년 8월 27일의 중의원 예산위원회에서 1993년의 고노 담화를 역대 정권과 마찬가지로 답습할 것을 표명했지만, 그 다른 한편에서는 위안부 자체는 "강제연행했다는 사실을 문서로 확인하지 못했고, 일본 측의 증언도 확인할 수 없다."고도 말했다. 한국 정부는, 민주당 정권이 들어선 뒤에 정상회담과 외무장관 회담 등을 기회로 200차례 이상에 걸쳐 일본 측과 접촉했지만 일본의 자세에는 변화가 없었다며 "일본이 국가의 법적 책임을 인정하지 않을 방침을 관철하고 있기 때문에 뜻있는 논의를 못한 채 있는" 점을 분명히 하고 있다(《중앙일보》·《중앙일보》 일본어판, 2012년 9월 25일자).

노다 정권의 움직임이 둔한 가운데 민주당 의원을 중심으로 〈전후 보상 의원연맹戰後補償議員聯盟〉이 조직되어 각 당 의원에 대한 접촉과 입법으로 길을 모색하고 있었지만 구체적인 성과를 내지 못한 사이 아베 자민당 정권이 등장했다. 아베 정권 아래에서 고노 담화의 재검토 등 30년에 걸친 전후보상운동이 쌓아온 역사적 사실의 해명이나 자료 발굴을 무시하는 논의가 공공연하게 이뤄지고 있다. 전후 보상을 실현시키기 위해 활동해온 피해자들은 지금 해결책을 모색하고 있다. 그 가운데서 주목받은 것이 한일회담의 문서 전면공개를 요구하는 재판에 대한 도쿄지방법원의 판결이다. 외무성에게 대량의 회담문서의 공개를 명한 판결이 '전후보상운동의 터닝 포인트'가 되지는 않을까 하고 그렇게 기대되고 있다.

## '전후보상운동의 터닝 포인트'가 될 것인가?

"2012년 10월 11일의 도쿄지방법원의 판결은 전후 보상 문제해결의 터닝 포인트가 될 것이다." 이렇게 말하는 사람은 〈한일회담의 문서 전면공개를 요구하는 재판〉의 장계만 변호사이다.[7]

---

7) 〈2013년 6월 15일 일한日韓회담 문서 전면공개를 요구하는 모임 주최 공개 심포지엄〉

이 재판은 일본국이 전부 또는 일부를 비공개해온 외교문서 348문서 가운데 268문서에 대해 비공개 처분의 전부 또는 일부를 취소시키는 판결을 내렸다. 판결은,

1: 비공개 정보 해당성(일반적 또는 유형적으로 보아 국가의 안전이 침해되는 등의 우려가 있는 정보에 해당하는가 하지 않는가)의 판단에서 국가 측에 의한 비공개 정보 해당성에 관한 주장의 입증 수준을 엄격하게 했다.

2: 문서 공개의 30년 룰을 명확하게 적용하여 국가 측에 의한 비공개 정보 해당성에 관한 주장의 입증 수준을 엄격하게 했다.

3: 한국 측에서 벌써 공개되어 있는 문서 등의 정보에 대해서는 특별한 사정이 없는 한 비공개 정보에 해당하지 않는다고 판단했다.

4: 부언으로, 해당 비공개 처분이 적법하다고 판단된 문서 가운데도 정보 공개 청구 소송에서 재판소의 심리 제한(해당 비공개 정보의 내용을 직접 보는 것이 불가능한 일)을 넘어서, 본 판결에서 제시한 관점에서 재검토하자면 더욱 그 전부 또는 일부를 공개할 수 있는 여지가 있는 문서도 있을 수 있다고 생각되기 때문에, 외무대신으로서는 본 건 각 문서 가운데 비공개 부분에 대해서 최대한 재검토를 진지하고도 신속하게 할 것이 절실하게 요망된다고 언급했다.

이 판결이 내려지자 2013년 3월 29일, 4월 1일 2차례로 나눠서 대량의 문서 공개가 결정되었다. 공개된 382파일, 약 1만 쪽 가운데 청구권에 대한 문서가 있다. 문서번호 968(P3)은 박 의장·이케다 수상 회담을 언급하고 있다. 이케다 수상은 "개인청구권에 대해서는 일본인 수준으로 취급한다고 하는 원칙을 가지고 지불할 뜻이 있다고 말했고, 공제연금, 귀환자 위문금, 우체국 저금, 간이

---

에서 장계만 씨의 발언과 유인물.

보험금 등을 고려하려고 생각하고 있으며, 또 소각된 일본은행권에 대해서도 생각해 주었으면 좋겠다고 말했다. 이것에 대해서 박 의장은 군인·군속의 유가족에 대해서도 생각해 주었으면 좋겠다고 말했고, 이케다 수상은 고려하겠다고 대답했다.”고 되어 있다.

문서번호 1220(P19)은 “군인·군속에 대해서 일본인의 경우와 동등하게 취급할 수밖에 없지만, 군속은 이른바 미복원자 급여법에 의한 지급 이외에는 고려할 수 없다. 은급 관계에서 국고가 부담하는 자는 일반 문관, 관립학교 직원, 형무관, 조선총독부 순사, 동 도립 및 공립초등학교 직원이며, 지방비를 지급하는 자는 조선총독부·도 소방관, 조선 지방대우직원령에 의한 직원, 지방비를 지급하는 문관, 도 관리 및 부 관리이다.”라고 상세한 내용이 있다.[8]

‘해결완료’라고 한 개인의 ‘청구권’에 대해서 구체적인 응수가 기록된 문서의 일부가 간신히 공개되었다. ‘피징용자수’에 대해서도 노무자 66만 7,684명, 군인·군속 36만 5천 명이라는 숫자가 거론되어 있다(문서번호 374, P20). 1995년 10월 8일, 일본이 한국에 건넨 명부에는 24만 3,992명이다. 36만과 24만의 차이에 대해서 2005년에 후생노동성에 확인과 문의를 한 적이 있는데, “모른다.”는 회답 말고는 얻을 수 없었다. 일본이 징용한 군인·군속의 수라고 하는 기초자료에 대해서조차 지금도 이처럼 부정확하며 숫자 차이도 설명되어 있지 않다.

1995년 10월, 일본이 한국에 건넨 문서 가운데서 한국이 공개한 3만 5천 쪽의 문서 안에 육군 14만 3,211명의 〈부재중 명부〉와 해군 2만 1,433명의 〈군인 이력원표〉, 해군 군속 7만 9,348명의 〈군속 신상조사표〉가 있었다. 필자는 포로수용소의 조선인 감시원 3

---

8) 이양수李洋秀, 〈3차 소송의 승리 판결과 외무성 문서의 대량 공개를 맞이하여〉, 《일한日韓회담 문서 전면공개를 요구하는 모임 뉴스》 NO.36호, 2013.5.12.

천 명의 부재중 명부의 열람을 후생노동성에 요구하고 있는데, 위임장을 취득한 특정 개인 부분밖에는 열람할 수 없다. 육해군성을 계승한 후생노동성은 군인·군속 관계의 방대한 자료를 보관하고 있지만, 일반에게는 공개하고 있지 않다. 많은 전범을 낳은 포로수용소의 감시원으로 징용당한 조선인 군속의 전모를 알기 위해 〈부재중 명부〉는 없어서는 안 된다. 한국에 건네진 〈부재중 명부〉가 공개되어 간신히 열람이 가능하게 되었다. 거기에는 조선인 군속의 상세한 기록, 동향이 기입되어 있다. 본적, 부재중 담당자, 임관년, 계급, 월급액, 이름, 생년월일에서부터 전사자의 야스쿠니 합사, 전후의 귀환, 전범, 도망, 공탁금 등, 일본군에 징용당한 조선인 한 사람 한 사람의 기록이 응축되어 있다. 원호나 보상 요구에 이러한 자료가 없어서는 안 되지만 일본에서는 공개되어 있지 않다. 이것이 역사적 사실을 규명하는 데 족쇄가 되어 있다. 2013년 3월, 외무성 외교사료관의 문서 공개에서도 그 자료는 개인명이나 고유명사를 필요 이상으로 덧칠해 놓고 있었다. 게다가 그 기준이 동일하지 않다.

　판결은 지금까지 '해결완료'라는 주장을 반복해온 일본 정부에게, 무엇이 어떻게 논의되어 '해결완료'되었는가라고 묻고 있다. "한국의 민의가 충분히 반영되지 않았던 조약"(정재정 전 이사장)의 교섭 과정을 분명히 밝히는 일은 전후보상운동의 새로운 전개를 가능하게 하는 일이 아닐까? 공개된 대량의 문서에 기초한 연구가 반복되는 '사과'로 말미암아 악화되어온 한일 사이의 긴장에 새로운 '출구'를 가져오지는 않을까? 문서의 확대 공개를 요구하는 재판은 현재도 진행 중이다.

　아베 정권 아래에서 일본군 전 '위안부'뿐만 아니라 식민지 지배 아래의 피해에 대해 '사죄'와 '보상'을 요구하는 운동은 곤란에 직면하고 있다. 피해자와 그들을 지지하며 활동을 해온 사람들은 지금 막다른 길과 같은 상황을 타개하려고 창의적인 연구를 더하여 활동을 전개하고 있다.

2007년, 중국인을 강제연행했던 니시마쓰西松건설에 대한 최고재판소 판결을 전제로 할 경우, 한일이 서로 다가설 가능성이 있지는 않은가? 이렇게 지적하며 '법적 책임'의 개념을 명확하게 하면서 '정치결단'에 의한 해결의 길을 모색하려고 하는 변호사도 있다.9)

한국에서는 '평화의 상' 건립 이후에도 한국의 정신대문제협의회가 활발하게 활동을 이어가고 있다. 현재 이 협의회는 문제 해결을 위해서 '세계 1억 명 서명운동'을 호소하며 2013년 12월의 〈세계 인권의 날〉을 목표로 삼아 서명을 모으고 있다. 그 요구는 일본 정부에게 "일본군 '위안부' 범죄에 대한 국가 책임을 인정하여 피해자에게 공식 사죄하고 법적 배상을 실시하라."라는 것으로 명쾌하다. 한국 정부에 대해서도 피해자의 인권 회복을 위해서 적극적인 외교 활동을 전개하도록 요구하고 있다. 세계 1억의 사람을 자기편으로 삼아 국제인권기구에 일본군 '위안부' 문제의 해결을 요구하려고 했다. 이미 8월 14일을 〈일본군 '위안부' 메모리얼 데이〉로 정하고 위안부 문제 해결을 위해 노력 중인 〈아시아연대회의〉(2012년 12월)는, 이 날을 유엔의 공식기념일로 삼기 위해서 2013년에 캠페인을 시작하고 있다. '위안부' 문제는 분쟁 아래에서의 성폭력이 근절되기 바라는 여성들의 운동으로 연대되고 있다. 전후보상운동도 〈더반 선언〉(2001년 8월 31일~9월 8일, 더반 회의) 이후 세계의 '식민지 책임'을 묻는 움직임 가운데, 피해자에게 다

---

9) 가와카미 시로川上詩朗, 〈일본 정부의 법적 해결완료론을 극복하기 위해서〉 (2013년 6월 18일, '역사 인식·청구권 철저의논', 중의원 제2의원회관).

가가면서 일본의 조선 식민지 지배의 책임을 묻는 새로운 활동과 '정치결단'에 의한 해결안을 모색하며 활동을 이어가고 있다.

# 일본의 전후 처리와 '일본군 위안부' 문제

이원덕 李元德

## 1. 일본 전후 처리의 기본 성격

2011년 8월 헌법재판소의 판결에 따른 '일본군 위안부' 문제의 재등장으로 말미암아 한일 관계는 심각한 냉각 상태가 지속되고 있는 가운데 이를 해결하기 위한 방법을 둘러싼 논의가 양국의 정부 및 시민사회 그리고 관련 전문가들 사이에서 진행되고 있는 상황이다. 여기서는 이러한 상황을 염두에 두고 위안부 문제를 국제적 시야에서 폭넓게 파악하고 그 성격을 비교 문맥에서 검토하기 위해 일본이 제2차 세계대전 패전 이후, 이른바 전후 처리 문제를 어떻게 다루었는지를 독일과의 비교 관점에서 검토해 보도록 한다.[1] 일본군 위안부 문제의 성격 및 위상을 파악하기 위해서 일본의 전후 처리 전체상에 대한 비교 검토는 매우 중요한 전제가 된다.

현재 일본 정부의 전후 처리에 대한 공식 입장은 북한을 제외하고 모든 국가와의 전후 처리가 법적으로 종료되었다는 것이다. 즉, 일본 정부는 "제2차 세계대전과 관련된 배상 및 재산청구권 문제에 대해서는 샌프란시스코 강화조약 및 기타 관련조약 등에 따라 성실히 대응해 왔으며 이들 조약 당사국과의 사이에는 법적으로 해결이 완료되었다."[2]는 태도를 견지하고 있다. 이러한 일본 정부

---

1) 전후 처리의 일독 비교에 관한 상세한 분석은 이원덕, 〈일본의 전후 배상외교에 관한 고찰: 국제비교의 관점에서〉, 《동북아역사논총》 제22호(2008.12)를 참조.

의 입장과는 달리 침략과 식민통치를 겪었던 많은 아시아의 피해 당사국 및 국민들은 일본의 전후 처리에 대해 수많은 불만과 항의를 거세게 제기해왔다. 특히 1990년대 이후 냉전체제가 종결되고 아시아에서 전반적인 민주화의 흐름이 진행됨에 따라 이러한 일본의 전후 처리에 대한 문제제기가 광범위하게 이뤄졌다.

일본의 전후 처리의 문제를 생각하기에 앞서 먼저 전후 처리라는 개념을 어떻게 정의할 것인가의 문제를 고찰해 볼 필요가 있다. 일반적으로 전후 처리라는 개념을 광의로 보면 첫째 전쟁행위를 종식시키고 전쟁이 야기한 여러 문제를 포괄적으로 다루는 강화조약의 체결, 둘째 전범재판 등에 의한 전쟁책임자의 색출 및 처벌,[3] 셋째 전쟁으로 인한 인적·물적 피해에 대한 구제조치를 다루는 보상-배상, 넷째 전쟁에 대한 반성 및 재발방지를 위한 평화교육의 문제 등을 포괄하는 일련의 전 과정으로 정의할 수 있다.[4]

문제를 더 좁혀서 보면, 전후 처리는 물질적 의미의 배상-보상 문제로 볼 수 있다. 전후 일본의 배상, 보상에 관해서는 주지하다시피 그간 국내에서 주로 1965년 한일 청구권협정을 둘러싼 시비를 따지는 맥락에서 부분적으로 논의되어왔다. 즉, 한일협정이 일

---

2) 주한 일본대사관의 공식 웹사이트 참조. http://www.kr.ebb-japan.go.jp.

3) 독일의 뉘른베르크재판과 일본의 도쿄재판은 공히 제2차 세계대전의 개전국인 독일과 일본의 전쟁책임자를 처벌하기 위한 국제재판으로, 이에 대한 비교 검토는 이 연구에서는 직접적으로 다루지 않으나 일독 전후 처리 비교 연구의 독립적 영역이 될 수 있다.

4) 전후 처리를 포괄적인 개념으로 다루고 있는 문헌으로는 다카기 겐이치高木健一, 최용기 역, 《전후 보상의 논리》(한울, 1995); 사토 다케오, 〈일본과 독일의 전후 처리 비교〉, 하영선 편, 《한국과 일본: 새로운 만남을 위한 역사인식》(나남출판, 1997); 内田雅敏, 《戰後補償を考える》(講談社, 1994) 등이 있다.

본의 식민지배에 대한 철저한 반성과 사죄를 담보하지 못하고 응당 받았어야 할 배상과 보상이 유보된 채, 경제협력 자금의 수혜로 귀결되었다는 것에 대한 비판이 거셌다.

다시 말해, 일본의 배상 외교를 바라보는 시점은 한일 관계라는 양국 간 프레임이라는 좁은 틀 속에서 바라보는 경향이 강했다고 할 수 있다. 그러나 시야를 넓혀 놓고 보면, 한일협정은 과거 일본의 침략과 지배를 받았던 아시아 여러 나라들을 대상으로 일본이 실시한 전후 배상 외교의 한 부분으로 이해된다. 더 나아가 전후 처리와 관련한 한일 간 분쟁에 합리적으로 대응하기 위해서는 일본의 전후 배상 외교에 관한 국제 비교의 시점이 매우 중요하다고 할 수 있다.

제2차 세계대전 이후 독일의 전후 처리 과정을 일본과 비교[5]할 때 가장 근본적인 차이는, 일본이 강화조약의 체결을 통해 전후 배상조치를 취한 데 견주어 독일의 경우는 강화조약 자체를 체결하지 않았다는 점이다. 독일과 연합국이 대독 강화조약의 체결을 미루게 된 데는 동·서독의 분단 상황과 전후 급속하게 진행된 유럽에서의 동서 냉전의 전개라는 특수한 상황이 존재했다는 점을 지적해야 할 것이다. 1990년 독일 통일이 이루어져 표면적으로는 대독 강화조약을 미루어 온 이유가 해소되었음에도, 여전히 통일 독일과 연합국 사이에 강화조약의 체결이 이루어지고 있지 않다는 점은 매우 흥미로운 사실이다.[6]

---

5) 여기서는 일본과 독일의 전후 처리 비교를 중심 과제로 설정하고 있으나, 일·독과 함께 동맹국의 일원이었던 이탈리아의 전후 처리도 비교 대상이 될 수 있지만 이는 향후의 과제로 한다. 이탈리아의 전후 처리 문제에 관한 연구로는 石井憲, 〈敗戦と憲法(1)(2)〉, 《千葉大学法学論集》 第19巻 第2号, 2004을 참고.

6) 1953년에 서독이 서구 여러 나라들과 체결한 런던채무협정에서 배상 문제의 최종규정은 평화조약의 체결까지 기다린다는 합의가 이루어졌다. 1990년 독일이 재통일된 뒤에도 평화조약은 체결되지 않은 채, 그 대신 동서독일과 구 점령국 4개국 사이에 2+4

이와 달리 일본의 경우는 전쟁을 법적으로 종결짓고 전후 처리 문제를 일괄적으로 규정한 샌프란시스코 강화조약이 체결되어 모든 배상 문제가 이 강화조약의 틀에 입각하여 처리되게 되었다. 일본과 독일은 둘 다 역사 속에서 이루어진 가해 책임에 대한 처리라는 과제에 직면하고 있었지만, 일본이 문제 삼은 것이 전쟁 자체였다면, 독일은 전쟁행위보다는 나치즘 체제를 문제의 초점으로 삼았다고 할 수 있다.[7] 다시 말해, 독일은 침략전쟁이 야기한 피해자들에 대한 보상 개념보다는 나치즘 체제가 저지른 반인륜적 박해 행위로 발생한 피해를 보상하는 것을 자신의 전후 처리의 핵심과제로 받아들였다. 독일의 경우 전후 보상이란 대체로 '나치즘 박해의 희생자에 대한 보상'(독일어로는 Wiedergutmachung)이라는 개념으로 이해[8]되는 것이 일반적이다. 이와는 대조적으로 일본은 보상 개념을 전적으로 무시하고 전후 처리 문제를 오직 국가 간 배상이라는 관점에서 바라보았다. 다시 말해, 일본에게 전후 처리 문제란 단지 보통의 전쟁에서 패전국이 승전국에게 지불해야 할 일반적인 의미의 배상에 지나지 않았다. 독일이 전쟁을 나치즘과 연관시켜 부정,

---

조약이 체결되었다. 미·영·불·소의 구 점령 4개국 가운데 영·미·불은 서독으로부터, 그리고 소련은 동독으로부터 배상 조치가 종료되었다는 인식이 받아들여졌기에 독일과 이들 나라들과의 사이에 배상 문제는 새로운 문제로 제기되지 않았다.

7) 佐藤健生, 〈日本の戦後補償問題への提言〉, 《いま、歴史問題にどう取り組むか》, 船橋洋一編, 岩波書店, 2001, 57쪽.; 廣渡淸吾, 〈ドイツにおける戦後責任と戦後補償〉, 栗屋憲太郎·田中宏·三島憲一·廣渡淸吾·望田幸男·山田定, 《戦争責任·戦後責任: 日本とドイツはどう違う》, 東京: 朝日選書, 1994, 180~194쪽.

8) 나치박해 희생자 보상과 구별되는 전후 보상으로서 전쟁 자체에 기인하는 일반 국민의 피해를 보상하는 제도도 존재한다. 예컨대 일반전쟁결과법과 전쟁유족 보상, 전쟁포로 보상 등이 그것이다. 이들 국민에 대한 일반적인 전쟁피해 보상은 국민의 생활재건을 위한 사회보장적 성격을 갖는다고 할 수 있는데, 이 부분에 서독은 1980년대 말까지 약 천 억 마르크를 지출하였다.

불법, 범죄성이라는 각도에서 바라본 데 반해서 일본은 이와 같은 인식을 전적으로 결여하고 있었다.[9]

다음으로 일본의 배상정책은 기본적으로 국가를 대상으로 하는 배상방식을 취했기 때문에 전쟁으로 말미암아 막대한 피해와 손실을 입은 피해자 개인에 대한 보상이 철저하게 배제되었다는 한계를 지닌다. 일본 정부는 샌프란시스코 강화조약과 잇따른 이국 간 개별 배상협정을 통해 국가를 상대로 한 배상 및 청구권을 지불했을 뿐 피해자 개인을 대상으로 하는 보상에는 일체 응하지 않는 원칙을 견지해왔다. 일본 정부의 이 원칙에 좌절을 겪게 된 수많은 아시아의 전쟁피해 희생자들은 일본 정부를 상대로 한 소송을 지속적으로 제기해왔다.

독일이 전후보상액으로 1993년 1월 현재, 연방보상법, 연방변제법 등에 따라 총지불한 금액은 합계 904억 9,300만 마르크이며, 2030년까지 추가적으로 지불할 액수를 모두 합하면 1,222억 6,500만 마르크에 이른다. 1993년의 환율 기준(1마르크=65엔)으로 엔화로 환산할 경우 1993년 1월까지의 지불 총액은 5조 8,820억 4,500만 엔이며, 최종적으로 지불될 총액 기준으로 보면 약 7조 9,472억 2,500만 엔에 이른다. 이에 견주어 일본은 한국에 대해 유무상의 5억 달러, 베트남·인도네시아·말레이시아·라오스·싱가포르·필리핀·미얀마·인도 등에 대한 배상을 전부 합해도 총액으로 6,565억 엔이며, 접수된 해외재산 약 3,500억 엔의 포기 및 샌프란시스코 강화조약 체결 전 지불한 중간배상 약 1억 6,000만 엔을 합해도 1조 엔 가량에 지나지 않는데, 이는 독일의 약 1/7에 지나지 않는 액수다.[10]

---

9) 사토 다케오, 주7의 논문, 91~99쪽.
10) 內田雅敏, 《戰後補償を考える》, 講談社, 1994, 119~122쪽.; 田中宏, 〈日本の戰後補償

더욱이 특기할 또 하나의 사실은, 독일의 보상이 전액 현금으로 지불된 데 반해 일본의 배상 및 청구권 자금은 모두 역무役務와 자본재 또는 중간재를 지불하는 이른바 경제협력 방식으로 지불되었다는 점이다. 일본의 전후 배상 지불이 기본적으로 일본경제의 대외확장 정책과 긴밀하게 연계되어 이뤄졌다는 것은 매우 특징적인 요소라고 할 수 있다. 동아시아 국가들에게 지불된 일본의 배상 자금은 일본 기업의 대아시아 진출을 촉진하는 역할을 수행하였고, 동아시아 지역의 대일 경제의존은 이 배상 외교를 통해서 심화되었다고 해도 지나친 말은 아니다.11)

일본은 전후 배상 및 청구권 지불을 과거 자신들이 일으킨 부당한 침략과 지배에 대한 참회와 반성의 의미로 실시했다는 인식을 거의 지니고 있지 않았다. 그보다는 오히려 배상 및 청구권 지불을 일본이 은혜를 베푸는 차원에서 아시아의 저개발 국가에 대해 경제협력이나 원조제공의 의미로 제공했다고 생각하는 경향이 일반적이다. 다시 말해, 일본의 배상은 이러한 징벌과 복구를 위한 물질적 공여 행위라기보다는 아시아 각국의 개발을 위한 경제원조 제공의 의미로 인식되는 경향이 농후했다.12)

---

と歴史認識〉, 栗屋憲太郎·田中宏·三島憲一·廣渡淸吾·望田幸男·山田定, 《戰爭責任·戰後責任: 日本とドイツはどう違う》, 東京: 朝日選書, 1994, 52~54쪽. 여기서 다나카 히로시는 일본의 전후 배상 관련 대외 지불액이 총 1조 엔 정도인 것에 반해 일본인 전쟁 희생자 원호 등에 사용된 대내 지불액이 현재 33조 엔에 이른다고 주장하면서 일본의 전후 배상 외교의 문제점을 비판하고 있다.

11) 永野慎一郎·近藤正臣 編, 《日本の戰後賠償: アジア經濟協力の出発》, 東京: 勁草書房, 1999, 4~6쪽.

12) 外務省賠償部 監修, 賠償問題硏究会 編, 《日本の賠償》, 世界ジャーナル社, 1963, 22~23쪽.

## 2. 위안부 문제: 다시 열린 '기회의 창'

2011년 8월 헌법재판소의 일본군 위안부 문제에 관한 부작위 위헌 판결을 계기로 위안부 문제가 다시금 한일 관계의 쟁점으로 급부상하고 있다. 주지하다시피 위안부 문제는 1990년대 초반 한일외교 관계의 심각한 분쟁 요소로 등장한 바 있다. 이에 일본 정부는 고노 담화를 발표하여 위안부의 모집 및 위안소의 설치와 운영에 구 일본군의 직간접적 관여를 인정하고 사죄의 뜻을 표명하였으나, 그에 상응하는 공식적 차원의 법적 조치를 취하기보다는 민관 합동으로 '아시아여성기금'을 설립하여 위안부에 대한 금전 지급 조치를 취하는 방식으로 대처하였다.

그러나 한국 정부 및 피해 당사자들은 이러한 일본의 이러한 대응이 근본적인 해결과는 동떨어진 매우 미흡한 것으로 강력하게 비판하고 이를 수용하지 않았다. 이후 한국 정부는 기본적으로 위안부 문제를 미해결의 대일 전후 처리 과제로 규정하고 이의 해결을 추구하는 기본 자세를 견지하긴 했지만, 그렇다고 위안부 문제를 단기적인 외교 현안으로 제기하지도 않았다. '정신대대책협의회'(이하, 정대협)는 서울의 일본대사관 앞에서 근 10년 동안 매주 수요일 1천 회가 넘는 집회를 개최하며 일본 정부에 위안부 문제 해결을 촉구하는 항의시위를 전개함으로써 국내 및 국제사회에 큰 반향을 일으켜왔다.

한편 일본 사회에서는 위안부 문제는 한일 간의 외교 안건으로서는 사실상 처리가 종료된 문제로 보는 시각이 팽배해 있었다. 그러나 2011년 8월 한국 헌법재판소 판결[13)이 위안부 문제를 한

---

13) 2011년 8월 헌법재판소는 일본군 군대위안부 및 한인 원폭피해자에 대한 대일 보상 문제에 대해 한국 정부가 적극적인 외교적 노력을 경주하지 않은 것은 부작위 위헌에

일외교의 뜨거운 쟁점으로 재부상시켰고, 이어서 같은 해 12월에 교토에서 열렸던 정상회담에서 이명박 대통령이 위안부 문제에 대한 일본 측의 결단을 촉구하고 이에 대해 노다 총리가 미약하나마 해결을 위한 지혜를 짜보겠다고 화답을 하면서 위안부 문제에 관한 논란은 다시금 급물살을 타게 되었다.

일본군 위안부 문제 해법을 놓고 한일 양국 사이에는 근본적인 대립이 존재하고 있다. 한국 정부나 위안부 피해 당사자, 정대협 측은 이른바 법적 책임론을 주장하면서 입법조치와 같은 일정의 법적 절차를 통해서 공식 사죄와 배상이 이루어져야 하며, 그런 해결방식이 배제된 채 인도주의적 접근과 같은 방식으로 이 문제를 다룬다는 것은 궁극적으로 진정한 위안부 문제의 해결이 될 수 없다는 입장을 견지하고 있다.[14) 한국 정부는 명목상 이러한 입장을 취해왔다고 할 수 있다.

그러나 일본의 기본 입장은 1965년 청구권협정에 의해서 위안부 문제는 법적으로 해결이 된 것으로 보고 있다. 일본의 사법부와 행정부가 이 같은 입장을 취하고 있으며, 다만 일본 정부는 1965년 청구권협정에 의해 이 문제가 법적으로는 해결되었지만 여전히 미진한 부분이 남아 있다고 하는 사실 자체에 대해서는 인정하고 있다. 즉, 아시아여성기금을 만들어 나름대로의 조치를 취해왔다는 입장을 가지고 있다. 따라서 일본 정부는 한국 측의 법적 책임론에 대해서 여전히 그것을 수용하려 하지 않으려 하고 있

---

해당한다는 판결을 내린 바 있다. 이를 계기로 외교통상부는 일본군 위안부 문제에 대해 1965년 한일청구권 및 경제협력에 관한 협정 제3조(분쟁해결 절차)에 입각하여 일본 정부에게 양자 간 외교협상을 요구하고 있다.

14) 정대협의 위안부 문제 해결을 위한 7대 요구사항은 다음과 같다. ① 일본군 위안부 범죄인정 ② 진상규명 ③ 국회결의를 통한 사죄 ④ 법적 배상 ⑤ 역사교과서 기록 ⑥ 사령탑과 사료관의 건립 ⑦ 책임자 처벌

고, 인도주의적인 차원에서 최대한 성의 있는 조치를 취하도록 노력하되 한국의 법적 책임론에 대해서는 그것을 수용할 수 없다는 기본 입장을 취하고 있다. 더 구체적으로 보면, 한국 안에서도 정대협의 입장이 좀 더 원칙론에 입각해 있고, 정부는 원칙론을 견지하면서도 일본에 대한 외교적 추궁은 현실적 여건을 고려하면서 그 강약을 조절해왔던 것으로 볼 수 있다.

한국 정부의 위안부 문제에 대한 공식적 입장은 이미 2005년에 정리되어 공표되었다. 곧, 청구권협정에도 불구하고 위안부 문제, 조선인 원폭피해자 문제, 사할린동포 문제는 이 협정에 의해 해결되었다고 볼 수 없다. 다시 말하자면 청구권협정에도 불구하고 이 3대 주제는 미해결된 것으로 간주하며 이에 대해서 일본 정부가 일정한 법적 책임을 져야 한다는 것이 한국 정부의 공식 입장인 것이다.[15]

반면, 일본 정부는 청구권협정에 의해서 일본군 위안부 문제가 이미 법적으로 해결되었으므로 더 이상 책임이 존재하지 않는다고 보고 있다. 다만 1993년 고노 담화 등을 통해서 사죄 표명을 했으며, 아시아여성기금을 설립하여 인도주의적 차원에서 이 문제에 적극적으로 대처해왔다는 것이 일본 정부의 입장으로, 최근까지도 일본 정부는 청구권협정으로 일본군 위안부 문제가 법적으

---

15) 2005년 한일회담 외교문서의 전면공개 조치 이후 정부의 고위급 인사와 전문가그룹으로 구성된 '민관합동위원회'는 1965년 한일조약과 재산청구권협정에도 불구하고 '일본군 위안부' 문제, 사할린 조선인 문제 그리고 조선인 원폭피해자 문제에 관해서는 일본이 법적 책임을 져야 한다는 최종적인 입장을 정리한 바 있다. 그런데 2012년 5월 24일 한국 대법원은 미쓰비시중공업과 신일본제철의 한국인 피징용자 그룹이 제기한 소송의 최종판결에서 1965년 청구권협정에도 불구하고 피고 기업은 이들의 미지불 임금을 지불할 의무가 있고 불법적으로 이루어진 강제징용에 대한 손해배상청구권이 소멸되지 않았다고 판시함에 따라 이른바 일제강점기 강제동원 노동자의 대일 보상 문제는 새로운 사태 전개를 맞이하게 되었다.

로 해결이 완료되었다는 입장을 앵무새처럼 반복하고 있다. 이것이 우리의 관계자들을 대단히 답답하게 만드는 측면인데, 여전히 일본은 이러한 입장을 공식적으로 철회하려고 하지 않고 있다.

이와 더불어 위안부 문제는 한일 양국만의 문제가 아니기에 이와 관련한 국제사회의 움직임도 매우 중요한 변수가 되고 있다. 먼저 주목해야 하는 것은 UN 인권위원회의 움직임이다. 예컨대 1996년에 나왔던 쿠마라스와미 보고서, 1998년에 나왔던 맥두걸 보고서, 그리고 2000년에 개최된 '일본군 성노예제에 관한 국제여성 전범 법정' 등은 매우 중요한 움직임으로 봐야 할 것이다. 물론 이들이 국제사회 전체 여론을 100퍼센트 보여 주는 것이라고는 할 수 없으나, 국제사회에서 인권을 중시하는 흐름과 함께 여성 문제로서 위안부 문제를 바라보는 일련의 흐름이 강력하게 형성되었다고 하는 점은 주목해야 할 중요한 움직임이다.

더불어 우리가 주목해야 할 움직임 가운데 하나는 미국 하원에서 혼다 의원이 제출한 위안부 결의안이 통과되었다는 사실과, 뒤이어서 네덜란드, 캐나다, EU에서도 위안부 문제 해결을 촉구하는 결의안이 통과되었다는 사실이다. 그러나 이러한 국제사회의 긍정적인 움직임에도 불구하고 여전히 국제사회의 법적 현실은 실정법인 구속에서 완전히 벗어나지 못하고 있다는 것 또한 염두에 두어야 할 것이다. 위안부 문제가 만약 국제법정에서 실제 소송으로 제기될 경우 피해자나 정대협의 입장이 완전히 승리를 거둘 것이라고 속단하기는 어렵다고 생각된다. 위안부 문제에 관한 일련의 보고서나 구미 각국 의회의 결의에도 불구하고 여전히 국제사회의 법적 현실은 매우 냉엄하다고 볼 수 있고, 일본 정부 또한 그러한 국제사회에 대한 현실인식을 바탕으로 자신의 기본 입장을 정리하고 있는 것이다.

어쨌든 위안부 문제의 해결을 생각할 경우, 2011년 여름 이후 제2의 '기회의 창'이 열리고 있다고 해도 지나친 말은 아닐 것이다. 2011년 8월 31일 한국 헌법재판소의 부작위 위헌 판결이 내려진 이후 위안부 문제는 오랜 잠복기를 거쳐 또다시 한일 외교의 뜨거운 쟁점으로 재등장하고 있는데, 다른 관점에서 보면 이는 문제 해결을 위한 절호의 기회가 도래한 것으로도 볼 수 있다.

## 3. 위안부 문제의 해법 검토: 네 가지 시나리오

위안부 문제 해법에 관해서 생각해 보면 논리적으로는 다음의 네 가지 해결방식이 존재한다고 볼 수 있다. 첫 번째 해결방식은 한국 정부와 국민이 바라고 있는 입법 해결방식이다. 이것은 일본 국회가 입법조치를 통해서, 다시 말해 법률을 제정함으로써 공식 사죄하고 법적으로 보상하는 길을 열어가는 것이다. 실제로 이러한 움직임은 일본 안에서 2000년대 초반에 있었다. 일본 참의원의 일부 진보파 의원들 중심으로 이러한 법안이 만들어졌다. 이른바 〈전시 성적 강제 피해자 문제의 해결 추진을 위한 법률안〉이다. 그런데 이 입법안은 아주 소수의 진보파 의원들이 주도해 만든 것으로, 사실 한 번도 국회에서 제대로 상정되거나 논의가 되지 못한 채 사장될 위기에 처해 있다.

이 입법을 만드는 데 가장 주도적인 구실을 했던 오카자기 도미코 위원이 민주당 정부 등장 이후 각료로 취임을 했지만 이 법률안은 여전히 방치되었고, 민주당 안에서도 이 법률안에 대한 반대론이 강력하게 형성되어 사실상 국회에서 논의조차 되지 못했다. 물론 자민당은 이 법률안에 대해서 매우 못마땅하게 생각하고 있다. 이 법률안이 민주당에 의해 상정된다 하더라도 당연히 자민당은 이를 거부할 것임에 틀림없다. 말하자면 일본 정치의 지형이나 정치권의 세력 분포를 볼 때 위안부 문제가 일본 국회에서 입법에 의해 해결될 가능성은 대단히 요원하다는 것이다. 또한 일본의 여론도 위안부 문제에 대해서는 아주 냉담하다. 최근 아사히신문에서 위안부 문제에 대해 한 번 언급한 것[16]을 제외하면 일본의 미디어 심지어는 진보적 미디어조차도 더 이상 한일 관계 외교 현안으로 위안부 문제를 다루지 않고 있는 것이 현실이다. 따라서 입법 해결방식은 위안부 피해자들이나 한국 국민이 가장 희망하는 최선의 해결방식이지만 그 가능성은 매우 요원한 것으로 보인다.

두 번째 해법으로는 한국 정부가 2012년 이래 추구하고 있는 것으로, 중재재판위원회 구성에 따른 사법적인 해결방식이다. 청구권협정 제3조를 보면, 두 나라 사이에 청구권협정 해석상의 이견으로 분쟁이 발생했을 경우에는 절차를 거쳐 중재재판에 따른 해결을 꾀하도록 규정하고 있다. 다시 말해, 제3조에 따르면 청구권협정의 해석상의 이견 차이가 발생했을 때는 양자 사이에 외교 채널에 의한 협상으로 해결을 시도하고, 그럼에도 해결이 안 될 경우에는 중재재판소를 구성하여 사법적인 해결을 하도록 규정하고 있다. 따라서 이 조항을 들어서 한국 헌법재판소는 한국 정부가 청구권협정 제3조의 존재에도 그동안 위안부 문제 해결을 위한 외교적인 노력을 적극적으로 하지 않았다고 해서 부작위 위헌 판시를 내린 것이다. 위헌 판결이 나온 이후 외교부는 청구권협정 제3조에 입각한 조치를 일본에 요구하고 있다.

즉, 한국 정부는 두 차례에 걸쳐 양자 협상을 요구하는 공한을

---

16) 《아사히신문》(2012년 3월 24일자)은 와카미야 논설위원의 칼럼을 통해 "노다 총리의 위안부 문제 해결을 위한 노력을 촉구"한 바 있다.

일본 측에 보냈으며, 만약 일본이 양자협상에 응하지 않을 경우 중재재판소를 구성하기 위한 조치를 취하겠다고 일본 정부를 압박하고 있다. 그러나 일본은 양자협상 요구에 묵묵부답의 태도를 취하며 중재재판소에 의한 해결방식을 사실상 거부하고 있다. 왜냐하면 일본 정부의 인식에 따르면 이러한 방식은 실효성도 없으며 한일 우호협력 관계를 현저하게 저해할 것이므로 좋은 방안이 아니라는 것이다. 일본 측은 나름 인도주의적인 차원의 고육지책을 마련해서 한국 측이 수용하도록 하는 것이 합리적이라고 보고 있는 것이다.

그러나 외교부는 일단 중재위원회를 구성하여 재판으로 결론을 짓는 해결방식을 추구하는 것이 현 상황에서 가장 합리적이라고 판단하고 있는 듯하다. 더욱이 헌법재판소가 부작위 위헌 판시를 했으므로 법적인 절차에 따라 최선의 노력을 하는 것이야말로 정부가 위헌 상태에서 벗어날 수 있는 상책이라고 보고 있다. 만약 중재위 구성이 한국 정부의 노력에도 불구하고 일본의 무대응으로 성사되지 못한다면 그것은 한국이 아닌 일본 정부의 책임이라고 말할 수 있을 것이다. '정대협'을 중심으로 하는 일제 피해자 관련단체들 또한 이러한 요구를 강력하게 하고 있는 상황이기 때문에, 정부로서도 대내적으로 명분을 살리면서 취할 수 있는 최선의 선택은 일본에게 중재위원회 구성을 요구하는 것이 될 것이다. 한국 정부로서는 최선을 다했으나 안 되면 그것은 일본 정부가 응하지 않아서라고 말할 수 있을 것이다.

확률적으로는 가능성이 매우 낮은 가정이지만 만약 일본 정부가 한국의 중재위 구성 제안을 받아들여 중재위 구성에 들어가는 경우에도 난점은 존재한다. 청구권협정 제3조 2항에 따르면 중재위 구성은 30일 기간 안에 양국이 선정하는 2인의 중재위원과 이

둘이 합의로 정한 제3국 정부가 지명하는 제3의 중재위원으로 구성된다. 과연 양국이 합의에 의해 제3국 정부를 결정할 수 있을지 매우 의문스럽다. 또한 제3조 3항은 기간 안에 양국의 합의로 중재위 구성이 이뤄지지 않을 경우, 양국 정부가 각각 선정한 국가의 정부가 지명하는 중재위원 각 1인과 이들 정부가 협의에 의해 결정하는 제3국의 정부가 지명하는 중재위원으로 중재위를 구성하도록 규정하고 있다. 즉, 한일 양국이 합의에 의해 중재위를 구성하지 못하는 경우에는 한일이 아닌 3개국이 지명한 중재위원 3인으로 중재위를 구성하도록 규정하고 있다. 청구권협정에 따르면 중재위는 기본적으로 본 협정의 해석 및 실시에 관한 체약국 사이의 이견이나 분쟁을 다루게 되어 있다. 따라서 중재위가 다뤄야 할 핵심 사항은 한일 사이 청구권협정의 해석을 둘러싸고 핵심적으로 이견이 발생하고 있는 부분, 즉 1965년 청구권협정에 의해 위안부 문제가 해결 되었는가의 여부이다. 다시 말해 위안부 문제가 청구권 협정의 대상 범위에 속하는지 속하지 않는지를 중재위가 결정하게 될 것이다. 만약 한국 측의 주장대로 위안부 문제가 청구권협정의 대상 범위 밖의 문제라고 중재위가 판정한다면 위안부 문제는 다시금 원점에 서서 해결을 위한 과정과 절차를 밟아야 할 것이고, 반대로 청구권협정의 대상 범위에 속하는 것으로 판정한다면 위안부 문제는 청구권협정으로 해결이 종료된 사안이 되는 것이다.

실현 가능성이 희박하다고는 생각되지만 중재위가 청구권협정의 제3조 절차에 의해 가까스로 구성되어 사법적 판단이 내려지는 경우에도 과연 한일 양국의 국민들이 이 결정을 마음으로부터 받아들이고 그 결과에 승복할 수 있을지는 매우 의심스럽다. 바꿔 말하면, 한국도 일본도 중재위 재판에서 어떤 결론이 도출된다고 해도 쉽사리 승복하기 어려울 것이고, 이 판결이 법적 구속력이나 강제력을 갖는지에 대한 논란이 일어나는 것도 피할 수 없을 것이다. 그러나 중재위가 어떤 판단을 내리더라도, 위안부 문제가 전시 여성의 인권 문제임과 동시에 인류보편적인 규범에 반하는 반인륜적인 범죄 행위로서 일본 정부가 이에 대해 일정한 책임을 져야 할 사안이라는 기본 성격은 달라지지 않을 것이다. 즉, 만약 중재위를 통해서 사법적 해결을 꾀하는 경우에도 위안부 문제는 국제사회의 여성 인권 문제로 여전히 뜨거운 미해결 쟁점으로 남게 될 것이다. 일본 정부가 중재위에 의한 해결방식을 거부하고 있는 것도 바로 이점 때문이 아닐까 추측된다.

세 번째 해결방식은 독일 방식이다. 재단이나 기구를 설립해서 이 문제를 해결하는 방법인데, 아시다시피 독일은 입법을 통해 '기억, 책임, 그리고 미래 재단'을 설립하여 약 101억 마르크에 해당하는 기금을 마련해 167만 명의 강제동원 피해자에게 보상금으로 지불한 바 있다.[17] '아시아여성기금'에 대한 평가 문제가 여전히 논란의 대상이 되고 있기 때문에, 섣불리 제2의 재단이나 기금을 만드는 방안은 이야기조차 꺼내기 어려운 아주 껄끄러운 상황이다. 독일의 전후 처리는 기본적으로 나치즘의 유대인 박해 희생자에 대한 문제를 중심으로 전개되었고 이는 연방보상법으로 해결을 꾀하는 방식에 따라 이루어졌다.

연방보상법은 1953년의 연방보충법을 개정하여 1956년에 제정된 것으로, 성립된 배경은 두 가지라고 할 수 있다. 첫째, 패전

---

17) 전후 독일은 일본과는 달리, 동서분단이라는 상황 속에서 연합국과의 강화조약 체결이 사실상 유보됨에 따라 국가를 상대로 한 배상은 사실상 면제받게 되었다. 그 대신 서독은 나치즘 박해에 대한 희생자를 대상으로 하는 개인 보상을 중심축으로 전후 보상에 나서게 되었고, 통일 뒤 폴란드계 강제연행 노동자에 대해서는 국가와 기업이 공동참여하는 재단을 설립하여 보상을 실시하였다.

국 독일의 개전 책임을 포괄적으로 단죄한 뉘른베르크전범재판
에서 일본과는 달리 '인도에 대한 죄'가 인정되었다는 점이다. 다
시 말해, 뉘른베르크재판에서는 종래의 국제법적 관념을 뛰어넘
어 나치스의 유대인 박해 등의 행위를 인륜에 관한 죄목으로 단
죄하였다.[18] 둘째, 미국은 자국의 독일 점령지역에서 1946년부터
나치의 희생자에 대한 보상 지불을 실시하는 법률을 제정함으로
써 연방보상법의 기초를 닦았다. 연방보상법은 미국의 점령 초기
의 법률을 서독 전역에 확대 적용한 결과로 이해할 수 있다. 이
렇게 볼 때 연방보상법은 비非 나치화 조치에 가장 큰 열의를 보
인 미국이 패전국 독일에게 강력하게 요구한 측면이 있다는 것
이다.[19]

그러나 독일의 경우 1980년대까지 연방보상법에 따라 유대인
희생자에 대한 보상 문제는 나름 해결을 보았지만, 제2차 세계대
전 중에 독일에 연행되어 강제노동에 종사하게 된 약 950만 명에
이르는 노동자에 대한 문제는 미해결의 과제로 안고 있었다. 특히
이 가운데 대부분을 차지하는 것이 폴란드인 노동자들이었다. 이
에 대한 문제제기는 80년대 후반부터 독일 국내에서도 강조되고
있었다. 독일 연방정부는 1986년의 보고서에서 강제노동은 "전쟁
과 점령지배의 일반적인 수반현상"으로서 국가배상의 문제에 속한
다고 했다. 따라서 이 문제는 런던채무협정에 따라 최종적인 배
상 문제의 규정에 이를 때까지 유보되어 있으므로 청구권은 독일
국가, 독일 각주에 대해서 뿐 아니라 사적 기업에 대해서도 아직
확정되어 못한 상태에 놓여 있었다. 그 때문에 서독 정부도 보상

---

18) 뉘른베르크재판에 관해서는 사토 다케오, 〈일본과 독일의 전후처리 비교〉, 하영선 편,
　　《한국과 일본: 새로운 만남을 위한 역사인식》, 나남출판, 1997, 79~91쪽 참조.
19) 송충기, 〈미군정 정책과 탈 나치화 작업〉, 《대구사학》, 2002.11, 121~144쪽.

은 독일이 종래 해왔던 나치스의 불법에 대한 보상의 틀에서만 가능하다고 설명해왔다.

그러나 이러한 정부의 태도에 대해 새로운 시정조치로서 1989년 6월 녹색당은 ‘나치스의 강제노동에 대한 보상을 위한 연방재단’을 설치하는 법률안을 제출하고(9월에는 사민당도 같은 취지의 법안을 제출), 동시에 폴란드와의 사이에 ‘나치스 지배 하에서의 폴란드인 강제노동자에게 개인적 보상을 행하기 위한 포괄협정’의 체결을 제안했다. 폴란드와의 협정체결에 관한 이 제안은 ‘나치스의 불법에 대한 보상’으로 강제노동자에게도 보상을 행해야 하며, 애초 런던채무협정의 서명국이 아닌 폴란드에게 협정의 효력을 주장하는 정부의 해석은 잘못이라는 점을 지적하였다.

결국 이 문제에 대한 해결책은 독일통일 뒤 급속하게 진전을 보게 되었다. 즉, 1991년 마침내 통일독일 정부와 폴란드 정부가 나치스의 희생자와 강제노동자에 대한 보상을 행하기 위해 폴란드에게 ‘화해기금’을 창설하여 5억 마르크를 제공하기로 합의를 보았다. 다시 말해, 법률상으로는 배상 포기 조치로 형식적인 해법이 마련되었지만, 독일 정부는 초 법규적인 구제 조치를 취하는 방식으로 해결을 추구하였던 것이다. 이 화해기금은 뒤에 구소련의 러시아·벨라루스·우크라이나와의 사이에 ‘이해와 화해기금’ 및 체코와의 사이에는 ‘미래기금’을 설립함으로써 해결이 모색되었다.

이러한 상황은 몇 년이 지난 뒤 더욱 큰 진전을 보게 되었다. 즉, 1998년 연방의회 선거의 결과, 사민당과 녹색당에 의한 슈뢰더 연립내각이 성립되면서 강제연행 노동자에 대한 국가와 기업에 의한 보상기금의 설립이 실현되게 되었다. 마침내 2000년 7월에는 〈보상기금 설립법〉이 제정되어 강제노동자에 대한 보상의 개시가 이뤄지게 되었다.[20] 보상기금은 기업과 정부가 각각 50억 마르크씩을 거출하여 도합 100억 마르크의 규모가 조성되어 강제 노동자에 대한 보상의 급부가 실시되기에 이르렀다. 결국 이 기금에서 노동자 일인당 최고 1만 5천 마르크의 보상이 실시되었다.[21]

　네 번째로는 양국이 외교 협상을 통해 문제를 해결하는 방식이 존재한다. 상대적으로는 이 방식이 나름 현실적으로 적실성이 있어 보인다. 그러나 이 방식은 외교적 타결을 위해 양국의 지도자나 정책 당국이 국민여론 및 관련단체의 반발이나 비판을 감수할 수 있어야만 선택이 가능하다는 측면이 있어 간단치 않다. 2012년 봄부터 노다 정부 안에서 위안부 문제 해결을 위한 노력의 움직임이 조용하게 시도되었다는 사실이 포착되고 있다.[22]

---

20) 물론 보상기금에 문제가 없는 것은 아니다. 우선 보상의 대상이 생존자에 한정되었다는 점은 큰 한계라고 지적할 수 있다. 또 보상의 신청에 증거의 제출이 요구되어 보상 신청이 단념된 경우도 적지 않았다. 그럼에도 국가든 기업이든 피해자 측이든 이 시기를 놓친다면 어쩔 수 없는 상황에 빠진다는 위기감에서 타협을 시도했던 것이다. 국가와 기업은 경제적 부담을 인식하고 있었음에도 여론이 보상을 지지한다는 점을 고려하여 보상에 나선 것이다. 이는 역사에 대한 정치적·도의적 책임이 독일이라는 국가와 사회의 공통인식이라는 것을 세계를 향해 보여주었다는 데 최대의 의의가 있다고 할 수 있다. 이 보상기금의 의의는 세 가지로 평가할 수 있다. 첫째, 나치 하의 모든 강제연행 노동자들이 보상을 받게 되었다는 것이다. 둘째, 독일이 이 보상기금의 설립에 나섬에 따라 미국은 미국 안의 독일 기업에 대해 더 이상 보상을 위한 집단 소송을 일으키지 않도록 영향력을 행사하겠다고 약속했다. 셋째, 기금의 설립에 이르는 정부와 기업의 결정은 극히 현실적인 상황인식과 합리적인 판단이 작용했다는 점이다. 즉, 문제해결이 지연될 경우 독일 기업이 동유럽 및 미국의 거대시장에서 경제적 손실을 입을지도 모른다는 위기의식이 이러한 현실적인 판단을 가능케 했다는 점이 지적되어야 할 것이다. 石田勇治, 《過去の克服: ヒトラー後のドイツ》, 白水社, 2003, 292~295쪽 참조.

21) 물론 독일에서 모든 관련 기업이 이 기금의 거출에 적극적으로 나선 것은 아니다. 대상이 된 기업 22만 가운데 6,497사가 찬동을 해 전체의 약 3퍼센트에 해당하는 기업이 참여했으나, 국가와 기업이 공동으로 기금조성에 참여했다는 것은 역사적인 의의를 지닌다고 평가할 수 있다. 佐藤健生, 앞의 논문. 66~67쪽 참조.

22) 일본 노다 정부 안에서 검토되고 있는 새로운 제안의 내용은 ① 총리에 의한 사죄 표명(양국 정상 간 공동선언 포함), ② 정부 예산조치에 의한 금전 지급, ③ 일본 정부

노다 총리가 이명박 대통령에게 교토 정상회담에서 비록 법적 책임론을 수용한 것은 아니지만 인도주의적인 차원에서 어떻게든 궁리를 하겠다고 약속을 했기 때문에 최소한의 성의를 보이려는 움직임이 정부 차원에서 진행된 것으로 추정된다. 또 하나의 배경은 중국의 급부상과 더불어 한일 관계가 지나치게 과거사 문제로 마찰과 분쟁에 휩싸이는 경우 일본에게도 이익은커녕 커다란 국익의 손실이 되고, 오히려 전략적으로 마이너스라는 발상이 일본 보수 세력 안에도 상당히 퍼져 있다는 점이다. 이 두 가지 측면을 고려하여 노다 정부 안에서 최대한 지혜를 짜내서 이 문제를 해결하고 돌파하려는 일종의 방안이 궁리되고 모색된 것으로 파악된다. 그러나 일본 측이 내부적으로 신중하게 검토해온 위안부 문제 해결을 위한 새로운 제안을 둘러싼 양국의 입장 차이, 피해자 단체들과의 입장 조율의 실패로 말미암아 이 제안은 다시금 물밑으로 들어가게 되었다.

모처럼 절묘한 시기에 시도되었던 이 외교협상은 결국 결실을 맺지 못한 채 끝나고 말았다. 2012월 12월 총선 결과 일본에서는 아베 신조安倍晋三가 이끄는 자민당 정권이 출현하였고, 한국에서는 대통령선거 결과 박근혜 정부가 2013년 2월 새롭게 수립되었다. 양국의 신정부 출범 이후 더욱 경색된 한일 관계를 고려할 때 위안부 문제 해결을 위한 외교협상이 재개될 가능성은 희박해 보인다. 그러나 언젠가 협상에 의한 해법 모색이 시도된다면 2012년 봄 한일 양국 간 진행되었던 외교협상에서의 구체적 논의 과정이 새롭게 조명을 받게 될 것임에 틀림없을 것이다. 하지만 현재의 한일 관계 냉각 상황을 고려할 때 외교협상 재개 가능성은 기대하기 쉽지 않아 보인다.

---

당국자의 위안부 할머니 직접 방문 위로 등으로 추정되고 있다. 《홋카이도신문》, 2012년 5월 12일자.

## 4. 맺음말

오늘날 통합된 유럽의 출범이 가능했던 것은 따지고 보면 2차 대전 이후 독일과 주변 유럽 국가들이 평화와 번영을 공동으로 추구하기 위해 불행했던 과거를 청산하는 데 적극적으로 나섰기 때문이라고 볼 수 있으며, 이 과정에서 독일이 주도권을 발휘했다는 점을 평가하지 않을 수 없다. 한편 일본의 아시아에 대한 전후 처리 정책은 냉전의 논리와 경제의 논리만을 앞세운 편의적인 방식으로 추진된 결과, 막대한 고통과 손실을 경험한 아시아 피해자들과의 화해와 신뢰를 끌어내는 데는 실패로 귀결되었다고 할 수 있다.

일본의 전후 처리에 대한 불만과 고발은 아시아 각지에서 각종의 형태로 제기되고 있으며, 일본은 이러한 미결의 전후 처리 과제를 효과적으로 다루지 못하고 있는 것이 현재의 실정이다. 경제대국 일본이 정치적 지도력을 발휘하지 못하고 있는 데는 미결의 전후 처리라는 어두운 그림자가 드리워져 있음을 부인할 수 없다. 전쟁이 끝난 지 60여 년이 지났지만 아직도 일본의 법정에 전쟁관련 손해보상 요구 소송이 끊이지 않고 있는 것이 이러한 사실을 잘 말해 준다고 하겠다. 주지하다시피 일본군 위안부 문제는 한인 원폭피해자 문제, 한국인 사할린동포 문제와 더불어 대표적인 한일 사이의 미해결 전후 처리 문제로서 신속한 해결을 요하는 대표적인 외교적 과제로 남겨져 있다. 이를 해결하기 위한 양국 정부 및 관련기업 그리고 시민사회, 학계의 적극적인 역할을 기대해 본다.

# 국가보상 획득을 통해 '비핵'의 담당자로
## ~ 피폭 한국·조선인

오다가와 고小田川興

식민지 지배 아래, 강제연행 등으로 도일渡日하지 않을 수 없게 되었다가 히로시마와 나가사키에서 원폭을 맞은 한국인 피폭자는 한일 국교정상화에 수반된 청구권협정에서는 한일 양 정부에게 버림받았었지만, 전후 57년이 지난 2002년에 겨우 일본인과 동등한 원호를 요구하는 소송이 결실을 맺어 식민지 피해자에 대한 (일본) 국가보상의 문을 열었다. 2011년 한국 헌법재판소의 '결정'은 그 문을 더욱 크게 열어 완전한 원호 획득의 원동력을 주었다는 점에서 역사적인 의의가 크다. 향후, 주한駐韓 피폭자뿐만이 아니라 마찬가지로 식민지 피해에 따른 북한 피폭자, 나아가 중국, 대만, 또 동남아시아의 피폭자, 또 재외 일본인계 피폭자에게도 원호 실현을 이끄는 지렛대가 될 것으로 기대된다.


## 1. 문제의 발단

1945년 8월 6일 히로시마, 9일 나가사키. 미군이 투하한 원폭으로 피폭당한 조선인의 정확한 수는 불명확하다. 다만 1944년 말, 내무성 경보국 조사에 따른 거주 조선인수는 히로시마현에 8만 1,863명(가운데 강제징용에 의한 사람 5,944명, 일반 도항자 7만 5,919

명), 나가사키현은 5만 9,573명(가운데 강제징용자 2만 474명)에 달한다. 그것을 기본으로 사단법인 한국원폭피해자원호협회(현, 한국원폭피해자협회. 이하, '협회')는 1972년, 다음과 같은 〈한국인 피해 상황〉(추계)을 정리했다.

히로시마 5만 명, 나가사키 2만 명, 합계 7만 명[1]
가운데 사망자 4만 명 / 귀국자 2만 3천 명 / 일본 잔류 7천 명

한국인 피폭자는 세 가지 경우로 나눌 수 있다. (1) 징병, (2) 징용, (3) 식민지하의 경제·사회 상황에 따라 어쩔 수 없이 도일한 사람. 즉 강제연행 또는 도일하지 않을 수 없었던 결과로 피폭되었던 것이 일본인 피폭자와는 다른 중요한 배경이다. 그 피폭자들의 증언으로 피해의 심각성을 알 수 있다.

(1) 곽귀훈郭貴勳 씨(1924년~). 1944년, 조선인에 대한 징병 제1기의 학도병으로서 히로시마의 서부 제2부대에서 피폭. 당시 조선에서는 간지가 갑자년 태생은 제일 운이 나쁘다고 여겨져 '묻지 마라 갑자생'이라는 말이 유행했다.

(2) 박창환朴昌煥 씨(1923년~2001년). 경기도 평택군 출신. 1944년, 농사일을 하다가 강제연행되어 미쓰비시중공업 히로시마 조선소에. 피폭으로 부상했지만, 병사의 명령으로 구호 활동에 나섰다. 미쓰비시 히로시마의 조선소와 기계제작소의 종업원 1만 1,833명 가운데 약 2,800명이 조선인 징용공이었다(1945년 7월 말 현재, 이 회사의 사사社史와 증언에 따름). 미쓰비시 히로시마 전 징용공 재판의 원고단장을 맡았었지만, 승소를 보지 못하고 심장병으로 사망.

---

1) 이 추계에 근거하면 당시의 일본인 피폭자 총수(69만 1,500명)의 약 1할을 차지한다.

(3) 신영수辛泳洙 씨(1919년~1999년). 1942년, 조국에서의 '징병 사냥'을 피해 아카쓰키曉 부대가 지정한 히로시마의 제약공장에 서 근무(현장 징용). 피폭 뒤, 육군병원에서 치료받다가 종전. 간 호병에게 "너, 조선인이냐?"고 추궁받았을 때 부정했지만 차별 을 통감했다고 한다.

## 2. 잇따르는 원호 획득에 대한 소송

일본의 패전으로 해방된 조국에 돌아온 피폭자들은 삼중고를 체험했다. 원폭 뒤 장해, 건강 악화에 따른 빈곤, 사회의 차별이다. 일본에서는 1950년대 이후, 곡절 속에서도 피폭자의 의료나 건강 관리를 위한 시책이 취해졌지만, 한국에서는 원폭증에 관한 지식· 정보가 부족한 데다가, 원폭 투하로 조국 해방이 앞당겨졌다고 하 는 견해가 뿌리 깊어 피폭자는 계속 소외받았다. 한국 정부는 한 국전쟁(1950~1953년)의 희생자 구제로 버거웠고, 전후 부흥이 최 우선이라고 하는 상황도 있었다. 그러한 악조건이 피폭자 대책을 늦추고 사태를 심각하게 만들었다.

1965년의 한일 국교정상화 뒤에, 일본의 피폭자 대책과 원폭증 의 정보가 들어오게 되어 주한 피폭자들이 처음으로 원폭으로 말 미암은 장해를 알게 되었다. 그러나 국교정상화에 수반된 청구권 및 경제협력 협정2)에 따라서 일본이 한국에 무상 3억, 유상 2억, 합계 5억 달러를 공여함으로써 청구권 문제는 '완전하고도 최종적 으로 해결'된 것으로 여겨졌다. 식민지 아래, 같은 '일본인'으로서

---

2) 정식 명칭은 〈재산 및 청구권에 관한 문제의 해결 및 경제협력에 관한 일본국과 대한 민국 간의 협정〉

피폭했는데, 주한 피폭자는 한일 양 정부로부터 버림받았다. 피폭자 가운데 뜻있는 사람들이 신문이나 텔레비전, 길거리에서 전단지로 호소하여 1967년, '협회'를 결성. 동포 피폭자의 실태조사와 의료·생활 지원을 한일 양 정부에 호소하고 한일 민간단체도 구원에 나섰지만, 그 움직임은 거의 주목받지 못했다.

## 피폭자 수첩으로 한 걸음 — 손진두孫振斗 재판

이러한 상황 아래, 피폭자 스스로가 일본에 대한 '직소直訴'에 나섰다. 1968년, 부산의 여성 피폭자 손귀달孫貴達 씨가 '원폭증 치료를 위해' 밀항했다가 체포된 뒤에 병보석으로 히로시마원폭병원에 입원했다. 1970년, 오빠인 손진두 씨도 '원폭증 치료를 목적'으로 사가현 구시우라串浦 어항에 밀입국, 체포되었다. 히로시마에서 피폭된 손 씨는 복역 중에 병상이 악화. 1972년, 피폭자 건강수첩을 요구하며 후쿠오카지방법원에 제소했다. 이 지방법원은 1974년 3월, 원폭의료법은 외국인 피폭자라도 일본 안에 있으면 적용을 받는다고 하여, "불법입국자여도 동법이 적용되어야 한다."는 판결을 내림으로써 손 씨가 승소했다. 후쿠오카현은 공소했지만 1975년 후쿠오카고등법원, 1978년 최고재판소에서도 승소했다. 최고재판소 판결은, 원폭의료법이 "사회보장과 국가보상의 성격을 겸비한다."라고 하여 이 제도의 밑바닥에 있는 '국가보상적 배려'를 지적. 국내외의 피폭자에 대한 '국가의 전쟁책임'을 명기하고, 구 식민지 출신의 피폭자에게 보상하는 것은 '국가적 도의'라고 결론지었다.

손 재판은 주한 피폭자 원호에 중요한 한 걸음을 찍었다. 일본 정부는 이것을 계기로 주한 피폭자에 대한 원호의 문을 조금씩 열어가게 되지만, 그것은 재판 투쟁을 통해서 국가보상을 받고자 한 주한 피폭자와의 경쟁의 결과였다.

일본 정부는 손 재판의 지방법원 판결에 따라, 치료 목적으로 적법하게 일본을 방문하는 주한 피폭자에 대하여 피폭자 수첩을 교부했다. 1974년 7월 22일, 켈로이드의 정형수술을 위해서 일본을 방문한 신영수 씨에게 미노베美濃部 도쿄도지사가 수첩을 교부. 이것이 주한 피폭자에 대한 피폭자 수첩 제1호가 되었다.

## 3. 두터웠던 국가의 벽

### '속지주의'의 국장局長 통지

그러나 후생성은 같은 날, 원폭특별조치법은 일본 국내에 거주하는 피폭자에게 적용되지만, "일본국의 영역을 넘어 거주지를 옮긴 피폭자에게는 적용이 안 된다."라는 공중위생국장 통지(402호 통지)를 발표했다. 이 통지에 따라, 일본을 방문하여 수첩을 취득해도 일본국 밖으로 나가면 효력을 잃어 원호가 중지되게 되었다. 법 적용의 '속지주의'의 벽은 여전히 두터웠다. 그 배경에는 주한 피폭자의 수첩 신청 등 원호 요구의 확대를 막으려는 목적이 있었다고 보인다.

### 도일 치료와 합천 피폭자 복지회관

한편, 한국인 피폭자의 도일 치료가 1980년, 한일 양 정부의 합의로 시작되었다. 피폭자 1명이 1회, 2개월 동안 체재하며 치료를 받는다는 내용. 협회는 일본 정부에게 수용 확대와 치료 기간의 연장을 요구했지만 한일 정부 수준에서 타협을 보지 못했고, 도일 치료는 1986년에 중지되었다. 약 6년 동안 합계 18회, 349명이 히로시마와 나가사키의 병원에서 치료를 받았지만, 그것도 402호 통지의 테두리에 묶인 혜택적인 처우로 끝났다.

1987년 이후, 한국에서는 민주화운동이 심화되는 가운데 한국인 피폭자의 원호 요구도 강해졌다. 한국 정부는 같은 해 4월, 한국내 피폭자 치료 제도를 발족시켜 적십자 병원을 지정병원으로 삼고 협회 등록 회원의 치료를 시작했다(의료비의 1할은 본인 부담, 9할을 나라가 부담). 한편, 신영수 협회장은 같은 해 11월, 일본 정부에 대해서 23억 달러의 보상청구를 냈다. 일본 정부의 1984년도의 피폭자 대책비(피폭자 1인당 약 26만 엔, 총액 991여억 엔)를 기초로 하여 주한 피폭자를 2만 3천 명으로 제시했다.

1988년 서울올림픽을 거쳐 한일 관계의 성숙이 기대되는 가운데, 1990년의 노태우 대통령의 일본 방문으로 가이후海部 수상이 '인도적 관점'에서 40억 엔의 지원금을 표명. 이 '기금'으로 '한국의 히로시마'라고 일컬어지는 경상남도 합천(협회 등록 피폭자의 약 반수가 거주)에 원폭 피해자 복지회관이 건설되어 1996년에 완성되었다.

일본에서는 1994년, 피폭자단체협의회(피단협) 등이 요구하고 있던 원폭의료법과 원폭특별조치법을 일체화한 피폭자원호법(원자폭탄 피폭자의 원호에 관한 법률)이 제정되었다. 그러나 조문에는 '국가보상'은 명기되지 않았고, '나라의 책임'이라고 하는 애매한 표현에 머물렀다. 한국을 비롯한 해외 피폭자에 대한 원호도 명시되지 않았다.

## 4. 재판 투쟁이 열어가는 국가보상으로의 길

### 획기적인 곽귀훈郭貴勳 재판

1998년, 곽귀훈 씨는 도일해서 수첩을 취득하여 건강관리 수당을 지급받던 피폭자가 출국하면 수당이 중지되는 것은 위법이라고 하여 오사카지방법원에 처분 취소를 요구하는 소송을 일으켰다. 2001년, 판결은 '402호 통지'가 "인도적 견지에서 피폭자 구제를 도모하는 원호법의 취지에 반하며 국내 거주자와의 사이에 차별을 발생시키게 하여 위헌의 우려가 있다."고 지적. 2002년, 오사카고등법원도 이 통지의 위법성을 지적하여 후생노동대신은 상고를 단념. '피폭자는 어디에 있더라도 피폭자'라고 호소한 곽 씨의 승소가 확정되었다. '속지주의'의 벽이 무너지는 획기적인 판결이었다.

이것을 통해 후생노동성은 2003년, 402호 통지를 폐지. 일본에서 수첩을 취득한 재외 피폭자는 출국해도 그 수첩이 유효하고, 피폭자원호법에 의한 수당수급권도 소멸되지 않게 되었다. 하지만 병이나 고령 때문에 일본을 방문할 수 없는 피폭자는 대상 밖이 되기 때문에 국외에서도 수첩 신청을 할 수 있도록 요구하는 제소가 잇따랐다.

후생노동성은 2005년에 원호법 시행령 등을 개정하여 재외 피폭자가 재외 공관에서도 건강관리 수당 등의 신청을 할 수 있게 되었다. 현재까지 10여 건의 재판 투쟁으로 주한 피폭자에 대한 '국가보상'의 문이 조금씩 열렸다.

## 미쓰비시 전前 징용공에게 국가 배상

2007년, 최고재판소는 미쓰비시 히로시마 전 징용공 피폭자 46명이 국가와 미쓰비시중공업에 대해서 강제 연행·노동에 대한 손해배상과, 주한 피폭자 원호를 방치해 온 국가에 대한 위자료 청구에 대하여 1인당 120만 엔의 위자료 지불을 국가에 명했다. 판결은, '402호 통지'는 위법이며 그것으로 주한 피폭자가 정신적 고통을 받아 온 것을 지적하고, 재외 피폭자 소송에서 처음으로 국가배상을 인정했다. 하지만, 강제연행에 대해서는 위법성을 인정했지만 한일 청구권협정 등에서 "청구권은 소멸했다."고 하여 미쓰비시중공업 등에 대한 청구는 각하했다. 1995년의 제소로부터 12년을 넘긴 승소였지만, 원고 가운데 생존자는 겨우 15명뿐이었다.

## 증인찾기와 의료비 등의 격차에 대한 과제

2011년 말 현재, 협회에 등록되어 있는 주한 피폭자는 2,650명. 가운데 150명은 고령으로 수첩 교부 수속이 어렵다. 2008년, '개정 피폭자원호법'이 시행되어 재외 공관 등을 통한 피폭자 수첩 신청이나, 본인에게 몸 상태 불량 등의 사정이 있으면 대리신청도 가능하게 되었다. 현재까지 원폭증 인정 신청과 인정, 피폭자에게 대한 여러 수당이나 장례비용의 신청과 수급도 한국에서 가능하게 되었다. 그러나 피폭 뒤 67년이나 지나서 수첩 신청에 필요한 '피폭 사실 증명'을 위한 증인이나 자료 찾기는 지극히 곤란하다. 피폭자원호법에 정해져 있는 피폭자 검진, 개호수당 지급은 인정되고 있지 않다. 의료비도 국내 피폭자는 원칙 무료이지만, 재외 피폭자는 연액 약 17만 엔의 상한이 있어서 일본인 피폭자와의 격차가 남아 있다.

## 5. 한국 헌법재판소의 결정으로 새로운 전개

2011년 8월, 한국 헌법재판소는 한국인 피폭자와 전 종군위안부의 '배상청구권'이 한일 국교정상화에 수반된 청구권협정으로 소멸했는지 아닌지에 관한 양국 사이 해석상의 '분쟁'을 해결하지 않은 한국 외교통상부의 '부작위'는 위헌이라고 하는 결정을 내렸다. 이것은 '한국병합조약 100년'을 넘어 한일의 '새로운 100년'으로 내딛는 해에 식민지 피해자로부터 들이밀어진 '과거청산'의 절규이다.

이 일의 경위는, 미쓰비시 전 징용공의 소송에 대해서 미쓰비시가 "한일 청구권협정으로 원고들의 배상청구권은 소멸되었다."고 주장. 원고들은 전 위안부들과 함께 2002년, 서울행정법원(재판소)에 한국 외교통상부를 상대로 이 협정의 공개를 제소하여 일부 승소했다. 한국 정부는 그 판결에 따라서 2005년, 이 협정 관련의 외교문서의 일부를 공개하고 "협정 체결로 개인 보상에 대해서는 한국 정부가 보상 의무를 진다."고 인정했다. 한국 정부는 나아가 같은 해 8월, 이 협정 문서를 전면 공개했고, 그 후속 조치와 관련된 민관 공동위원회는 "한일 청구권협정에 원폭 피해자, 일본군 '위안부', 사할린 잔류 한국인 등에 대한 반인도적 불법행위는 해당하지 않는다. 일본 정부는 이것에 대해서 별도로 법적 책임을 지지 않으면 안 된다."고 발표했다.

한국 정부는 2007년, 강제동원 피해자에 대해 '태평양전쟁 전후 국외 강제동원 희생자 등 지원에 관한 법률'을 제정하고 지원금의 지불 등을 시작했다. 하지만 이 협정에서 제외되었다고 인정한 피폭자나 전 위안부 등의 문제를 방치했다. 이 때문에 피폭자 2,745명은 2008년 10월, "한국 정부의 부작위는 원폭 피해자 등의 재산권, 인간의 존엄과 가치 및 행복추구권, 국가로부터 외교보호를 받을 권리를 침해한 것으로, 위헌인 것을 확인한다.”고 하는 심판청구를 했다.

헌법재판소의 결정은, 한국인 피폭자가 “침략전쟁을 위한 불법동원에 의해서 강제적으로 일본에 체재당하여 피폭”되어서 구호에서 방치되었기 때문에 피해가 확대되었다고 지적. “침략전쟁국이며, 동시에 비인도적인 차별국”인 일본에 “책임을 묻는다.”고 하고 있다. 한국인 피폭자가 일본인 피폭자와 다른 상황에 놓여진 ‘특수성’을 도외시하고, “원폭 피해자 모두의 공통점만을 강조하는 것은, 원폭 투하의 원인이 된 일본의 침략전쟁과 거기에 따른 각종 범죄적 행위에 대해서 일본이 가해자로서의 책임을 망각하고 회피하는 길을 연다.”고 하여, 그래서는 “피폭의 경위와, 그 이후의 차별과 배제의 과정에서 이중, 삼중으로 고통을 체험한 피해자 등을 적절히 구제할 수 없다.”고 판단했다.

이 ‘결정’ 뒤, 한국인 피폭자 문제도 전 종군위안부 문제와 마찬가지로 일본 정부가 교섭을 거부한 채 진전이 없다. 그러나 일본의 지원단체 ― 한국의 원폭 피해자를 구원하는 시민의 모임과 주한 피폭자 문제 시민회의는 2011년 12월, 일본 정부에 대해서 ① 한국 정부와의 협의에 성실하게 응할 것, ② 중일회담 문서를 전면 공개하여 사실과 증거에 의거한 협의를 할 것, ③ 주한 피폭자에 대해서 피폭자원호법의 완전하고 평등한 적용과 사죄, 전후 보상을 시급하게 실시할 것, 나아가 ④ 북한의 피폭자에 대해서도 같은 대응을 취하고 국교수립 전에라도 인도적 의료지원을 시급하게 실시하도록 요구하는 요망서를 냈다.

북한에는 ‘조선피폭자협회’가 있고, 1,911명이 등록되어 있지만, 생존이 확인되고 있는 사람은 382명(2008년). 가운데 1명이 피폭자 수첩을 가지고 있다. 일본 정부는 2001년, 피폭자 조사단을 북한에 파견하여 피폭자들로부터 '일본에 의한 보상과 사죄' 요구가 나왔지만 원호 조치는 전혀 취해지지 않았다. 그 뒤, 평양을 방문한 원수금原水禁 등의 조사단에 대해서도 '일본인과 마찬가지'의 보상 요구가 나와 있다.

## 6. 전후 보상 문제와 핵의 참해慘害는 '같은 뿌리'

한국인 피폭자의 호소는 일본의 전쟁 책임을 분명히 하고, 그것을 토대로 비핵·평화의 미래를 공동으로 구축하자는 메시지이다.

일본은 메이지 이래의 '부국강병'으로 한반도를 비롯한 아시아 침략에 의해서 피폭자, 종군위안부 등 엄청난 식민지 피해자를 만들어 냈다. 패전 뒤, 평화헌법 아래 '신新 부국富國'책으로 풍요를 추구하고자 원자력 발전소 의존에 빠지지만, 2011년 동일본 대지진에 의한 후쿠시마 원자력발전소 재해로 '안전 신화'는 붕괴. 핵에너지의 '군사 이용＝핵병기'와 '평화적 이용＝원자력 발전'은 동전의 앞뒤였다고 하는 무서운 사실에 노출되었다. 즉, 한국·조선인 피폭자와 전 위안부들이 호소하는 전후 보상 문제와 핵에너지에 의한 참해는 인간성을 무시한 근대화가 가져온 '마이너스〔負〕유산'이며, 같은 뿌리에서 나온 '역사의 쌍둥이'인 것이다.

따라서 일본 정부가 전후 보상 문제를 완전하게 해결하는 것이야말로 역사의 교훈을 미래에 살려서, 피폭자 공통의 소원인 핵무기 폐기에서부터 진정한 '핵 없는 세계' 실현으로 주도적인 역할을 완수할 수 있는 길이다. 그것은 핵의 참화를 물려받게 된 한국의 피폭 2·3세들의 소원이기도 하다는 것을 잊어서는 안 된다.

# 문화재의 반환에 대하여

아라이 신이치 荒井信一

## 1

2011년 8월 30일, 한국 헌법재판소는 일본군 위안부(이하 '위안부')의 일본에 대한 배상청구권이 1965년 6월 22일에 한일 사이에 조인된 〈청구권 경제협력협정〉(이하, 〈청구권협정〉)으로 소멸했는가라고 하는 해석상의 분쟁에 대해 중요한 결정을 내렸다. 이 협정은 〈한일기본협정조약〉과 동시에 체결된 것으로 양국 및 국민의 청구권 문제를 완전하고도 최종적으로 해결했다고 보고 모든 청구권에 관해서 "어떠한 주장도 할 수 없다."는 것을 확인한 것이었다.

기본조약 자체에 대해서도 일본의 식민지 지배에 대한 유효·무효에 대해 양국이 서로 다른 해석을 보류한 채 조인한 경위가 있었는데, 청구권협정에 관해서도 '위안부' 문제처럼 일본 정부 등 국가권력이 관여한 '반인도적 불법행위'에 대해서는 쌍방이 대립하는 해석이 있었다. 일본 정부는 협정에 따라 청구권이 소멸되었으므로 법적으로는 이미 해결이 끝났다는 주장을 계속하고 있고, 한국 정부는 해결했다고는 간주할 수 없으므로 일본 정부의 법적 책임이 남아 있다는 입장을 취하고 있다.

해석상의 큰 쟁점은, 협정 성립까지 한일 국교정상화 교섭에서 토의된 청구권 문제의 대상이 문화재 문제를 제외하면, 일본의 식민지 지배에서 말미암은 채권·채무 등에 한정되며 '위안부' 문제는 포함되지 않았다는 주장을 둘러싼 것이었다.

한국 정부는 '위안부' 문제가 표면화된 1990년대에 일본 정부에 대해 금전적인 배상 책임은 요구하지 않는다는 방침을 취했으며, 2006년에도 다시 한번 "일본 측과 소모적인 법적 논쟁으로 발전할 가능성"이 크다는 이유로 일본 정부와 교섭하지 않겠다는 태도를 분명히 했다.

'위안부' 피해자 109명이 헌법재판소에 위헌확인 청구를 단행한 것은 이때였다. 피해자들이 요구하는 배상조치(사실확인, 명예회복, 금전적 보상)의 큰 장애가 청구권협정의 해석상 분쟁을 방치한 정부의 태도에 있다는 것을 통감한 결과였다.

청구의 근거가 된 것은 청구권협정 제3조이다. 그것은 청구권협정의 해석 및 실시에 관한 두 나라 사이의 분쟁을 우선 외교상의 경로를 통해서 해결하기로 하고, 그것으로 해결할 수 없는 경우에는 중재위원회의 결정에 맡겨서 그 결정을 따른다고 규정한 것이다.

전 '위안부'들이 요구한 것은 청구권협정에 관한 해석상의 분쟁 해결을 제3조 규정에 따라 해결하지 않는 채로 있는 한국 정부의 부작위가 청구인들의 '기본권'(인권, 인간의 존엄) 침해에 해당하는 것이 아니냐 하는 것에 대한 재판 판정이었다.

헌법재판소의 결정은 제3조에서 정한 수속에 따라서 해석상의 분쟁을 해결하지 않고 있는 한국 정부의 부작위는 위헌임을 확인해 준 것이었다. 이에 따라 한국 정부는 일본 정부와 외교교섭이나 중재로 '위안부'들의 배상청구권을 둘러싼 해석상의 분쟁을 해결할 의무를 지게 되었다.

이 결정에 따라서 한국 정부는 9월 15일, 일본 정부에게 위안부 문제를 해결하기 위한 두 나라 사이의 협의를 정식으로 제안했다.

한국 정부가 청구권협정이 정한 수속에 기초하여 공식 2국간 협의를 제안한 것은 이것이 처음이며, 위안부 문제 해결의 새로운 국면이 시작되었다고 해도 좋다.

이에 대해 일본 정부는 법적으로는 1965년에 해결되었다고 하여 협의에 응하지 않았다. 10월에 서울에서 외무장관 회담, 12월에는 방일한 이명박 대통령을 맞이하여 노다 요시히코野田佳彦 수상과 교토 회담이 열렸지만, 일본 정부의 기본적 태도는 변하지 않았다. 특히 대통령은 약 1시간의 회담 대부분을 이 문제에 집중해서 거론했는데, 그런 만큼 한국 측 기대가 컸기 때문에 성과가 없이 끝난 점에 대한 한국 측 실망은 커서 신문에는 〈교토의 분노〉(《중앙일보》)와 같은 표제까지 등장했다.

일본 정부가 2국간 협의를 거부함으로써 한국 측은 중재수속의 준비를 시작했다. 청구권협정은 중재를 요청한 공문의 수령 뒤 30일 안에 중재위원을 임명해야 한다고 규정하고 있으므로, 이미 중재위원 후보의 인선도 시작하고 있는 모양이다. 중재요청을 일본 정부가 거부할 수는 없지만, 특히 양국이 협의해서 선출하는 제3국의 중재위원 인선에 대해서는 파란이 예상되는데, 일각이라도 빨리 중재수속이 개시되기를 바라고 있다.


2


이 책에서 필자의 집필 분담은 문화재 반환 문제이다. 1965년까지 한일 국교정상화 교섭에서 문화재 반환 문제는 시종 중요한 검토 과제였고, 한일기본조약 체결 때 청구권협정과 함께 문화재반환·문화협력협정이 성립되어 국유 문화재 359건이 한국에게 건네져 있다. 민간소유 문화재는 반환대상에서 제외되었지만, 합의회의록에 일본 국민이 민간소유 문화재를 자발적으로 기증하기를 "권장한다."고 써넣어 문화협력의 과제로서 남겨졌다.

그러나 일본 정부는 1965년 협정에 따라서 문화재 문제는 국제법적으로 해결되었다고 강조할 뿐이었고 문화협력에 대한 열의가 부족했으므로, 한국의 문화부 장관이 합의회의록의 기재를 지적하면서 근년의 실적이 부족한 점에 대해 불만을 드러낸 장면도 있었다[《마이니치신문每日新聞》, 1990년 2월 9일자].

1990년은 냉전 뒤 일본이 처음으로 군사적 공헌을 요구받았던 걸프전쟁의 해이며, 일본의 아시아 외교 전환기였다. 5월 3일, 가이후 도시키海部俊樹 수상은 싱가포르 연설에서 "많은 아시아·태평양 지역 사람들에게 참기 어려운 괴로움과 슬픔을 초래한 우리나라의 행위를 냉엄하게 반성한다."라고 말하고 국민의 역사 인식과 역사 교육까지 언급하면서 '반성'의 구체화에 대해 노력할 것을 약속했다. 그 직후에 방일한 한국의 노태우 대통령에게 가이후 수상은 조선 왕조 마지막 왕세자비(황태자비)인 이방자의 복식, 장신구 등에 대하여 한일 우호의 관점에서 건네 드리고 싶다고 제의했다. 이방자는 나시모토노미야梨本宮의 왕녀였는데, 왕세자와 결혼하여 만년은 서울에서 사회복지 사업에 헌신하다가 1989년에 생애를 마친 사람으로, 혼례의상 등이 도쿄국립박물관에 기증되어 보관되고 있었다. 이듬해 4월, 〈고 이방자 여사 복식 등 양도 협정〉이 성립, 국립박물관이 보관하고 있던 227점이 한국 정부에 양도되었다.

그것은 한일의 가교가 되었던 개인의 기억과 연결되는 역사적 기념물로, 외무성이 한일 우호에 이바지하려는 특별조치라고 설명하기는 했지만 그 효과가 아직 부차적minor인 것이긴 했던 셈이나 1965년 협정 이후에 행해진 한국에 유래가 있는 국유 문화재의 반환이었다는 점에서는 획기적이라고 할 수 있는 것이며, 정부간 협정에 따른 반환의 선례가 되었다는 사실은 부정할 수 없다.

1960년 즈음부터 탈식민지화의 기세가 가속함에 따라 구 식민지 제국에서 유출해간 문화재 반환 요구가 거세졌으며, 1970년에는 유네스코의 〈문화재의 불법 수입, 수출 및 소유권 양도를 금지하고 방지하는 조약〉이 제정되었다. 그러나 소유권 이동의 경위와 현상, 시효와 보상 문제 등을 대처하기에는 법적으로 미비가 있어서 식민지주의colonialism의 청산을 위해서는 많은 곤란이 있었다. 이에 유네스코가 관여하면서 2국간에 정부간위원회를 만들어서 법적 수속, 2국간 협의, 소유자의 자발적 행위, 기타 거래, 대출, 복제물 작성 등 다양한 방법으로 호소하며 실질적으로 원산국에 문화재를 반환하는 운동이 촉진되게 되었다. 이방자의 복식은 결코 불법으로 획득된 것은 아니었지만, 그 양도는 한국 측의 강한 희망에 부응한 2국간 협정으로 실현되었던 것이다.

1965년 협정을 전제로 하면서도 2국간 협정에 따라 중요한 국유 문화재의 반환을 실질적으로 실현한 것은 2011년의 한일도서협정에 따른 《조선왕조의궤》 등 귀중도서의 한국에 대한 인도引渡였다. 의궤는 조선 왕조의 의식과 국가행사의 공식기록인데, 한국 해외전적조사연구회의 조사에서 궁내청에 《조선왕조의궤》(오대산 판본)가 존재한다는 사실이 처음 판명된 것은 2001년 10월이다. 따라서 중요한 문화재임에도 1965년 협정의 성립 때까지는 반환 문제가 제기되지 않았다.

2006년부터 한국의 의궤반환운동이 본격화되어, 2010년 2월에는 한국 국회가 반환 요구 결의를 채택했다. 결의는 과거사의 반성과 미래지향적인 양국 관계를 위해서 의궤의 즉시 반환을 요구했다. 일본의 식민지 지배를 "(한국인의) 뜻에 반했다."라고 형용한 2010년 8월 10일의 병합 100년 간 수상 담화는 의궤에 대해 "한국 사람들의 기대에 부응하여 곧 이것을 건네고 싶다."고 표명했다. 도서의 '인도'에 대해서는 같은 해 11월 14일, 양국 외무장관 회담의 결과, 한일도서협정의 서명이 이루어져서 같은 달 16일, 국회(중의원)에 제출되었다.

같은 해 11월 14일, 한국과 프랑스 사이에도 도서대출협정이 조인되었다. 프랑스는 1866년에 강화도를 점령해서 왕실의 문서고인 외규장각에서 도서 297권을 약탈했다. 1990년대부터 한국이 프랑스 정부에 반환을 요구하고 있었지만 진전이 없었다. 2010년에 들어서 타협이 성립되었고, 5년 기한의 대출을 반복하는 형태로 영구대여하는 것으로 협정을 맺을 수 있었던 것이다.

빠르게도 2011년 4월 14일에 프랑스의 반환도서 제1진 75권이 한국에 도착했다. 그러나 한일협정의 경우에는 국회심의가 정체되어, 같은 해 4월 하순에야 간신히 국회심의가 시작되었고, 4월 28일에 중의원 본회의가, 6월 3일에 참의원 본회의가 협정을 가결해서 어찌어찌 성립을 확정지은 상황이었다.

협정은 귀중도서를 발효한 뒤 6개월 안에 한국에 인도한다고 되어 있었는데, 12월까지 총계 150부 1,205권이 한국에 인도되었다. 1965년의 여러 협정과의 관계에서는, 청구권 문제는 해결되어 있다고 하는 원칙에서 '인도'라고 하는 용어가 이용되고 있는데, 이토 히로부미伊藤博文의 메이지 덴노明治天皇에 대한 헌상본 66부 938권이 함께 인도되고 있다. 당시의 주일대사 권철현의 회상에 따르면 이토 히로부미가 '가지고 있던 것'이 한국 측의 강한 요구로 추가되었다. 이토의 헌상본은 극히 일부가 1965년에 한국에 건네졌을 뿐이었으므로, 아마 문화재협정을 보완하는 의미에서 《조선왕조의궤》에 추가되어 반환된 것이라고 생각된다.


### 3


2국간 협정에 따른 귀중도서의 반환은 외교적으로는 위에서 말한 헌법재판소 결정 이후의 '위안부' 문제를 둘러싼 외교교섭과 동시병행한 과정이다. 일본 정부의 태도는 1965년의 청구권협정, 문화재협정에 따라 법적으로는 해결완료라고 하는 점에서는 일관되어 있었다. 그러나 '위안부' 문제에서는 법적으로는 해결완료라고 하는 것이 2국간 협의를 완고하게 거부하는 이유가 되어 노다 총리도 인도적 대처를 약속하는 정도에 그쳤다. 한편 문화재 문제에서는 같은 원칙에 서면서도 2국간 협정에 따라 실질적으로는 문화재협정의 미비를 보완하여 양국의 문화협력을 진전시켰다.

이 차이는 어떤 것일까? '위안부' 문제와 문화재 문제의 차원의 차이를 거론하는 것은 용이하겠다. 새로운 국면을 맞이한 '위안부' 문제는 인권이나 인간의 존엄에 관계되는 중대 불법행위로서 현재의 한일 관계에 깊게 박혀진 가시라고 할 만큼 중대하다. 그러나 14년 동안 계속된 한일 국교정상화 교섭에서 문화재 반환 문제는 최초부터 해결해야 할 중요한 현안으로 제시되어 양국이 심각하게 대립한 문제였다.

문화재는 역사적·예술적·학술적인 공공성이 두드러진다는 점에서 일반의 재산과 다르지만, 일종의 재산인 점에서 차이는 없고 청구권협정의 대상이 되는 측면을 가진다. 그럼에도 한일 교섭의 결과, 청구권협정과 별도로 문화재협정이 필요하게 된 것은 한국

사람들에게는 일본에 유출된 문화재가 집합적인 역사의 기억과 주체성에 깊게 연관되는 존재였기 때문이다.

예를 들면 이번에 반환된 《조선왕조의궤》는 500년 이상 계속된 조선 왕조의 궁정자료로서 조선 왕조의 기억으로, 이와 같은 사적 史蹟과 역사 유물은 한반도 전역에 존재하면서 사람들의 나라나 지역에 대한 자랑과 귀속의식의 근거가 되어왔다. 한국뿐만이 아니라 북한에게도 의의가 있어서, 반환된 의궤를 평양에서 전시하려는 계획도 제안되었다. 민유民有 문화재이지만 2006년에 도쿄대학이 서울대학에 기증한 조선 왕조의 궁정자료 《조선왕조실록》(오대산 판본)에 대해서도, 남북 각각이 소장하는 실록을 서울에서 공동전시하는 계획이 검토되고 있다. 의궤나 실록은, 사람들의 통일에 대한 생각까지도 일깨우는 공통의 문화재가 되고 있다고 할 수 있겠다.

민유 문화재의 반환 문제에서는 벌써 직접적인 형태로 남북 간 협력이 이뤄지고 있다. 그것은 러일전쟁에 종군한 일본군 장교가 한국에서 일본으로 가져온 뒤, 그대로 야스쿠니신사가 보관하고 있던 북관대첩비北関大捷碑의 반환이다. 히데요시秀吉의 한국 침략 때에 현지 의병이 가토 기요마사加藤清正군을 격퇴한 것을 기념하여 오늘날 북한에 해당되는 함경도 북부에 건립되어 있던 것이다. 1999년 무렵부터 한국에 있는 현지 의병의 자손들이 야스쿠니신사에 반환을 호소했고, 신사도 남북 간 합의가 필요하다고 하면서도 반환에 대해 긍정적 태도를 보였다. 2005년 5월의 한일외무장관회담에서도 다루어져 일본 측은 성의를 가지고 중개할 것을 약속했다. 그 결과 10월에 합의문서가 성립, 북관대첩비는 일단 한국에 옮겨진 뒤, 이듬해 3월 1일 남북 합동의 성대한 인도 식전을 마치고 38도선을 경유하여 본래 장소인 함경도 길주로 귀향했다.

　북관대첩비 문제에서 두드러진 것은 남북 불교단체의 협력이었다. 이때부터 한국의 불교도와 시민단체가 환수위원회를 만들어 귀중도서 등의 반환을 요구하게 되었다. 최초로 반환에 성공한 것이 위에서 말한 도쿄대학이 소장하고 있던 《조선왕조실록》의 반환이었다. 반환된 실록은 오대산 사고에 소장되어 있던 것인데, 이곳에는 총독부가 1922년에 궁내청에 기증한 《조선왕조의궤》도 소장되어 있었다.

　실록 반환이 실현되면서 또다시 불교 관계자 등이 중심이 되어 〈조선왕조의궤 환수위원회〉를 결성했다. 위원회의 사무처장 혜문 스님은 북관대첩비, 조선왕조실록의 반환은 모두 남북 불교계가 합의 과정을 거쳐 진행한 것으로 의궤의 반환운동도 '남북 공조'를 통해서 진행시킬 계획이었다고 보고하고 있다.

　한국 국립문화재연구소에 따르면 일본으로 유출된 한반도 유래 문화재는 확인된 것만 6만 1,409점, 개인보유를 포함하면 30만 점 이상이라고 일컬어지고 있다[《아사히신문朝日新聞》, 2010년 7월 28일자]. 물론 모든 것이 약탈된 것, 불법유출된 것은 아니지만 엄청난 수이다. 크게 말하자면 이러한 문화재의 대량 유출은 간 수상이 말한 한국 사람들의 "뜻에 반해 행해진 식민지 지배"가 없었다면 일어나지 않았을 것이다. '위안부' 문제를 보더라도 식민지 지배와 전쟁으로 말미암은 다양한 강제 없이는 일어나지 않았을 문제이다. 이와 같이 생각하면 역시 식민지 지배에 종지부를 찍어야 할 1965년의 한일기본조약 문제로 거슬러 올라간다. 제2조의 병합조약 무효에 대한 한일 해석 차이의 극복이며, 2010년 한일 지식인 공동성명의 재확인이다.

# 한일 관계에서 보는 '재일코리안'[1] 처우의 이모저모

다나카 히로시田中宏

## 1. 그 전사前史

재일코리안 지위 문제의 자취를 한일 관계에서 찾아본다고 한다면, 역시 1965년 한일 국교정상화 이후의 일이 될 것 같다. 그러나 그때까지 20년 동안을 그 전사前史로서 짚어두는 일도 필요하다.

1945년 8월, 일본의 포츠담선언 수락은 조선에 대한 식민지 지배의 종언을 의미하기도 했다. 그 포츠담선언이 인용한 카이로선언에는 "조선 인민의 노예상태에 유의하여 이윽고 조선을 자유 독립된 것으로 한다."고 되어 있으며, 당시 국제사회의 인식이 나타나 있다.

전후 약 7년 동안, 일본은 연합국(실제로는 미국)의 점령 아래 놓이게 되어 다양한 '점령정책'을 경험한다. 미국은 점령에 앞서 몇 가지 점령 연구를 했는데, 그 하나인 〈재일외국인〉(R&A 2690, 1945.6. ─ 일역日譯《부락해방연구部落解放研究》65호, 1988)에는 "조선인은 거의 예외 없이 사회적 지위가 낮은 명백한 소수자 집단이다. 그들은 일본인에게 멸시당해 적어도 1번, 국가적 재해가 일본

---

1) 재일在日(자이니치)코리안이란 일본사람들이 해방 뒤에도 여러 가지 사정으로 말미암아 한국으로 귀국하지 못하고 일본에서 거주하게 된 한국 및 북한의 교포들을 총칭해서 부르는 호칭이다. 일본에서는 이들 교포들을 재일한국인이라 부르기도 어렵고 재일북조선인이라 부르기도 어려워 재일코리안이라고 부르기도 한다. ─ 역자 주

을 덮쳤을 때 속죄양scapegoat이 되었다(관동대지진 때의 조선인 학살을 가리킴).”라고 되어 있으며, 또 “재일외국인에 관한 군정의 주요 목표”를 “일본인에 의한 폭력과 사회적 경제적 차별로부터 외국인 보호”라고도 했다.

이런 일에 근거한 점령개혁의 하나로서 다음과 같은 결과가 생겨났다. 곧 “쇼와昭和 21년(1946년) 1월에는, 이른바 포츠담칙령에 따라 후생연금보험법(1941년법 60)이 개정되었다. 그 내용은 첫째, 연합군 최고사령부GHQ의 《직업정책에 관한 각서》에 따라, 국적에 바탕을 둔 피보험자 자격의 차별 철폐, 즉 외국인도 후생연금보험의 피보험자가 될 수 있게 된 것이다.”(《후생연금보험 15년사》, 1958) 이때, 선원보험법(1939년법 73)의 국적조항도 삭제되었다.

최대의 점령개혁은 헌법개정일지도 모른다. 1946년 2월 13일, 일본 정부에게 건네진 맥아더 헌법 초안에는 “모든 자연인은 법 앞에서 평등하다.”(제13조) 외에, “외국인은 법의 평등한 보호를 받는다.”(제16조)라고 되어 있다. 그 뒤 이 2개 조가 일원화해 “모든 자연인은 그가 일본 국민인가 아닌가를 가리지 아니하고 법 아래에서 평등하며 인종, 신조 ……, 국적에 의해 … 차별받는 일이 없다.”〔신新13조〕고 되었다〔고세키 쇼이치古関彰一, 《일본국 헌법의 탄생日本国憲法の誕生》, 이와나미서점岩波書店, 2009〕.

초안 제시로부터의 경위는 GHQ의 검열 때문에 비밀이 되었고, 3월 7일 시데하라 기주로弊原喜重郎 내각이 발표한 〈농법개정 초안 요강〉에서 처음으로 밝혀진다. 거기에는 “제13, 무릇 사람은 법 아래에서 평등하며 인종, 신조, 성별, 사회적 지위 또는 문벌에 의해 …… 차별받는 일이 없을 것”(신13조)이라고 되었고, 앞에서 말한 신13조에 있었던 “일본 국민인가 아닌가를 가리지 아니하고” 및 ‘국적’이라는 자구字句는 모습을 감추었다. 물론 GHQ의 양해 없이 이 삭제는 불가능하며, 일본 측은 "무릇 사람은 ……"이라는 주어는, "일본 국민이든 외국인이든 무릇 사람이라는 것은 ……"이라는 취지라고 설명하고, GHQ도 납득한 것이 아닐까? 그리고 현행헌법 제14조는 "모든 국민은 법 아래에서 평등하며 …… 차별받지 않는다."고 되어 헌법이 많이 인용하는 '국민'은 누구를 가리키는 것인가, 구 식민지 출신자는 어떻게 되는 것인가에 대해 신헌법은 '침묵'하고 말았다.

헌법 제10조에는 "일본 국민일 요건은, 법률로 이것을 정한다."고 하여, 국적의 취득·상실에 대해서 법률주의를 취하고 있다. 그러나 구 식민지 출신자의 국적 문제에 대해서는 1952년 4월, 한 조각의 법무부 민사국장 '통지〔通達〕'에 의해서 대일평화조약의 발효일(1952년 4월 28일)에 일본 국적을 상실한다고 선고되었다. 그리고 같은 날 제정된 외국인등록법에는 일찌감치 지문날인 의무가 도입되었다.

일본 국적 상실에 대해서는 일본 측의 일방적 조치가 아니라 한국 측과 합의 위에 이뤄진 것이라는 언설言說〔예를 들자면 아사카와 아키히로浅川晃広, 〈전후 '재일신화'로서의 국적 박탈이라는 거짓말〉, 《정론正論》, 2005년 8월호〕이 있으므로 약간 언급해 두고 싶다. 2005년 한국에서 공개된 한일회담 문서에는 〈재일한교韓僑의 국적에 관한 협정 요강〉이 있고, '제1, 전반적 국적 회복의 경우', '제2, 국적 선택의 경우'의 두 가지 안이 준비되어 있었다. 게다가 제1안의 말미에도 "본 안의 수정안, 제0조, 일본국은 제1조의 대한민국의 국민에 대하여 본 조약 발효 후 3(2?)년 이내에 국적을 선택할 수 있는 권리를 인정한다."고 되어 있어, 한국 측이 국적 선택 방식을 염두에 두고 있었던 것은 분명하다.

과거 일본의 동맹국이었던 독일(서독)에서는 1956년 5월, 국적 문제규제법을 제정하여 문제해결을 꾀하고 있다. 이 법 제1조에 따라 병합으로 부여되지 않았던 독일 국적은 오스트리아 독립 전날에 모두 소실된다고 인정함과 동시에 이 법 제3조에 따라 독일 국내에 거주하는 오스트리아인(재일코리안에 해당)은 자기 의사로 소실 시기로 거슬러 올라가서 독일 국적을 회복할 권리를 가진다고 정해졌다. 다시 말해, 재독일 오스트리아인에게는 '국적 선택'의 기회가 보장된 것이다〔가와카미 다로川上太郎, 〈서독의 국적문제규제법〉, 《호적戶籍》, 1976년 5월호〕.

## 2. 한일법적지위협정의 공功과 죄罪

1965년 한일기본조약으로 한일 국교정상화가 도모되었고, 그 부속협정으로 한일법적지위협정이 체결되었다. 앞에서 말했다시피 대일평화조약의 발효일(1952년 4월 28일)에 약 60만 명의 재일코리안은 최종적으로 일본 국적이 상실되었고, 그에 따라 〈출입국관리령〉(1951년 정政319)이 적용되었다. 그러나 이 령이 요구하는 재류자격과 '재류기간'을 하룻밤에 결정하는 것은 불가능했기 때문에, 〈1952년 법126〉에 따라 잠정조치가 인정되어 법126 해당자(그의 자녀)가 되었다.

한일법적지위협정에 따라 법126 해당자는 '협정영주協定永住'가 허가되었으나 그것은 '한국 국민'일 것을 전제로 하고 있었기 때문에 남북분단 문제가 재일코리안에게 다가오는 결과를 낳았다. 협정영주의 신청기간은 5년이었는데, 기한 안에 신청하지 않은 자는 27만 명을 넘었다고 한다.

이 협정 제4조에는 "일본국 정부는 다음에 거론하는 사항에 대해 타당한 고려를 하기로 한다."고 되어 있어 협정영주자에 대한 '일본국에서 교육, 생활보호 및 국민건강보험에 관한 사항'이 거론되었다. 이 사항이 뒤에 물의를 일으키게 된다.

앞에서 말했듯이 점령개혁 가운데 후생연금 등의 국적사항이 삭제되어 외국인도 그 대상이 되었다. 그러나 점령이 풀리고 일본이 주권을 회복하자 또다시 국적차별이 등장했다. 그 하나가 국민연금법(1959년 법141)으로, 국적조항에 따라 재일외국인은 그 대상에서 제외되었다(그 태반은 물론 재일코리안). 그 뒤 베트남 난민의 유출, 주요국 수뇌회의의 발족(모두 1957년)을 계기로 일본은 무거웠던 엉덩이를 들어 1979년에는 국제인권규약(자유권 규약과 사회권 규약)을 1981년에는 난민조약을 잇달아 비준했다. 이러한 조약이 내건 중요한 원칙은 '비차별·평등'이며, 일본의 법 실행은 크게 수정되지 않을 수 없었다. 즉 국제인권조약의 비준에 따라 공영주택 등 공공주택 관련의 국적요건이 철폐되어 외국인에게 문호가 개방되었다. 또 난민조약 비준에 따라 국민연금법 및 아동수당 3법(1961~1971년)의 국적조항 삭제의 법 개정이 이뤄져 외국인도 그 대상이 되었다.

그러나 국민연금은 20세부터 60세까지 최저 25년 동안 보험료를 납부한 자는 65세가 되면 노령연금을 받을 수 있다는 것이 기본 틀이라, 국적조항 삭제만으로는 무연금자가 생기고 만다. 이와 같은 일은 제도 발족 때, 오가사와라小笠原·오키나와沖縄의 반환 때, 중국귀국자 납치피해자 등에게도 발생하므로 어떤 경우도 무연금이 생기지 않도록 경과조치가 취해졌다. 그러나 국적조항 삭제 때에만 이러한 경과조치가 취해지지 않았기 때문에 일정 연령 이상의 장애자 및 고령자는 무연금인 채로 방치되어 오늘날에 이르고 있다.

그래서 재일코리안의 장애자·고령자가 2000년 이후 교토, 오사카, 후쿠오카에서 재판에 붙여 시정을 요구했으나 모두 패소로 끝났다(남은 것은 후쿠오카 소송의 상고심뿐). 이 여러 소송에서 (일본)국 측은 늘 "한일법적지위협정은 협정영주 한국인에 관하여 일본국에서 교육, 생활보호 및 국민건강보험에 관한 사항에 대해서 일본 정부가 타당한 고려를 할 것을 정해놓고 있으나, 국민연금에 대해서는 그 대상에서 제외되어 있다."고 주장하여 국적차별의 정당화에 악용한 것이다. 나는 생활보호가 갖는 '보충성'이라는 취지에서 생각한다면, 협정에 생활보호가 거론되어 있는 것은 보호 이전에 활용되어야 할 사회보장을 제거하는 것이 아니라 오히려 그것들을 포함한다고 해석해야만 한다는 〈의견서〉를 재판소에 제출했으나 고려되지 않았다.

뒤에서 다룰 1991년 한일외무장관각서에서 확인된, 이후 해마다 한 차례 도쿄와 서울에서 번갈아가며 열리고 있는 한일아시아국장회의에서도 이 무연금 문제는 단골처럼 거론되어 왔다. 예를 들면 2003년 11월, 도쿄에서 열린 회의에서는 "① 우리(한국) 측은 현재 무연금 상태에 방치되어 있는 재일한국인 장애자·고령자에 대한 구제대책 및 일부 지자체가 지급하고 있는 특별급부금의 인상을 요청한다. ② 일본 측은, 연금 문제는 일본에서도 큰 정책 쟁점이 되어 있으므로 더 관심을 갖고 진행해갈 것이라고 언급하고 있다."고 한국 측의 〈의사개요〉에 기록되어 있다(일본 측은 공개를 거부). 결국 매회 거론되고 있지만 아무런 구체적인 진전을 보지 못한 채 오늘날에 이르고 있다.

또한 재일코리안의 무연금 문제는 유엔의 자유권규약위원회에서도 거론되어, 2008년 10월, 일본 정부의 제5회 보고서 심사 뒤의 〈총괄소견〉에는 "체약국〔일본〕은 외국인을 국민연금제도에서 차별적으로 배제하지 않을 것을 확보하기 위해 국민연금법의 연령제한규정에 의해 영향을 받은 외국인을 위해 경과조치를 갖추어야 한다."고 지적하고 있다.

한일 국교정상화가 이뤄진 1965년 말의 문부차관 통지에는 "민족성 또는 국민성을 함양하는 것을 목적으로 하는 조선인 학교는 …… 이를 각종 학교로서 인가해서는 안 된다."고 되어 있고, 또한 "조선인을 포함하여 …… 오로지 외국인을 수용하는 교육시설에 대해서는 …… 새로운 제도를 검토하여 외국인학교의 통일적 취급을 꾀하려 한다."고 되어 있다. 이듬해인 1966년부터 외국인학교 법안(당초는 학교 교육법 일부 개정안)도 국회에 제출되었으나, 결국 성립에는 이르지 못했다. 이 법안은 외국인학교의 허가권 등을 지사로부터 문부성 대신(교육부 장관)에게 옮기는 것이 최대의 목적이었다. 또 규제강화에 관한 조항만으로 그 수료자에게 대학 입학 자격을 인정한다든가, 사학 조성의 대상으로 하는 등의 보호·진흥책은 아무 것도 포함되어 있지 않았다. 당시 한국계 민족학교는 4개교뿐이었고, 대부분 북한계의 조선학교로, 약 150개교에 달했는데, 그 학교들이 '표적標的'이 되었던 것이다.

앞에서 말한 한일회담 문서공개에 따라 다음과 같은 사실이 밝혀졌다. 1965년 4월 22일의 제7차 회담, 법적 지위 위원회 26차 회합에서 한국 측(이동호 대표, 나중에 법무차관 등 역임)은 "공산교육을 하고 있는 조총련계 학교를 폐쇄해야 하지 않는가? 그러한 당연히 해야 할 일은 하지 않고 한국인이 설립한 정당한 학교를 그런 학교와 동일시함으로, 그 상급학교 진학자격 조차 인정하지 않는 것은 이해할 수 없다."고 발언했고, 일본 측〔문부성 대신 이시카와 지로石川二郎 참사관〕은 "이것은 일본이 책임지고 해결할 내정 문제다."라고 응답하고 있다(《한일회담문서 전면공개를 요구하는 모임 뉴스》 9호, 2007). 문부장관 통지, 나아가 외국인학교 법안이 실질적인 '조선인 학교 사냥'이었던 사실의 흐름이 보일 것이다.

## 3. 25년 뒤의 〈91년 협의〉

한일법적지위협정 제2조 〈협의〉에는 "일본국 정부는 …… (협정영주자의 자손의) 일본 안에서 거주에 대해서는 대한민국 정부의 요청이 있으면 이 협정의 효력 발생일로부터 25년을 경과하기까지는 협의를 행할 것에 동의한다."고 되어 있는데 그것이 〈1991년 협의〉이며, 1991년 1월, 한일 외무장관 사이에서 각서가 교환되었다. 거기에는 "1. 입관법 관계에서는 3세 이하의 자손에게 규칙적으로 영주를 인정한다. 2. 외국인등록법 관계에서도 지문날인은 폐지한다. 또한 공립학교 교원 및 지방공무원의 채용에 대해서는 '외국인 채용에 관한 국적에 의한 합리적인 차이를 감안한 일본 정부의 법적 견해를 전제로 하면서' 채용의 문을 연다." 그리고 마지막에 "또한 지방자치단체 선거법에 대해서는 대한민국 정부로부터 요망이 표명되었다."고 되어 있다.

협정영주자의 자손에 대해서는 앞으로도 협정영주 자격이 계승되는 것으로 되었으나, 그것을 담은 일본의 국내법(정식명은 〈일본국과의 평화조약에 기초하여 일본의 국적을 이탈한 자 등의 출입국관리에 관한 특례법〉, 이하 〈입관특례법〉이라 함)에서 구체적으로는 남북한, 대만 출신자 및 그 자손은 모두 일괄해서 '특별영주자'가 되었고, 협정영주자도 거기에 흡수되었다. 그 결과 재일코리안에게 드리워져 있던 '남북분단'은 해소되었다.

1980년대 이후 재일코리안을 중심으로 하는 지문날인 거부의 취급은 결국 한일 외무장관의 〈각서〉 속에 그 폐지가 담기게 되는 결과를 가져왔다. 일본 정부는 1992년 6월의 외국인등록법 개정으로 그것을 구체화하는데, 그 대상은 '특별영주'만이 아니라 '일반영주'에 대해서도 지문폐지가 되었고, 나아가 1999년의 법 개정으로 다른 외국인에 대해서도 폐지되었다.

공립학교 교원에 대해서는 문부성(당시)이 1991년 3월, "재일외국인 등 일본 국적을 갖지 않은 자에 대해서 1992년도부터 공립학교 교원 채용 시험의 수험을 인정함과 함께 합격자에 대해서는 임용의 기한을 두지 않는 상근강사로서 임용한다."고 '통지'했다(같은 달 22일, 문교지 제80호). 일본인이라면 '교유敎諭'가 되어 주임·교원·교장이 되는 일도 있지만, '상근강사'인 외국인이 이런 지위에 임명되는 일은 없다. 공무원에 대해서는 법령상으로 '국적조항'은 없지만, 1953년 3월, 내각법제국이 "공무원에 관한 당연한 법리로서, 공권력의 행사 또는 국가 의사의 형성에 참여하고 관계하는 공무원이 되기 위해서는 일본 국적을 필요로 하는 것이라고 해석해야만 한다."는 견해를 보였다. 〈각서〉에 등장한 "일본국 정부의 법적 견해"가 이 "당연한 법리"를 가리킨다는 것은 말할 것도 없다. '상근강사'로 일컫는 외국인은 이른바 '2급 교원'이 된 것이다. 이 건에 대해서 일본변호사연합회는 당사자로부터 인권구제 신청에 대해 조사를 행하고 2012년 3월 6일 문부과학성 장관에 대하여 "상기 통지에 기초한 취급은 헌법 14조에 반하는 불합리한 차별적 취급이며, 또한 외국국적자에 대한 헌법 22조가 보장하는 직업선택의 자유를 침해하는 것이다."라고 하면서 통지의 취소 등을 권고했다.

〈각서〉의 마지막에 등장하는 지방선거권 문제도 언급해 두고 싶다. 재일코리안이 오사카지방재판소에 제소한 것은 1990년인데,

그것에 대해서 최고재판소는 1995년 2월 청구는 기각했지만 "영주자 등"에 대해 "법률로서 지방공공단체의 장, 그 의회의 의원 등에 대한 선거권을 부여할 조치를 강구하는 것은 헌법상 금지되어 있는 일은 아니다.", "오른쪽과 같은 조치를 강구할 것인가 아닌가는 오로지 국가의 입법정책에 관계되는 사안이다."라고 판시했다.

일본의 국회에 영주외국인 지방선거권 부여법안이 처음으로 제출된 것은 1998년 10월로 둘 다 야당이었던 민주당과 공명당의 공동 제안이었다. 그러나 이후 제출·폐안이 반복되었는데, 2009년 9월의 정권교대 뒤에는 모습을 감추고 말았다.

1999년 3월, 김대중 대통령은 오부치 게이조小渕惠三 수상과의 수뇌회담(서울)에서 재일한국인에 대한 지방선거권 부여를 요청함과 함께 한국에서도 외국인에게 마찬가지 조치를 검토 중이라고 설명했다. 결국 차기 노무현 대통령 시대에 들어선 2005년 6월, 공직선거법 개정으로 영주외국인에게 지방선거권이 부여되었다(선거연령 19세로 낮춤). 이미 2006년 및 2010년의 두 차례 통일지방선거에서 투표가 이뤄졌다. 한편 재외국민의 국정선거권 문제에서는 한국 헌법재판소의 헌법부적합 판결을 받아 법 개정이 실현되었고, 2012년 4월의 국회의원 선거(단원제) 및 12월의 대통령 선거에서 처음으로 재일한국인이 투표할 수 있게 되었다. 일본에서는 재외일본인의 국정선거권은 2000년부터 실현되어 있다. 따라서 재한일본인은 중의원과 참의원의 양원 의원선거에서는 한국에 있는 일본의 대사관이나 영사관에서 투표하고, 지방선거는 한국의 거주지에서 투표하고 있다. 한편 재일한국인은 간신히 한국의 재외선거는 실현했으나 일본에서의 지방선거는 아직 실현하고 있지 못하다(졸고, 〈소외의 사회인가, 공생의 사회인가 ―외국인참정권은 왜 필요한가?〉, 《세계》, 2010년 4월호 참조).

## 4. 고교무상화와 조선학교 제외

새로운 문제의 하나는 고교무상화의 조선학교 제외이다. 정권교대로 성립된 민주당 정부는 2010년 4월, 고교무상화법을 시행하고 고교만이 아니라 전문학교, 각종학교인 외국인학교도 그 대상으로 삼았다. 이 법은, 공립고교는 수업료를 징수하지 않기로 하고, 사학에 대해서는 공립고교 수업료 상당액(월액 9,900엔이 기본)의 '취학지원금'을 학생에게 지급하기로 하였다. 대상이 된 외국인학교는 ㈎ 외국 학교의 과정과 동등한 과정을 보유한 곳, ㈏ 국제교육평가기관의 인정을 받은 곳, ㈐ 기타로 구분되어, ㈎로서 브라질 고교 10개교, 중화학교 2개교, 한국·미국·프랑스·독일·페루 각 1개교로 합계 17개교, ㈏로서 홋카이도부터 오키나와까지 국제학교 International School 18개교, 총 합계 35개교가 지정되었다(2012년 4월 현재).

㈐에 대해서는 2010년 4월, 문부과학성에 전문가로 이루어진 '검정회의'가 설치되어 8월 30일, 〈고교 과정과 유사한 과정을 둔 외국인 학교의 지정에 관한 기준 등에 대해〉를 발표하였다. 또한 11월 5일, 문부과학성 장관이 〈고교무상화법안 시행부칙 제1조 제2호 ㈐의 규정에 기초한 지정에 관한 규정〉을 발표하였으며, 그 지정 수속 등을 정하여 신청기한을 11월 30일로 삼았다. 조선고교는 10개교는 모두 기한 안에 신청을 마쳤으나, 북한의 한국(연평도) 포격으로 말미암아 11월 24일 일본 정부는 무상화 수속의 '정지'를 지시했다. 그러나 이듬해 8월 29일, 간 나오토 수상은 간신히 이 수속의 '재개'를 지시했다. 그럼에도 이 글을 집필 중인 지금도 심사결과가 나와 있지 않다. 따라서 2011년 3월 및 2012년 3월에 졸업한 조선고교생은 모두 '취학지원금'을 받을 수가 없었다.

한편 ㈐로 분류되는 호라이즌 재팬 인터내셔널(터키계, 가나가와현)은 2011년 8월에, 코리아국제학원(오사카부)은 같은 해 12월에 각각 조선고교를 앞지르는 형태로 지정되었다.

앞에서 말한 검토회의가 정리한 '기준'에는 "지정에 대해서는 외교상의 배려 등에 따라 판단해서는 안 되며 교육상의 관점에서 객관적으로 판단해야만 할 것이다."라고 되어 있는데도, 조선고교의 취급에 대해서 '북한 따돌리기'로 현혹되어서 괜찮은 것일까? "어린이의 인권을 지키자~. 북일정상회담에서 납치사건 문제가 전해진 일 등을 빌미로 조선학교나 재일조선인 등에 대한 괴롭힘, 협박, 폭행 등의 사안이 보도되고 있는데, 이것은 인권옹호상 간과할 수 없는 행위입니다."란 것은 '도쿄법무국·도쿄도인권옹호위원연합회·도쿄도'가 배포하고 있는 인권계몽 전단지의 문장이다. 고교무상화에서 조선고교를 제외하는 것은 여기서 말하는 '괴롭힘'이며 '인권옹호상 간과할 수 없는 행위'가 아닐까?

고교무상화에서 조선고교를 제외한 것은 옛날의 한일 국교정상화 전후의 '조선학교 사냥'을 방불케 하는 점이 있다. 그러나 현재는 조선학교의 민족교육에 대하여 한국에서 강한 관심이 드러나 있으며, 2011년 6월, 도쿄에서 열린 〈즉각 조선학교에 '무상화'를〉 집회에는 홋카이도의 조선학교를 밀착 취재한 기록 영화 《우리학교》의 김명준金明浚 감독도 방일하여, 마음을 담은 메시지를 전해주었다. "31개교의 외국인학교에는 (고교무상화) 적용을 인정하면서도 조선학교만을 배제한 것은 일본 정부에 대한 실망을 낳았습니다. 그 이유가 한반도에서 일어난 천안함이나 연평도 포격 등의 정치적인 사건이라고 한다면 솔직히 말해서 어처구니가 없어 웃을 수밖에 없습니다.", "조선학교는 어린이들에게 자신이 누구인가를 가르쳐 주고 그밖에 조선인으로서 살아갈 방법을 가르쳐 주는 유일한 학교입니다. 이것은 일본학교에서 절대 할 수 없는 일입니다. 일본학교가 할 수 없는 일을 조선학교가 하고 있는 것입니다."라고. 많은 것을 말할 필요는 없을 것이다. 아베 히로키阿部浩己 가나가와대학 교수(국제인권법)은 《교도통신共同通信》이 발신한 기고문에서 "문제가 되고 있는 것은 북한의 행동이 아니다. 일본 안에서 살고 있는 어린이들을 동등하게 처우하지 못하는 우리 일본인 자신의 자세다."라고 술회하고 있다(《가나가와신문》, 2012년 3일 25일자).

## 5. 재일양심수의 특별영주特別永住 자격의 회복

1970~80년의 박정희·전두환으로 이어진 군사정권 시대에 일본에서 벌어진 민족차별 속에서 자기의 정체성identity 확인을 위하여 모국인 한국에 유학한 이도 많으며, 그 가운데는 용무가 있어 한국을 방문한 이도 있었다. 어느 날 갑자기 한국 보안사령부나 정보부에게 국가보안법·반공법 위반에 저촉되어 체포, 구금, 고문을 받고 '북한의 간첩'이라는 혐의를 뒤집어 쓴 채 '정치범'으로 복역한 자가 약 160명이라고 한다. 그 가운데는 사형판결을 받은 자도 있었다(뒤에 사면을 받아 경감).

이 사람들은 방한 때, 모두가 일본의 '재입국허가'를 얻고 있었지만 체포, 구금, 복역으로 그 유효기간(1년)이 지나버려 형기를 마치고 일본에 돌아올 때는 '신규입국' 취급을 받아, 그때까지 지니고 있던 '협정영주'(현재는 특별영주)를 잃어버린 몸이 되었다.

한국에서는 민주화 투쟁을 거쳐 새로운 시대를 맞이하여 2005년 5월, 〈진실·화해를 위한 과거사 정리기본법〉이 제정되었고, 12

월에는 〈진실·화해를 위한 과거사 정리위원회〉가 설치되었다. 이 위원회는 이들 재일한국인의 '사건'에 대해서도 조사(방일 조사도 포함)를 진행하여 '날조'를 명백히 밝히고 재심 재판의 제기를 권고했다. 그리고 2012년 4월 현재, 재심에서 무죄 판결을 받은 자가 12명(가운데 5명은 확정, 나머지는 검찰 측 공소 또는 상고 중)이며, 재심 개시가 결정된 자가 3명, 재심 개시를 기다리는 자가 8명, 기타 신청 준비 중인 자도 많다.

재심 무죄라는 것은 '사건'이 억울한 죄였다는 것을 의미하며 재입국허가의 기한을 넘긴 것은 '자기의사'로는 어찌하기 힘든 이유에 따른 일로, 종전의 '협정영주'(현재는 특별영주) 자격의 회복이 꾀해지는 것이 당연하다. 현재 '특별영주' 자격을 지니고 있지 않기 때문에 ① 해외 출국 후의 재입국 시에 매번 공항에서 '좌우 검지의 지문과 얼굴사진'의 생체정보를 채취 당한다. ② 고용대상법이 정한 〈고용신고서〉의 대상외국인으로 간주되어 취직할 때 불이익을 입을 우려가 있다. ③ 2012년 7월 이후의 〈재류在留 카드〉의 상시 휴대 의무가 면제되지 않는 것과 같은 취급을 받는 데 더하여 이런 불이익은 그 아이들에게도 이어져 있는 것이다.

재류자격 회복의 선례로서는 지문 날인을 거부한 최선애崔善愛 씨의 사례가 있다. 1986년 지문 날인 거부 때문에 재입국자격을 얻지 못한 채 유학을 위해 미국으로 출국, 1988년 6월 일본에 돌아왔는데 상륙특별허가(180일)에 따른 '신규입국' 취급을 받았으며 종전의 '협정영주' 자격은 상실했다고 하였다. 그러나 1999년의 외국인등록법 개정(지문 완전철폐) 때 입관특례법入管特例法 부칙에 그 '특별영주' 자격을 회복하기 위한 조문이 덧붙여져 특별영주자격을 회복한 것이다.

2012년 7월의 개정입관법의 시행에 따라, 이후에는 '간주재입국허가' 제도가 시작되어 원칙적으로 재입국허가는 불필요하게 된다. 이것을 계기로 앞에서 말했던 한국인 양심수 등 옛날에 부득이한 사유로 말미암아 재입국허가의 기한이 지나버렸기 때문에 역사적인 배경을 가진 특별영주권 자격을 잃어버린 사람들의 법적 지위의 회복을 도모해야만 한다. 지금까지의 경위를 되돌아보면 그것은 한일 양국 정부가 협력하여 그 실현을 도모해야만 할 일이라 할 수 있을 것이다. 이 문제도 고교무상화의 조선학교 제외와 함께 새로운 문제이다. 또한 양심수의 한 사람으로 사형판결을 받은 뒤 경감 받아 13년 복역하고 석방되어 일본에 돌아온 강종헌康宗憲 씨의 저서 《사형대에서 교단으로 —내가 경험한 한국현대사》〔가도카와角川 학예출판, 2010〕를 소개해 두고 싶다. 강 씨는 재심 개시 결정은 받은 상태지만, 아직 판결은 내려지지 않았다.

이상 한일 관계에서 본 재일코리안의 지위·처우 문제에 대해 썼는데, 문제에 대한 이해 및 그 해결에 대해서도 도움이 된다면 더없는 기쁨이겠다.

# 조선인 BC급 전범 운동의 현재

오카다 다이헤이 岡田泰平

전후 보상 문제가 아시아·태평양전쟁에서 말미암고 있다는 점에서 생각한다면, 이 문제들은 전후 일본보다 오래 존재했으며, 각각의 당사자는 이 나라가 전후 민주주의를 표방해 온 동안에도 계속 고통을 당해왔다. 조선인 BC급 전범 문제도 그 직접적인 원인이 1942년에 한반도의 젊은이들이 일본군 군속이 되었었다는 사실에 있으므로 이 사례에서 벗어나지 않는다. 다만 이 문제에서 두드러진 특징은 당사자들에 의한 운동의 시간적인 길이이다. 아래에서는 조선인 BC급 전범 문제를 사회운동으로 파악하여 그 발자취를 되돌아봄과 동시에 2012년 현재의 과제에 대해 서술하고 싶다.

## 당사자의 체험·사상·운동

이 문제의 당사자들은 세 차례에 걸쳐 다른 이유를 가지고 일본 정부를 고소해왔다. 첫 번째는 1952년에 샌프란시스코 강화조약의 발효에 따른 석방 청구(인신보호 청구)였다. 샌프란시스코 조약 발효에 따라 일본 국적을 상실했으므로 동 11조가 규정하는 "구금되어 있는 일본 국민"에 해당하지 않는다고 하는 논리였다. 그러나 한편으로 판결을 받았을 때는 일본인이었다는 이유로 구류를 피할 수 없었다. 다른 한편에서는 이미 일본인이 아니라는 이유로 이른바 〈공제연금법〉이나 〈원호법〉의 대상이 되지 않았다.

두 번째는 1954~55년의 스가모巣鴨형무소에서 출소 거부였다. 당시 친척도 없는 일본 사회에서 살아남기 위해서 주택알선과 일시생활금을 요구했다. 이 투쟁을 통해서 조선인 전범이 처한 곤경을 일본 사회에 호소했다. 그리하여 일본 정부로부터 어느 정도의 공적 부조를 획득하고 있다.

그리고 세 번째는 일본 정부에 대해 상징적 보상을 요구한 조리재판条理裁判이었다. 이것은 사법에서 공식사죄와 그 사죄의 뜻을 뒷받침하기 위한 보상을 일본 정부에게 요구하는 것이었다. 1991년 11월 12일에 제소하여 지방재판소, 고등재판소, 최고재판소에서 투쟁했으나 1999년 12월 20일에 패소가 확정되었다.

1990년대가 되자 재판을 통하여 일본 정부의 책임을 소송하는 다양한 전후보상운동이 제기되었는데, 그것보다 30년 이상 앞선 1956년 2월에는 당사자들이 일본 정부에 대하여 보상을 요구하였다. 형사자刑死者 500만 엔, 유죄자有罪者에게는 구금된 기간 동안의 일당을 요구했다. 어떻게 이렇게 빠른 시기에 일본 정부에게 개인보상을 요구하는 운동이 가능했을까? 그것은 조직 면에서는 1955년 4월에 〈한국출신 전범자 동진회〉(1983년 3월에 〈동진회〉로 명칭 변경. 이하, 이 글에서는 동진회로 기록함)라는 상호부조 조직을 만들어, 우여곡절은 있었지만 당사자로서의 결속을 지켜왔기 때문이었다. 동진회 회장 문태복文泰福은 7명이 원고가 된 이유에 대해 "148명이 어쨌거나 전부 원고라는 마음이 있습니다."라고 말하며, 동진회에서 상담하여 임원을 중심으로 해서 7명을 선발했다고 설명하고 있다. 여기서 말하는 '148명'이란 아시아 각지에서 열린 연합국에 의한 BC급 재판에서 23명의 형사자를 포함한 유죄가 된 조선인 BC급 전범자 전원을 말한다.

이 결속의 중심에는 조선인으로서의 원체험原体験과 공유된 의식이 있었다. 당사자들은 1930년대부터 1940년대 초에 걸쳐 황민화皇民化 교육을 받고 10대 후반부터 20대의 나이에 '포로감시원'에 '응모'했다. 2년 계약에 50엔이라는, 당시로서는 파격적 대우였으나 부모의 반대와 '포로감시원'이라는 일에 대한 불안이 있었다. 당시는 징병제의 시행이 이미 결정되어 있었고, 노동자와 농민의 강제연행이 시작되고 있었다. 이런 가운데 '응모'라고 해도 그 배경에는 좋은 대우와 입신출세에 대한 동경이나, 농촌에 남아 있으면 강제연행과 징병을 당하지 않을까라는 두려움, 면장과 경찰관에 의한 노골적인 위협 등이 있었다. 이 점에 관해서 한국 정부는 조선인 BC급 전범자를 강제동원 피해자로 인정하고 있다.

그 뒤 배속된 부산의 노구치野口 부대에서는 초년병과 똑같은 훈련을 받고 천황제에 대한 충성, 상관명령에 대한 절대복종, 나아가서는 폭력을 동반하는 명령의 강요방식을 주입받았다. 이러한 과정을 거쳐 구 일본군의 주변적 관심사이면서도 연합국의 원한의 표적이 되었던 제국 일본의 포로정책의 말단을 담당하게 되었다. 군인칙유軍人勅諭에서 보이는 절대복종주의, 식료품과 의료품의 현지조달, 포로를 노동력으로 사용하는 방침, 나아가서는 가지지 않을 수 없는 국가의 무모한 전쟁행위의 악영향이, 당사자가 연합국 포로와 대치한 현장에 밀려들었다. 그들이 일한 태면철도泰緬鉄道1)와 인도네시아 외도外島의 비행장 건설 현장에서는 매일같이 포로가 영양실조와 과중한 노동에다가 콜레라, 이질, 말라리아, 뎅기열과 같은 병에 걸려서 죽어갔다. 그리고 1945년 8월 15

---

1) 태국과 미얀마를 잇는 철도. — 역자 주

일 일본이 패전한 뒤, 전 포로의 고발에 의해 당사자는 연합국에 구속되었다. 그 뒤로 아시아 각지에서 이루어진 BC급 전범 재판에서 위에서 말한 148명이 사형을 포함한 징역형에 처해졌다. 조리재판의 원고가 된 당시 사람들 가운데 문태복과 이학래李鶴來가 사형 판결을 받았다가 뒤에 감형되었다.

당사자들에게는 포로감시원이었다가 전범이 된 것, 나아가서는 형사자가 생겨버린 것이 운동을 계속 떠받쳐 준 원체험이 되고 있다. 거기에는 노구치 부대에서부터 포로수용소에 이르기까지 일본인 장병의 멸시와 부조리한 구타, 가혹한 노동과 포로의 떼죽음, 그리고 BC급 전범 재판의 추격자 당사자가 행했다고 고발당한 폭력과 노동강요가 있었다. 일본인 장병의 "너희들을 훌륭한 일본인으로 만들어 준다."고 하는, 결코 일본인에게는 발설하지 않는 온정주의적인 언사의 뒤에는 조선인인 한 절대 일본인과 평등하게 취급할 수 없다고 하는 본질적인 민족차별이 들어 있다. 그리고 '훌륭한 일본인'이 되려면 천황제 군대의 말단으로서 상관의 명령에 표층적인 복종뿐 아니라 정신의 밑바닥에서부터 동의하여 스스로 나서서 충실히 그 명령을 집행할 것이 요구되었다.

문태복이 죽을 때까지 돌보았던 조문상趙文相은 "자신의 죽음을 앞에 두고도 자신의 것이 거의 없는 게 어이없다."고 그 유서에 남기고 있다. 사형수를 수용하고 있던 창기형무소[2] P홀 안에서 "누구를 위해서, 무엇을 위해서 죽지 않으면 안 되는가."를 알지 못한 채 "풀이 죽은 느낌으로 몸부림치며 뒹굴던" 조문상이 죽음 직전이 되어서야 겨우 뱉어낼 수 있었던 이 말에서 천황제 사상에 순종해 버렸다고 하는 회한의 표명을 읽을 수 있다.

반대로 말하자면, 이들 조선인 형사자는 죽음 직전 말고는 스스

---

[2] 싱가포르 동쪽 창기 지구에 있는 형무소. ― 역자 주

로의 민족성을 나타낼 수 없었다는 뜻이다. 조선인이면서도 일본인으로서 죄를 지고 처형당한다고 하는 이 모순을, 이학래는 조리재판 가운데서 다음과 같이 나타내고 있다. "우리로서는 그 친구들의 허무함, 원한, 이것을 이 재판을 통해 다 드러내주고 싶은, 그러한 기분이 가득합니다. 그것이 적어도 살아남은 우리의 사명이자 책무라고 생각합니다."라고. 즉 일본인으로서 죄를 진 형사자를 조선인으로서 애도하는 것, 이것이 조선인 BC급 전범 운동의 중심에 있다.

## 1950년대 이후 운동의 전개

위에서 기술한 형사자들 유족에 대한 보상 500만 엔이라고 하는 1956년의 요구에서 알 수 있듯이, 이 형사자들에 대한 추도라고 하는 관점이 늘 운동의 중심에 있었다. 그 성과로서 유골의 적절한 안치와 송환이 있다. 영국·네덜란드 재판의 형사자들 유골은 한국 유족들에게 반환, 또는 '망향의 동산'에 매장되어 있다. 남은 과제는 북한에 본적을 둔 나머지 5주柱의 유족에게의 반환과 필리핀의 유골 1주 및 중국의 형사자 유골 8주의 수집이다.

또한, 1950년대 후반의 일본 정부에 대한 보상청구운동은 데모 행진과 수상 관저에서 연좌 농성을 하면서 전쟁의 기억이 현저하게 남아 있던 일본 사회에 호소했다. 그러나 중일회담이 1965년 6월에 체결되자 일본 정부는 이 문제도 "완전하고 최종적으로 해결되었다."고 해석했다. 그 뒤로 2000년대에 이르기까지 입법 면에서 구체적 진전은 없었다.

1990년대의 조리재판을 통해서 보상을 얻어낼 수는 없었다. 그러나 그 큰 공적으로서 고등법원 판결에서 당사자의 피해 사실이 인정되어 보상법의 입법을 재촉하는 부언附言이 이뤄진 일이 있다. 이 부언 판결을 받아낸 동진회와 지원단체는 〈구 식민지 출신자인 'BC급 전범자'의 유족 등에 대한 조치에 관한 법률〉을 책정했다.

그러나 이 법안을 중의원 법제국과 조정했는데, '보상'이 '위사慰謝'로 바뀌고, '구 식민지 출신자'라고 하는 문언文言이 '평화조약에 기초하여 일본의 국적을 이탈한 전쟁재판수형자'로 바뀐 법안(〈특별급부금 지급법안〉)이 제시되었다. 이 법안은 일본의 식민지 지배 책임을 애매하게 만들며, 그때까지 운동을 떠받쳐 왔던 '일본의 전쟁책임을 대신 짊어진' 당사자라고 하는 생각에서 벗어나는 것이었다. 이 법안을 진행시키는 것은 운동의 근본적인 방침 전환을 의미했다.

이 법안을 둘러싸고 운동은 혼란스러워졌다. 그 가운데 이학래는 일본 정부가 '구 식민지 출신자'라는 표현을 사용하는 것은 당사자의 조선인이라는 민족성을 부정하는 일로 받아들일 수 없음을 분명히 했다. 그것에 대해서 지원자 다수는 이 표현을 사용하지 않는 한 일본의 식민지 지배 책임을 추궁하지 못한다는 입장을 취했다. 2003년 여름에 운동은 정체되었다.

그러나 2005년이 되자, 장기 지원자의 일부가 새로운 조직으로 〈한국·조선인 전 BC급 전범자 '동진회'를 응원하는 모임〉을 설립하여 〈특별급부금 지급법안〉의 제정을 요구하는 동진회의 입법활동을 새로이 지원하기 시작했다. 2006년에는 한국 정부에 의한 조선인 BC급 전범자의 강제동원 피해자 인정이 이뤄졌다. 이것을 계기로 〈응원하는 모임〉은 지원자 단체로서 활성화되어 입법운동이 진행되었다. 2008년 5월 29일에는 야당이었던 민주당이 〈특별급부금 지급법안〉을 제출했다. 이 법안은 그 뒤 계속 심의가 시도되었지만 결국 한 번도 심의되지 못하고 2009년 7월 중의원 해산에 따라 심의 미완료 폐안이 되었다. 2009년 8월에는 민주당이 정권여당이 되었지만 이 법안은 다시 제출되는 일도 없는 채 오늘(2012년 8월)에 이르고 있다.

## 1980년대 이후의 운동조직

운동의 조직 면에 있어서는 1980년대에서 1990년대 초에 걸쳐 큰 발전을 보였다. 그때까지 소수의 일본인 지원자가 있었지만 이 운동은 기본적으로 당사자들에 의해 이뤄졌다. 그러나 1980년대 말 이후에는 재일한국인 3세대와 다수의 일본인이 이 운동에 가담하였다. 1991년 3월에는 〈일본의 전쟁책임을 대신 당한 한국·조선인 BC급 전범을 지원하는 모임〉이 정식 발족했다. 〈지원하는 모임〉은 재판자료 준비의 보조, 집회 설정, 여론 환기, 재판자료 간행 등의 측면에서 변호단·원고단을 지원해왔다. 1991년 11월의 재판 제소를 앞둔 궐기 집회에서는 "스스로가 다른 민족에게 범한 과거의 무거운 죄를 인정하고, 그것을 극복해 나가고자 하는 정신적 영위營爲", "무책임한 일본 정부의 태도를 오늘날까지 허용해버렸던 것을 깊이 반성"한다는 것과 같은 어필이 이뤄졌다. 〈지지하는 모임〉의 사무국을 지원한 다구치 유지田口裕史의 말을 빌리자면 "전후 세대인 나는 피해자들에게 사죄가 불가능하다." 그러나 "수십 년 전에 있었던 전쟁에 관한 '반성'은 가능하다." 다시 말해 형사자를 한국인으로서 추도한다고 하는 당사자의 동기에 기본적으로 호응하는 형태로 일본인으로서 '반성'하고 일본 정부에게 식민지 지배의 책임을 지도록 하며 나아가서는 보편적인 평화주의를 촉진시킨다고 하는 일본인 지원자의 의식이 있었다.

그렇다고는 해도 운동을 구체적으로 움직여 가게 만든 것은 당사자의 체험과 역사적 배경을 계속 배우면서 그들이 놓인 상황에 마음을 쓰고, 나아가서는 그들의 체험을 오늘날의 일본 사회와 일본 정부에 대한 비판으로 연결시키고자 하는 활동이었다. 1990년대 초, 〈지원하는 모임〉은 재판과 병행해서 당사자의 증언집회와 당사자 가족인 재일한국인과 일본인의 증언 녹취를 수없이 했다. 이러한 활동을 통해서 당사자 가족의 다수가 지원자와 함께 운동을 후원하게 되었다. 또 위에서 다룬 법안을 둘러싼 혼란을 수습한 것도 한국 정부의 인정을 계기로 새로이 당사자의 역사체험을 지원자 가족과 함께 일본인 지원자가 되돌아본 것이 크다.

일본의 식민지 지배를 '반성'하고 일본이 전쟁을 하지 못하게 만든다고 하는 일본인 지원자의 평화주의는 당사자들의 의식에도 영향을 끼쳐왔다. 형사자를 한국인으로서 위로한다고 하는 것은 한편으로는 당사자를 식민지 제국 일본의 피해자로 규정짓는 것이며, 다른 한편으로는 대량 사망을 만들어 낸 현장에서 그들이 제국 일본의 말단을 담당하고 있었고 포로들에게 가해자였다는 사실은 부정할 수 없다는 점이다. 1980년대부터 1990년대에는 〈아시아·태평양 지역의 전쟁희생자에게 뜻을 담고 마음에 새기는 모임〉과 〈아시아·태평양 지역 전후 보상 국제포럼〉 등에 참가했으며, 또 때로는 스스로의 체험을 증언하는 것으로 당사자는 그 가해와 피해의 이중성에 시선을 돌려왔다.

그 결실로서 이학래는 1991년 8월에 호주로 가서 전 포로에게 사죄한 적이 있다. 특히 호주인 전 포로의 정신적 지주였으며 자신의 사형판결로 이어진 공술서에 이름이 기록되어 있던 에드워

드 던롭에게 사과하고 있다. 이러한 사죄와 그의 진지한 태도는 '반성'할 줄 모르는 일본 사회·일본 정부와 명확한 대비를 부각시켰고 지원자들을 더욱 강하게 분발시켜왔다. 다시 말해 1980년대 말 이후 이 운동은 당사자, 당사자 가족, 지원자들이 일본 정부의 식민지 지배 책임을 추궁하는 일을 더욱 전개해왔다. 아래에서는 현상에 대한 과제를 서술하고 싶다.

## 입법 면에서 앞으로 과제

2009년 8월에 민주당이 정권을 잡게 된 일은 〈특별급부금지급법안〉의 입법화를 예감시키기에 충분한 사건이었다. 앞에서 말한 것과 같이 야당으로서 이 법안을 상정해 두고 있었기 때문이다. 민주당이 정권여당이 되고 나서부터 〈지원하는 모임〉은 의원을 찾아다님과 동시에 법안 상정의 타이밍을 노렸다.

그러나 2010년 6월에는 하토야마 유키오鳩山由紀夫 정권이 오키나와沖縄 기지 문제의 대응을 둘러싸고 무너졌으며, 그 뒤 간 나오토 정권도 민주당 내부의 알력으로 안정되지 못하다가 2011년 3월 11일에는 동일본 대지진이 터졌다. 그 뒤로는 조속히 지진 대응을 해야만 하는 국회에서 조선인 BC급 전범 문제를 다루게 하는 일은 미안하다고 하는 이학래의 의향도 있어 입법활동을 삼가해왔다.

2012년의 통상국회에서는 민주당 의원이 야당 시대의 법안 제출을 되돌아보고 솔선해서 〈특별급부금지급법안〉을 성립시킬 의무가 있다. 조리재판 원고 당사자들만 보더라도 6명 가운데 5명은 이미 세상을 떠났다. 원고 당사자 가운데 가장 어렸던 이학래도 이미 87세이다. 일본 정부가 이 문제를 통해서 식민지 지배 책임을 인정하고 당사자들의 아픈 마음을 보상할 수 있는 시간이 무척 제한되어 있는 것이다.


## 역사연구의 앞으로 과제

이 운동에서는 당사자뿐 아니라 당사자의 가족과 지원자가 조선인 BC급 전범들이 놓여 있던 가혹한 체험이나 당사자들의 일본 사회에서 생활을 역사적 문맥 속에 재배치하고 재검토하는 것을 활동의 큰 기둥으로 삼아왔다. 그 의미에서 이 활동은 역사로부터 현재를 이해하면서 각자의 사상을 심화시키고 행동에 반영해 나간다고 하는 배움과 자기변혁의 측면을 지니고 있다. 이 점에서 조선인 BC급 전범 문제를 새로이 다양한 측면에서 고찰해 가는 일이 요구되고 있다.

몇 가지 과제가 거론될 수 있다. 조리재판 원고는 당사자 6명과 가족 1명으로 구성되어 있는데, 당사자 및 가족의 부친은 영국, 호주, 네덜란드의 BC급 재판에서 정죄당했다. 그러나 이 3개국의 재판에서는 조선인이 129명 재판받았는데 그들은 그 가운데 일곱 사례에 지나지 않는다. 일본인의 재판을 포함한 기타 재판자료와 그 밖의 자료를 정밀조사하여 조선인 BC급 전범이 관여한 개개의 사건, 그들이 정죄당한 개개의 재판을 다시 검토하는 일이 요구된다. 또 미국 재판에서 2명이 판결 받은 필리핀, 16명이 판결 받은 중국에 대해서는 자료수집도 포함해서 연구가 그다지 진전되어 있지 않다. 조선인과 대비되는 관계에 있던 대만인 포로감시원에 대한 연구성과도 여전히 빈약하다. 나아가서는 조선인의 남방 관여,

일본군에 의한 조선인 동원의 전체상과 각지에서 조선인의 행동, 동남아시아에서 조선인 철수와 각국의 BC급 재판 개설방침, 스가모형무소와 1950년대 일본에서의 생활지 등의 더 큰 주제에서의 접근approach이 필요할 것이다. 거기에서는 전형화된 고정관념으로 조선인 BC급 전범의 경험을 이해하는 것이 아니라, 개별 사례를 중첩하여 뉘앙스가 풍부한 역사인식을 배양한 다음에 그 전체상을 파악하는 것이 요구되는 것이다.

아울러, 일본 정부는 여전히 조선인 BC급 전범자에 대한 스스로의 견해를 밝히고 있지 않다. 한국 정부가 실시한 것처럼 일본 정부가 이 문제에 대해서 조사하고 조사결과를 공표하는 일이 요구된다. 또 그 과정에서 이 문제에 관한 모든 자료를 공개하는 것이 요망된다.

나아가서는 조선인의 동원과 철수를 동남아시아의 문맥에서 고쳐보는 일도 요구된다. 우쓰미 아이코內海愛子의 선구적인 연구가 있긴 하나, 다른 지역에서 조선인과 전후 동남아시아에 대한 관계를 재고찰하는 일이 요구되고 있다.


## '현해탄을 넘어선' 앞으로 과제


1950년대 이후만을 대상으로 하더라도 이 운동은 '현해탄을 넘어'서 있다. 당사자 가운데 스가모형무소에서 석방된 뒤 한국·북한으로 귀국한 이도 있다. 또 한국에 거주하는 당사자와 유족이 조리재판에 원고로서 관여해왔다. 다른 유족이 재판의 방청을 위해 도쿄에 오는 일도 있었다. 일본의 지원단체들도 한국에서 사진전을 개최하고 있다. 나아가서는 2006년 한국에서의 강제동원 인정을 기회로 조선인 BC급 전범들의 가족이 모여서 한국유족회를 결성했다. 이 단체는 2009년에 〈한국동진회〉라고 이름을 고쳐서 오늘에 이르고 있다. 당사자 가족이 아닌 한국의 젊은이 몇 명도 한국동진회에 참가하고 있다.

형사刑死와 함께 조선인 BC급 전범 문제에 깊숙이 관계가 있으며 운동을 방향지어온 사건으로서 미수를 포함한 자살 사례와 정신장애가 있다. BC급 전범 재판에서 사형 판결을 받은 뒤 자살을 기도한 이도 있다. 또 1950년대에는 스가모형무소를 출소한 2명이 도쿄 근처에서 자살했다. 이들의 자살은 1950년대 공적부조요구운동의 큰 동기가 되었다. 그밖에는 정신장애를 앓다가 스가모형무소에서 석방된 뒤 지바현千葉県의 격리병동에서 지내다가 1991년 8월에 사망한 당사자도 있다. 한반도에서도 1948년에 당사자의 아내가 물에 뛰어들어 자살했고, 1957~8년 즈음에 한국에 돌아온 당사자 한 사람이 1980년에 마찬가지로 물에 뛰어들어 자살했다.

일본의 운동단체는 일본에서 그들의 자살과 정신병이 조선인에 대한 차별이 뿌리깊이 남아 있는 일본 사회나 당사자의 소송을 등한시해온 일본 정부와 분리할 수 없는 것이라고 규정짓고 있다. 또 한국 사회에서 당사자 가족의 자살과 소외감을 그들에게 붙여진 '친일파'라는 이름과 함께 일본 식민지주의의 한 측면으로 다루어왔다. 그러나 현시점에 서서 보자면 이 이해는 충분하지 않을 것이다. 다시 말해, 강제된 측면도 있어서 포로감시원이 되었고 그 결과 전범이 된 사람들이 왜 해방 뒤의 한국에서 '친일파'로서 규탄 받지 않으면 안 되었던가를 충분히 이해할 수는 없다. 그들에 대한 '친일파' 문제를 한국 사회 측에서 이해할 필요가 있을 것이다.

한국에서 조선인 BC급 전범 문제는 언론의 주목을 미약하게나마 받아오긴 했지만, 한국에서 운동 전개가 이 문제에 관한 끈질 긴 아래로부터의 움직임을 배경으로 한 것은 아니었다. 특히 2006 년 한국 정부의 강제동원 피해자 인정은 운동에 따른 여론 환기의 결과라기보다는 한일[日韓] 활동가의 연계플레이에 따른 것이었다. 한국의 운동단체가 이 문제를 역사적 배경 속에서 어떻게 파악하고 어떤 물음과 함께 한국사회에 제언해갈 것인가는 앞으로의 과제라고 할 것이다. 이 점에서 한국의 젊은이들이 〈한국동진회〉에 참가하여 이 문제에 관심을 보이고 있는 사실은 무척 바람직한 경향이다.

이 세 가지 과제는 상호 연관되어 있다고는 하지만 다른 전후 보상 문제와 마찬가지로 입법 면의 과제를 우선해서 해결해야만 한다는 것이 명백하다. 〈응원하는 모임〉은 2012년 4월부터 7월에 걸쳐 한 달에 한 차례 단위로 원내집회를 개최해왔다. 충분하다고 할 수 없을지 몰라도 〈특별급부금지원법〉을 실현하는 것이 일본 정부에게 식민지 지배 책임을 지게 하는 일의 한 가지 조력이 될 것이다. 그리고 입법 면의 과제가 해결될 때야말로 한일[日韓] 서로가 동아시아와 동남아시아를 잇는 역사, 또 현해탄에 걸쳐진 역사로서 당사자의 경험을 파악할 수 있게 되고, 다시 한번 이 문제에 대한 인식을 심화시키기에 충분한 조건이 갖추어진다고 할 수 있을 것이다.

〈**부기**附記〉

　본론에서는 지면 부족으로 상세한 전거를 생략했다. 그래서 주로 사용한 자료를 소개하고자 한다. 우선은 이 분야 연구의 제1인자인 우쓰미 아이코의 저작·편저 《조선인 BC급 전범의 기록》(1982), 《적도하의 조선인 반란 신장판》(1989), 《태면泰緬철도와 일본의 전쟁책임》(1994), 《김은 왜 재판받았는가?》(2008)가 있다. 이밖에 최근의 활동을 아는 데는 NHK의 취재반이 정리한 《BC급 전범 창살에서의 목소리》(2009)가 유용하다. 또 조리재판에서 한 증언집 《원고 본인 심문조서》는 당사자의 체험을 아는 데 불가결하다. 또 지원단체의 회보 〈지원하는 모임〉의 《빈탄·부사르》, 〈입법을 추진하는 모임〉의 《입법 뉴스》, 〈지원하는 모임〉의 《통신》, 그밖에 노구치 유지田口裕史 저 《전후세대의 전쟁책임》(1996)은 사회운동의 내실을 밝혀놓고 있다. 또 한국에서 강제동원 피해자 인정에 대해서는 대한민국·국무총리실 외 《조선인 BC급 전범에 대한 진상조사》〔일본어 가역假譯 제1판〕을 참고했다.

　마찬가지로 지면 부족으로 개인의 이름도 거의 싣지 않았다. 다양한 민족적·사상적인 배경을 가진 사람들이 모임으로서 이 운동이 ― 특히 1990년대 이후 ― 가능했다는 사실을 강조해 두고 싶다.

# 제4부
## 한일 지식인 공동성명이 가야 할 길

# 한·일 '공동의 집'과 지구촌 문명 창조의 길*

김진현金鎭炫

## Ⅰ. 2010년과 2011년

2010년은 일본의 '한국병합' 조약 강제 100년, 일본의 한국 식민지화 100년이 되는 해여서 한일 관계의 과거와 미래를 되새김질했다. 그리하여 한일 지식인 1천여 명의 공동성명이라는 지성사적으로 의미 있는 작품을 생산할 수 있었다. 이제 2011년 진도 9.0의 지진과 15미터 높이의 쓰나미라는 동일본 자연 재난과 후쿠시마 원자력발전소의 원자력 사고, 그것도 체르노빌 사고와 같은 수준의 7등급으로 원자력발전사고등급INES에서 최고의 재앙 앞에 다시 한일 관계를 되씹게 한다.

2010년이나 2011년이나 전개되는 패턴은 비슷하다. 지식인 성명에 서명한 양국의 지성들은 모두 한일 관계의 평화, 자손들의 미래를 위하여 과거 역사를 직시하며, 그러한 용기를 시민과 이웃과 나누고, 공생과 평화의 미래를 위하여 인간, 생명, 자유, 정의, 평화라는 가치의 동맹을 지향하자고 호소한다. 이 호소는 한국의 주류이다. 정치성향의 여야, 이념의 좌우를 넘어 대한민국 주류 지식인과 언론인들의 공명이다.

일본에서는 주류로 보기 어려울 것 같다. 대한민국에서는 지식

---

* 이 글은 2011년 8월 29일, 동북아역사재단에서 열린 〈일본의 '한국병합'조약 무효 한일 지식인 공동성명 1주년 서울회의〉에서 발표한 글을 바탕으로 한 것이다.

인 1천여 명 선언이 모든 언론에서 1면 주요기사로, 또 주요논평의 대상으로 다루어졌다. 일본 주류 언론에서는 단 한 신문만 그나마 저 구석기사로 밀려 보도됐을 뿐이다. 물론 사설, 외부기고 논평은 있을 리가 없다. 그래도 희망을 잃지 않는 것은 아무리 큰 댐도 작은 구멍이 새면서 무너지기 시작하듯이 이토·도조·요시다·기시·나카소네·아소·고이즈미로 연명하여 대표되는 일본 지상주의, 일본 중화주의, 일본 국수주의도 인간, 생명, 자유, 정의, 평화라는 보편적 요구와 가치 앞에는 마침내 굴복할 것이라는 인간과 문명, 역사에 대한 믿음 때문이었다.

3.11 동일본해 대재앙 앞에서도 마찬가지 패턴이 벌어지고 있다. 대한민국에서는 대통령으로서는 최초로 일본대사관까지 방문, 희생자에 직접 조위했다. 일본의 재해복구를 위하여 구호품과 구조팀 파견을 즉각 제의하고 실행에 옮겼다. 노소를 가리지 아니한 일반 국민은 말할 것 없고, 일제하 일본군인 성노예로 일본 제국주의 동원체제의 희생양이 되었던 '위안부 할머니'까지 희생자들을 조위하고 위로금을 기부했다.

그러나 이런 대한민국과 한국 사람의 보편적 믿음과 행동을 받아들이는 일본 정부 및 보수적 주류의 행동은 인간, 생명, 자유, 평화의 길과는 거리가 분명히 있었다. 재해 구조팀 파견에 대한 일본당국의 첫 반응, 후쿠시마 원전 사고에 대한 정보제공 거부, 일본 문부성의 독도 기술에 대한 지리교과서 지침과 방위백서기술 그리고 일본 외상의 발언(독도가 외국의 미사일 공격을 받으면 "일본 영토에 대한 침공으로 간주, 대응하겠다.") 등은 대한민국 모든 시민의 동일본해 재앙에 대한 보편적 인간애를 짓밟기에 충분하다. 특히 문부성의 교과서 지침이나 방위백서는 예정된 것이라 치자. 다만 아시아를 중시하고 역사를 직시하겠다며 출발한 민주당 정부의 조치가 과거와 정권과 큰 차이가 없다는 실망은 있다.

그러나 미국의 9.11에 해당하는 3.11 대재앙 앞에 인류보편의 인간애가 발동되는 이 재앙 속에서도 잠재적인 일본 국수주의적 요소가 발동된 데는 절망을 느끼게 한다. 한국 구조대 파견을 사실상 거부하다 주저하며 소극적으로 받아들이고, 독도 문제에 대한 한국의 반응에 관한 일본 자민당 〈영토에 관한 특별위원회〉의 반응(4월 12일), 즉, '다케시마의 날'의 제정과 독도 문제 전담기관 구성을 일본 정부에 요구키로 했다는 것까지도 일본 '정통' 정치의 언동으로 이해하려 노력하자. 그러나 이 위원회에서 호소다 히로유키細田博之 전 관방장관이 "지진에 따른 한국인의 지원 거부"를 주장하는 것은 최소한의 적십자 정신, 인류 보편의 박애, 사회 공동체, '무라村'를 구성하는 최소한의 문명차원을 거부하는 비문명적 발상이다. 이 재앙 속에 치러진 지방선거에서 일본 지상주의의 말기적 세습자인 이시하라 신타로石原慎太郎 전 도쿄도지사의 압도적 4선 당선이라는 일본 정치 현상이 나타났다.

과연 우리는, 대한민국의 주류는, 인류의 역사는 사람, 생명, 자유, 평화로의 전진이라는 믿음을 갖고 한국과 일본이 손잡고 동양의 평화, 중국의 포용, 대체성장, 지속가능 발전의 지구촌 새 질서를 만들어 가자는 목표와 이상을 견지할 수 있는 것인가를 되묻게 된다.

## Ⅱ. 보편가치, 역사전진에 대한 믿음

나는 그런 되물음과 절망을 한순간 느낀다. 그러나 사람이 주인 되는 나라와 사회공동체, 사람·생명·자유·평화를 존중하는 지구공동체로 진화·진보라는 역사를 믿어 의심치 않는다.

생물학에 하버드 법칙이라는 것이 있다. 모든 생물은 죽임을 당하지 않으려 하고 자유로워지려는 본성이 있다는 것이다. 그것은 동물이건, 식물이건, 일본 사람이건, 중국 사람이건, 아랍 사람이건, 아프리카 사람이건, 남아메리카 사람이건 같다. 그 하버드 법칙의 생명과 자유의 본성은 결국 인류의 역사에서 장소와 시간과 문화의 차이에 따라 반응의 정도와 양상은 달리 나타나기도 하지만 끝내 자유와 생명을 중심으로 하는 역사로 전진하게 하는 것이다. 일본주의의 결정적 결함은 저렇게 높은 지식과 기술 수준과 '무라村' 공동체 역사에도 불구하고 21세기 지구촌 시민, 개성의 시대에도 사람·생명·자유를 가운데 놓는 보편적 사상, 이념, 규범, 시민적 행동이 의문시 되는 데 있다.

《왜 일본은 망하는가》(*Why Japan Collapse*, 1999)의 저자이며 일본의 저명한 경제학자 모리시마 미치오 런던대학 교수는 제 아무리 교육개혁을 통해서 훌륭한 관료와 기업가, 문화인을 육성해도 훌륭한 정치가를 만들어 내지 못하면 그 사회는 장래가 없다고 진단했다. 3무無3NOs, 즉 무신념No Conviction, 무정책No Policy, 무책임No Responsibility의 정치인이 이끄는 사회의 미래는 몰락이다. 사람 시민이 빠진 일본 지상주의, 국수주의에 함몰한 일본 정치는 인류 보편의 역사와 문명에 대하여 무신념, 무정책, 무책임할 수밖에 없고, 그것이 '경제 제1주의 성공의 환영'을 거쳐 3.11 대재앙 다루는 실수, 후쿠시마 원자력발전소 사고의 끊임없는 은폐와 책임회피의 불투명성으로 나타난다.

문제는 이런 재앙과 위기에서도 한국에게는 '자존심'이라는 일본 우월주의가 나타난다는 점이다. 1923년 관동대지진 때 일본의 민심을 수습하기 위하여 6,700여 명이라는 재일조선인을 학살한 것이나, 2011년 동일본 대재앙 앞에서도 한국, 중국 등에 대한 일본 우월감의 발로는 일본의 보수적 주류의 한계를 다시 한번 절감하게 한다. 그리고 새삼 한일 지식인 공동성명에 참여해 준 일본 지식인들의 용기를 절감한다. 한국은 그럴수록 대의, 역사의 대의, 대도를 향하여 더욱 견고해야 한다. 일본의 양심적 지식인과 시민과의 연대를 더욱 믿어야 한다. 결국 일본도 사람·인간·시민·생명·자유·정의·평화의 편으로 오지 않을 수 없기 때문이다. 그런 변화의 날은 반드시 올 것이라 믿기 때문이다.

일본 안에서나 밖에서나 또 한국에서도 모두 3.11 대재앙을 계기로 일본은 현상 타파가 이루어 질 것으로 보는 데 일치한다. 일본 안에서도 '제2의 메이지유신', 전후戰後 아닌 '재후災後', 일본이 통째로 리셋reset되어야 한다는 소리까지 들린다. 개방, 세계와의 공생, 생명우선, 평화, 반탐욕자본주의, 반소비주의 같은 문명사적 스펙트럼도 보인다. 그러면서도 대한민국에 대한 반응에서 보듯 편협한 일본주의·제국주의 잔재의 '정통'의 주류가 강하게 '의도적 침묵'을 지키고 있다. 외국에서는 관동대지진에서 만주사변, 2차대전에 있었던 반동反動이나 경제가 부흥되면서 오히려 핵무장과 야스쿠니신사 참배를 시작한 나카소네식式 국수주의 반동이 나오지 않을까 하는 걱정도 있고, 개방·국제화로 갈 것이라는 기대도 있다. 대지진 쓰나미의 대재앙 앞에서도 남에게 폐를 끼치지 않으려고 참고 양보하는 일본 보통사람들의 '메이와쿠'를 '인류문명의 진전'이라 평가하는 영국 파이낸셜 타임스Financial Times도 도쿄전력 회사나 일본 정부의 후쿠시마 원전 사고 처리를 보고 인류문명의 전진이라 말할 수는 없을 것이다.

한국에서는 일본을 몸으로 마음으로 가장 잘 아는 것으로 알려진 지명관 교수가 한국에서 벌어지고 있는 일본 격려의 〈'힘내요 일본' 캠페인〉을 '한일 관계의 물줄기를 바꿀 한반도 역사상 최초의 사건' 이라고 높이 높이 평가하고 있다. 한일 관계의 전환점이 될 것을 기대하고 있는 것이다(《동아일보》, 2011년 3월 21일자). 나 또한 지명관 교수와 같이 피식민압박의 경험을 체험한 대한민국 시민들의 자발적 모금, 전 국민적·거국적이라 할 만한 일본 재난 돕기 운동은 한국 특유의 동양평화 사상과도 깊은 연원이 있다고 믿는다. 제국 시대라는 세계정치사의 한 시대가 있었고, 거기에서 독립한 나라가 100개가 넘을 정도로 많은 피식민의 민족과 국가들이 있다. 그러나 이들의 독립운동 과정에서 독립운동이 단순히 한 민족의 자존과 해방을 위한 투쟁일 뿐 아니라 식민국가인 일본을 깨우치고 일본의 침략에 떠는 중국의 공포를 해방시키고 동양의 평화와 세계평화를 위하여 일어나야 한다는 3.1 독립선언과 같은 범세계적·이타적·평화적 철학과 목적을 내건 독립운동은 다른 나라에서 찾아보기 어렵다. 대한민국의 탄생은 그런 정신적 기초 위에 섰고, 1948년 국제법상의 건국도 UN의 관리에 의한 제헌국회 구성과 UN의 이름으로 승인한 최초의 주권국가라는 국제성을 띠고 있다. 6.25 전쟁도 UN군 참전이라는 명분을 갖고 있고, 현재도 법적으로 UN군에 의한 휴전선 관리라는 특수한 국경선 관리가 진행되고 있는 것이다.

나는 이러한 대한민국, 1945년 이후 독립한 140개 가까운 제3세계 국가 가운데 유일하게 시민이 주인 노릇하는 민주정치 근대경제성장 다원사회국가, 지중해에서부터 중동·중앙아시아·인도양·중국·동남아를 거쳐 일본열도에 이르는 40억 인구 아시아·비非서양 국가 가운데 유일하게 시민의 자유, 민주정치가 작동하는 나라인 대한민국이 이룩한 '근대화 혁명'을 성숙, 숙성시키면 일본의 변화에도 긍정적 영향을 미칠 수 있다고 믿고 있다. 그러나 섣불리 현재 그리고 가까운 장래 그런 동력을 창출할 수 있다고는 믿지 않는다. 대한민국의 '근대화 성공 이후'의 과정이 이 숙성, 성숙을 반듯이 성공시킬 수 있다는 보장을 할 단계는 아직 아니기 때문이다.

또 지명관 교수와 같이 한국의 일본 돕기 '힘내라 일본' 운동이 일본을 감동시켜 한일 관계에 '역사적 전환점'을 가져다주기를 기대할 수 있다고도 판단하지 않는다.


## III. 일본은 변할 수밖에 없다

일본 스스로 변할 수밖에 없는 상황에 몰렸다고 판단하고 있는 것 같다. 외압으로만 변해왔던 일본에게 3.11 대재앙 외압과 '외상후증후군trauma'은 지금까지와 같은 외국의 전쟁 압력, 관동대지진의 외압과 달리 국민을 오도하여 단결시키거나 외국인·외국을 희생양으로 할 수 있는 외압 탈출이 불가능하기 때문이다. 3.11 대재앙은 안전, 보건, 위생, 복지라는 일본의 신화를 무참히 깼다. 지진과 쓰나미에 관한 한 세계 최고의 기술과 노하우를 갖고 있다고 자부하던 일본도 자연의 대분노 앞에는 그 신화가 깨졌다. 중국을 불결의 대명사처럼 비하하던 일본인들이 중국 공항의 방사능 검사에 걸려 입국이 거부되는 사태로 얼마나 심리적 타격을 받고 자존심이 상했을까. 후쿠시마 원전의 사고처리를 둘러싼 도쿄전력

회사의 내부 그리고 도쿄전력과 정부 사이의 볼썽사나운 책임논쟁은 예의바르고 겸손하고 반듯하게 짜여진 일본의 이미지를 완전히 배반하는 것이었다. 이 심리적 외상후증후군을 배설할 대상이 이제는 없다. '재일조선인'도 옛날 식민지 시대 같이 학대할 수는 없을 것이다. 만주와 중국을 그리고 하와이 진주만을 공격할 수도 없을 것이다. 독도를 공격한다고 하면 이미 18세기에 "그 섬을 힘으로 취하면 외교가 파탄된다."고 하며 일본인의 독도 도해를 금지시킨 도쿠가와 정부가 웃을 일이다.

호세이대학 교수이며 소설가인 시마다 마사히코의 글 속에는 보수 정치가나 일본 극우시민 사이에서 수상쩍은 '전쟁대망론'이 속삭여진다는 지적이 나온다(《동아일보》, 2011년 4월 11일자). 아마도 대한민국과 북한 사이의 제2의 6.25전쟁 대망론일 것이다. 전후 요시다 시게루 총리는 재임 중에 1950년 6.25전쟁이 터졌다는 소식을 듣고 '신이여, 감사합니다'라고 절을 했다고 한다. 한국전쟁 대망론은 6.25전쟁을 통한 전후복구 부흥의 신화를 21세기에 재현하고 싶은 일본 유일주의 발상의 한 단면이다. 그러나 한반도에서 전쟁이 나도 6.25같은 특수特需 이익의 기적은 없을 것이다.

첫째, 설사 전쟁이 나도 6.25같은 전면전은 아니고 또 단기전이 된다. 둘째, 한국의 기술, 자본, 생산, 해외 네트워크가 6.25 때와는 달리 일본에 크게 특수의 기회를 주지 않을 것이다. 셋, 전쟁의 결과로서 동북아시아의 지정학 변화는 중국과 미국의 영향력 증대이고 일본의 상대적 저하가 되어 일본에게 더 불리하게 된다. 넷, '일본 계략' 주도에 의한 한국전쟁은 발발하기도 어렵겠지만 설사 발발하면 전후 일본이 아시아에서 심각한 고립상태에 빠질 수 있다. 일본의 극우와 미국의 우익 군수산업 사이의 이해가 일치하겠지만 미국은 이라크·아프가니스탄·중동·북아프리카·유럽의 재정위기 '시퀘스타sequester'에 발이 묶여 전선의 확대는 정치적·경제적으로 불가능하다. 물론 재정에 발이 묶인 미국이 일본을 동아시아의 미국 대리인으로 삼을 가능성은 부정하기 어렵다. 그러나 이 경우 미일 보수 군사동맹은 아시아 시민사회는 물론 세계 시민사회의 비판을 면하기 어려울 것이다.

3.11 대재앙 뒤 일본 국민들의 정부 불신, 정치 불신, 기득권 불신이 나아가 일본의 체제 불신으로까지 진행, 곧바로 시민사회로 매진할 수 있을 것인지에는 일말의 의문이 있다. 그러나 그 상처의 치료에 상상할 수 없는 오랜 세월, 수십 년이 걸릴 이 재앙의 외부배설이 불가능한 일본에서 국민들이 옛날처럼 참고 견디기만 할 것이라 믿기도 어렵다. 일시적·지역적 시행착오는 있겠지만, 결국 일본도 3.11의 결과는 사람·생명·자유·정의·평화의 길, 시민 사람이 주인 되는 사회로 갈 것이다. 천황이나, 제국대학 특히 도쿄대학 법학부 출신이나, 세습의원이나, 나카소네식 위장 국제주의자가 주인이 되는 세월은 가고 사람 시민이 주인 되는 공동체로 가는 '결정적' 전환점이 3.11이었다고 후세에 기록될 것이다.

이제 더 이상 일본의 신화 같은 일본주의, 일본 예외주의는 지탱하기 어렵다. 미국을, 중국을, 러시아를, 조선을, 서양을, 동양을 핑계 삼아 시대착오적 신화로 국민을 묶어 가는 계략의 국정이 불가능하기 때문이다. 그런 국정이 가능하기에는 미국이, 중국이, 한국이, 러시아가 너무 많이 변했다. 안전과 복지의 신화가 깨진 일본 국민을 계속 신민臣民으로 남게 할 수도 없을 것이다.

일본인 본래의 예의바름과 타인배려 그리고 자연재해를 극복해 온 인내라는 아름다운 유전자를 지닌 시민이 주인되는 계기가 마련되면 일본 특유의 예외주의, 국수주의를 극복할 수 있다고 믿는다. 이제 그런 날이 오도록 외부 환경, 압력이 가속되고 있다.

① 동일본 대지진과 후쿠시마 원전 폭발이며,
② 1945년 이후 최대의 태평양 질서 재편인 미국과 중국의 G2 시대 또는 중국의 부상이며,
③ 지구적 차원의 정보통신 기술의 혁신에 따른 개인과 사회교육의 확장SNS과 초개인Super-Individual의 등장이다.

## Ⅳ. 경제와 교류만으로는 안 된다
## ― 역사인식의 공유와 가치동맹의 모색

이제는 한국이 일본을 이길 수도 있고, 일본도 한국에 질 수도 있고, 일본이 어떤 부분은 미국을 이길 수도 있고 질 수도 있고, 중국이 일본에 이길 수도 있고, 어떤 부분은 중국이 영원히 일본을 이길 수 없기도 하고 중국이 한국과 일본의 합작에 질 수도 있고, 한국도 중국에 질 수 있고, 어떤 부분은 중국을 압도할 수도 있는 그런 세상에서 사는 것이다.

지구상에서 가장 큰 대륙과 가장 큰 해양 태평양을 끼고 사는 아시아에서 그래도 시민이, 사람이 주인 되는 사회공동체에서 살 수 있는 그런 집의 '터'를 만든 곳, 가능성을 만들 곳은 일본과 대한민국뿐이다. 미국의 프리덤하우스Freedom House나 영국의 EIUEconomic Intelligence Unit가 산정하는 시민자유와 정치민주화 지수에서 선진국 수준에 이른 아시아 국가는 대한민국과 일본뿐이다. 더욱 흥미로운 것은 최근에 이를수록 시민자유, 정치민주화, 언론자유, 투표선진화에서 대한민국이 일본보다 앞서고 있다는 점이다. 이 귀중한 근대시민 사회 가능성의 토대를 기초로 중국과 아시아를 사람 시민이 주인 되는 사회, 국가, 지역, 지구공동체를

만들어야 한다. 이것이 한국과 일본 땅에서 사는 지성의 의무요, 도덕적 정체성이다. 근대를 뛰어 넘지 않고는 살아남을 수 없는 지구촌 인류의 도전, 지속가능한 생명공동체를 만드는 문명사적 과제는 앵글로 색슨이나 라틴 문명도 러시아와 중국의 공산당 체제도 아닌 유교·불교 전통과 서양 근대를 철저하게 소화한 대한민국과 일본만이 할 수 있는 인류사적 지향이다.(졸고, 《일본친구들에게 정말로 하고 싶은 이야기》, 한길사, 2005. ― 일본판, 桑嶋里枝 譯, 《日本人に本當に傳えたいこと: 日·韓共同の家作りを夢見て》, 論創社, 2009)

그런 소신 때문에 지난해 한일 지식인 공동성명 이전인 2009년 10월 22일 도쿄에서 열린 한일 4차 라운드테이블Round Table 회의의 만찬사에서 다음과 같이 한일동맹론을 폈었다.

지금 지구촌은 이념, 이익, 문화의 범위를 넘어 금융·경제위기, 에너지·식량위기, 기후변화·환경위기라는 세 가지 복합위기가 동시에 진행되는 문명사적 전환기에 있습니다. 정치 외교적 측면에서 보면 4세기에 걸친 식민제국주의 시대가 확실히 청산되는 역사 전개입니다. 아시아, 중동, 남미, 아프리카, '나머지들The Rest'에서 전개되는 현상은 세기적 식민지배 문명과 그 잔영에 대한 반발, 극복, 승화를 통하여 식민제국에 대한 '보복'적 성격마저 띠고 있습니다. 여기에 부디 도덕적인 해석을 붙일 필요는 없습니다. 이미 하나의 흐름, 정신, 힘이 되었습니다. 크게 보면 '나머지들The Rest'의 성공 때문이 아니라 마스터Master들의 탐욕, 이기, 공동체 해체 현상에서 오는 자멸적 요소들이 더 큰 원인입니다.

그러나 더 중요한 것은 그 결과의 피해와 낙진은 '나머지들The Rest'이 더 많이 받게 되고 협력의 새 틀, 국제질서의 새 틀,

지구촌 생명 질서의 새 틀을 짜는 데 성공하지 못하면 우리 모두 공멸한다는 점입니다.

한국과 일본의 경험은 이 거대한 역사의 줄기에서 보면 아주 특이한 모형model을 보여주고 있습니다. 비非서방 아시아 그리고 세계에서 전면적 근대화에 성공한 유이唯二의 나라이며 식민제국과 피식민 피해국이면서도 냉전시기에는 미국주도에 의한 가상의 군사동맹pseudo-military alliance이었고 현재는 현상적으로는 가상의 공동시장pseudo-common market 관계로까지 진전되고 있습니다. 최근에는 무라카미의 소설이 한국의 베스트셀러best seller가 되고 뮤지컬오페라musical opera '명성황후'가 일본에서 공연되고 한류韓流와 화류和流 그리고 시민교류는 역사상 최고조에 달하고 있습니다. 이만한 자산을 갖고도 우리는 왜 과거의 불행을 정리하지 못하고'동맹'으로 발전시킬 수 없습니까.

그러나 이 질문은 잘못된 질문입니다. 아시아 40억 인구 중 한국과 일본의 1억 7천만, 세계 비非백인 50억 중 오직 한·일 1억7천만만이 시민사회, 민주정치, 선진권 경제, 개방 다원을 수용한 유이唯二한 시민들입니다. 이 유이한 시민의 자산은 '한·일 동맹'을 구축할 기초입니다. 한·일 동맹을 기점으로 중국문제군 21세기 복합위기 극복의 선구자, 새 세기의 창조자가 되어야만 1억 7천만의 생명이 안전하고 평화를 지킬 수 있습니다.

21세기 '한·일 동맹'의 출발은 2010년 일본 천황의 한국 방문, 한국의 배일排日민족주의 극복에 있습니다. 한국과 일본의 역사 리더십, 지성리더십, 정치리더십에 부하된 책임입니다. 이 자리 우리의 책임입니다. 역사의 창조자로서의 희생을 마다하지 않기를 기원합니다.

감사합니다.

유명한 사회학자 칼 도이치Karl Deutsch는 국가들 사이의 통신과 접촉이 빈번해질수록 통합의 도수가 높아진다고 하는 유명한 가설을 내놓았다. 그러나 통신과 접촉이 빈번할수록 지역 통합의 도수가 높아진다는 가설은 아시아에서는 물론 유럽에서도 실제적으로는 너무 단순하고 순진한 것 같다. 그러므로 앞서의 만찬사에서 다음과 같이 지적했다.

경제나 문화교류만으로 또 제3자의 압력에 의한 협력이라는 기능적 접근만으로는 한일 관계의 평화를 구축하고 지구촌적 도전을 극복할 수 없습니다. 흔히 독일과 프랑스의 화해와 EEC →EU로의 확장을 한일 관계의 밑그림 모델model로 제시하고 있습니다. 경제협력 우선과 공동시장의 '결과', 독일·프랑스 간 화해가 성공한 것처럼 설명하는 프레임frame은 결과를 원인으로 전도시키는 것입니다. 독일과 프랑스가 석탄철강공동체를 설립한 것은 경제번영 공동시장을 목표로 한 것이 아닙니다. 네 차례의 전쟁, 두 차례나 양국 수도가 적군에 의하여 짓밟힌 이후 양국 간 영원히 전쟁을 막고 평화를 창조하기 위하여 최대 전쟁(무기)자원인 석탄과 철을 공동관리하자는 자발적 합의였습니다. 이런 합의와 실천이 가능했던 것은 미국이나 소련의 압력이 아니라 양국 지도자들의 '과거'에 대한 확고한 반성과 사죄, 전범에 대한 응징이 있었기 때문에 가능했습니다. 과거 정리와 새 시대 전개에 대한 명분과 가치의 정체성에 대한 합의가 양국의 지도자 간에 견고히 자리 잡혔기 때문에 부문 간의 기능주의적 접근이 탄력, 가속을 받았던 것입니다.

한·일 간 근대의 불행한 100년의 역사를 반드시 회고할 수밖에 없는 2010년을 꼭 2개월 남겨두고 있습니다. 그리고 한일수교

45년이 되는 해이기도 합니다. 5년 전 거창하게 40주년 기념식을 준비하다 허물어진 아쉬움을 보태어 2010년은 21세기 '한·일 동맹'을 향해가는 기념비적 출발점이 되어야 합니다. 1876·1894·1905·1910·1919·1937·1945·1950·1965년을 모두 불살라 먹고 21세기 지구촌을 이끌 '한·일 동맹' 체제를 창조할 수 있어야 합니다.

제가 일컫는 생명자원 조건 특히 한국과 일본은 에너지의 거의 100퍼센트, 쌀을 제외한 먹거리〔食料〕의 거의 90퍼센트를 수입에 의존하고 있습니다. 이런 선진국은 옛날에도 없었고 지금도 있어서는 안 되고 앞으로는 더욱 없습니다. 한국과 일본은 21세기 지구촌 세 가지 복합위기에 가장 취약한 생명자원 조건을 갖고 있습니다. 또한 지구촌 '최대문제군' 국가이며 환경재앙의 최대 진앙지인 중국과는 가장 지근의 거리, 가장 오랜 역사 관계를 갖고 있습니다. '한·일 동맹' 체제가 정착되지 않고는 동북아 공동체도 중국문제군 극복도 불가능합니다.

양국의 기능적 접근 담당자들은 열심히 시장과 문화의 교류로 공동시장, 문화공동체가 되도록 노력해야 합니다. 그러나 역사리더십, 지성리더십, 정치리더십은 역사의 정리 그리고 평화와 협력의 정체성, 미래 세대에 줄 공동체 가치를 성실히 추구하고 구축해야 합니다.

하토야마 총리대신의 말씀대로 한국이나 일본이나 모두 역사를 직시할 용기가 있어야 합니다. 한국이나 일본이나 자기경험을 객관화하고 자기를 타자〔他者〕화 할 수 있어야 합니다.


경제통합의 상징이었던 EU는 지금 남부와 북부 즉 알프스 산맥 북쪽과 남쪽 사이에 점점 틈이 벌어지고 있다. 이탈리아, 스페인, 벨기에, 영국에서는 분리주의 운동이 기세를 올리고 있다. 아시안

패러독스Asian Paradox, 즉 경제와 인적 교류는 늘어나는데 정치, 역사, 안보의 갈등과 분열은 더 늘어가고 있다. 특히 동북아시아가 그러하다. 우리는 경제교역 인적교류 중심의 지역통합의 허구성, 특히 동북아에서 경제·문화·인적 교류가 증대되면 자동적으로 정치·안보·가치 통합이 가능하다는 기능주의 접근의 허구성을 발견하는 것이 어렵지 않다.

2005년 11월 쿠알라룸푸르에서 열린 최초의 동아시아 정상회의를 전후하여 동아시아 공동체 논의가 활발했다.

바로 이 무렵 아시아를 가장 폭넓고 깊이 진단하고 조망할 줄 아는, 그리고 특히 일본 황실의 존재 의미를 칭찬하는 싱가포르의 리콴유가 다음과 같이 신랄한 비판을 가했다. "200~300년이면 가능할지 모르겠다. 그러나 50~100년 안에 바랄 수 있는 것은 겨우 경제공동체일 것이다. 유럽은 파괴적인 두 번의 세계대전의 경험을 통하여 일체가 되어야겠다는 절실한 바람이 있었다. 그러나 아시아는 그러한 생각까지 이르지 못했다. 남북한, 일본, 중국, 베트남은 인종적으로는 비슷하나 얼마나 많은 상위相違가 있는가. …… (일본 지도자들에 대하여) 독일이 한 것을 일본도 하라. 일본의 전쟁행위의 모든 것을 인정하고 사죄하고 개인이 입은 피해를 보상하여 종지부를 찍어야 한다. …… 그러나 의례적으로 '사죄합니다'하고는 일본 지도자들은 야스쿠니신사를 참배한다. 야스쿠니에는 전범도 있다. 이래서는 문제가 끝나지 않는다."[《일본경제신문日本經濟新聞》, 인터뷰, 2005년 8월 11일자] 경제공동체조차도 50~100년 단위로 보고 무엇보다 정치적 화해 없는 공동체 논의의 허구성을 명료하게 간파하고 있다. 더 나아가 프랑스의 석학 자크 아탈리Jacques Attali는 일찍이 "유럽의 역사적 화해가 유럽통합을 가능하게 했다."고 지적하여 앞서 본 칼 도이치와는 달리 정보통신이나 경제교류에 선행하여 역사화해가 중요함을 강조하였다. 심지어 일본 신문과 벌인 인터뷰에서는 "일본이 아시아 두뇌가 될 수 있는 기회가 있으나 그것은 독일과 같이 과거와 결별했을 때 가능한 것이고 현재로서는 아시아의 지적 리더로 잘 받아들이고 있는 나라는 한국이다."(《일본경제신문》, 인터뷰, 2011년 1월 9일자)라고 지적하고 있다.

한국을 상대로 쓴 글이 아니라 21세기 전망 개괄서에서 그리고 일본 매체와 인터뷰에서 한국의 문화적 지적 다이너미즘을 칭찬하고 일본을 직설적으로 저평가하고 있는데, 그 밑바탕에는 리콴유와 같이 일본이 '독일과 같은 행위'를 하지 않은 것이 있음을 알 수 있다. 경제기능주의 한계를 넘어 역사에 대한 상호성찰이 가능한 지적 정신적 역사인식의 공유가 전제가 되어야 한다. 일종의 역사인식 공동체라고 할까. 그런 의미에서 이번 한일 지식인 공동성명의 의의는 역사적이다. 더 나아가 인류의 생명·평화·지구촌의 지속 가능성이라는 보편적 가치와 이념의 추구가 가능할 때 우리는 동북아시아의 공동체를 꿈꿀 수 있다. 또 이러한 역사인식의 공유를 전제로 하여 동북아시아가 21세기 생명자원 문제군, 환경 지속 가능성 문제군이라는 존재론적 문제군의 중심지, 진앙지이기 때문에 우리는 경제 공동체 추구보다 지구촌 인류 보편의 생명·평화 공동체를 지향해야 하는 것이 한국과 일본에 사는 평화주의자들의 가장 큰 도전이다.

## V. 한국과 일본에 의한 생명공동체
## ─ 생명자원 절대부족과 '중국문제군', '히말라야문제군' 극복을 위한 공동의 시련

대한민국과 일본은 서세동점이라는 서양근대의 세계화 과정에서 근대화에 성공한 오직 두 곳의 비非서양 국가로 등장했다. 그러나 근대화에 성공한 그 순간, 특히 20세기 후반 들어 중국과 인도가 근대경제 성장이라는 근대화에 본격 진출하면서 세계는 문명사적 패러다임 변화 ─ 즉 근대의 종언과 근대의 탈각, 극복, 초월이라는 문명사적 도전을 맞고 있다.

본격적 근대 경제성장, 시장의 부분적 작동, 중국과 인도는 한 세대 30년 만에 아직도 1인당으로는 가난하기 짝이 없는 저소득 국가이면서도 세계 생명자원의 블랙홀이 되고 세계 온실가스 배출의 최대 요인국들로 돌변했다. 경제성장, 자원결핍, 환경악화라는 3중 모순Trilemma에 갇혔다.〔Kim Jin Hyun, The World Peace Envisioned by the Republic of Korea ─ Emergence of "Himalayan Zone Problematiques" and Approach to Global Sustainability (Alternatives) by 2050 ─ with 10 years lesson and challenge of World Peace Index, Keynote Paper for World Peace Forum International Workshop, November 17, 2010, Seoul〕

지구환경과 생태적 문제제기는 유럽과 선진국의 이상주의, 낭만적 사상가와 행동주의자들에 의하여 제기되고 있지만 생명·환경 조건이 가장 열악한 곳은 바로 중국, 인도, 일본, 한국이다. 근대화에 선진이었던 나라치고 21세기 들어서도 생명자원(에너지, 식량, 물)이 절대적으로 결핍된 나라는 사실상 없다. WWF(World Wildlife Foundation의 전신)가 발행한 《Living Planet Report 2010.

Biodiversity, Biocapacity and Development》를 보면 한국과 일본의 생태능력Biocapacity 즉 생명자원 능력과 그 소비Ecological Footprint의 실태를 알 수 있다(gha-global hectares per capita 기준). 자원의 소비는 한국이 4.9gha, 일본이 4.8gha로 세계평균의 2.7gha보다 배 가까이 높은 것과 달리, 생태능력은 0.3gha와 0.6gha로 세계평균 1.8보다 3배 내지 6배 모자란다. 가장 소비를 많이 하는 미국 8, 캐나다 7, (러시아 4.4), 스웨덴 5.9로 우리들보다 월등히 많이 쓰지만 이들의 생태능력은 3.9, 14.9, (5.7), 9.7로 한국과 일본의 10~50배 가까이 크다. 러시아, 독일, 프랑스의 경우도 같다. 한국과 일본 같이 선진국 가운데서 에너지(석유, 석탄, 천연가스)와 식량(콩, 옥수수, 밀)의 90퍼센트 이상을 수입에 의존하는 선진국은 없다. WWF의 조사대로면 지구촌의 총생태 능력은 1.8gha인데, 2007년 현재 67억 인구가 쓰고 있는 생명자원은 2.7gha로 1975년에 균형을 이룬 이후 계속 과소비의 지구촌이 되고 있다.

지구촌의 트리렘마는 중국·인도의 근대화 문제군으로 해서 자동차 판매와 온실가스 배출, 에너지와 식량가격 폭등에서 보듯이 인류사회는 기존의 근대경제성장, 생산, 소비, 생활 양식의 지탱이 어렵게 되고 있다. 또 아랍 이슬람 국가에서도 재스민 혁명이 터지듯이 트리렘마의 고통을 일반 국민에게 전가하거나 애국심 민족주의로 빼돌리는 제국주의·국가주의 수법도 지속되기 어렵다. 교육받고 정보화된 시민들이 대세가 되기 때문이다. 이 과정에서 '따뜻한 가슴'과 '냉철한 머리' 그리고 지구촌적 공동체 '박애'의 인격을 갖춘 지성이 등장하지 않으면 지구촌은 ① 근대의 성공으로 해서 생긴 9.11 테러나 체르노빌·후쿠시마 같은 단기간에 걸친 극단적 '근대의 자멸'이거나 ② 환경 생태위기로 말미암은 장기간에 걸친 공멸이거나 ③자기임기만 자족하는 정치 지도자들의 미결정indecisiveness·불결정undecidedness과 국민들의 포퓰리즘이 합친 원시적 혼돈, '새로운 야만'의 등장을 예견할 수 있다.

한국과 일본은 전통에 충실하여 인류의 자산으로서의 전통문화를 보유하면서도 근대에 들어 극단의 실패와 성공을 거치면서 인류의 자산이 될 수 있는 시민 사회형성의 성공 가능성과 성숙 가능성이 가장 큰 나라가 되었다. 특히 일본은 히로시마·나가사키 원폭 투하와 후쿠시마 원전 재앙이라는 2중의 경험을 겪은 인류사의 독특한 원자력 재앙 경험 국가가 되었다. 20세기 제국주의 시대 비非백인 선진사회에서는 유일하게 침략과 식민통치 경험도 갖고 있다.

일본의 지성이 일본을 사람 생명이 주인 되는 나라가 되도록 하겠다는 역사적 성찰을 거치고 자유·정의·평화의 책임 있는 인류 공동체로 승화, 중국문제군을 끌어안을 수 있는 사명감을 품으면 일본의 독특한 경험의 숙성은 인류의 새 길을 제시할 수 있을 것이다. 그런 일본과 독특한 한국의 근대화 성공 경험의 숙성을 합치면 아시아와 세계의 새로운 '공동의 집', '동지의 집', '동맹의 집'을 지을 수 있을 것이다.

책임 있는 한국과 일본의 지성들에 의하여 두 나라의 주인 되는 사람 시민 공동체의 생명자원 결핍 극복을 위한 새 패러다임을 탐구하는 노력이야말로 바로 새 한일 관계 개척의 주제이고 자기장磁氣場이고 동력이다. 희망의 사명감이고 한국과 일본이 거듭나며 세계를 밝힐 수 있는 횃불이기도 하다.

2010년에 100년 전 한일 관계를 되새기며 미래를 모색했다. 2011년 동일본해의 대재앙 앞에서 껄끄럽게 전개된 한일 관계와 대한민국 시민의 '힘내라 일본' 감동은 그럴수록 결국 원자력 사고의 물리적 영향이 그러하듯 지구촌의 문명사적 패러다임 변혁을 위한 공생의 길을 모색해야 하는 계기를 주었다. 일본의 시민 사회화 변화는 일어날 수밖에 없고, 21세기 한국과 일본이 문명 공동체이고 생명자원 공동체, 가치 공동체일 수밖에 없는 예증일 것이다.

우리 모두 2010년, 2011년을 21세기 새 한일 관계, 새 아시아, 새 지구촌 탄생의 전기로 만들자.

후 기 및 부 록

# 후 기

을사조약, 한국병합조약이 불법으로 이루어졌다는 것은 조약이 강요될 때, 또는 직후에 비준권자인 고종·순종 황제가 스스로 밝힌 것이다. 그리고 1930년대에 하버드법대에서, 또한 1963년에 유엔 국제법위원회가 각각 국제적으로도 강제조약의 대표적 사례로 밝힌 것이다. 그것이 그 후 학계의 연구 성과가 모이고 하버드대에서 수차례의 국제 심포지엄, 일본의 《세카이世界》지상의 논쟁 등을 거쳐 특히 1995년 이후 역사 인식의 정황이 크게 바뀌어, 불법성 여부를 논하는 형태가 되었다.

2010년 한국병합 강제 100년이 되는 시점에서 두 나라 지식인들이 공동성명서를 내게 된 것은 1995년 이후의 연구 환경의 변화에 기본적으로 크게 힘입은 것이었다. 새로운 연구 성과로 해서 성명서의 문안에 한국병합의 불법성을 직접 언급하는 문장이 들어갈 수 있었다. 성명서에 서명한 일본 측 지식인은 무려 520여 명에 달하였고, 그 가운데 역사 전공 교수가 250명이나 되었다. 15년 전 무라야마 총리의 중의원 답변이 문제되었을 때 10명을 헤아리기 어려웠던 실정에 견주면 엄청난 변화였다. 사료 접근이 용이해지고, 1차 사료를 중심으로 한 연구가 활성화했을 뿐만 아니라, 연구 성과에 대한 지식인으로서의 냉철한 판단 의지가 가져온 대변혁이었다. 일본 지식인들의 대거 서명 참여는 진정한 '양심'의 발로로서, 한국 측에 깊은 감명을 주었다.

2010년 공동성명 후 겨우 3년이 지난 현재, 일본 정치계는 크게 변하고 있다. 2010년 당시만 해도 두 나라 지식인들은 집권 민주당 정부에 대한 기대감이 커서, 오히려 간 나오토菅直人 총리가 낸 8·15성명에 대해 부족함을 느꼈다. 그런데 지금은 오히려 1995년 이전의 상황으로 되돌아가는 징후가 현저하다. 현 자민당

아베 신조安倍晉三 총리의 과거로의 회귀 성향은 1951년 한일회담을 시작할 때, 일본 측 대표들이 '망언'을 되풀이 하던 것에로 향하여 돌진하는 느낌을 준다. 두 나라 지식인들이 어렵게 밝혀낸 역사의 진실과 이에 대한 미래지향적 합의 노력이 아예 외면되는 형세이다. 이 반지성적 행위가 과연 얼마나 오래 지속될 것인가.

한·일 두 나라 사이에는 한국병합의 법적 문제 외에도 위안부 강제연행, 강제징용 문제 등이 해결 과제로 제기되어 있다. 병합의 법적 문제는 사실 다른 문제들에 대한 처리 기준을 결정하는 것이기 때문에 핵심 사안이라고 할 수 있다. 강제연행·강제징용 문제에 대한 일본 당국 또는 우경 세력의 비인도적인 처사에 대해 작금에는 국제사회의 비판도 날로 높아가고 있다. 현 아베 신조 정부의 '후진'은 중국의 부상, 북한의 도발 행위 등 동아시아 국제정세의 변화에 대한 대응을 구실로 삼고 있다. 그러나 '후진'이 과연 해결책인지는 깊이 생각해 볼 문제이다. 평화적 공존, 공생의 개념이 있다면 되돌아가는 어리석음은 범하지 말아야 할 것이다.

그 사이 한국병합의 역사적 진실 구명에 앞장선 한 일본 교수가 내한 중에 한국의 모 신문사의 기자로부터 인터뷰 요청을 받았다. 기자가 대뜸 "왜 당신은 일본인이면서 일본에 불리한 연구를 열심히 하고 있느냐."고 물었다. 그는 촌각의 지체도 없이 "일본이 좋은 나라가 되도록 하기 위해서"라고 답하였다. 한국 지식인들도 일본이 '좋은 나라'로서 동아시아 국제질서의 안정에 기여하기 바라는 마음에서 과거 청산을 위해 역사의 진실 직시를 바라고 있다. 한일 양국 지식인들이 2010년 8월에 공동성명서를 낸 뒤, 이를 기념하기 위해 해마다 모여 학술회의를 가지는 것은 과거의 '불행한' 역사에 대한 바른 인식을 공유하여 바람직한 동아시아의 평화적 질서 확립에 이바지하기 위한 것이다. 지식인들의 양심의 발양만이 인류의 밝은 미래를 보장해 줄 것이기 때문이다.

[부 록 1] 한일 지식인 공동성명 발표 인사말*_ **김진현**金鎭炫

　오늘 우리는 1945년 이후 한일 관계에서 새로운 획을 긋는 의미 있는 자리를 갖고 있습니다. 이 시간 일본 도쿄에서도 우리와 같은 지식인들이 같은 목적으로 모였고, 100년 전 '한일병합'조약은 원천적으로 무효라는 선언을 하고 있습니다.

　근대 현대 한일 관계의 아픔, 뒤틀림, 개탄스러움의 규범적·제도적 원천은 1910년 8월 22일 일본의 '한국병합조약'이 그 전문前文도 본문本文도 거짓이었음에 있습니다. 1875년 강화도 점령부터 시작하여 1910년에 이르기까지 일본에 의한 일련의 일방적·제국주의적·군사적·침략적 행위에 있습니다.

　이런 한·일 과거사에 대한 공통이해가 비극의 100년이 지난 오늘 양국의 지식인들 사이에서 이루어지고 공동성명을 발표하게 된 것은 양국 근·현대사의 원점 복원의 획기적 기념비적 거사라 하겠습니다.

　1945년 이후 한·일 양국 시민사회와 지성인의 성장 그리고 인간, 생명, 평화에 대한 자각의 진전이 오늘의 역사 복원의 원천이 되었다고 믿습니다.

　한·일 지식인 공동선언이 한국과 일본의 시민과 정책결정자, 지도자들에게 역사인식을 바로잡고 105년 전 한국·중국·일본 간의 동양평화화를 외쳤던 안중근 의사의 앞선 시대정신, 세계관이 다시 재건될 수 있기를 간절히 바랍니다.

　역사의 정의가 있고 사회 정의가 반드시 이기고 인간의 양심과 도리가 궁극적으로 실현된다는 신념의 지식인들은 역사의 왜곡과

---

* 이 글은 2010년 5월 10일에 있었던 한일 지식인 공동성명 서울 발표회장에서 행한 개회 인사를 옮긴 것이다.

진실의 은폐에 담대하게 싸울 수밖에 없습니다. 늦지만, 굴곡이 있지만, 희생이 생기지만, 미래는 정의, 양심, 도리의 길이라는 것을 알기 때문입니다. 지식인이 앞장서 개척하는 시대정신, 역사, 문명이라는 것은 그런 길입니다.

한국병합이 원천무효라는 역사적 진실과 한국침략 식민시대의 불의不義 부정不正에 대한 역사 인식·해석이 교정되면 한·일 간의 1875년 이후 145년 동안의 불행한 과거는 도리에 맞게 교정될 수 있으며 새 역사를 꾸릴 수 있습니다. 역사의 중심, 문명의 중심, 사람의 중심이 동쪽으로 아시아로 태평양으로 옮겨오는 21세기에 한국과 일본은 손잡고 새문명, 지구촌 평화문명Pax Universum을 창조해 낼 수 있습니다. '공동의 집'을 건축할 수 있습니다. 한국과 일본만이 유구한 불교 유교 전통문화에다 근대 현대의 서양문명을 다른 제3세계 국가들보다 더 완벽하게 소화한 지구상의 유이唯二한 공동체이기 때문입니다.

훗날 한국과 일본이 공동의 집을 짓고 동양평화와 지구촌 평화문명을 창조하는 대과업을 성취하는 날 우리는 그 기점이 2010년 5월 10일 한·일 지식인 공동선언이었다고 기록될 수 있을 것입니다.

그 장대한 꿈이 실현되기 위해서는 이 선언이 지식인 선언으로 끝내서는 안 됩니다. 우리들이 앞장서 그런 명시적 선언의 형태건 아니건 간에 정치인 선언, 기업인 선언, 문화인 선언, 시민 선언과 같은 실질적 실천으로 발전, 수렴, 승화시켜야만 합니다. 그래야만 국가 간의 외교적·제도적 실천으로 매듭지을 수 있습니다. 한·일 근대역사 원점복원의 길에 용기 있게 앞장서 참여하여 주신 일본 측 서명자들에게 진심으로 감사드립니다.

우리 이 자리에서 한·일 역사 정리의 새 여정과 미래 동양평화의 장대한 여정을 경건하고 결연하게 출발합시다.

〔부 록 2〕한일 지식인 성명의 오늘과 내일*_ **김경희**金京熙

### 1.

21세기에 들어서면서 1천 명 남짓의 한국과 일본의 지식인들은 공동성명을 발표하였다. 이는 전례가 없는 일이다.

이 성명에 동참한 한국 사람들은 어쩌면 당연한 노릇이지만, 역사에 있었던 사실 그대로를 받아들이는 여기 참여한 일본의 지식인들은 용기 있는 이들이다. 새삼 고맙고 소중하다. 그들의 다수는 역사학자이거나 인문학자들이다. 두 나라 지식인들의 가슴 밑바탕에는 '떳떳한 한국인' '명예로운 일본인'을 지향하는 염원이 흐르고 있는 것이라 할 것이다.

그리하여 '분쟁 당사국의 문제를 그 해당 정부들이 해결 못할 경우, 두 나라의 지식인들이 민족주의의 이해를 넘어서 공동으로 합의에 이르게 하는 세계사에 유례가 없는 모델'이라는 평가가 나오기도 했다.

### 2.

이 공동성명은 어찌 보면 너무 늦었다. 그러나 여기까지 오는 데도 여러 구비와 고비를 돌고 넘어올 수밖에 없었다. 몇몇 관계 학자들의 치밀한 자료 수집과 연구, 반대 논리를 극복하려는 논쟁을 거쳐 끈질긴 설득과 이해 끝에 이루어질 수 있었다.

맑은 양심의 발로에서 일어선, 한·일 두 나라 전체 인구 가운데 이 매우 적은 사람들의 숫자는 앞으로 날로 늘어나고 또 어떤 빌미로 크게 많아져야 할 것이다. 더욱이 일본의 지식인들과 일본의

---

* 이 글은 2010년 7월 28일 도쿄 학사회관에서 열린 한일 지식인 대표자 회의에서 한 짧은 연설을 옮긴 것이다.

힘 있는 사람들의 절대 다수가 적어도 한일합병조약은 원천 불법·무효라는 엄연한 사실을 스스로 깨닫고 잘못된 역사가 가져온 이러저러한 여러 파생된 문제들을 말끔히 풀 합당한 행동을 할 때까지는 앞으로 상당한 시간과 더 많은 학계·언론계 등의 노력이 있어야 할 것이다.

마침내 그날이 오면, 한국과 일본의 시민들은 다른 나라 시민들에게 신한일류新韓日流 문화를 자랑할 수도 있을 것이다.


3.

곰곰이 생각하면, 바야흐로 2억 가까운 한·일 두 나라 사람들이 넘어서고 벗어나며 꾸리고 이루어야 할 일들은 많고도 많다. 나아가야 할 길에 가로막고 있는 벽이 있다면 애를 써서라도 넘어서야 할 것이며, 낡은 틀에 얽매어 있다면 과감히 벗어 내던져야 할 것이다.


4.

온 세계 인류 모두를 위해 지식인들은 늘 깨어 있어야 하고, 먼저 눈 밝히고 귀 기울여 새로운 것을 발견해야 하며, 곧바로 해야 할 일을 앞장서 깨우치고 밀고 나가야 하지 않겠는가.

스스로를 지키고 사람답게 사는 세상을 가꾸며, 아직도 제국주의나 대국주의의 낡은 미망에서 벗어나지 못하는 괴물들이 다시 설치지 못하게 하기 위하여, 평화로운 온누리, 살기 좋은 지구를 위해 한국과 일본을 포함한 전 세계 이웃 나라들의 지식인들의 국경과 체제를 넘어선 제2, 제3의 지식인 성명은 필요할 것이며, 그것들은 작지만 별처럼 빛나는 촛불이자 휘날리는 지성들의 깃발이 될 것이다.